舰 船 原 理

主　编　刘文玺
副主编　王展智　谭　路
主　审　施生达

华中科技大学出版社
中国·武汉

内 容 简 介

  本书为在线课程"舰船原理"配套教材,以水面舰船为主、兼顾潜艇,系统介绍舰船几何形状、静力学(浮性、稳性、不沉性)及动力学(舰船阻力、舰船推进器、舰船操纵性、舰船耐波性)的核心概念与理论。书中内容融合学科新进展与工程应用,含大量例题与习题,附录提供型线图等实用资料,适合舰船相关专业的本科生及工程技术人员使用。

  本书遵循"基础理论-工程应用"逻辑,先解析船体几何描述与平衡原理,再探讨航行中的阻力机制、推进特性及风浪响应,突出潜艇水下特性分析。本书文字表述简明清晰,注重理论与图示结合,利用静水力曲线、稳性图谱等为舰船设计、操控及抗沉等工程问题提供理论支撑,通过微信扫描书中二维码可查看相关视频资源。

图书在版编目(CIP)数据

舰船原理 / 刘文玺主编. -- 武汉 : 华中科技大学出版社,2025.6. -- ISBN 978-7-5772-1874-8

Ⅰ. U674

中国国家版本馆 CIP 数据核字第 202502T3N8 号

舰船原理
Jianchuan Yuanli

刘文玺   主编

策划编辑:张少奇

责任编辑:刘 飞

封面设计:廖亚萍

责任监印:朱 玢

出版发行:华中科技大学出版社(中国·武汉)   电话:(027)81321913

      武汉市东湖新技术开发区华工科技园   邮编:430223

录   排:华中科技大学惠友文印中心

印   刷:武汉市洪林印务有限公司

开   本:787mm×1092mm   1/16

印   张:18

字   数:472 千字

版   次:2025 年 6 月第 1 版第 1 次印刷

定   价:56.80 元

前　　言

舰船原理是以流体力学为基础,研究舰船在水中航行性能的核心学科,其理论体系贯穿舰船设计、建造与运行的全周期。本书系统构建了"静力学—动力学"知识框架:前5章围绕舰船静力学展开,从船体几何形状的型线图、主尺度等基础描述出发,逐步深入分析浮性、初稳性、大角稳性及不沉性原理,揭示舰船在静水中保持平衡、抵抗倾覆及破损后抗沉的力学机制;后4章聚焦舰船动力学,探讨阻力产生的物理本质、推进器与船体的相互作用,以及舰船操纵性和耐波性等动态航行性能,形成从静态平衡到动态响应的完整知识体系。

作为舰船动力工程、舰船工程管理等专业的本科教材,本书兼具学术严谨性与工程实践性:一方面,通过阿基米德定律、重心移动定理等基础理论推导,结合稳定中心高、复原力矩等关键参数的数学表达,夯实理论基础;另一方面,融入大量工程实例,如利用静水力曲线计算排水量、通过倾斜试验验证稳性,附录配套了驱逐舰型线图、驱逐舰与潜艇静水力曲线等实测资料,便于读者将理论转化为工程应用。针对潜艇与水面舰船的差异化特性,书中特别设置潜艇水下稳性、潜浮原理及水下不沉性等章节,体现海军装备的特殊性。

内容编排上,本书注重"基础概念—规律推导—工程应用"的逻辑递进,通过大量的型线图、静稳性曲线等图示,直观呈现船体几何特征与性能参数的关联;同时吸收学科前沿成果,如计算机辅助静水力曲线计算、潜艇潜浮稳性图谱分析等,兼顾传统理论与现代技术。每章附习题强化知识应用,既适合课堂教学,也为船舶工程技术人员提供系统的参考资料,为读者掌握舰船在水中的力学本质与工程实践方法提供帮助。

编　者

2025 年 1 月

目　　录

第1章 船体几何形状

船体形状整体上是一个具有双重曲度的复杂流线型体,它对舰船航行性能具有很大的影响。在研究舰船航行性能之前,首先需了解船体形状的表达方法,即如何去描述其外形,主要包括型线图、主尺度、船型系数。

本章目的

舰船即航行性能的研究对象,在进入舰船原理的学习之前,必须对研究对象予以专业的外形描述,而船体形状对舰船航行性能亦有决定性的影响。

本章内容

对船体几何形状的描述,可总结为以下三类思路。

(1)型线图:型线图是对船体真实外形进行详尽描述的三维投影图,其实质是船体表面的三组剖线的三视图,是针对船体外形特征设计的专用的船舶制图。

(2)主尺度:以长、宽、高三个方向的主要特征尺度来度量船体几何外形。

(3)船型系数:以无因次系数描述船体外形。

本章重点与难点

(1)船型系数及其物理意义;

(2)潜艇外形与主尺度。

本章关键词

型线图,主尺度,船型系数等。

1.1 船体型线图

舰船航行性能的优劣与船体的尺寸和形状有密切的关系,完整地表示舰船的船体几何形状和尺寸的图是型线图(见附录 A),它是舰船性能计算、建造放样、数字化建模和解决舰船使用管理中各种船体问题的根本依据。

1.1.1 船体的三个主要平面

型线图和工程制图一样,也采用了直角投影的原理和方法。在型线图中,船体外形也是通过在三个互相垂直的主要平面上的投影来表示的,如图 1-1 所示。三个投影平面包括对称面、设计水线面和中横剖面。

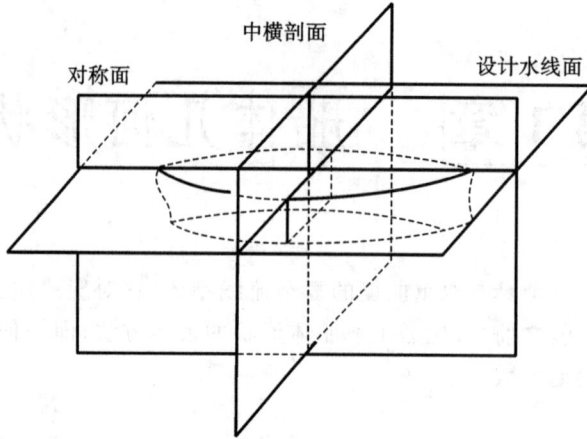

图 1-1　三个主投影面

（1）对称面：自首至尾通过舰船正中的纵向平面，它将船体分为左右两个对称的部分，如图 1-2 所示。

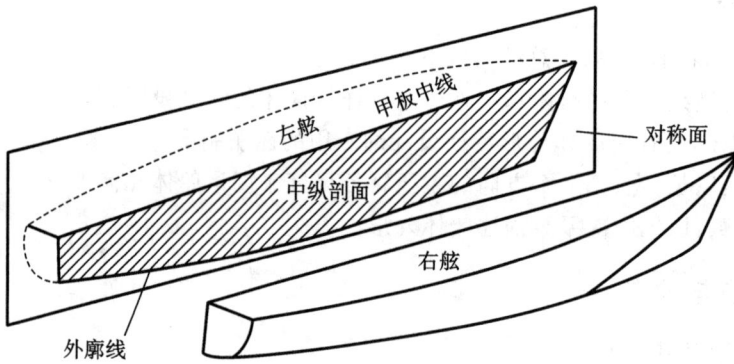

图 1-2　对称面

（2）设计水线面：通过设计水线处的水平面，它将船体分为水上、水下两个部分，如图 1-3 所示。

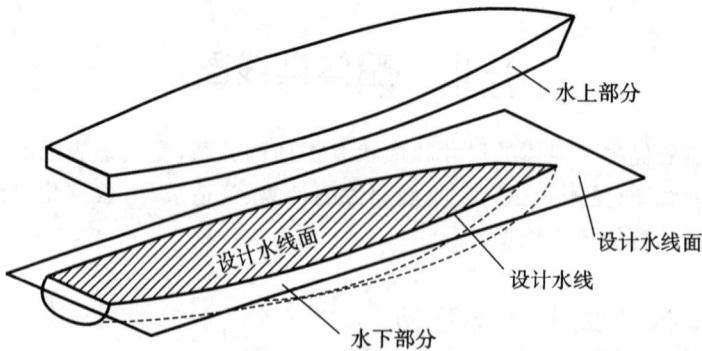

图 1-3　设计水线面

有时也采用基本面代替设计水线面作为水平方向的主要平面。通过舰船龙骨线中段直线部分的水平面，称为基本面。若龙骨线本身具有设计斜度，则基本面可以是通过龙骨线上某一点的水平面;若龙骨线为曲线,则基本面是和其最低点相切的水平面。

(3)中横剖面:通过船长中点并垂直于对称面和设计水线面的平面,它将船体分为首尾(前后体)两部分,如图 1-4 所示。

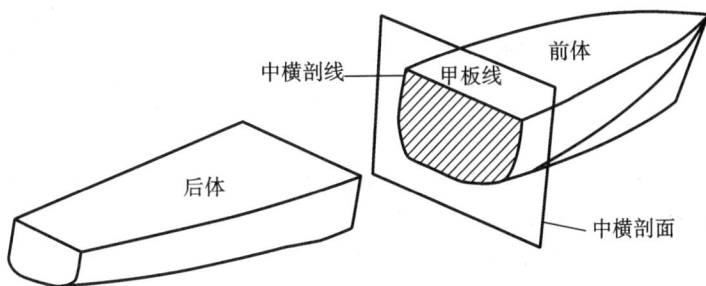

图 1-4　中横剖面

1.1.2　三种剖线和三个图

用上述对称面、设计水线面、中横剖面三个主要平面与船体表面相截而得的截面图(见图 1-5)可以粗略地表示船体的外形,但由于船体外形通常是一个具有双曲率的复杂三维形体,要完整地表示其几何形状还需要用更多的平行于主要平面的平面去截船体。

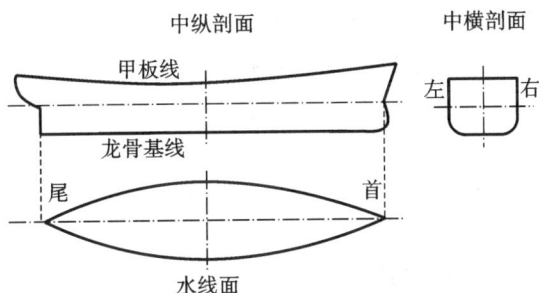

图 1-5　三个主要平面与船体表面相截而得的截面图

1. 三种剖线

(1)纵剖面与纵剖线:平行于对称面的平面称为纵剖面,如图 1-6 所示,它和船体表面的交线称为纵剖线。

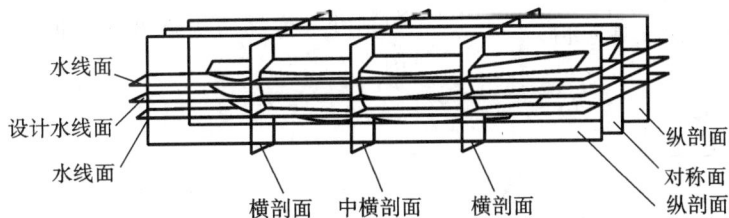

图 1-6　三组与基本投影面相平行的剖切平面

(2)水线面与水线:平行于设计水线面的平面称为水线面,如图 1-6 所示,它和船体表面的交线称为水线。

(3)横剖面与横剖线:平行于中横剖面的平面称为横剖面(或肋骨面),如图 1-6 所示,它和船体表面的交线称为横剖线,也称肋骨线。

纵剖线、水线和横剖线统称为型线。

2. 三个图

(1) 侧面图:各组型线在对称面上的投影图称为侧面图。在侧面图上纵剖线投影后仍保持其真实形状,水线和肋骨线投影后成为两组相互垂直的直线,形成侧面图上的格子(线)。根据船宽的不同,常取 2～4 个纵剖面,从对称面向两舷侧依次采用罗马数字 Ⅰ,Ⅱ,Ⅲ,Ⅳ 编号。

(2) 半宽图:各组型线在设计水线面上的投影图称为半宽。由于船体左右对称,故只要画出水线的一半就够了。水线面数量在设计水线以下常取 6～10 个,而在设计水线以上可少取些,自基本面向上依次采用阿拉伯数字编号 0、1、2……

此外,在半宽图上还应画出上甲板边线、首楼甲板边线等,以反映出它们的俯视轮廓。

(3) 船体图:各组型线在中横剖面上的投影图称为船体图。由于对称性也只要画出肋骨线的一半就够了。一般都习惯将后半段船体画在对称面左边,将前半段船体画在右边。横剖面的数量通常按设计水线的长度取 20 等份,得 21 个肋骨面(又称理论肋骨面或“站”),自首向尾依次编号 0,1,2,…,20。0～9 号为首半段;11～20 号为尾半段。第 10 号(或第 10 站)肋骨面称中船肋骨面(或中横剖面),以专用符号“Ⓜ”表示。

在船体图上还要画出上甲板边线,就是将各肋骨面处上甲板边缘的最高点用光滑曲线连起来,它表示上甲板和船舷表面的交线。

与侧面图上的情况类似,水线和肋骨线的投影分别只有在半宽图和船体图上才保持真实形状,在其他情况下各型线的投影为两组相互垂直的直线,并组成了半宽图和船体图上的格子。

1.1.3 型线图

型线图是由上述三个图所组成的图形,见附录 A。

型线图

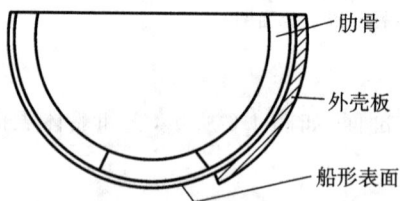

图 1-7　船体的理论外形

正确绘制的型线图,每条曲线应该既精确又光顺,曲线上的点在三个视图上应当互相对应。型线图可以完整、准确地表示出船体的外形,因此型线图是众多的船图中要求最高、最精确、最重要的一张图。但应注意型线图表示的船体外形是不包括外壳板和突出部分在内的船体理论外形,如图 1-7 所示。

1.1.4 型值表

型值表是船体表面形状的数字表达(见附录 B),表中给出的型值表示其所在行(站号)、列(水线号)相应肋骨和水线处的船体表面的实际半宽,以及上甲板边线在各肋骨处的半宽和高度。

型值表是舰船性能计算和建造放样的主要依据。

1.2　主尺度及船型系数

舰船外形除了可用型线图完整地表示外,还可通过船型主尺度、船型系数和尺度比来粗略地表示舰船的大小和外形的主要特征,并且可用它们来近似地估算出舰船某些航行性能的指标,熟知主尺度将有益于安全、灵活地操控舰船。

1.2.1　主尺度

舰船的主尺度通常包括船长、船宽、型深、吃水等,它们可粗略地表示舰船的大小。

1. 船长

常用船长有两种,即总长和设计水线长,如图 1-8 所示。

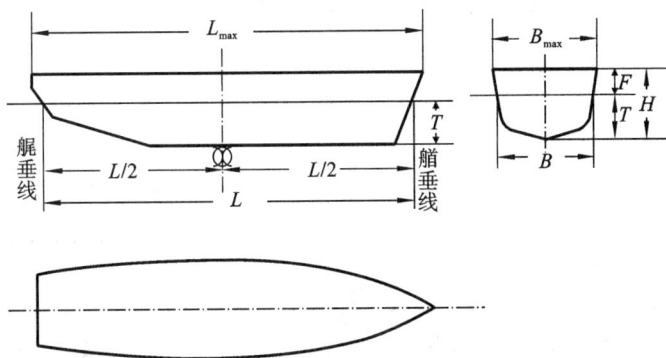

图 1-8　舰艇的船长

(1) 总长 L_{OA}:从船首最前端到船尾最后端(包括壳板)之间的水平距离,也称最大长 L_{max}。

(2) 设计水线长 L:过设计水线与艏柱线的交点的铅垂线(称为艏垂线)与过设计水线与艉柱线的交点的铅垂线(称为艉垂线)之间的长度,也称垂线间长。对商船来说,习惯上以舵轴的中心线作为艉垂线,因此其垂线间长将略小于其设计水线长,二者是不一致的。

在舰船的性能计算中,用到的通常是设计水线长,而在舰船进坞、靠码头等情况下则应考虑其总长。

2. 船宽

(1) 最大宽 B_{max}:包括外壳板在内的舰船最宽处的宽度。

(2) 设计水线宽 B:设计水线面的最大宽度。

3. 型深

型深指上甲板边线最低点至龙骨基线的铅垂高度,也称舷高,用 H 表示。通常甲板边线最低点在中横剖面处。

舰船漂浮水线至上甲板上表面边线的铅垂距离称为干舷,用 F 表示,在无特别注明时,干舷指中横剖面处设计水线至上甲板上表面舷边的铅垂距离。

4. 吃水

吃水指设计水线至龙骨基线的铅垂高度,也称设计吃水,用 T 表示。泛指由龙骨线至漂浮水线的铅垂距离。

1.2.2 船型系数

船型系数是表示舰船水下部分形状特征的无因次系数,这些系数对分析舰船的航行性能有很大的用处。

1. 水线面面积系数 C_W

水线面面积系数 C_W 指水线面面积 S 和该面积外切矩形面积之比(见图 1-9),即

$$C_W = \frac{S}{LB} \tag{1-1}$$

如未指明,C_W 一般指设计水线的水线面面积系数。C_W 的大小表示舰船水线面的肥瘦程度。

2. 肋骨面面积系数 C_M

肋骨面面积系数 C_M 指中船肋骨面的水下部分面积 ω 和由船宽 B、吃水 T 所构成的矩形面积之比(见图 1-10),即

$$C_M = \frac{\omega}{BT} \tag{1-2}$$

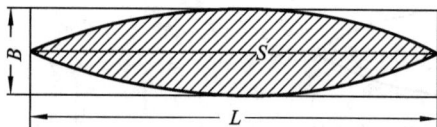

图 1-9 水线面面积系数

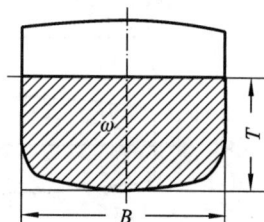

图 1-10 肋骨面面积系数

C_M 的大小表示中船肋骨面的肥瘦程度。

3. 方形系数 C_B

方形系数 C_B 指舰船水下部分体积与水下部分的外切平行六面体体积之比(见图 1-11),即

$$C_B = \frac{V}{LBT} \tag{1-3}$$

式中:V——舰船水下部分体积;

L——船长;

B——船宽;

T——吃水。

C_B 的大小表示船体水下部分的肥瘦程度。

4. 纵向棱形系数 C_P

纵向棱形系数 C_P 指船体水下部分体积 V 与由中船肋骨面面积 ω、船长 L 构成的柱体体积之比(见图 1-12),即

$$C_P = \frac{V}{\omega L} \tag{1-4}$$

或

$$C_P = \frac{C_B \cdot LBT}{C_M \cdot BT \cdot L} = \frac{C_B}{C_M} \qquad (1-5)$$

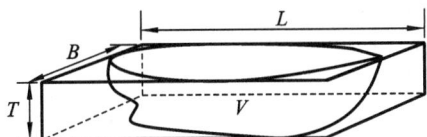

图 1-11　方形系数

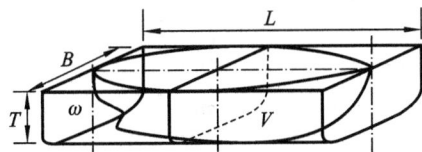

图 1-12　纵向棱形系数

C_P 的大小表示舰船排水体积沿船长方向的分布情况,或者说表示船体中部相对于两端的肥瘦程度。

5. 垂向棱形系数 C_{PV}

垂向棱形系数 C_{PV} 指船体水下部分体积 V 与由水线面面积 S、吃水 T 所构成的柱体体积之比(见图 1-13),即

$$C_{PV} = \frac{V}{ST} \qquad (1-6)$$

或

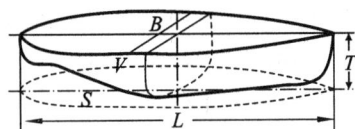

图 1-13　垂向棱形系数

$$C_{PV} = \frac{C_B \cdot LBT}{C_W \cdot LB \cdot T} = \frac{C_B}{C_W} \qquad (1-7)$$

C_{PV} 的大小表示舰船排水体积沿垂向的分布情况。

1.2.3　尺度比

除上述船型系数外,还常用舰船各主尺度间的比值表示船体几何特征。常用的尺度比如下。

1. 长宽比 $\dfrac{L}{B}$

长宽比 $\dfrac{L}{B}$ 指船长与船宽之比,它的大小表示舰船相对较细长或较宽短。

2. 宽度吃水比 $\dfrac{B}{T}$

宽度吃水比 $\dfrac{B}{T}$ 指船宽与吃水之比,它的大小表示舰船相对较宽浅或较窄深。

据统计,不同舰种的 5 种船型参数的合适范围如表 1-1 所列。

表 1-1　不同舰种的 5 种船型参数的合适范围

舰种	C_B	C_W	C_M	L/B	B/T
潜艇	$\dfrac{0.42\sim0.64}{0.44\sim0.58}$	$0.64\sim0.79$	$0.74\sim0.87$	$7\sim11$	—
巡洋舰	$0.45\sim0.65$	$0.65\sim0.72$	$0.76\sim0.89$	$8\sim11$	$2.6\sim3.6$
驱逐舰、护卫舰	$0.40\sim0.54$	$0.70\sim0.78$	$0.76\sim0.86$	$9\sim12$	$2.6\sim4.2$
猎潜艇	$0.45\sim0.50$	$0.74\sim0.78$	$0.75\sim0.82$	$7.9\sim8.5$	$2.6\sim3.2$

续表

舰种	C_B	C_W	C_M	L/B	B/T
炮艇	0.52～0.64	0.70～0.80	0.80～0.90	6.5～8.0	2.8～3.5
扫雷舰	0.50～0.60	0.68～0.75	0.80～0.88	7.0～8.0	2.8～4.0
鱼雷快艇	0.30～0.40	—	—	5.0～6.50	2.6～4.5

1.3　潜艇外形与主尺度

1.3.1　潜艇型线图

潜艇航行性能的优劣与艇体的尺寸和形状有密切的关系,完整地表示潜艇的艇体几何形状和尺寸的图是型线图,它是潜艇性能计算、建造放样、数字化建模和解决潜艇使用管理中各种艇体问题的根本依据。

1. 艇体的三个主要平面

与水面舰船类似,潜艇艇体外形也是通过在其三个互相垂直的主要平面上的投影来表示的,如图 1-14 所示。三个投影平面包括基本面、对称面和中横剖面。

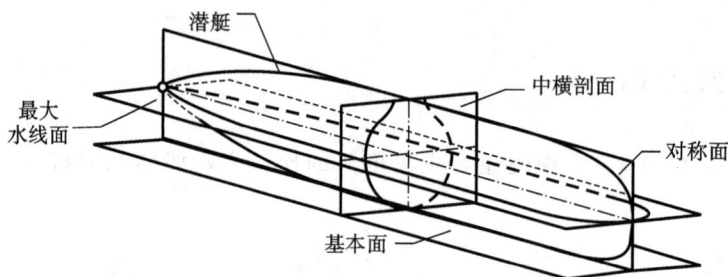

图 1-14　三个主投影面

(1) 基本面(也称基面):通过龙骨中段直线部分的水平面。

最大水线面:通过艇体最宽处平行于基本面的水平面,将艇体分成上、下两部分。水面舰船则用设计水线面(见图 1-15),即通过设计水线处的水平面将船体分成水上和水下两部分。

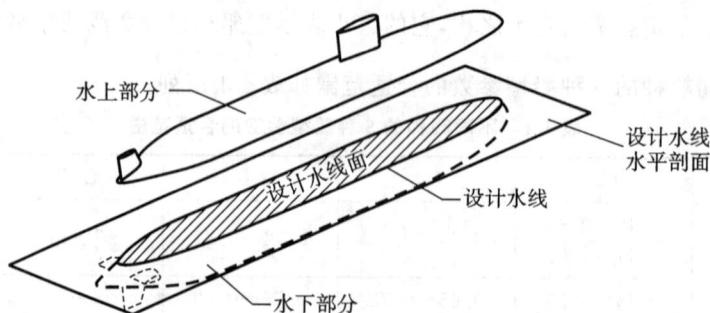

图 1-15　设计水线面

（2）对称面（也称中纵剖面）：与基本面垂直，自首至尾通过潜艇正中、将艇体分成左右对称两部分的纵向平面（见图 1-16）。

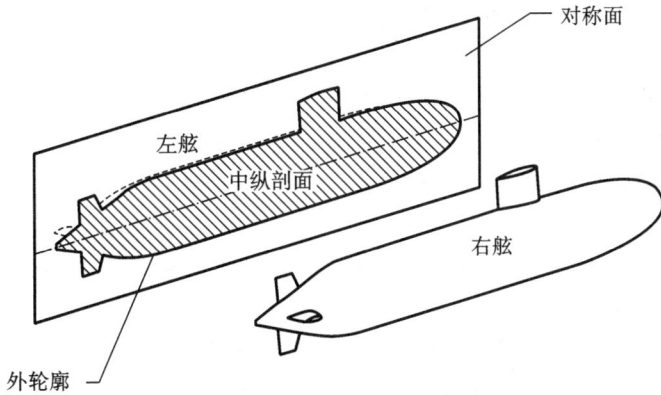

图 1-16　对称面

（3）中横剖面（也称中船肋骨面）：通过艇体水密长度中点，并与基本面、对称面互相垂直的横向平面（见图 1-17）。

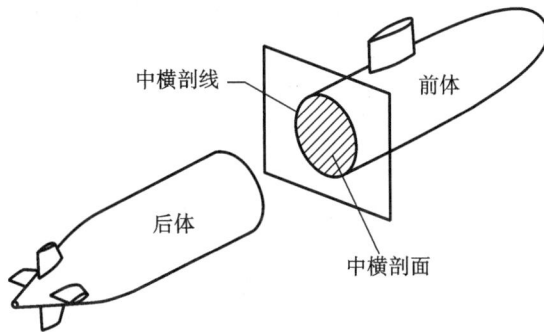

图 1-17　中横剖面

2. 艇体的三种剖线和三个图

用最大水线面、对称面和中横剖面三个主要平面（见图 1-18）与艇体表面相截而得的截面图，可以粗略地表示艇体的外形。但由于艇体外形是一个具有双曲率的复杂三维形体，要完整地表示其几何形状还需要用更多的平行于主要平面的平面去截艇体表面。

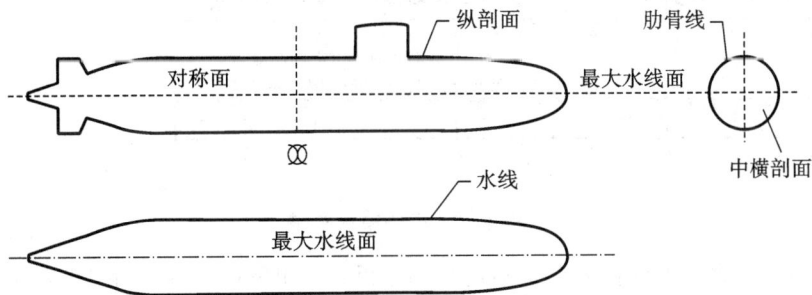

图 1-18　三个主要平面

1）三种剖线

与水面舰船相类似，对潜艇也依托三个主要平面给出三种剖线。

（1）纵剖面与纵剖线：平行于对称面的平面称为纵剖面，它和艇体表面的交线称为纵剖线。

（2）水线面与水线：平行于最大水线面的平面称为水线面，它和艇体表面的交线称为水线。

（3）横剖面与横剖线：平行于中横剖面的平面称为横剖面（或肋骨面），它和艇体表面的交线称为横剖线，也称肋骨线。

纵剖线、水线和横剖线等统称为型线。

2）三个图

潜艇型线图的布局与水面舰船的相类似，针对潜艇艇体的构型特征，有以下细节需要说明。

侧面图：根据艇宽的不同，常取 2～4 个纵剖面，从对称面向两舷侧依次采用罗马数字Ⅰ，Ⅱ，Ⅲ，Ⅳ编号。此外，在侧面图上还画有艇体外廓的投影。

半宽图：为使水线在半宽图上不至于重叠不清，通常将最大水线面上、下水线分画成两个半宽图。水线数目根据艇型而定，一般水线间距为 0.5 m 左右，自基本面向上依次采用阿拉伯数字编号 0、1、2……

横剖面图：一般都习惯将潜艇的后半段艇体画在对称面左边，将前半段艇体画在右边。横剖面的数量通常按水密艇体部分长度取 20 等份，得 21 个肋骨面（又称理论肋骨面或"站"），自首向尾依次编号为 0，1，2，…，20。0～9 号为前体；11～20 号为后体。第 10 号（或第 10 站）肋骨面即中船肋骨面（或中横剖面）。

3. 潜艇型线图

潜艇的型线图由侧面图、半宽图和横剖面图三个图组成，其示例如图 1-19 所示。

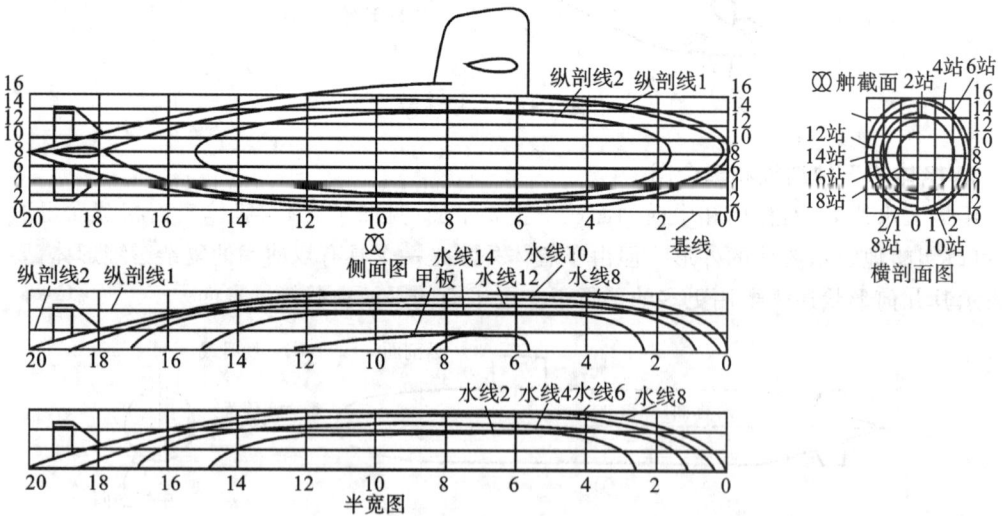

图 1-19　潜艇的型线图

应注意型线图表示的艇体外形是不包括外壳板和突出物（如声呐舷侧阵）的艇体理论外形（见图 1-20）。

此外，潜艇型线图上还要画出耐压艇体在三个图中的投影，也就是耐压艇体的内表面位置。鱼雷发射管及螺旋桨的位置一般都要在型线图上画出，但水声器材的位置有时不要求画出。

4. 型值表

与水面舰船的相类似,潜艇型值表是艇体表面形状的数字表达,表中给出的型值表示其所在行(站号)、列(水线号)相应肋骨和水线处的艇体表面的实际半宽,以及上甲板边线在各肋骨处的半宽和高度。型值表是潜艇性能计算和建造放样的主要依据。

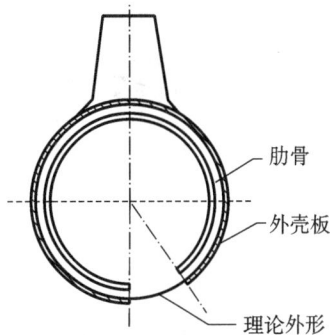

图 1-20　艇体的理论外形

1.3.2　潜艇主尺度、艇型系数

与水面舰船相似,除了可用型线图完整地表示潜艇外形外,还可通过艇体主尺度和艇型系数来粗略地表示潜艇的大小和外形的主要特征,并且可用它们来近似地估算出潜艇某些航行性能的指标。熟知主尺度将有益于安全、灵活地操纵潜艇。

1. 主尺度

潜艇的主尺度通常包括艇长、艇宽(及回转体直径)、艇高和吃水等,它们可粗略地表示潜艇的大小。

1) 艇长

艇长有总长、水密船体长和设计水线长之分,如图 1-21 所示。

总长 L_{OA}——从首至尾(包括壳板在内)的最大长度,故称总长,或简称为艇长(有时记为 L_{max})。

水密船体长 L_{WT}——艇体最前和最后一个水密舱壁理论线之间的距离。

设计水线长 L——巡航状态下水线艏艉吃水垂线间长度,又称巡航水线长。

此外,还有耐压船体长 L_{PS},表示首端耐压舱壁和尾端耐压舱壁肋骨理论线之间的距离。

2) 艇宽

艇宽 B——艇体最大横剖面两舷型表面各对称点之间的最大距离,即不包括壳板在内的艇体最大宽度处的尺寸,故也称最大宽度(常记为 B_{max})。

设计水线宽 B_{WL}——设计水线吃水处的最大宽度。

此外,还有回转体直径 D,为回转体型表面的理论直径;稳定翼宽,为水平稳定翼左右舷两端点之间的距离。

3) 艇高

艇高 H——在中船肋骨处、由基本面到上甲板之间的铅垂距离,也称为型深。

最大艇高 H_{max}——由基本面到指挥室围壳或升降装置导流罩型表面顶点之间的垂直距离。

4) 吃水

吃水 T——在中船肋骨面处,由基本面至设计水线面之间的铅垂距离。

2. 艇型系数

潜艇的艇型系数与水面舰船的船型系数相类似,但在概念细节上有些许差别。它们是用来概略表示艇体外形特征的一些比例系数,它们对潜艇的各种航行性能有较大影响,经常在一些近似公式中使用。常见的艇型系数有如下几个。

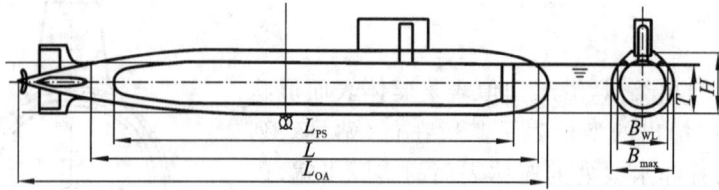

图 1-21 潜艇主要尺寸

1）水线面面积系数

水线面面积系数 C_W 是潜艇巡航水线面面积与该面积外切矩形面积之比（见图 1-22），表示水线面的肥瘦程度，即

$$C_W = \frac{S}{LB_{WL}} \tag{1-8}$$

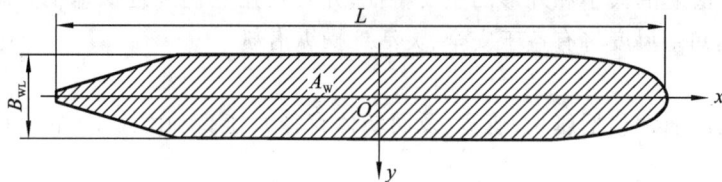

图 1-22 水线面面积系数

2）中横剖面系数

中横剖面系数亦称肋骨面面积系数 C_M，分水上、水下中横剖面系数和水上最大、水下最大横剖面系数，表示中船肋骨面的肥瘦程度。如水上中横剖面系数：表示设计水线面下裸船体中横剖面面积与该面的外切矩形面积之比（见图 1-23），即

$$C_{M\uparrow} = \frac{\omega_{\uparrow}}{BT_{WL}} \tag{1-9}$$

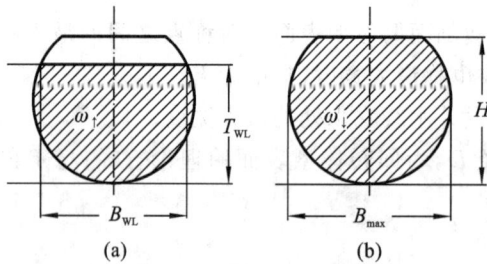

图 1-23 中横剖面系数

3）方形系数

方形系数 C_B 是艇体浸水部分体积和该体积的外切平行六面体体积之比。其大小说明艇体浸水部分的肥瘦程度。根据潜艇水上和水下所处位置不同可分为

（1）水上方形系数：

$$C_{B\uparrow} = \frac{V_{\uparrow}}{(LBT)_{WL}} \tag{1-10}$$

（2）水下方形系数：

$$C_{B\downarrow} = \frac{V_{\downarrow}}{LBH} \tag{1-11}$$

式中：$V_\uparrow$——潜艇水面排水量（巡航排水量），m^3；

　　$V_\downarrow$——潜艇水下排水量，m^3。

4）纵向棱形系数

纵向棱形系数 C_P 分水上和水下两种状态。

水上纵向棱形系数表示设计水线面下裸船体体积与该水线面下的最大水线长和最大横剖面面积 $\omega_{\max}$ 的乘积（柱体体积）之比，即

$$C_{P\uparrow} = \frac{V_\uparrow}{\omega_{\max} L_{WL}} \tag{1-12}$$

纵向棱形系数 C_P 的大小表示潜艇排水体积沿艇长方向的分布情况。

5）垂向棱形系数

垂向棱形系数 C_{PV} 分水上和水下两种状态。

水上垂向棱形系数 $C_{PV\uparrow}$ 表示设计水线面下裸船体体积与该水线面下的最大水线面面积和设计吃水的乘积之比，即

$$C_{PV\uparrow} = \frac{V_\uparrow}{ST} \tag{1-13}$$

垂向棱形系数 C_{PV} 的大小表示潜艇体积的垂向分布情况。

此外，在航行性能计算中还常用以下艇型系数。

（1）中纵剖面系数——裸船体中纵剖面（对称面）面积与艇长和舷高乘积之比。

（2）水平投影面系数——裸船体水平投影面积与艇长和艇宽乘积之比。

（3）长宽比 L/B——艇长与艇宽之比，表示潜艇相对较细长或较粗短。相应地还有长径比 L/D，即艇长与潜艇外形直径之比。

（4）宽度吃水比 B/T——艇宽与吃水之比，表示潜艇相对较宽浅或较窄深。

潜艇艇型有水滴型（纵剖面形似水滴形、横剖面呈圆形）、常规型（具有楔形首和扁平型尾）和过渡型（通常具有直首和回转型尖尾，介于水滴型和常规型之间的线型）三种。它们在航行性能上、附体配置上各有特点，可通过后续章节的学习来了解。

习　题

1-1　试述与舰船原理相关的课程和工作。

1-2　试述以平面图形表示船体曲面的方法。

1-3　说明各组型线与甲板边线在 3 个投影图（侧面图、半宽图、船体图）上的形状特征。

1-4　试列出附录 A 图中：（1）型线图第 6 号横剖面和中横剖面型值数据表；（2）设计水线型值数据表；（3）表示中纵剖线几何形状的数据表。

1-5　作图说明水面舰船船体的主尺度的定义，并说明其尺度比的主要意义。

1-6　试计算如图 1-24 所示的两个呈简单几何形状的船形的水线面面积系数 C_W、肋骨面面积系数 C_M、方形系数 C_B、纵向棱形系数 C_P 和垂向棱形系数 C_{PV}，并说明它们的意义。其中：图 1-24（a）表示船的水下形状为一三棱柱体；图 1-24（b）表示船的水下形状为一个首尾尖瘦的菱形柱，两船的长 L、宽 B 及吃水 T 均相同，其排水体积也相同。

1-7　根据附录 B 的型值表中的第 12 站的型值，绘制 12 号横剖面图。已知水线间距 $\Delta = 0.672$ m，梁拱取 $B/50$，比例取 1：100。

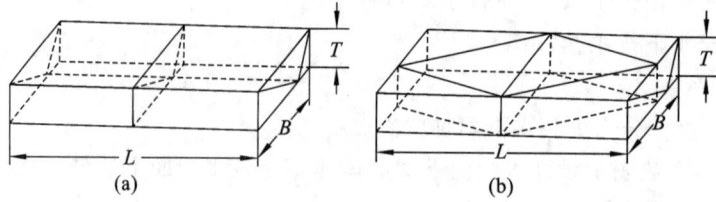

图 1-24　两个呈简单几何形状的船形

1-8　已知某巡逻艇吃水 $T=2.05$ m，长宽比 $L/B=6.7$，宽度吃水比 $B/T=2.46$，方形系数 $C_B=0.53$，求排水体积 V。

1-9　已知某潜艇的设计水线长 $L=56.0$ m，设计水线宽 $B=6.90$ m，吃水 $T=2.20$ m，中横剖面系数 $C_{M\downarrow}=0.708$，方形系数 $C_{B\downarrow}=0.439$。求：(1)排水体积 V；(2)中横剖面面积(水下部分) A_M；(3)纵向棱形系数 $C_{P\downarrow}$。

1-10　作图说明潜艇船体的主尺度的定义。

1-11　据图 1-19 测算该潜艇的 $L_{\max}/B$；设 10 号水线为该潜艇的设计水线，测算该潜艇的 L/B、B/T、L/T；按最大水线面测算这 3 种主尺度比。

1-12　试估算俄罗斯"阿穆尔"级常规潜艇各种典型潜深与艇长之比 h/L，艇长为 68 m。

第2章 浮 性

舰船在一定装载情况下按一定状态浮于水面(或水下)的能力称为浮性。浮性本身不仅是舰船最基本的航行性能,也是其他各种航行性能得以存在和发挥的基础。浮性研究的是静浮舰船在重力和浮力作用下的平衡和补偿问题。

本章目的

本章将研究舰船在静水中的各种漂浮状态、平衡条件、舰船重量与重心计算的原理和方法、舰船浮力与浮心的计算方法、潜艇的浮性。

本章内容

舰船静水中平衡方程的建立必须首先确定浮态,只有将水线相对于船体的位置确定下来,即确定了水线下船体的形状(研究对象),才可建立平衡方程,讨论舰船的浮性。

本章的核心内容可归纳如下。

(1) 浮态的描述:确定水线相对于船体的位置,以便进一步建立平衡方程。

(2) 平衡条件与平衡方程:对静水中漂浮的舰船进行受力分析,讨论平衡条件,建立平衡方程。

(3) 重量与重心合成:解决静水中舰船受力中的一类力——重力问题,即舰船的重量大小(力的大小)与重心位置(力的作用点)问题。

(4) 浮力与浮心的计算:解决静水中舰船受力中的另一类力——浮力问题,即浮力大小(力的大小)与浮心位置(力的作用点)问题。

(5) 潜艇的浮性:主要讨论潜艇的下潜条件、载荷补偿方法、均衡计算等。

本章重点与难点

(1) 平衡方程的建立;

(2) 重量与重心合成;

(3) 浮力与浮心的计算。

本章关键词

浮性,浮态,重力,重心,浮力,浮心,排水量等。

2.1 舰船的浮态及其表示法

浮态指舰船和静水表面的相对位置,或者说是舰船浮于水面时所取的姿态。为了描述舰船的浮态,需要建立坐标系。

2.1.1　坐标系

静力学中采用的是固联在船上的 $O\text{-}xyz$ 直角坐标系（左手系），如图 2-1 所示。

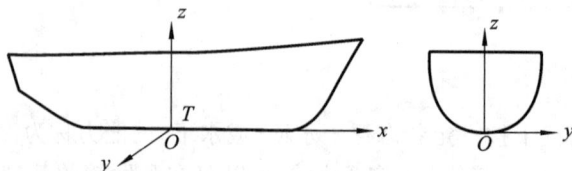

图 2-1　船体坐标系

原点 O 是基本面、对称面和中横剖面的交点；Ox 轴是基本面和对称面的交线，向首为正；Oy 轴是基本面和中横剖面的交线，向右舷为正；Oz 轴是对称面和中横剖面的交线，向上为正，并依次称 x 轴为纵轴、称 y 轴为横轴、称 z 轴为垂轴，它们是三个主要投影面的交线。

2.1.2　浮态及其表示法

既然浮态表征舰船和静水表面的相对位置，静水表面与舰船表面的交线称为水线，因此，只要通过一些参数把水线在坐标系中的位置确定下来，那么舰船的浮态也就被描述清楚了。

舰船可能采取的浮态有以下四种。

1. 正浮状态

舰船既没有向左、右舷的横倾，也没有向首、尾的纵倾，这时 Oy 轴和 Ox 轴都是水平的，如图 2-2 所示。

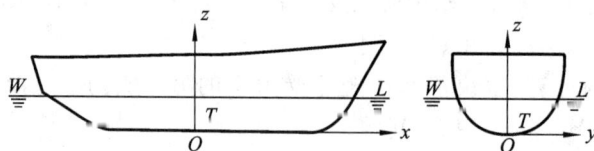

图 2-2　正浮状态

这时水线 WL 和基本面平行，为了确定水线 WL 的位置，只要用一个参变量——中船吃水 T 来表达就行了，T 是水线面与 Oz 轴交点之坐标。这是舰船通常所取的浮态。

2. 横倾状态

舰船有向右舷或向左舷的横倾，但没有向首或向尾的纵倾。此时 Ox 轴仍是水平的，Oy 轴则不再保持水平了，如图 2-3 所示。

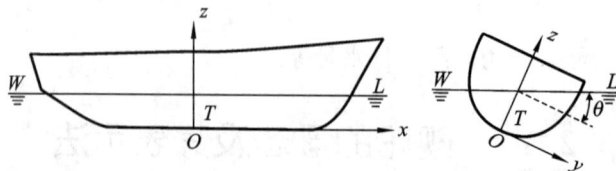

图 2-3　倾斜状态

在实际作图时，我们常假设船不动，而让水线位置做反向变动，其结果相同，但使用更为方便,如图 2-4 所示。

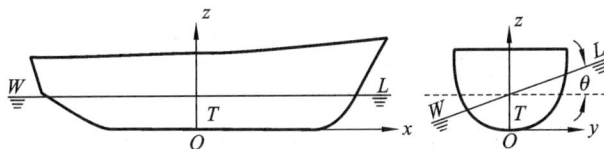

图 2-4　横倾状态

这时要确定水线 WL 的位置,需用两个参变量——中船吃水 T 及横倾角 θ。θ 是横倾水线和正浮水线间的夹角,规定向右舷横倾时 θ 为正,反之为负。

3. 纵倾状态

舰船只有向首或向尾的纵倾,或者说只有艏艉吃水差,而没有向右舷或向左舷的横倾,此时 Oy 轴是水平的,Ox 轴则不再保持水平了,如图 2-5 所示。

这种浮态需用中船吃水 T 和纵倾角 ψ 来表示,ψ 是纵倾水线和正浮水线间的夹角,规定舰船向首纵倾时 ψ 为正,反之为负。

纵倾状态也可以用艏吃水 T_b 和艉吃水 T_s 两个变量来表示。在静力学中,我们定义的艏、艉吃水分别为艏垂线处和艉垂线处的吃水,如图 2-5 所示。

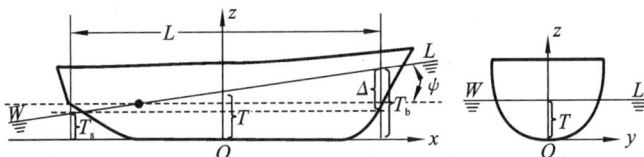

图 2-5　纵倾状态

艏艉吃水差,又称倾差,用 Δ 表示,即

$$\Delta = T_b - T_s \tag{2-1}$$

纵倾角 ψ 与倾差 Δ 之间有如下关系:

$$\tan\psi = \frac{\Delta}{L} \tag{2-2}$$

式中:L——船长。

4. 任意状态

任意状态指舰船既有横倾又有纵倾的状态,如图 2-6 所示。显然要表示这种状态需用中船吃水 T、横倾角 θ 和纵倾角 ψ 三个参变量。

(有些教材或文献中,为了统一舰船静力学与动力学的符号,将横倾角用 ϕ 表示,纵倾角用 θ 表示。)

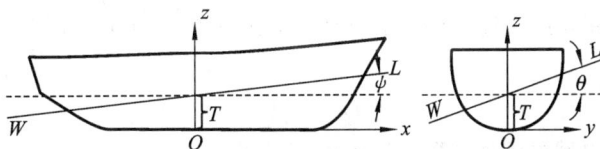

图 2-6　任意状态

大多数情况下,舰船处于稍带尾倾的状态或正浮状态。而横倾状态、大纵倾状态和任意状态(不是指舰船在风浪中航行时的状态)对舰船的航行性能和战斗性能都是不利的,属不良浮

态，一般不会出现，往往在失事进水等特殊情况下才会出现。

2.2　　舰船的平衡条件

舰船为什么会以各种状态漂浮于水中？这是作用在舰船上的重力和浮力在不同条件下互相平衡的结果。为此，需研究作用于静浮舰船的力，即浮力与重力的性质、大小、变化规律及其作用方式。

2.2.1　作用于舰船上的力

若舰船按某水线 WL 静浮于水中，如图 2-7（a）所示，则其将受到以下两种力的作用。

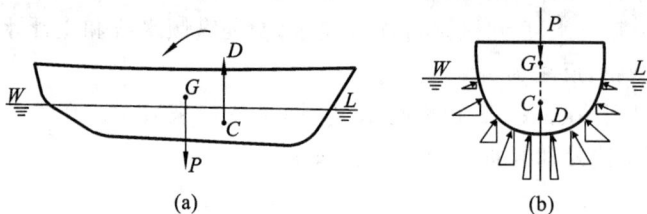

(a)　　　　　　　　　　　　(b)

图 2-7　静浮舰船的受力

1. 重力

舰船的重力是组成舰船的全部载荷所引起的重力的总和，这些载荷包括船体、动力装置、武器装备、燃料、油水、食品、船员等。舰船的重力（也称重量）用 P 表示，单位为 N。

重力作用于舰船的重心 G 处，方向铅垂向下（即垂直于水线 WL 或海平面）。组成舰船的全部载荷的合重心就是舰船的重心 G。重心 G 在船上的位置可用 (x_g, y_g, z_g) 三个坐标来表示，单位分别为 m，其中：

x_g——重心 G 距中横剖面的距离，是 G 在 x 轴上的坐标；

y_g——重心 G 距对称面的距离，是 G 在 y 轴上的坐标；

z_g——重心 G 距基本面的距离，是 G 在 z 轴上的坐标。

2. 浮力

舰船的浮力为 D，单位为 N，方向铅垂向上，浮力作用点称为浮心，用 C 表示。

浮于水中的舰船，船体和水接触的表面上各点都将受到水的静压力（称为静水压力），其方向垂直于船体湿表面，而大小随埋水深度而增加。静水压力的水平分力相互抵消，各点静水压力的垂向分力的合力铅垂向上，就是舰船所受到的浮力 D，如图 2-7（b）所示。

根据阿基米德定律，浮力的大小应等于舰船所排开水的重量，若排开水的体积（简称排水体积）用 V 表示，则有

$$D = \rho g V \tag{2-3}$$

式中：ρ——舰船所在水域的液体（通常为海水）的密度，$\rho_{海水} \approx 1.025 \ \text{t/m}^3$；

V——容积排水量，m^3。

由于舰船排开的海水的密度被视作是均匀的（密度变化通常很小），因此浮心 C 也就是排水体积 V 的形心。浮心 C 在船上的位置用坐标 (x_c, y_c, z_c) 来表示。

2.2.2 平衡条件

因为静浮舰船仅受重量和浮力的作用,所以使舰船能在水面上任一水线位置保持漂浮即平衡于一定的浮态的充分必要条件(称为平衡条件)应是:

(1) 舰船的重力等于浮力,即合力为零,没有移动;

(2) 舰船的重心和浮心在同一条铅垂线上,即合力矩为零,没有转动。

这两个条件缺一不可,必须同时满足,才能保证舰船在水中处于平衡状态。如图 2-7 所示,虽然重力 P 等于浮力 D,舰船也不可能按 WL 水线漂浮,这是因为由重力和浮力所构成的力矩将使舰船发生向尾的转动。

2.2.3 平衡方程

舰船平衡条件的数学表达式称为平衡方程,不同的浮态有不同的平衡方程。

1. 正浮状态的平衡方程

如图 2-8 所示,舰船在正浮状态时,应有

$$\begin{cases} P = D = \rho g V \\ x_g = x_c \\ y_g = y_c = 0 \end{cases} \tag{2-4}$$

由于船形是左右对称的,因此当舰船正浮时,浮心必在对称面上,即 $y_c = 0$,根据平衡条件必有 $y_g = y_c = 0$。

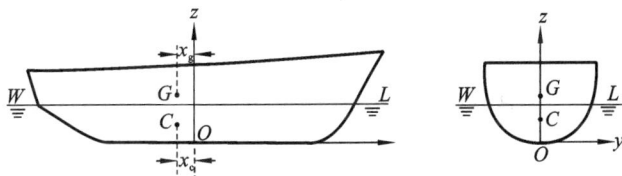

图 2-8 正浮平衡条件

2. 纵倾状态的平衡方程

如图 2-9 所示,舰船在纵倾状态时,应有

$$\begin{cases} P = D = \rho g V \\ x_c - x_g = (z_g - z_c)\tan\psi \\ y_g = y_c = 0 \end{cases} \tag{2-5}$$

式(2-5)中的第二个公式表示纵倾力矩是平衡的,这可以由图 2-9 证明。

至于舰船在横倾状态和任意状态下的平衡方程,由于它们在实际中很少用到,故不再列出。

由平衡方程可知,舰船要在水中漂浮必须满足平衡条件,而舰船在水中处于何种浮态,则取决于舰船重心和浮心的分布位置。利用平衡方程,可以检查某已知水线是否为平衡水线,还可解决某些实际问题,为此,需计算舰船重力、重心和浮力、浮心。

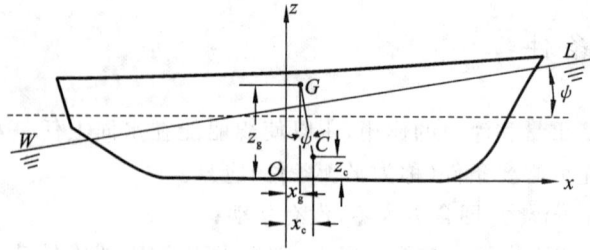

图 2-9　纵倾平衡条件

2.3　重量和重心位置的计算

2.3.1　一般公式

舰船上的船体结构、武器、装备等都受到铅垂向下的重力作用。这些力组成一个平行力系。整个舰船的重量就是这些力的合力,重心就是这个合力的作用点。

舰船重量 P 的大小,就等于各项分重量的总和:

$$P = \sum_{i=1}^{n} P_i \tag{2-6}$$

欲求重心位置,可用力矩定理——合力对任一轴的力矩等于各分力对于该轴力矩的代数和。例如图 2-10 所绘出的力系和各个力 P_i,其作用点的坐标为 (x_i, y_i, z_i),力系的合力为 P,其作用点的坐标为 $G(x_g, y_g, z_g)$。将合力 P 和各分力 $P_1, P_2, P_3 \cdots$ 对 y 轴取力矩,按力矩定理可得

$$P x_g = P_1 x_1 + P_2 x_2 + \cdots + P_n x_n = \sum_{i=1}^{n} P_i \cdot x_i$$

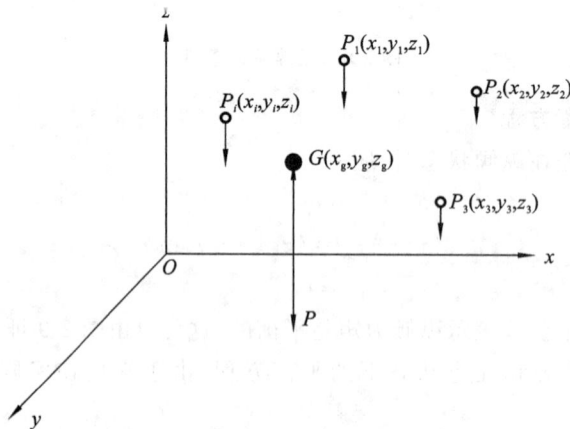

图 2-10　力矩定理应用的示意图

从而可得重心横坐标 x_g,同理可得 y_g、z_g,那么重心 G 的坐标为

$$\begin{cases} x_g = \dfrac{1}{P}\sum_{i=1}^{n} P_i \cdot x_i \\[2mm] y_g = \dfrac{1}{P}\sum_{i=1}^{n} P_i \cdot y_i \\[2mm] z_g = \dfrac{1}{P}\sum_{i=1}^{n} P_i \cdot z_i \end{cases} \tag{2-7}$$

由于船上重量通常都是左右对称分布的,因此 $y_g = 0$。

按式(2-6)、式(2-7)来计算舰船的重量及重心坐标原则上是没有什么困难的,然而这却是一件繁重而费时的工作,因为在总和计算中涉及的被加项目太多。通常,将全部载重归纳为若干类(如 GJB 4000—2000《舰船通用规范》规定了 16 大类)来进行简化,并列表计算。

2.3.2　增减载荷时舰船新的重量和重心位置的确定

通常对舰船在若干典型载重情况下的重量和重心坐标是事先就算好的,并且记载在舰船有关技术资料上。因此一般情况下,舰船的重量和重心位置均可作为已知量,但是舰船上有一部分载重如油水、弹药、粮食、人员等是变动的,另外在舰船的改装或修理中往往可能增减某些设备。在这种情况下常常需要运用式(2-7)计算载荷增减或移动后舰船新的重量和重心位置。

设舰船原来重量为 P,重心坐标为 $G(x_g, y_g, z_g)$,增加的载荷为 q,重心坐标为 $K(x_q, y_q, z_q)$,载重增加后,舰船新的重量为 P_1,新的重心坐标为 $G_1(x_{g1}, y_{g1}, z_{g1})$,如图 2-11 所示,则根据公式(2-7)立即可写出

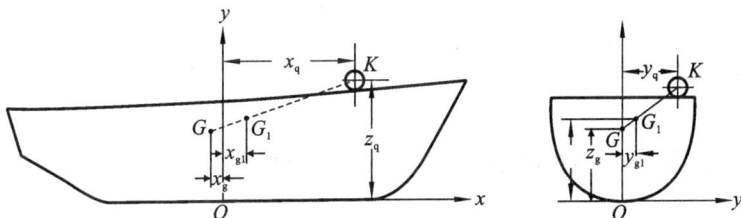

图 2-11　增减载荷时舰船重量重心变化示意图

$$\begin{cases} P_1 = P + q \\[2mm] x_{g1} = \dfrac{1}{P_1}(P \cdot x_g + q \cdot x_q) \\[2mm] y_{g1} = \dfrac{1}{P_1}(P \cdot y_g + q \cdot y_q) \\[2mm] z_{g1} = \dfrac{1}{P_1}(P \cdot z_g + q \cdot z_q) \end{cases} \tag{2-8}$$

公式(2-8)是公式(2-7)在增加载荷条件下的具体应用,若是减少载荷只要将式(2-8)中的 q 冠以负号即可。

有时需计算载荷增加后舰船重心坐标的改变量 $(\Delta x_g, \Delta y_g, \Delta z_g)$,最简单的方法是取 G 点为原点,平行于 $O\text{-}xyz$ 各轴应用力矩定理,得到重心坐标增量公式:

$$\begin{cases} \Delta x_{\mathrm{g}} = x_{\mathrm{g}1} - x_{\mathrm{g}} = \dfrac{Px_{\mathrm{g}} + qx_{\mathrm{q}}}{P+q} - \dfrac{(P+q)x_{\mathrm{g}}}{P+q} = \dfrac{q}{P+q}(x_{\mathrm{q}} - x_{\mathrm{g}}) \\[3mm] \Delta y_{\mathrm{g}} = y_{\mathrm{g}1} - y_{\mathrm{g}} = \dfrac{q}{P+q}(y_{\mathrm{q}} - y_{\mathrm{g}}) \\[3mm] \Delta z_{\mathrm{g}} = z_{\mathrm{g}1} - z_{\mathrm{g}} = \dfrac{q}{P+q}(z_{\mathrm{q}} - z_{\mathrm{g}}) \end{cases} \tag{2-9}$$

注意式(2-9)中 q、$(x_{\mathrm{q}}, y_{\mathrm{q}})$、$(x_{\mathrm{g}}, y_{\mathrm{g}})$ 本身均带有正负号，z_{g} 及 z_{q} 是正的，而 y_{g} 通常为 0。

例题 2-1　求某驱逐舰在后甲板上装水雷后新的重量和重心位置。已知增加水雷前驱逐舰之排水量 $P = 2318$ t，重心坐标 $G(-2.10\ \mathrm{m}, 0, 4.65\ \mathrm{m})$；水雷总质量 $q = 40.0$ t，重心坐标 $K(-43.5\ \mathrm{m}, 0, 7.80\ \mathrm{m})$。

解　根据公式(2-8)，装载水雷后舰船新的重量为

$$P_1 = (P+q)g = (2318 + 40.0)g = 2358g$$

新的重心位置为

$$x_{\mathrm{g}1} = \frac{Px_{\mathrm{g}} + qx_{\mathrm{q}}}{P+q} = \frac{2318 \times (-2.10) + 40.0 \times (-43.5)}{2358}\ \mathrm{m} = -2.80\ \mathrm{m}$$

$$y_{\mathrm{g}1} = 0.00$$

$$z_{\mathrm{g}1} = \frac{Pz_{\mathrm{g}} + qz_{\mathrm{q}}}{P+q} = \frac{2318 \times 4.65 + 40.0 \times 7.8}{2358}\ \mathrm{m} = 4.70\ \mathrm{m}$$

例题 2-2　试直接求出例题 2-1 中装载水雷引起的重心位置的变化 $(\Delta x_{\mathrm{g}}, 0, \Delta z_{\mathrm{g}})$。

解　根据式(2-9)，有

$$\Delta x_{\mathrm{g}} = \frac{q(x_{\mathrm{q}} - x_{\mathrm{g}})}{P+q} = \frac{40.0 \times [(-43.5) - (2.10)]}{2358}\ \mathrm{m} = -0.774\ \mathrm{m}$$

$$\Delta z_{\mathrm{g}} = \frac{q(z_{\mathrm{q}} - z_{\mathrm{g}})}{P+q} = \frac{40.0 \times (7.80 - 4.65)}{2358}\ \mathrm{m} = 0.053\ \mathrm{m}$$

2.3.3　移动载荷对舰船重心位置的改变

设舰船原来的重量为 P，重心在 $G(x_{\mathrm{g}}, y_{\mathrm{g}}, z_{\mathrm{g}})$，若有载荷 q 自 $K_1(x_{\mathrm{q}1}, y_{\mathrm{q}1}, z_{\mathrm{q}1})$ 移至 $K_2(x_{\mathrm{q}2}, y_{\mathrm{q}2}, z_{\mathrm{q}2})$，则舰船重心也将相应地从 G 移至 $G_1(x_{\mathrm{g}1}, y_{\mathrm{g}1}, z_{\mathrm{g}1})$，如图 2-12 所示。

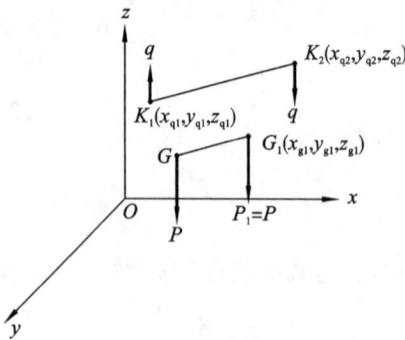

图 2-12　重心移动定理

为了求出新的重心 G_1，我们可以把载荷 q 的移动看作在 K_1 点减去一个载荷 q，而在 K_2 点增加一个载荷 q，这样一来就把移动载荷的问题转化为增减载荷的问题，也就可以应用公式(2-8)来求载荷移动后新的重心位置。于是可得

$$\begin{cases} x_{\mathrm{g}1} = \dfrac{Px_{\mathrm{g}} + qx_{\mathrm{q}2} - qx_{\mathrm{q}1}}{P+q-q} = \dfrac{Px_{\mathrm{g}} + q(x_{\mathrm{q}2} - x_{\mathrm{q}1})}{P} \\[3mm] y_{\mathrm{g}1} = \dfrac{Py_{\mathrm{g}} + qy_{\mathrm{q}2} - qy_{\mathrm{q}1}}{P+q-q} = \dfrac{Py_{\mathrm{g}} + q(y_{\mathrm{q}2} - y_{\mathrm{q}1})}{P} \\[3mm] z_{\mathrm{g}1} = \dfrac{Pz_{\mathrm{g}} + qz_{\mathrm{q}2} - qz_{\mathrm{q}1}}{P+q-q} = \dfrac{Pz_{\mathrm{g}} + q(z_{\mathrm{q}2} - z_{\mathrm{q}1})}{P} \end{cases} \tag{2-10}$$

有时需要求的不是最后的重心坐标，而是由载荷的移动所引起的重心位置的改变。这时

可应用式(2-11)来求。

由式(2-10)可得

$$\begin{cases} \Delta x_g = x_{g1} - x_g = \dfrac{q}{P}(x_{q2} - x_{q1}) \\[2mm] \Delta y_g = y_{g1} - y_g = \dfrac{q}{P}(y_{q2} - y_{q1}) \\[2mm] \Delta z_g = z_{g1} - z_g = \dfrac{q}{P}(z_{q2} - z_{q1}) \end{cases} \tag{2-11}$$

从式(2-11)可看出:若把体系中的一个物体向某方向移动一段距离,则整个体系的重心必向同一方向移动,且移动的距离与该物体的重量和移动的距离之积成正比,而与体系的总重量成反比。这就是重心移动定理。

重心移动定理不仅适用于重物之移动,也适用于面积和容积移动时求面积中心和容积中心的变化。

2.4　舰船排水量、浮心坐标计算原理与静水力曲线

求解舰船的浮性与稳性问题除需确定舰船的重量与重心外,还需要求出舰船的浮力与浮心。在实际的浮性计算中是先求出各吃水下的浮力与浮心,并作出浮力与浮心随吃水变化的关系曲线(该曲线为"静水力曲线"的一部分),再通过查静水力曲线来确定浮力、浮心及与浮力、浮心有关的参数。目前静水力曲线的计算、绘制大都是在计算机上实现,已有各种版本的计算程序,以下主要介绍舰船排水量的分类、浮力与浮心计算的基本原理、静水力曲线在求解浮性问题中的应用。

2.4.1　水面舰船排水量的分类

若舰船浮于 WL 水线,则水下部分的容积 V 称为容积排水量,单位是 m³;而相当于水下部分容积的水的质量称为质量排水量,通常用 Δ 表示,单位是 t。

这两种排水量分别从容积和质量两方面表示了舰船的大小。通常所说的某舰排水量大多指的是质量排水量。

为使舰船设计、性能计算、使用与管理方便,通常定义舰船若干典型的装载状态及相应的排水量。按照 GJB 4000—2000《舰船通用规范》,水面战斗舰艇典型装载状态与排水量有 5 种,它们的含义分别如下。

(1)空船(空载)排水量:全部完工的舰艇的排水量。包括舰体、机器、武器装备等,也就是装备齐全的舰艇的质量,但不包括人员、弹药、燃料、滑油、给养、淡水和锅炉用水的质量。这是舰艇建造后可能达到的最轻装载状况。

(2)标准排水量:装备齐全的舰艇,再加上全额的人员、弹药、给养、淡水等一切必需品(包括机器、锅炉和管系内的淡水、海水和滑油,也就是为准备开动机器所需的各项油、水)的质量,但不包括燃料、滑油和锅炉用水的储备质量。这是舰艇上燃油、滑油和备用锅炉用水全部消耗完时的装载状况,在一些状况下机器处于备航状态。

(3)满载排水量:标准排水量加上为保证全航程(续航力)所需的燃料、滑油和锅炉用水的质量。这是一般情况下,舰艇出航时的装载状况。

（4）正常排水量：舰艇正式航行时应具有的排水量，它等于标准排水量再加上半数的（即保证 50% 航程的）燃料、滑油和锅炉用水的质量。正常排水量通常作为舰艇设计时的指标，也是我们习惯上所指的舰船排水量。

（5）最大（超载）排水量：满载排水量加上补加的武器弹药储备（它们可以装在弹药库内或雷轨上）的质量，再加补加的燃料、滑油和锅炉用水的质量，直到有关的储放舱柜装满为止。这是舰艇可能达到的最大装载状况。

民用船的典型装载情况主要有如下两种。

（1）空载排水量：配齐船员和全部给养、准备出航时的排水量，但没有装旅客、货物、燃料和其他储备消耗品。它和舰艇空船排水量的区别主要在于，它包括了船员、机器和锅炉及管系中的淡水、海水和滑油的质量。

（2）满载排水量：空载排水量再加货物、旅客和行李、粮食、饮水和生活用水的质量，以及为保证全航程所需的燃料、滑油和锅炉用水的质量。

2.4.2　基本原理

舰船的浮力与浮心是随舰船吃水而变化的，所以需要计算出各吃水下的浮力与浮心位置。舰船的浮力等于舰船的容积排水量 V 与水的密度 ρ、重力加速度 g 乘积，其中 ρ、g 是常数，故浮力与浮心位置计算中需计算的是各水线下的容积与容积中心。如图 2-13 所示，舰船在吃水为 T 时的水下容积表达式为

$$V = \int_0^T S\,dz \tag{2-12}$$

式中：S——各吃水处的水线面面积，当各水线的舰船半宽用 y_i 表示时，S 可用下列积分式表示，式中 L 表示各水线长。

$$S = 2\int_{-L/2}^{L/2} y_i\,dx \tag{2-13}$$

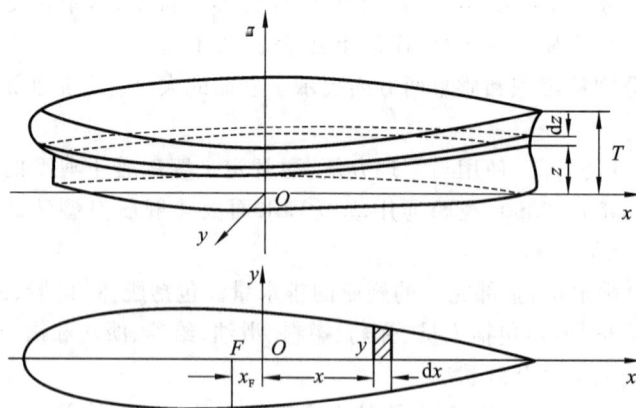

图 2-13　舰船排水体积计算原理

积分式（2-12）和式（2-13）的被积函数均不能以解析表达式表示，故要用近似积分法来计算。在舰船静力学中常用的近似积分法有梯形法、辛普森法则等。现据梯形法说明近似积分法的原理。如图 2-14 所示，从几何意义上说，据梯形法求 $S/2$ 是将积分区间 $[-L/2, L/2]$ 划

分为 n 个小区间，在每个小区间上以直线段（如 $\overline{y_9 y_{10}}$）来近似相应小区间上的曲线段（如 $\overset{\frown}{y_9 y_{10}}$），且以 n（这里取 20）个小区间上的梯形面积之和来近似相应的 n 个小区间上的曲线梯形面积，从而求出近似值。按梯形法，式(2-12)和式(2-13)的积分可近似表示为

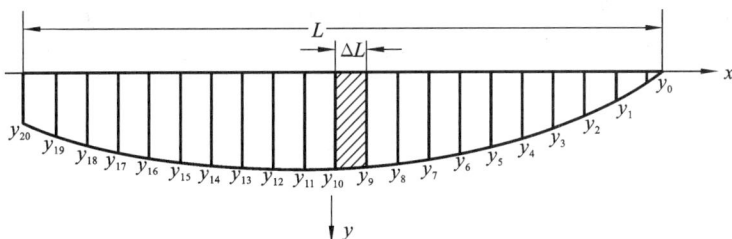

图 2-14 梯形法近似积分示意图

$$V = \Delta T\left(\frac{S_0}{2} + S_1 + S_2 + \cdots + S_9 + \frac{S_{10}}{2}\right) \tag{2-14}$$

$$S = 2\Delta L\left(\frac{y_0}{2} + y_1 + y_2 + \cdots + y_{19} + \frac{y_{20}}{2}\right) \tag{2-15}$$

式(2-14)和式(2-15)中：ΔT 为吃水间距，到计算水线处共分为 10 个小区间；$S_j(j=0,1,2,\cdots,10)$ 为各水线面面积；ΔL 为横剖面间距，整个船长分为 20 个小区间；$y_i(i=0,1,2,\cdots,20)$ 为计算水线各站的半宽。

也可以按另外一组积分式计算舰船的水下容积：

$$V = \int_{-L/2}^{L/2} \omega \, \mathrm{d}x, \quad \omega = 2\int_0^T y \, \mathrm{d}z \tag{2-16}$$

式中：ω——横剖面面积，随 x 变化。式(2-16)相应的梯形积分公式为

$$V = \Delta L\left(\frac{\omega_0}{2} + \omega_1 + \omega_2 + \cdots + \omega_{19} + \frac{\omega_{20}}{2}\right) \tag{2-17}$$

$$\omega = 2\Delta T\left(\frac{y_0}{2} + y_1 + y_2 + \cdots + y_9 + \frac{y_{10}}{2}\right) \tag{2-18}$$

类似地，舰船在吃水 T 下的浮心坐标可按下述各式计算：

$$x_c = \frac{M_{yz}}{V}, \quad y_c = \frac{M_{xz}}{V}(=0), \quad z_c = \frac{M_{xy}}{V} \tag{2-19}$$

式中：M_{yz}、M_{xz}、M_{xy}——舰船水下体积对三个坐标平面 yOz、xOz、xOy 的面积静矩，即

$$M_{yz} = \int_{-L/2}^{L/2} x\omega \, \mathrm{d}x, \quad M_{xz} = 0(对称性), \quad M_{xy} = \int_0^T zS \, \mathrm{d}z \tag{2-20}$$

M_{yz}、M_{xy} 的梯形积分公式分别为

$$M_{yz} = \int_{-L/2}^{L/2} x\omega \, \mathrm{d}x$$

$$= \Delta L^2\left(\frac{10\omega_0}{2} + 9\omega_1 + 8\omega_2 + \cdots + 0\omega_{10} - 1\omega_{11} - 2\omega_{12} - \cdots - 9\omega_{19} - \frac{10\omega_{20}}{2}\right)$$

$$M_{xy} = \int_0^T zS \, \mathrm{d}z$$

$$= \Delta T^2\left(\frac{0S_0}{2} + 1S_1 + 2S_2 + \cdots + 9S_9 + \frac{10S_{10}}{2}\right)$$

梯形法计算过程简单，计算结果一般也具有足够的精度，目前仍是工程中舰船静力学计算的常用方法。其他各种近似积分法的过程一般较梯形法繁杂些，精度通常也高些，但总体上说

其基本原理与梯形法是类似的。要了解其他近似积分法可参阅"数值计算方法"相关教材。

上述关于浮力、浮心位置的各项计算现通常是在计算机上实现,有关部门已设计编写出了 Windows 系统下的计算程序。上述各项计算一般是在舰船设计阶段进行的,并据计算结果绘出上述各变量随吃水变化的关系曲线,将这组曲线作为技术资料提供给舰船使用部门,这组曲线称为静水力曲线(参见附录 C)。国外有不少船舶设计通用软件,如 MAXSURF 也提供了静水力曲线计算模块。

2.4.3　静水力曲线

静水力曲线是用 V、Δ、x_c、z_c、S 等表征舰船水下部分所受水的静力作用的变量随吃水变化关系的一组曲线,这组曲线在浮性和稳性计算中经常用到。在浮性计算中静水力曲线可用来解决两类问题:一类是已知舰船的吃水,求排水量、浮心坐标、水线面面积等;另一类是已知舰船的排水量,求吃水、浮心坐标、水线面面积等。静水力曲线包括:

（1）容积排水量 V 曲线;

（2）质量排水量 Δ 曲线;

（3）浮心纵坐标 x_c 曲线;

（4）浮心垂向坐标 z_c 曲线;

（5）水线面面积 S 曲线;

（6）水线面面积中心纵坐标 x_f 曲线;

（7）水线面面积中心惯性矩 I_x 和 I_{yf} 曲线;

（8）横稳定中心半径 r 曲线;

（9）纵稳定中心半径 R 曲线。

有的静水力曲线图中还包括:每厘米吃水吨数 q_{cm} 曲线、纵倾 1 cm 力矩 $M_{1\,cm}$ 曲线,以及各种船型系数曲线等。

静水力曲线图绘出的是上述各个参数随吃水 T 变化的关系曲线,其中 V、Δ、x_c、z_c、S、r_f 的意义均已明晰,r、R 是关于舰船稳性的两个量,下一章将详细讨论其物理意义。

每条曲线都有其特定的缩尺,查找时不要弄错。需要注意的是,图中的吃水零点取自型线图的基线(此时的舰船吃水称之为理论吃水),而实船吃水零点则是船底最低点,在根据实船吃水标志去查找静水力曲线上有关的量或从静水力曲线上的吃水换算到实船上时,应当考虑到二者之差别。此外,如前所述,实船吃水标志在长方向上的位置通常也和型线图上艏艉垂线的位置不相吻合,换算时同样应注意。

静水力曲线有两种:一种是在方案阶段提供的,不包含外板与附体的影响;另一种是在工程阶段或完工后提供的,包含外板与附体影响在内。使用中应注意两者的区别。

静水力曲线是很重要的技术资料,除常用于浮性与稳性计算外,在其他航行性能的计算(如舰船阻力、耐波性的计算)中有时也会用到。现只举例说明静水力曲线在浮性计算中的应用,后续有关章节将讨论其在稳性计算中的应用。

例题 2-3　试从驱逐舰的静水力曲线(见附录 C)上查出,当吃水 $T = 3.63$ m 时舰船的 V、x_c、z_c 的值。

解　过 $T = 3.63$ m 处作一水平直线,根据该直线和各曲线之交点及各曲线之缩尺比,可以读出

$$V = 2250 \ \text{m}^3, x_c = -2.16 \ \text{m}, z_c = 2.25 \ \text{m}$$

例题 2-4　驱逐舰之排水量 Δ 为 2664 t 时,它的吃水、容积排水量、浮心坐标各是多少?

解　由 $\Delta = \rho V$,得

$$V = \frac{\Delta}{\rho} = \frac{2664}{1.025} \ \text{m}^3 = 2600 \ \text{m}^3$$

$V = 2600 \ \text{m}^3$ 时,查静水力曲线得吃水 $T = 4.0 \ \text{m}$;相应的,$x_c = -2.16 \ \text{m}, z_c = 2.25 \ \text{m}$。

2.5　纵倾水线下排水体积和浮心坐标的计算

在舰船的设计、建造和使用过程中常需确定纵倾水线下的排水量、浮心位置,当纵倾较大时,舰船的排水量、浮心位置就不能按正浮状态进行计算。此时舰船的排水量、浮心位置可用邦戎曲线或费尔索夫图谱计算。

2.5.1　邦戎曲线及其应用

对某一横剖面,可求出各个吃水下的横剖面面积 ω 及横剖面面积对基线的静矩 M_{Oy}。ω、M_{Oy} 按可变上限的积分求得,即

$$\omega = 2 \int_0^z y \, dz$$

$$M_{Oy} = 2 \int_0^z z y \, dz$$

据计算结果绘出 ω、M_{Oy} 随吃水 z 变化的曲线,如图 2-15 所示。需注意,最高的计算水线应没过甲板下的整个面积。

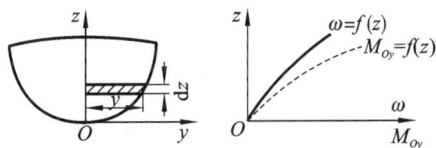

图 2-15　ω、M_{Oy} 随吃水 z 变化的曲线

对型线图上每站都进行上述计算,然后在各站处以吃水 z 为纵坐标,以 ω、M_{Oy} 为横坐标,绘出一簇 ω、M_{Oy} 随 z 变化的曲线,如图 2-16 所示。这种由各站 ω、M_{Oy} 随 z 变化的曲线构成的图谱称为邦戎曲线。为绘制和使用曲线方便,邦戎曲线船长方向尺度和吃水方向尺度采用不同的比例。

纵倾状态下舰船的排水体积和浮心坐标可以据邦戎曲线图算出,排水体积和浮心坐标的积分表达式与式(2-12)、式(2-13)和式(2-16)类似,如下:

$$V = \int_{-L/2}^{L/2} \omega \, dx \tag{2-21}$$

$$x_c = \int_{-L/2}^{L/2} x \omega \, dx \Big/ \int_{-L/2}^{L/2} \omega \, dx \tag{2-22}$$

$$z_c = \int_{-L/2}^{L/2} M_{Oy} \, dx \Big/ \int_{-L/2}^{L/2} \omega \, dx \tag{2-23}$$

其计算步骤如下:

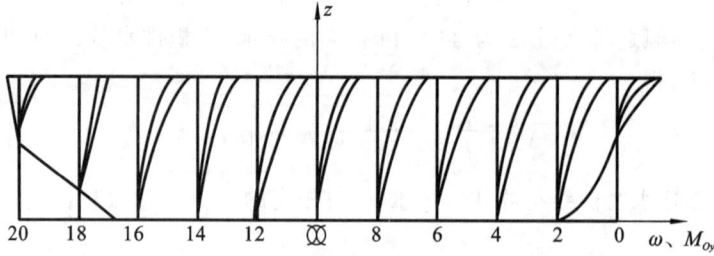

图 2-16　邦戎曲线

（1）据艏艉吃水在邦戎曲线上作出纵倾水线 W_1L_1，如图 2-17 所示；

（2）据纵倾水线与各站线的交点在邦戎曲线上水平量取各站的 ω、M_{Oy}；

（3）据各站的 ω、M_{Oy}，按式（2-21）至式（2-23）以梯形积分法求积分，得纵倾状态下的 V、x_c、z_c 的值。

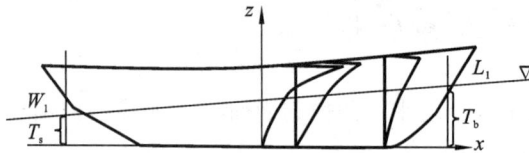

图 2-17　纵倾水线下排水量与浮心坐标计算

邦戎曲线在舰船静力计算中经常用到，在浮性计算中要用到它；此外，在稳性计算、舱容计算、不沉性计算、下水计算及船体总强度计算中都要用到它。

2.5.2　费尔索夫图谱及其应用

费尔索夫图谱是根据邦戎曲线的数据计算、作图而得到的，它表达了在纵倾状态下排水体积与浮心坐标随艏艉吃水变化的关系，如图 2-18 所示。费尔索夫图谱的横坐标是艏吃水 T_b，纵坐标是艉吃水 T_s，图中有两组曲线，一组为排水体积 V 等值线，一组为浮心纵坐标 x_c 等值线。

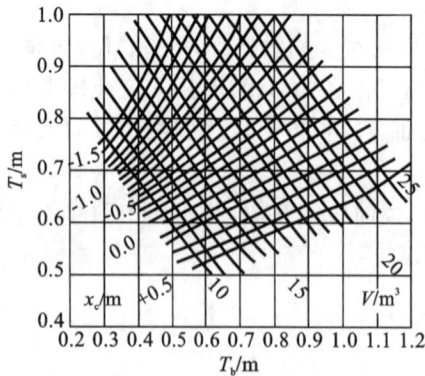

图 2-18　费尔索夫图谱

已知舰船艏艉吃水，可在费尔索夫图谱中查出相应的排水量与浮心纵坐标；反之，若已知舰船的排水量、浮心纵坐标，也可以从图谱中查出艏艉吃水。该图谱可用于大纵倾状态下的舰船静力问题计算，如下水计算、不沉性计算等。

费尔索夫图谱的具体计算、作图方法与一般的等值线计算、作图方法是类似的，手工计算、绘制这类图谱的工作量很大，现通常采用计算机进行计算与制图，各种版本的计算程序和绘制等值线的软件（如 Tecplot、Origin 科学图形软件）均可在互联网上找到。

2.6　储备浮力及载重标志

2.6.1　储备浮力

舰船在水面的漂浮能力是由储备浮力来保证的。储备浮力,指设计水线以上到上甲板以下的全部水密容积所提供的浮力,它表示从水线 WL 开始继续增加载荷而还能保持漂浮的能力。储备浮力对稳性、不沉性有很大的影响。船体损坏后,海水进入舱室,必然增加吃水,如果船舶具有足够的储备浮力,则仍能浮于水面而不致沉没。因此,储备浮力是确保舰船安全航行的一个重要指标。

储备浮力的大小通常以正常排水量的百分数来表示,对于水面战斗舰船一般都在 100%左右。储备浮力随舰船种类不同而不同,例如,对于驱逐舰为 100%～150%,对于巡洋舰为80%～130%,对于潜艇则相对较小,为 16%～30%。

民用船舶的储备浮力比较小,其大小根据船舶类型、航海区域及载运货物的种类而定,内河驳船的储备浮力为 10%～15%,海船的储备浮力为 20%～50%。

2.6.2　载重标志

为保证安全航行,国际上于 1966 年制定了《1966 年国际载重线公约》(ICLL1966),以后又议定了《1966 年国际载重线公约 1988 年议定书》。中国船舶检验局也颁布了《船舶与海上设施法定检验规则》(1999),其中《国际航行海船法定检验技术规则》分册第六篇《载重线》、《非国际航行海船法定检验技术规则》分册第三篇《载重线》、《内河船舶法定检验技术规则》分册第四篇《载重线》分别对国际航行海船、国内航行海船和内河航行船舶的最小干舷、最小船首高度和载重线标志等做了规定。规则规定在船中两舷勘画载重线标志,表明该船在不同航区、不同季节中航行时所允许的最大吃水线,以此规定船舶安全航行所需的最小干舷和最小储备浮力。

图 2-19 所示为国际航行船舶的载重线标志,它由外径为 300 mm、内径为 250 mm 的一个圆环,与横贯圆环中心的长为 450 mm、宽为 25 mm 的一条水平线,以及在圆环前方 540 mm处的长为 230 mm、宽为 25 mm 的若干水平线段所组成。各水平线段表示船舶按其航行的区域和季节而定的载重线,从下到上各线段及对应字母所表示的意义如下:

(1) WNA——冬季北大西洋载重线;

(2) W——冬季载重线;

(3) S——夏季载重线;

(4) T——热带载重线;

(5) F——夏季淡水载重线;

(6) TF——热带淡水载重线。

圆环两侧的字母"C""S"表示勘定干舷的主管机关是"中华人民共和国船舶检验局"。

国内航行海船的载重线标志类似于国际航行船舶,内河航行船舶的载重线标志上圆环两侧的字母"Z""C",表示"中华人民共和国船舶检验局",字母"A"(或"B""C")表示该船航行的区域是内河 A 级(或 B 级、C 级)航区。

若船舶的实际吃水超过规定的载重线,则表明该船已处于超载状态,可能造成储备浮力减小,航行的安全性得不到保障,港务监督机构就可以不准其出港。

关于航区的划分、最小干舷的确定等,可以参阅有关规范的规定。

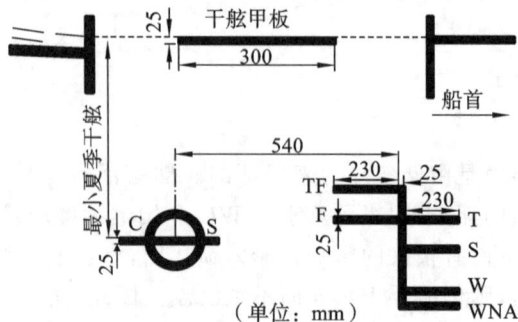

图 2-19　载重线标志

2.6.3　潜艇的吃水标志

潜艇的吃水标志是用来确定潜艇吃水的。潜艇吃水有两种:一是由基平面起算的吃水,称为理论吃水,用来进行浮性、稳性等性能计算,并用 T_b、T、T_s 分别表示潜艇的艏吃水、舯吃水(常称平均吃水)和艉吃水;二是实艇标志吃水 $T_{标}$,由艇底最低点(如声呐导流罩下边缘起算的吃水),用于潜艇航海。

各类潜艇的吃水标志在浮力与初稳性技术条令中都有说明。例如,某艇吃水标志如图 2-20 所示:

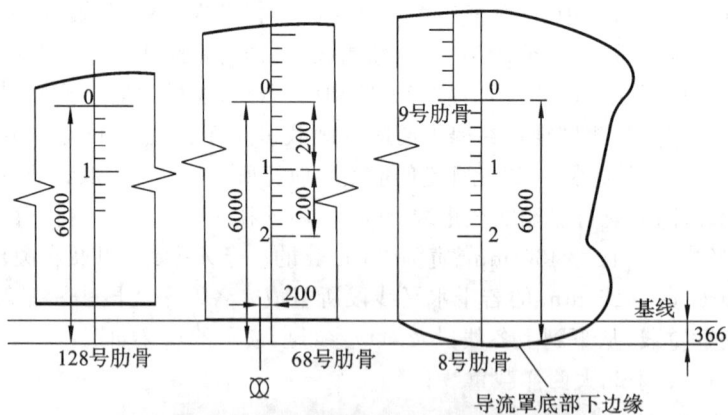

图 2-20　某艇吃水标志

（1）吃水标志绘于艏（8、9 号肋骨）、舯（68 号肋骨向首 200 mm）、艉（128 号肋骨）；

（2）艏艉两端吃水标志的间距为 68.4 m；

（3）艏、舯、艉吃水标志中最长的长线条为 0 号，长度为 1 m，自其下边缘向上或向下测量；

（4）任意两根相邻长线条下边缘间距为 200 mm，1，2，…标数为到 0 号的距离；

（5）艏、舯、艉 0 号吃水下边缘到导流罩下边缘止，垂直距离为 6 m；

（6）导流罩下边缘距基线−366 mm，计算实际吃水时可取−0.37 m。

用吃水标志求潜艇实际吃水时，应求出水线距 0 号扁条下边缘的距离。

2.7 潜艇的浮性

潜艇在水面状态的浮性具有与水面舰船相同的规律性，但是，在下潜、上浮过程中及水下状态时，其浮性具有独特的规律性。

本节介绍潜艇下潜和上浮的原理，潜艇的浮态及其表示方法；对潜艇的受力和正浮、横倾、纵倾及任意状态下的平衡条件进行分析；介绍潜艇排水量的分类方法、静水力曲线的意义，引入储备浮力和剩余浮力的概念；介绍潜艇浮力和浮心的计算方法；对潜艇特有的下潜条件、载荷补偿方法和均衡计算进行了分析。

2.7.1 潜艇下潜和上浮原理

1. 潜艇的有关基本知识

图 2-21 所示为双壳体结构潜艇示意图。双壳体结构潜艇大致可分为耐压艇体和非耐压艇体及各种液舱。

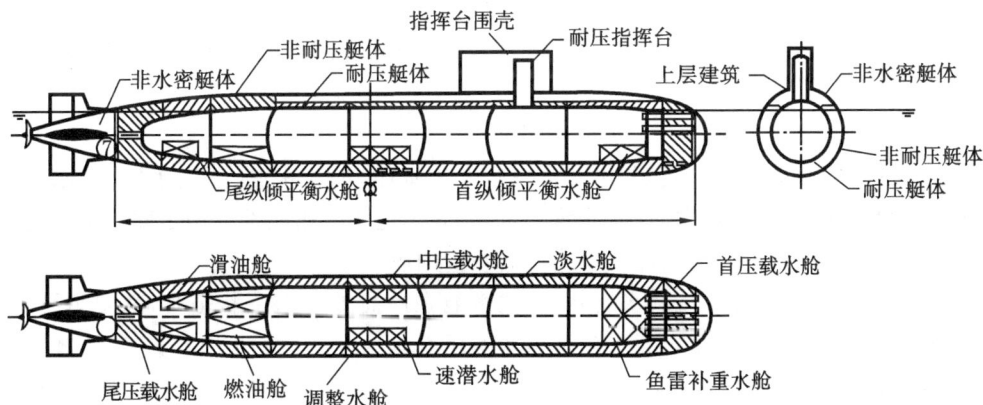

图 2-21 双壳体结构潜艇示意图

1）耐压艇体和非耐压艇体

双壳体结构潜艇由双层艇体组成。内艇体在潜艇潜入水中时要承受深水的压力，称为耐压艇体。外艇体在潜艇潜入水中时不承受水的压力，称为非耐压艇体。

2）水密艇体和非水密艇体

耐压艇体和非耐压艇体首部与尾部之间的艇体上有一些开口，水可以从这些开口自由流进和流出，潜艇内部的这些开口的部位称为非水密艇体，除此以外的称为水密艇体。显然耐压艇体是水密的,非耐压艇体分为水密艇体和非水密艇体,主压载水舱、燃油舱等是非耐压水密艇体,上层建筑、指挥台围壳等为水密结构。

3）主压载水舱

耐压艇体和非耐压艇体之间设有一些舷舱,用于注排水用,称为主压载水舱。它的作用是使潜艇上浮和下潜,其容积重量等于潜艇的储备浮力。在主压载水舱顶部有通气阀,底部有通海阀或仅设排水孔。

将通气阀和通海阀打开时,海水经通海阀进入压载水舱,而舱内的空气经通气阀排出。当主压载水舱注满水时,艇体就完全潜入水中,并按规定适时关闭通气阀。

潜艇在水下航行时,通海阀呈打开状态,而通气阀是关闭的。当潜艇需要上浮时,用高压空气把主压载水舱内的水吹除,潜艇就上浮到水面。

4）调整水舱

调整水舱的作用是调整由于海区密度和变动载荷等的变化引起潜艇的重力和浮力之间的不平衡。当潜艇的重力或浮力变化时,往调整水舱中注水（或排水）使水下状态的潜艇重力始终等于浮力。

调整水舱一般设置一至两个。若设置两个调整水舱时,其中一个的纵向位置在变动载荷总的重心附近;另一个的纵向位置在艇的浮心附近。调整水舱可布置在舷间或耐压艇体内。

5）速潜水舱

潜艇的上浮和下潜完全由主压载水舱的注排水来实现。为了使潜艇快速下潜或在水下状态能迅速改变艇的下潜深度,某些潜艇设有速潜水舱。一般速潜水舱在略偏于潜艇重心前的艇体下部,布置在舷间,紧靠调整水舱,也有的布置在耐压艇体内。由于速潜水舱位于潜艇重心前,该舱注满水后,艇的重力大于浮力,且产生首纵倾,因而能够迅速下潜。

6）首、尾均衡水舱（纵倾平衡水舱）

潜艇都设置有首、尾均衡水舱。通常设置在耐压艇体内的首、尾端,并且分隔成互不相通的左、右两部分。首、尾均衡水舱的作用是调整潜艇不平衡纵倾力矩,以达到控制潜艇纵倾状态的目的。

7）其他水舱

除了上述介绍的水舱外,潜艇上还设有一些专用水舱,如淡水舱、蒸馏水舱、污水舱、鱼雷（弹）补重水舱、导弹瞬时补重水舱、燃油舱、滑油舱等。这些专用舱部分用于储备相应的物品,部分用于补偿潜艇在短时间内消耗大量载荷而减少的艇重量。

以上介绍的水舱中,除主压载水舱外,其他水舱在潜艇处于水下状态时,都要承受深水压力,所以它们是耐压水舱,而主压载水舱则为非耐压水舱。

2. 潜艇的下潜和上浮

静止处于水面或水下状态的潜艇（见图 2-22）,会受到两种力的作用——重力和浮力,并且重力和浮力平衡,满足平衡条件,即重力等于浮力,重心和浮心在同一条铅垂线上。

根据阿基米德定律,水中物体所受到的浮力等于物体排开水的重力。一般舰船能排开水的部分主要是其水密部分的船体,是固定的。一艘水面舰船之所以会沉没,往往是因为其水线以下部分的破损导致船体外部水大量涌进船舱,这就等于在船上增加了液体载荷,破坏了舰船原有的平衡,使得舰船所受到的浮力不再能平衡舰船的重力,从而导致舰船的沉没。但是,如果能够合理地打破这种平衡,就能按照人的意愿实现舰船的下潜或上浮。潜艇就是通过增大或减小重力使之大于或小于潜艇所受的浮力来实现潜艇的下潜或上浮。为此,潜艇上设有主压载水舱,潜艇的潜浮就是借助主压载水舱(见图 2-23)的注排水来实现的。

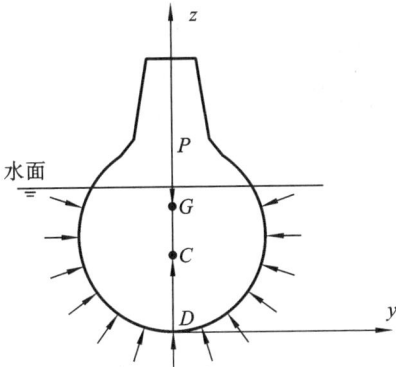

图 2-22 静浮潜艇的受力

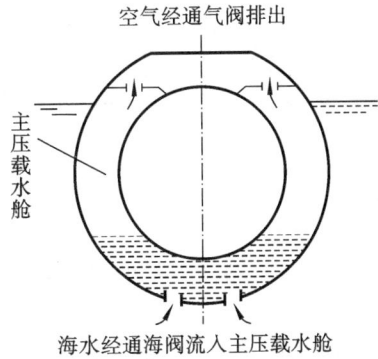

图 2-23 潜艇的主压载水舱

1) 潜艇的下潜

潜艇由巡航状态或其他水面状态过渡到水下状态的过程称为下潜。

潜艇的下潜是通过将舷外海水注入主压载水舱,增加潜艇的重力而实现的。潜艇的下潜通常有一次下潜和二次下潜之分。一次下潜又称速潜,由巡航状态向所有主压载水舱同时注水而形成的潜艇下潜,一般在战斗巡航中采用。二次下潜又称正常下潜,先使首尾组主压载水舱注水,潜艇过渡到半潜状态(又称潜势状态),此时指挥室围壳和甲板仍露于水面,然后再向中组主压载水舱注水而使潜艇下潜至完全沉入水中,一般在日常训练中采用。

2) 潜艇的上浮

潜艇由水下状态过渡到水面状态的过程称为上浮。

潜艇上浮是用压缩空气或其他压缩气体吹除主压载水舱内的水的方法来实现的。潜艇的浮起也分一次上浮(包括失事浮起,即速浮)和二次上浮(正常浮起)。

正常上浮时,先用高压气排出中组主压载水舱中的水,使艇上浮到半潜状态,然后用低压气排出首尾组主压载水舱中的水,使潜艇上浮到巡航状态。而用高压气同时吹除全部主压载水舱中的水所形成的潜艇上浮称为一次上浮。失事浮起或速浮,指潜艇在水下损失大量浮力、出现危险纵倾等险情时,用高压气吹除中组及一端甚至全部其他主压载水舱中的水,使艇紧急浮起。因此,失事浮起也是一次上浮。

船浮于水的秘密

2.7.2 潜艇的浮态及其表示法

当潜艇处于水面状态时,潜艇浮态的定义、表示方法与 2.1 节中水面舰船的浮态定义及其表示方法是类似的,需要注意的一点是,潜艇艏艉吃水分别为首尾水密舱壁处的吃水,如图 2-24 所示。

潜艇处于水面状态时,可以用正浮状态、横倾状态、纵倾状态、任意状态这四种状态表示潜艇与静水平面的相对位置;潜艇处于水下状态时,同样可用这四种状态表示潜艇与静水平面的相对位置。因为潜艇在水下状态时不存在静水平面,应为水平面,故无"吃水"这个参数。这时用横倾角 θ 和纵倾角 ψ 表示即可,有时还需指出下潜深度。

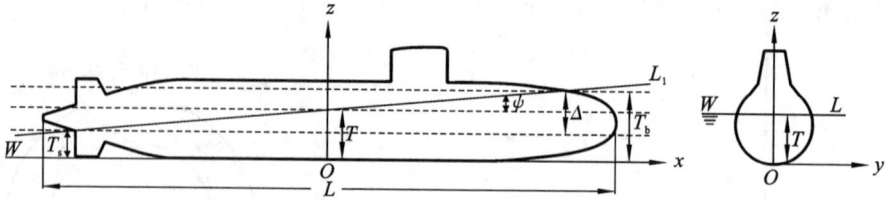

图 2-24　潜艇纵倾状态

2.7.3　潜艇的平衡条件

潜艇为什么会以各种状态漂浮于水中？这是作用在潜艇上的重力和浮力在不同条件下互相平衡的结果。为此需研究作用于静浮潜艇上的力，即浮力与重力的性质、大小、变化规律及其作用方式。

1. 平衡条件

由于静浮潜艇仅受重力和浮力的作用，因此使潜艇能在水面任一水线位置或水下保持漂浮，即平衡于一定的浮态的充分必要条件（称为平衡条件）为

（1）潜艇的重力等于浮力，即合力为零，潜艇没有移动；

（2）潜艇的重心和浮心在同一条铅垂线上，即合力矩为零，潜艇没有转动。

可见，潜艇的平衡条件与水面舰船完全相同。因此二者的受力情况也完全相同。

如 2.2 节所述，平衡条件的数学表达式称为平衡方程，不同的浮态对应不同的平衡方程，下面分别给出潜艇水上、水下的平衡方程。

2. 水上状态平衡方程

潜艇水上状态平衡方程与水面舰船平衡方程形式相同，潜艇正浮于水上的平衡方程为

$$\begin{cases} P_{\uparrow} = D_{\uparrow} = \rho g V_{\uparrow} \\ x_{g\uparrow} = x_{c\uparrow} \\ y_{g\uparrow} = y_{c\uparrow} = 0 \end{cases} \tag{2-24}$$

式中：$P_{\uparrow}$ ——潜艇水上状态重量；

$D_{\uparrow}$ ——水上状态潜艇的排水量，简称水上排水量；

$V_{\uparrow}$ ——水上状态潜艇水密艇体的容积；

$x_{g\uparrow}$、$y_{g\uparrow}$ ——水上状态潜艇重心 $G_{\uparrow}$ 的坐标；

$x_{c\uparrow}$、$y_{c\uparrow}$ ——水上状态潜艇浮心 $C_{\uparrow}$ 的坐标。符号↑表示水上状态，↓表示水下状态。

3. 水下状态平衡方程

潜艇下潜靠主压载水舱注水来实现。对主压载水舱中的水有两种方式处理：增加载重法（简称增载法）和损失浮力法（又称固定浮容积法，简称失浮法）。将主压载水舱中的水看成潜艇重量的一部分，即增加载重法；将主压载水舱中的水看成舷外水，潜艇的重量没有增加，只是失去了主压载水舱所提供的浮力，即损失浮力法。潜艇的浮性与稳性中常将增加载重法称为可变排水量法，而将损失浮力法称为固定排水量法。两种方法在潜艇的浮性和稳性计算中都要用到。

1）增加载重法的水下平衡方程

根据增加载重法，潜艇正浮于水下时的平衡方程为

$$
\begin{cases}
P_\downarrow = D_\downarrow = D_\uparrow + \rho g \sum v_\mathrm{m} = \rho g V_\downarrow \\
x_{\mathrm{g}\downarrow} = x_{\mathrm{c}\downarrow} \\
y_{\mathrm{g}\downarrow} = y_{\mathrm{c}\downarrow} = 0
\end{cases}
\tag{2-25}
$$

式中：$P_\downarrow$——把主压载水舱中的水视为潜艇重量的一部分时，潜艇的水下重量；

$D_\downarrow$——潜艇水下状态排水量浮力，简称水下排水量；

$V_\downarrow$——潜艇水下状态水密艇体容积；

$\rho g \sum v_\mathrm{m}$——主压载水舱注水总重量；

$x_{\mathrm{g}\downarrow}$、$y_{\mathrm{g}\downarrow}$——将主压载水舱中水的重量视为艇体重量的一部分时的艇体重心坐标；

$x_{\mathrm{c}\downarrow}$、$y_{\mathrm{c}\downarrow}$——将主压载水舱中水的重量视为艇体重量的一部分时的艇体浮心坐标。

水下水密艇体排水体积 $V_\downarrow$ 由耐压艇体、耐压水舱（浮力调整水舱、速潜水舱）、主压载水舱及提供浮力的所有附体的容积等组成，不包括非水密艇体内部的容积。$\rho g \sum v_\mathrm{m}$ 是主压载水舱注水总重量，即潜艇从水上下潜到水下后增加的总重量，其中 v_m 是一个主压载水舱的容积，$\sum v_\mathrm{m}$ 是所有主压载水舱的总容积（见图 2-25（a））。

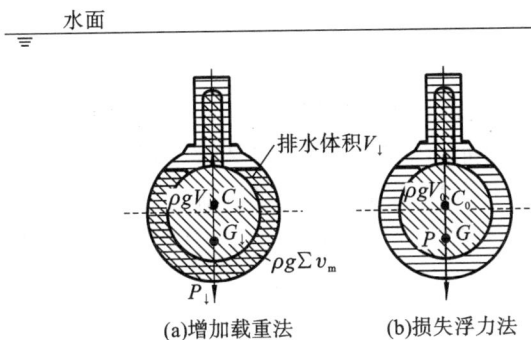

图 2-25　水下状态平衡

2）损失浮力法的水下平衡方程

根据损失浮力法，潜艇正浮于水下时的平衡方程为

$$
\begin{cases}
P_\uparrow = D_\uparrow = \rho g V_0 \\
x_{\mathrm{g}\uparrow} = x_{\mathrm{c}0} \\
y_{\mathrm{g}\uparrow} = y_{\mathrm{c}0} = 0
\end{cases}
\tag{2-26}
$$

损失浮力法将主压载水舱注水看成艇外水（见图 2-25（b）），下潜后，潜艇本身的重量并没有改变，重心位置也没有改变，所以，艇的排水量浮力依然是 $D_\uparrow$，艇的重心也依然是 $x_{\mathrm{g}\uparrow}$ 和 $y_{\mathrm{g}\uparrow}$。式（2-26）中，V_0 是潜艇处于水下状态时所有排水物排开水的体积，包括耐压艇体容积，耐压舷舱容积，所有提供浮力的艇外附体、非耐压艇体外板、非水密艇体内部构架等的排水体积。习惯上称 V_0 为固定浮容积。$x_{\mathrm{c}0}$、$y_{\mathrm{c}0}$ 是固定浮容积 V_0 的几何形心坐标，即浮心 C_0 的坐标。

式（2-25）和式（2-26）虽然表达形式不同，但都是潜艇水下平衡方程式，只是采用了不同的思路。两种方法在实际计算中都有采用，式（2-26）在潜艇设计中应用较多，潜艇航行使用中常用增载法考虑。

2.7.4 潜艇排水量分类与静水力曲线

1. 潜艇排水量的分类

为了明确地表示潜艇的装载状态和航行状态及满足某些性能计算的需要,潜艇排水量常用以下五种类别。

1) 空船排水量

潜艇的空船排水量指完全完工的潜艇装载了任务中所规定的武器装备、机械、装置、系统、设备等时的排水量,也就是装备齐全的潜艇的质量,但不包括人员、弹药、燃料、滑油、给养、淡水、供应品等的质量在内。

2) 正常排水量

潜艇的正常排水量指装配完整的船体,装有全部装配完整的机械(湿重)、武器装备和其他各种设备、装置、系统(各系统处于待工作状态)及固体压载,全部弹药、供应品、备品、按编制的人员及其行李,按自给力配备的食品、淡水、蒸馏水、燃油、滑油和一、二回路用水等,并计入耐压船体内空气、均衡水的质量和储备排水量,并能在水下处于静力平衡时的排水量。正常排水量也称为巡航排水量、水上排水量。

正常排水量就是空船排水量加上任务书所规定的人员、弹药、燃油、滑油、食物、淡水、供应品及供潜艇水下均衡用的液舱内的初始水量等变动载荷时的排水量,即处于巡航状态的潜艇可随时下潜的质量。这时,速潜水舱注满水(但不计入巡航排水量内)、主压载水舱未注水,但潜艇已均衡好;燃油储备正常,并保证任务书规定的各航速下达到全航程(续航力)。对续航力较大的潜艇,只将燃油总储量的 60% 计入正常排水量,其余作为超载燃油量。通常所指的潜艇排水量就是正常排水量(如某艇的巡航排水量为 1319.36 t),也是试潜定重(具体内容请参考相关书籍)后确定的装载状态。

3) 超载排水量

潜艇的超载排水量指正常排水量加上超载燃油、滑油、食品、淡水和蒸馏水等的排水量。超载燃油装在部分主压载水舱内,这些水舱称为燃油压载水舱。如某艇的 4、7、8 号主压载水舱,此时艇的超载排水量为 1474.71 t。

4) 水下排水量

潜艇的水下排水量指水面正常排水量加上全部主压载水舱中水的总质量。如某艇质量为 1712.78 t,由 2.7.6 节可知,其水下排水量也就是水面正常排水量加上储备浮力。

5) 水下全排水量

潜艇裸船体及全部附体外表面所围封的总容积的排水量,即包括非水密部分在内的整个艇体所排开水的质量。如某艇水下全排水量为 2040 t。

另外,潜艇还预留了部分排水量,称为储备排水量,它是舰船设计时预先计入排水量中用于设计建造及现代化改装的一项备用量。对于潜艇的现代化改装,其储备排水量一般可按正常排水量的 0.5% 留取,但最大不宜超过 20 t,储备重心高一般可按比正常排水量时艇的重心垂向坐标高 0.5 m 留取。

此外,时常用到固定浮容积排水量和标准排水量。前者指潜艇处于水下状态时,耐压船体和耐压指挥台及其他附体等所有排水体所占的总容积(固定浮容积 V_0)的排水量,其数值和水面正常排水量相等;后者指正常排水量扣除燃滑油等储备后的排水量。

由于潜艇处于水下状态时,人们对主压载水舱内这部分水的看法不同,因此关于潜艇水下排水量有以下两种观点。

(1) 增加载重法(或排水体积法)观点:将主压载水舱内的进水看成是艇上增加的质量,即水下排水量是正常排水量与全部主压载水舱的注水量之和。

(2) 损失浮力法(或固定浮容积法)观点:潜艇下潜时打开通海阀后,主压载水舱变成非水密舱与舷外相通,故主压载水舱进水也可看成是潜艇失去了主压载水舱容积这部分浮力。按损失浮力法观点,潜艇水下排水量就是固定浮容积所提供的排水量,所以又称为固定浮容积法。

损失浮力法于 1938 年提出,用于设计阶段对潜艇浮性的控制,但通常情况下都是采用增加载重法。

按正常排水量的大小,将潜艇划分为大型潜艇($D \geqslant 2500$ t);中型潜艇($2500 > D \geqslant 1000$ t);小型潜艇($D < 1000$ t)。

2. 潜艇的静水力曲线

舰船(包括潜艇)静水力曲线(或浮力与初稳性曲线)的含义在 2.4.3 节已经阐明。潜艇的静水力曲线通常只包含 V、x_c、z_c、$z_c + r$ 曲线和 R 曲线,如附录 D 所示。各曲线的意义将在后续章节中介绍。

3. 排水量和浮心坐标的计算——查静水力曲线法

1) 曲线的使用条件

由于静水力曲线是按潜艇的正浮状态计算的,因此严格讲应是处于正浮状态的潜艇才可使用此曲线。但当潜艇有不大的横倾和很小的纵倾且误差不大时,其稳性处于初稳性范围内,故也可使用静水力曲线。一般,此曲线的使用条件是横倾角 $\theta \leqslant 10° \sim 15°$(注:因为不同类型的船,横倾角完全不同,故此处取一个范围,后依此类推,全书同。),纵倾角 ψ 不大于 $0.5°$。

2) 曲线使用方法

(1) 已知(中船)吃水 T,求排水量 V 和浮心坐标 $C(x_c, 0, z_c)$。

例题 2-5　某艇处于巡航状态时,实际吃水 $T_标 = 4.96$ m,求该艇的 V 和 $C(x_c, 0, z_c)$。

解　先将实际吃水换算成距基线的理论吃水,即

$$T = T_标 - t = 4.96 \text{ m} - 0.37 \text{ m} = 4.59 \text{ m}(t \text{ 为导流罩底部离基线的距离})$$

在静水力曲线吃水坐标上取 $T = 4.59$ m,并作一水平线。水平线与各曲线相交,根据各交点引垂线与对应的 V、x_c、z_c 的缩尺坐标相交,可以读出:

$$V = 1319.36 \text{ m}^3$$
$$C(x_c = 1.63 \text{ m}, 0, z_c = 2.65 \text{ m})$$

(2) 已知排水量 V,求潜艇吃水 T 及浮心 $C(x_c, 0, z_c)$。

例题 2-6　某艇卸除全部蓄电池组后排水量 $P = 1167.66$ t,求该艇卸载后的吃水 T 和浮心坐标 $C(x_c, 0, z_c)$。

解　由 $P = \rho V$ 可得

$$V = \frac{P}{\rho} = \frac{1167.66}{1} \text{ m}^3 = 1167.66 \text{ m}^3 (\text{这里取水的密度 } \rho = 1 \text{ t/m}^3)$$

然后在排水量 V 的横坐标轴上找到 $V = 1167.66$ m^3 的点,过该点作垂线与排水量为 $f(T)$ 的曲线相交。通过相交点作一水平线,由吃水纵坐标上查得 $T = 4.17$ m,则其相应的浮心坐标为 $C(1.84 \text{ m}, 0, 2.43 \text{ m})$。中船实际吃水 $T_标 = T + t = 4.17 \text{ m} + 0.37 \text{ m} = 4.54 \text{ m}$。

2.7.5　潜艇固定浮容积及容积中心位置的计算

处于水下状态时,潜艇的排水体积及其形心是固定的。固定浮容积包括耐压艇体容积、耐压舷舱容积、耐压指挥台容积及所有能够提供浮力的附体、非耐压艇体外板和构架等的排水体积。

1. 耐压艇体容积及容积形心计算

潜艇耐压艇体通常是由圆柱体和截头圆锥体组成,首尾端为球面舱壁,其各个部分容积和容积形心的计算方法如下。

1）圆柱体

如图 2-26 所示,设圆柱体的半径为 R,长度为 l,其容积为

$$\nabla = \pi R^2 l \tag{2-27}$$

其容积形心坐标为 x_b 和 z_b。

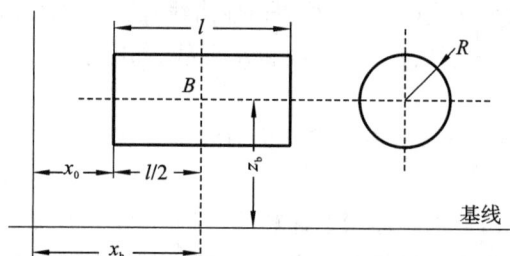

图 2-26　圆柱体容积及形心计算

2）截头圆锥体

如图 2-27 所示,设 l 为圆锥体长度,R_1 为首端面半径,R_2 为尾端面半径,x_0 为尾端面至船中横剖面距离,a 为尾端面至截头圆锥体容积中心的距离。则截头圆锥体容积及容积中心的坐标可分别按下式求得:

$$\nabla = \frac{\pi}{3}(R_1^2 + R_1 R_2 + R_2^2)l \tag{2-28}$$

$$\begin{cases} x_b = x_0 + a \\ z_b = z_2 - \dfrac{z_2 - z_1}{l}a \end{cases} \tag{2-29}$$

式中:

$$a = \frac{l}{4} \times \frac{R_2^2 + 2R_1 R_2 + 3R_1^2}{R_2^2 + R_1 R_2 + R_1^2}$$

3）首尾球面舱壁

球面舱壁尺度如图 2-28 所示,其容积及容积中心坐标可分别按下式计算:

$$\nabla = \frac{1}{3}\pi h^2 (3R - h) \tag{2-30}$$

$$\begin{cases} x_b = x_0 + a \\ z_b = z_0 \end{cases} \tag{2-31}$$

式中: $h = R - \sqrt{R^2 - r^2}$;$a = h/3$。

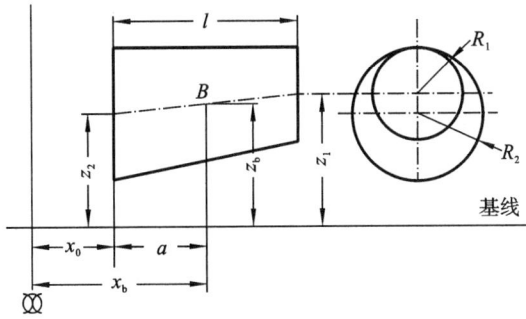

图 2-27　截头圆锥体容积及形心计算

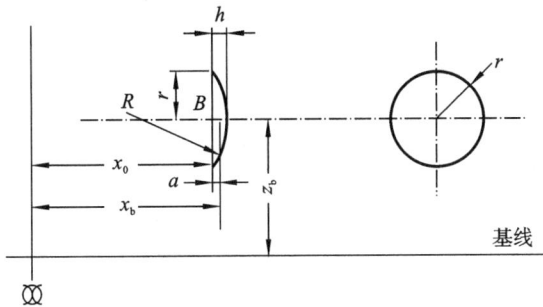

图 2-28　球面舱壁容积及形心计算

2. 耐压附体

对于耐压附体,如耐压指挥台、耐压舷舱、鱼雷发射管、出入舱口和鱼雷装卸舱口等,其容积及容积形心可以按照形状求得,容积形心坐标可以从总布置图中求得。

3. 非耐压附体

非耐压附体包括主压载水舱、上层建筑、指挥台围壳、首尾端及耐压艇体外全部装置和系统。上述各部分材料的排水体积可以按照下式确定:

$$\nabla = \frac{m_i}{\rho} \tag{2-32}$$

式中:m_i——结构的质量;

ρ——材料的密度。

固定浮容积 ∇_0 及容积形心的计算通常列表进行,计算方法与求重力、重心位置相类似。表 2-1 所示是固定浮容积计算表,将表中最后一项代入式(2-33):

$$\nabla_0 = \sum \nabla_i \tag{2-33}$$

则有

$$\begin{cases} x_{b0} = \dfrac{\sum \nabla_i x_{bi}}{\nabla_0} \\ z_{b0} = \dfrac{\sum \nabla_i z_{bi}}{\nabla_0} \end{cases} \tag{2-34}$$

在重量、重心、固定浮容积及容积形心求出以后,可以根据式(2-26)判断潜艇在水下状态是否平衡。如果 $P = \rho V_0$,且 $x_g = x_{b0}$,则表示潜艇能够在水下平衡并保持纵倾角 $\psi = 0$。若 $x_g \neq x_{b0}$,则潜艇将产生纵倾,其纵倾角 ψ 满足:

$$\tan\psi = \frac{x_{b0} - x_{g\uparrow}}{z_{g\uparrow} - z_{b0}} \tag{2-35}$$

因为潜艇艇体总是左右对称的,其重力分布也应保证左右对称,即 $y_{g\uparrow} = y_{b0} = 0$,故潜艇一般不会产生横倾。

表 2-1　固定浮容积计算表

序号	名称	容积	对基线		对中横剖面			
					前半段艇体		后半段艇体	
		∇_i/m^3	力臂 z_i/m	力矩 $\nabla_i z_i/m^4$	力臂 x_i/m	力矩 $\nabla_i x_i/m^4$	力臂 $-x_i/m$	力矩 $-\nabla_i x_i/m^4$
1	耐压艇体							
2	耐压艇体壳板							
3	耐压液舱							
4	耐压指挥台							
5	鱼雷发射管							
6	出入舱口							
7	主轴、推进器							
8	主压载水舱壳板及构架							
9	首尾端壳板及构架							
10	舵装置							
⋮								
	总计	$\nabla_0 = \sum \nabla_i$		$\sum \nabla_i z_i$		$\sum \nabla_i x_i$		$-\sum \nabla_i x_i$

2.7.6　储备浮力和下潜条件

1. 储备浮力

潜艇设计水线以上所有排水体积(即巡航水线以上的全部水密容积,包括水密艇体和附体的容积)称为储备浮容积,用 V_{rb} 表示。它能提供的浮力 $\rho g V_{rb}$ 称为储备浮力,表示从设计水线开始继续增加载荷还能使潜艇保持漂浮的能力。潜艇只有在水面状态时才有储备浮力,在水下状态时储备浮力为零。所以潜艇的储备浮容积等于水下排水量与水上排水量之差,即

$$V_{rb} = V_\downarrow - V_\uparrow \tag{2-36}$$

储备浮力通常用储备浮容积占水上排水量的百分数即储备浮力比例来表示,即

$$储备浮力比例 = \frac{V_{rb}}{V_\uparrow} \times 100\% \tag{2-37}$$

储备浮力的大小表示潜艇水面抗沉和水下自浮能力的好坏,也是保障潜艇水面适航性的

重要因素。储备浮力较大,将改善潜艇的不沉性和水面航行性能,但同时会增加潜艇的下潜时间,因此,以水下航行为主的现代潜艇,在保障不沉性与水面适航性的前提下,储备浮力应较小。大型潜艇与小型潜艇相比,前者可用比较小的储备浮力比例,一般为水面排水量的 15%～30%,参见表 2-2。

潜艇的掉深与失稳

表 2-2 各国典型潜艇的排水量

潜艇类型的名称		排水量 (水面/水下)/t	长×宽×吃水 /(m×m×m)	储备浮力比例 /(%)	开始服役 时间
大型	G 级(苏联)	2845/3600	98.9×8.2×8.0	约 26.5	1958
	"东方旗鱼"级(美)	2485/3168	106.8×9.1×5.5	约 20.7	1956
	"苍龙"级(日)	2950/4200	84×9.1×8.5		2009
中型	R 型(苏联)	1320/1710	76.6×6.7×4.5	29.5	1958
	"基洛"级 877 型(苏联)	2325/3075	72.6×9.8×6.6		1982
	"大青花鱼"号(美)	1516/1837	62.2×8.2×5.6	20	1953
	"长颌须鱼"级(美)	2145/2895	66.8×8.8×8.5	约 35	1955
	"奥白龙"(英)	1610/2410	88.5×8.1×5.6	约 18.7	1961
	"支持者"级(英)	2168/2455	70.3×7.6×5.5	约 10	1990
	"女神"级(法)	869/1043	57.8×6.8×4.6	20	1964
	"阿哥斯塔"级(法)	1490/1740	67.6×6.8×5.4	14	1977
	209 级(德)	1105/1230	54.4×6.2×5.5	25.5	1975
	212 级(德)	1320/1800	53.2×6.8×5.8		2004
	212A(德/意)	1450/1830	55.9×7×6		2005
	"萨乌罗"级(意)	1460/1640	63.8×6.83×5.7	12	1980
	"西约特兰"级(瑞典)	1070/1143	48.5×6.1×5.6		1987
	"哥特兰"级(瑞典)	1240/1490	60.4×6.2×5.6		1996
	"乌拉"级(挪威)	1040/1150	59×5.4×4.6		1989
	"亲潮"号(日)	1130/1420	78.8×7×4.6	25.7	1959
	"涡潮"级(日)	1850/2340	72×9.9×7.5		1972
	"夕潮"级(日)	2250/2450	76×9.9×7.4		1980
	"春潮"级(日)	2450/3200	77×10×7.7		1990
	"亲潮"级(日)	2750/3000	82×8.9×7.9		1998
	033 型(中)	1350/1750	76.6×6.7×5.34		1965
	035 型(中)	1584/2113	76.0×7.6×5.1		1974
	039 型(中)	1700/2250	74.9×8.4×5.3		1998
小型	206(德)	450/498	48.8×4.6×4.5	20	1973
	"鲨鱼"级(瑞典)	720/900	66×5.1×5		1954
	"科本"级(挪威)	370/50	45.4×4.6×4.3		1965

2. 潜艇的潜浮和下潜条件

1）增加载重法

潜艇上采用把舷外水注入主压载水舱的方法使艇潜入水下，并使艇正直悬浮于水中。因此，潜艇不仅要满足水面正浮平衡条件，还要同时满足水下正浮平衡条件，这就是关于潜艇的下潜条件所要研究的问题。

假设潜艇在巡航水线 WL 时重量为 $P_\uparrow$，排水体积为 $V_\uparrow$，因潜艇处于正浮平衡状态，故满足平衡方程：

$$\begin{cases} P_\uparrow = \rho g V_\uparrow \\ x_{g\uparrow} = x_{c\uparrow} \\ y_{g\uparrow} = y_{c\uparrow} = 0 \end{cases} \tag{2-38}$$

当主压载水舱注满水，潜艇全潜后，如果潜艇是正浮平衡的，则应满足水下平衡方程：

$$\begin{cases} P_\downarrow = \rho g V_\downarrow \\ x_{g\downarrow} = x_{c\downarrow} \\ y_{g\downarrow} = y_{c\downarrow} = 0 \end{cases} \tag{2-39}$$

且有

$$P_\downarrow = P_\uparrow + \rho g \sum v_m$$

式中：$\sum v_m$ ——主压载水舱总容积；

$P_\downarrow$ 和 $V_\downarrow$ ——水下状态的潜艇重量和排水体积。

由式（2-36）可得 $V_\downarrow = V_\uparrow + V_{rb}$，则有

$$P_\uparrow + \rho g \sum v_m = \rho g (V_\uparrow + V_{rb})$$

即

$$\rho g \sum v_m = \rho g V_{rb} \tag{2-40}$$

又因为是在原海区下潜，海水密度 ρ 可认为不变，则

$$\sum v_m = V_{rb} \tag{2-41}$$

由式（2-41）可知，若要使潜艇正常下潜，则必须满足主压载水舱里水的重量等于储备浮力，即潜艇水下的重量 $P_\downarrow$ 与浮力 $D_\downarrow$ 相等，或者说主压载水舱的总容积等于巡航水线以上的全部水密容积（见图 2-29）。这是潜艇正常下潜的第一个条件。

此外，由潜艇的正浮平衡条件知，要保证潜艇在水面和水下同时满足正浮条件，还必须做到潜艇在水面的重心、浮心和水下的重心、浮心分别都在同一条铅垂线上，即

$$x_{g\uparrow} = x_{c\uparrow} \quad 和 \quad x_{g\downarrow} = x_{c\downarrow}$$

因此欲使潜艇水下浮心纵坐标 $x_{c\downarrow}$ 与重心纵坐标 $x_{g\downarrow}$ 相等，必须要求主压载水舱总容积中心纵坐标 x_m 和储备浮容积中心纵坐标 x_{rb} 也相等，即

$$x_m = x_{rb} \tag{2-42}$$

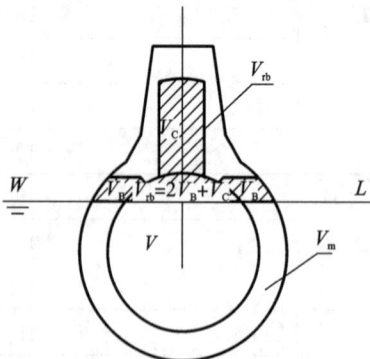

图 2-29　水密容积和储备浮容积

因为艇体形状左右对称，故主压载水舱和储备浮容积也要对称分布，这样应有

$$y_{\mathrm{m}} = y_{\mathrm{rb}} = 0 \tag{2-43}$$

于是正常下潜的第二个条件是,主压载水舱容积中心和储备浮容积中心在同一条铅垂线上。所以,保证潜艇正常下潜(下潜后艇无横倾和无纵倾)的下潜条件为

$$\begin{cases} \sum v_{\mathrm{m}} = V_{\mathrm{rb}} \\ x_{\mathrm{m}} = x_{\mathrm{rb}} \\ y_{\mathrm{m}} = y_{\mathrm{rb}} = 0 \end{cases} \tag{2-44}$$

为了保证潜艇能随时正常下潜,应使潜艇在水面按设计所要求的巡航状态漂浮,即保持巡航水线。

实际潜艇在水面巡航状态时都有一个小的尾纵倾角(不大于 $0.6°$,但不允许有首纵倾角),即纵坐标 $x_{\mathrm{g}\uparrow} \neq x_{\mathrm{c}\uparrow}$,目的是改善水面适航性。为了保证潜艇下潜后能正直漂浮,则应有 $x_{\mathrm{m}} \neq x_{\mathrm{rb}}$,下潜后由此产生的首倾力矩和水面状态的尾倾力矩相抵消。

2)损失浮力法

潜艇下潜主压载水舱进水后,主压载水舱和舷外相通,可看成失去了浮力 $\rho g \sum v_{\mathrm{m}}$。按失浮法观点,潜艇下潜过程中艇的重量、重心位置是不变的,即 $P_{\uparrow} = $ 常数、$x_{\mathrm{g}\uparrow} = $ 常数($y_{\mathrm{g}\uparrow} = 0$)。

由图 2-29 可知,潜艇下潜后的排水体积形状发生了变化,失去主压载水舱这部分总容积 $\left(\sum v_{\mathrm{m}} = V_{\mathrm{A}} + 2V_{\mathrm{B}} \right)$ 的同时,又增加了巡航水线以上这部分储备浮容积($V_{\mathrm{rb}} = 2V_{\mathrm{B}} + V_{\mathrm{C}}$)。而且潜艇排水体积由水面的 $V_{\uparrow}$ 变成水下的固定浮容积 V_0($V_{\uparrow} = V_0$)。根据

$$\begin{cases} \sum v_{\mathrm{m}} = V_{\mathrm{A}} + 2V_{\mathrm{B}} \\ V_{\mathrm{rb}} = 2V_{\mathrm{B}} + V_{\mathrm{C}} \end{cases}$$

由第一个下潜条件 $\sum v_{\mathrm{m}} = V_{\mathrm{rb}}$ 得知,按损失浮力法观点,下潜条件又可表示成另一形式:

$$V_{\mathrm{A}} = V_{\mathrm{C}} \tag{2-45}$$

即欲要潜艇正常下潜,必须使巡航水线以下的主压载水舱容积 V_{A} 等于巡航水线以上的耐压艇体及附体的容积 V_{C}。

按失浮法观点,潜艇水下正浮平衡方程应为

$$\begin{cases} P_{\uparrow} = \rho g V_0 \\ x_{\mathrm{g}\uparrow} = x_{\mathrm{c}0} \\ y_{\mathrm{g}\uparrow} = y_{\mathrm{c}0} \end{cases} \tag{2-46}$$

式中:$x_{\mathrm{c}0}$、$y_{\mathrm{c}0}$——固定浮容积中心坐标。

将式(2-46)与按增加载重法观点列出的式(2-39)相比,二者表面形式虽不同,但其实质上是相同的。

$$\rho V_{\downarrow} = \rho V_{\uparrow} + \rho V_{\mathrm{rb}} = \rho V_0 + \rho \sum v_{\mathrm{m}}$$

当 $\rho \sum v_{\mathrm{m}} = \rho V_{\mathrm{rb}}$ 时,有

$$\rho g V_{\uparrow} = \rho g V_0 = P_{\uparrow}$$

可见当满足下潜条件时,两种观点都要求水面排水体积 $V_{\uparrow}$ 和固定浮容积 V_0 相等,这样可得下潜条件的第三种表示形式:

$$V_{\uparrow} = V_0 \ \text{或} \ P_{\uparrow} = \rho g V_0 \tag{2-47}$$

和

$$x_{\mathrm{g}\uparrow} = x_{\mathrm{c}\uparrow} = x_{\mathrm{c}0} \tag{2-48}$$

即下潜前后都处于正浮平衡状态时，潜艇的重心、巡航状态的浮心和固定浮容积中心位于同一铅垂线上。

2.7.7　剩余浮力及载荷补偿

1. 潜艇的剩余浮力和剩余力矩

潜艇在水中的重量和浮力是变化的，潜艇在水下状态的实际重量与实际浮力之差称为剩余浮力，俗称浮力差，可表示为

$$\Delta D = D_\downarrow - P_\downarrow = \rho g V_\downarrow - P_\downarrow \tag{2-49}$$

且：当 $\Delta D > 0$ 时，潜艇有正浮力（艇轻），使潜艇上浮；

当 $\Delta D < 0$ 时，潜艇有负浮力（艇重），使潜艇下潜；

当 $\Delta D = 0$ 时，潜艇无剩余浮力，潜艇不下潜也不上浮，处于理想状态。

（注：在潜艇操纵中，由于坐标系的取法不同，改用剩余静载力 $\Delta P = P_\downarrow - D_\downarrow$。如 $\Delta P > 0$，艇有向下的正静载，使艇下潜（艇重）。）

潜艇在水下产生浮力差的同时，一般还存在剩余浮力矩（俗称力矩差）ΔM。并规定：

$\Delta M > 0$，称为正力矩，潜艇有首纵倾角；

$\Delta M < 0$，称为负力矩，潜艇有尾纵倾角；

$\Delta M = 0$，称为零剩余浮力矩，潜艇正直悬浮，处于理想状态。

实际潜艇在水下处于静止状态正浮于某个给定深度几乎是不可能的，故潜艇在水下只能是接近水下正浮条件。一般要求浮力差 $|\Delta D|$ 不超过潜艇水面排水量的 $1‰ \sim 5‰$，力矩差 ΔM 近似为 0。

较小的浮力差和力矩差，通常用浮力调整水舱注排水，或靠潜艇运动时所产生的艇体和舵的水动力来平衡。因此，潜艇在水下只能保持运动中的定深航行。如果要求潜艇静止地在水下保持给定深度，则必须设置专门的深度稳定系统。

2. 影响剩余浮力变化的因素

造成剩余浮力的原因归结起来不外乎以下两点：潜艇内可变载荷消耗引起重量的变化；潜艇环境（海水盐度、温度和水压力）变动引起浮力的改变。这里先介绍浮力变化情况，关于重量的变动将在载荷补偿部分中介绍。

1）海水密度变化

海水密度的变化，主要由海水盐度、温度和压力所引起，其中盐度和温度起着主要作用。盐度大、温度低则密度大；盐度小、温度高，则密度小。世界上海水密度最大的海区是地中海，冬季海水密度（冬季海水密度最大）$\rho = 1.0315 \text{ t/m}^3$；海水密度最小的海区是波罗的海，夏季海水密度（夏季海水密度最小）$\rho = 1.006 \text{ t/m}^3$。我国沿海海水密度变化情况如表 2-3 所示。

表 2-3　我国沿海海水密度变化情况

海区	渤海	黄海	东海	南海	长江口附近
海水密度/(t/m³)	$1.021 \sim 1.023$	$1.023 \sim 1.026$	$1.022 \sim 1.026$	$1.021 \sim 1.024$	$1.012 \sim 1.015$

均衡完毕的潜艇，当由海水密度小的海区进入海水密度大的海区时，潜艇浮力增大，产生正浮力，反之产生负浮力。因为海水密度变化所引起的浮力变化的作用点就是浮心，而消除浮力差所用的浮力调整水舱布置在浮心附近，故由海水密度变化引起的力矩差可忽略不计。海

水密度变化所产生的浮力差计算公式为

$$\Delta D = (\rho_2 - \rho_1)gV_{\downarrow} \qquad (2-50)$$

式中：ρ_1——原海区的海水密度；

ρ_2——新海区的海水密度；

$V_{\downarrow}$——潜艇水下排水体积（因为潜艇进入新海区后，即使主压载水舱和舷外相通，自然交换主压载水舱内的水也是困难的，如果是从水面航行进入，则改用 V_0）。

例题 2-7　某水上排水体积为 1713 m³ 的潜艇由 $\rho_1 = 1.024$ t/m³ 的海区，水下航行到 $\rho_2 = 1.023$ t/m³ 的海区，求浮力差 ΔD。

解　$\Delta D = (\rho_2 - \rho_1)gV_{\downarrow} = (1.023 - 1.024) \times 9.8 \times 1713 \text{ kN} = -16.79 \text{ kN}$

例题 2-7 说明，海水密度变化对浮力的影响是很大的。当海水密度变化 1‰时，某艇的浮力变化约 16.79 kN，式中的负号表示浮力减小。

2）海水温度变化

海水温度随水的深度增加而降低，水温度的降低将引起海水密度的增加和艇体耐压容积的收缩，这些都会引起潜艇浮力的改变。

（1）水温 t 对海水密度的影响。

温度下降使海水密度增加，一般可取：

$t = 20 \sim 10$ ℃时，每降温 1 ℃，海水密度增加率为

$$\alpha_{\rho_1} = 0.014\% = 1.4 \times 10^{-4}$$

$t = 10 \sim 4$ ℃时，每降温 1 ℃，海水密度增加率为

$$\alpha_{\rho_2} = 0.003\% = 0.3 \times 10^{-4}$$

则由此引起的浮力变化为

$$\Delta D_1 = \alpha_{\rho_i}(t_1 - t_2)\rho gV_0 \quad (i = 1, 2) \qquad (2-51)$$

通常水温是随水深增加而均匀下降的，但也与季节有关。如夏季潜艇在旅顺海区由水下 25 m 浮至 9 m 时，海水会对潜艇产生 9.8～14.7 kN 的负浮力，这是因为上部海水温度高、密度低（冬季则相反）。有些海区在某一深度上，水温突然下降，叫作温度突变层，因为密度突增，故也称为海水密度突变层。当潜艇进入这一水层时，由于浮力突然增大，潜艇将受到负浮力作用，如同潜在海底一样。在一定负浮力作用下，潜艇可潜坐在海水密度突变层上，此时的海水密度突变层称为液体海底（潜艇操纵条例规定，液体海底的海水密度增加率 $\alpha_{\rho} > 1‰$ 方可潜坐，即液体海底对潜艇所作用的正浮力应大于千分之一的水下排水量）。

此外，如果有海水的盐度和温度资料时，可按下式计算浮力改变量：

$$\Delta D = (\rho_{s_2 t_2} - \rho_{s_1 t_1})gV_0 \text{（kN）} \qquad (2-52)$$

式中：$\rho_{s_i t_i}$——海水在盐度 s_i（‰）和温度 t_i（℃）时的密度（t/m³），三者之间的关系如表 2-4 所示。

表 2-4　密度随盐度温度变化 $\rho_{s_i t_i} = f(s_i, t_i)$

s_i/（‰）	$\rho_{s_i t_i}$（t/m³）						
	$t_i = 0$ ℃	$t_i = 5$ ℃	$t_i = 10$ ℃	$t_i = 15$ ℃	$t_i = 20$ ℃	$t_i = 25$ ℃	$t_i = 30$ ℃
0	0.9998	1.0000	0.9997	0.9991	0.9982	0.9970	0.9956
20	1.0160	1.0158	1.0153	1.0145	1.0134	1.0121	1.0105
40	1.0321	1.0316	1.0309	1.0298	1.0286	1.0271	1.0255

（2）水温对潜艇耐压艇体容积的影响。

水温降低将引起潜艇排水体积的收缩，使浮力减小。由实验资料得知：水温降低 1 ℃，潜艇耐压艇体收缩率为 4×10^{-5}。由此产生的浮力变化 ΔD_2 为

$$\Delta D_2 = 4 \times 10^{-5} (t_1 - t_2) \rho g V_0 \tag{2-53}$$

由上可知，水温变化引起的海水密度变化和艇体收缩对浮力的影响正好相反，但密度变化引起的浮力差大于艇体收缩引起的浮力差。当水温下降 10 ℃ 时，某艇的浮力差为正浮力，即 $\Delta D = (2.4 - 0.56) \times 9.8 \times 10^4 \text{ N} = 1.8 \times 10^5 \text{ N}$；反之为负浮力。

3）水压力（水深）改变

随着海水深度增加，水的压力增大，将引起海水密度增加和潜艇耐压艇体容积的收缩。这些也会引起潜艇浮力的改变。

（1）水压力变化对海水密度的影响。

通常认为海水是不可压缩的，但实际上压力每增加一个大气压，海水密度将增加约 0.005‰，也就是说深度每增加 1 m，海水密度将增加约 0.005‰。如果水深增加 H，则水压力引起的密度变化使浮力产生的改变值 ΔD_3 为

$$\Delta D_3 = 5 \times 10^{-6} \rho g H V_0 \tag{2-54}$$

（2）水压力对潜艇耐压艇体容积的影响。

由实验资料得知，水压力增加一个大气压，引起耐压艇体容积的压缩率约为 0.025%。所以当水深增加 H 时，浮力改变值为 ΔD_4，则

$$\Delta D_4 = -0.025\% \rho g H V_0 \tag{2-55}$$

由上可知，水深变化引起的海水密度变化和艇体收缩，两者对浮力的影响也正好相反，但艇体收缩引起的浮力差大于密度变化引起的浮力差。因此，水深增大时，将使潜艇"变重"（有负浮力），但"变重"程度在不同的海区或不同的水深层有所不同。例如，某艇在中国南海深潜 250 m 时，在 50～100 m 深度曾累计注水 2000 L，但从 150 m 开始每下潜 10 m 需排水 200 L。由此可见，在 150 m 以内艇体虽然随下潜深度增大而压缩，但同时水温降低使海水密度增大，水压力增大也使海水密度增大，此时产生的正浮力大于因艇体收缩产生的负浮力，故需从舷外向浮力调整水舱内注水。可是当潜水深度超过 150 m 以后温度变化较小，艇体压缩产生的负浮力大于因海水密度增大产生的正浮力，所以要排水。

（3）潜艇下潜过程中，残存于上部结构或水舱中的气体，随潜水深度增加而被压缩，也会使潜艇浮力发生某些改变。

3. 载荷补偿和艇内载荷变化

1）载荷补偿原则与专用辅助水舱

如上所述，水中潜艇重量和浮力的改变将引起浮力差（ΔD）和力矩差（ΔM），破坏潜艇水下正浮平衡条件，而潜艇不具有自行均衡的性质，为此必须经常消除潜艇的浮力差和力矩差，保持潜浮条件，并称为载荷的补偿或载荷代换。

根据力系平衡原理，载荷补偿的原则如下：

（1）补偿载荷的重量等于消耗载荷的重量或浮力差；

（2）补偿载荷力矩等于消耗载荷的力矩或力矩差，但方向相反。

因此，在潜艇上设有专门代换水舱和浮力调整水舱，以及纵倾平衡水舱，如图 2-30 所示。

专用代换水舱用以补偿瞬间消耗的大量载荷，如备用鱼雷、水雷或导弹等消耗时，在相应

补重水舱中注入相当重量的水来补偿,并布置在大量消耗载荷的附近,如某艇的鱼雷补重水舱就设在首、尾舱。

浮力调整水舱用于补偿逐渐消耗的载荷(如粮食、淡水,滑油和其他消耗备品等载荷)、海水密度的变化和深潜时艇体压缩等引起的浮力差。为了减小补偿引起的附加力矩差,对于设有两个浮力调整水舱的艇,其中一个纵向位置在潜艇的浮心附近,另一个纵向位置应在变动载荷总的重心附近。其容积为正常排水量的3%～4.5%。

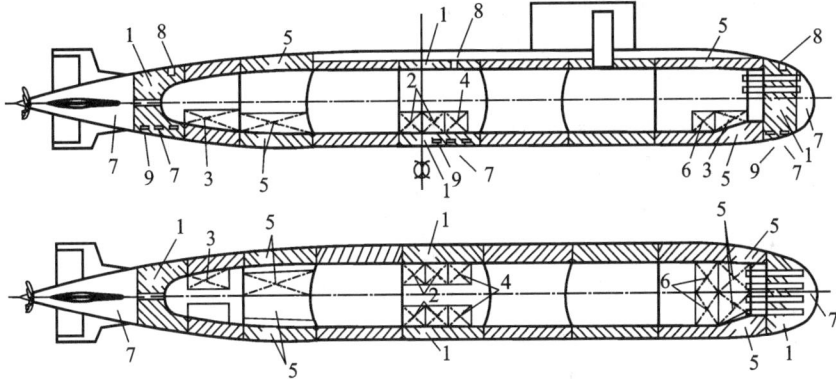

图 2-30　潜艇均衡用的辅助水舱

1—压载水柜;2—补重柜;3—均衡柜;4—速潜柜;5—燃油柜;6—鱼雷补重柜;
7—非水密空间;8—压载水柜通风阀;9—压载水柜注水阀

纵倾平衡舱用于补偿各种因素产生的力矩差。为了获得较大的补偿力矩,必须设置首、尾纵倾平衡水舱,其容积为正常排水量的1%～1.2%。

此外,潜艇上还设有速潜水舱、无泡发射水舱和环形间隙水舱等辅助水舱,这些也可参与部分均衡水量的调节。同时具体补偿方法也可分成两类:浮力差、力矩差分别由向浮力调整水舱注排水和纵倾平衡水舱的调水来补偿。这种方法的优点是分工明确、使用方便,但要求纵倾平衡水舱中具有较大的原始水量;有时将补偿用水注入调整水舱和一个纵倾平衡水舱,用于消除浮力差和力矩差。

2) 艇内载荷变化后的补偿方法

潜艇内部载荷的变化可分成三类,补偿的方法也不同,但遵循同一补偿原则。

(1) 瞬间消耗大量载荷的补偿。

鱼雷、水雷、导弹等的消耗都是瞬间发生的,它们都有专门的补重水舱,并且在发射过程中有专门的自动代换系统,以使潜艇浮力差为零。但有一定的力矩差,可用纵倾平衡水舱进行补充均衡。

例题 2-8　某艇发射一条 1.835 t 重的艏鱼雷的补偿计算结果,如表 2-5 所示。

表 2-5　艏鱼雷的补偿计算结果

项目	质量/t	力臂/m	力矩/($\times 10^5$ N·m)
鱼雷发射	−1.835	30.87	−5.55
环形间隙水出管	−0.520	29.63	−1.51
发射管进海水	2.00	30.54	5.99

项目	质量/t	力臂/m	力矩/(×10⁵ N·m)
无泡发射水舱进海水	0.355	26.60	0.925
共计	0		−0.145

由表 2-5 可知，发射一条艏艉鱼雷，浮力差 $\Delta D=0$，力矩差 $\Delta M=-1.45\times10^4$ N·m。为消除此尾倾力矩，应由尾平衡水舱向首平衡水舱调水：

$$\Delta V=\frac{|\Delta M|}{\rho g l}=\frac{1.45\times10^4}{9.8\times50}\text{ m}^3\approx30\text{ L}$$

式中：l——首、尾平衡水舱间的距离，此例中某艇的 $l=50$ m。

（2）燃油消耗后的补偿。

潜艇上燃油消耗后，海水便自动地注入燃油舱，所以也叫自动代换载荷。由于海水密度大于燃油密度，潜艇重量增加，其大小按下式确定：

$$\Delta D=(\rho_T-\rho)gV_T=1.96V_T\quad\text{(N)}\tag{2-56}$$

式中：V_T——消耗燃油的容积，m^3；

ρ_T——燃油密度（取 $\rho_T=0.825$ t/m^3）；

ρ——海水密度（取 $\rho=1.025$ t/m^3）。

当已知消耗的燃油重量 P_T 时，则潜艇增加的重量为

$$\Delta D=\frac{\rho_T-\rho}{\rho_T}P_T\quad\text{(N)}$$

重量 ΔD 是负浮力，应从浮力调整水舱排出等量的水。海水自动代换消耗的燃油，除了增加艇的重量（浮力差），还产生剩余力矩，其大小可根据燃油舱与中船的距离进行计算，然后用纵倾平衡水舱来消除。

（3）其他逐渐消耗载荷的补偿。

对于诸如食品、淡水等逐渐消耗的载荷，或向舷外排除的舱底污水等载荷，可根据载荷消耗的具体情况，用浮力调整水舱消除浮力差，用纵倾平衡水舱消除力矩差。

（4）航行中可变载荷的补偿。

建议遵循下列基本原则：

①发射鱼雷（导弹）、布设水雷时消耗的雷弹应迅速补偿好；

②淡水、食品等载荷消耗得慢，可周期性进行补偿，通常与燃料消耗一起补偿；

③当潜艇长时间在水面航行时，根据燃油的消耗或海水密度的变化，视航速做周期性补偿。

水下航行或变深机动时，按照潜艇的潜浮情况和水下航行中操纵潜艇的必要性进行补偿。

2.7.8　均衡计算

1. 均衡计算原理、时机和方法

1）均衡计算原理

潜艇试潜定重后的载荷称为正常载荷。潜艇载荷由固定载荷和变动载荷两部分组成。固定载荷是艇体、机械、武器装备、系统和装置、电气设备、观导设备等固定载荷的统称；变动载荷

为潜艇航行期间可能消耗或变动的载荷,由鱼雷和水雷、导弹、燃油、滑油、食品、淡水、备品、蒸馏水和均衡水等组成,此外还有临时载荷和不足载荷(临时载荷不属于艇体本身的重量,是为某种目的而临时增加的载荷,如倾斜试验时的压载物、临时通信设备等;不足载荷包含在艇体固定载荷之内,但尚未安装在艇上)。

可见影响潜艇平衡条件(式(2-4)、式(2-38)或式(2-39))的仅为可变载荷。潜艇出航前和航行中、潜艇坞修、长期停泊或油封后续航时,艇上可变载荷都会有所变化,从而破坏潜艇的下潜条件,为此需按平衡条件进行计算使其恢复,即把潜艇下潜时变动载荷的实际重量与正常的变动载荷的重量相比较,同时将两种情况下的纵倾力矩相比较,将其重量差和力矩差借助浮力调整水舱和纵倾平衡水舱来消除,这就叫均衡计算与潜艇均衡。

2) 计算时机和方法

均衡计算的时机和方法一般有两种情况:

(1) 大、中、小修(包括长期停泊和启封)后第一次出海潜水前,按潜艇的正常载荷,即以正常排水量为标准载重进行比较计算;

(2) 每次出海前,按前次出海时潜艇行进间均衡后的实际载重进行比较计算,这样既可达到均衡计算的目的,又比较简便,故是常用的方法。

现行的均衡计算中,仅仅计算那些与正常载荷或前次均衡相比较有变化(消耗、装载)的可变载荷项的重量差和力矩差,而不计算所有可变载荷项的重量差和力矩差(实际上这些项的$\Delta D = \Delta M = 0$)。

2. 均衡计算的具体方法

1) 均衡计算表的组成

为使计算简单、正确、迅速,潜艇上备有专门的均衡计算表,如表 2-6(某艇均衡计算表)所示。组成均衡计算表各栏的含义如下。

第一栏:载荷名称——将潜艇上所有可变载荷的名称,按由首向尾的次序排列。在此栏下方还列有浮力调整水舱和首尾纵倾平衡水舱等辅助水舱。

第二栏:载荷质量——第一栏内各可变载荷的满载质量(即正常排水量时的载重)。

第三栏:力臂——各项可变载荷到中船的纵向距离,且规定在中船之前(艏部,也称首部)为正,反之为负。

第四栏:前次载重——将前次均衡计算表中第五栏内的实际载重抄入本栏。但浮力调整水舱及纵倾平衡水舱中的水量,应取前次实际均衡之后登记的水量。

第五栏:实际载重——本次出海时各项可变载荷的实际质量。

第六栏:质量差——实际载重减去前次载重之差(即第五栏减去第四栏)。规定实际载重大于前次载重为正,反之为负。有时为了检查可用第二栏内的标准载荷质量进行核算。

第七栏:力矩差——质量差和对应的力臂以及重力加速度 g 之乘积(如第六栏与第三栏之乘积)。正负号由代数法则确定,单位为 N·m。

2) 计算方法及步骤

均衡计算由机电长实施,机电军官在出海前通过有关人员实际测量和计算确定各项可变载荷的实际质量,并逐项记入第五栏内,同时将前次出海时的实际质量抄入第四栏。然后依次计算确定以下内容。

(1) 按表中内容对各栏进行横向计算,求出各项载荷的质量差和力矩差。

(2) 求出总质量差(将第六栏纵向相加),再乘以重力加速度 g 可得艇的总重量差 ΔD。

若 $\Delta D > 0$，则本次出海潜艇重量增加（艇重）；若 $\Delta D < 0$，则本次出海潜艇重量减少（艇轻）。求出的数值即浮力调整水舱应排、注水的重量。

（3）求出总力矩差：将第七栏各项纵向相加（包括消除重量差，向浮力调整水舱注、排水引起的附加力矩）可得艇的总力矩差 ΔM。

若 $\Delta M > 0$，则本次出海潜艇有（剩余）首倾力矩（首重）；若 $\Delta M < 0$，则本次出海潜艇有（剩余）尾倾力矩（尾重）。

有首重时应从首向尾调水；有尾重时应从尾向首调水。由调水产生的力矩与总力矩差大小相等、方向相反，使艇达到正直平衡状态。调水量公式为

$$\text{调水量 } V = \frac{\text{总力矩差 } \Delta M}{\text{首尾纵倾平衡水舱间的距离 } l \cdot g} \times 1000 \text{ (L)} \tag{2-57}$$

3）实例

例题 2-9　现以某艇为例，计算结果如表 2-6 所示。

（1）求总的质量差。

将表 2-6 的第六栏纵向相加后得 $+3.72$ t，说明潜艇重了 3.72 t，应从浮力调整水舱排水 3.72 t（常用一号浮力调整水舱），并在第六栏一号浮力调整水舱项内填写（-3.72 t）（注水为"$+$"）。原来浮力调整水舱内有 12 t 水，经排水后现有水量为 $12-3.72=8.28$ t，将此值填入第五栏内。

由表中所示的一号浮力调整水舱的要素可知，排水后产生附加尾倾力矩 $\Delta M = -3.72 \times 10^3 \times 9.8 \times 5.45 = -1.99 \times 10^5$ N·m，将此值填入 C 项（一号浮力调整水舱）的第七栏内。

（2）求总的力矩差。

由表的第七栏纵向相加后得 $\Delta M = +2.96 \times 10^5$ N·m，计及为消除重量差而排水引起的附加力矩 $\Delta M = -1.99 \times 10^5$ N·m，因此实际总力矩差 $\sum \Delta M = (2.96 \times 10^5 - 1.99 \times 10^5)$ N·m $= 9.7 \times 10^4$ N·m，说明潜艇有首倾力矩（首重）。为此应由首纵倾平衡水舱向尾纵倾平衡水舱调水，调水量为

$$V = \frac{\sum \Delta M}{\rho l g} = \frac{9.7}{50 \times 9.8} \times 10^4 \text{ L} \approx 200 \text{ L}$$

调出水量用"$-$"表示，调入水量为"$+$"表示。再将 -0.20 t 填入第六栏的 A 项，而将 $+0.20$ t 填入第六栏的 B 项内。

最后算出首尾纵倾平衡水舱内的实际水量分别为 3.80 t 和 3.50 t（由第四栏与第六栏的相应项横向相加求得），并记入第五栏实际载重项内。同时把 A～E 各项在第七栏的力矩算出并填入相应项。

（3）计算结果的检查与要求。

将第六栏中的总质量差、注排水量、调水量纵向相加，要求其代数和应为零（即理论均衡计算结果浮力差为零）。由表可知本例为 $3.72-0.20+0.20-3.72=0$，符合计算要求。

将第七栏中的总力矩差、注排水附加力矩和调水产生的力矩纵向相加，要求其代数和不应超过 $\pm 0.049 \times 10^5$ N·m（此时认为理论均衡计算结果力矩差为零）。由表可知本例为 $|(2.96-0.47-0.51-1.99)| \times 10^5$ N·m $= |-0.01| \times 10^5$ N·m $< |\pm 0.049| \times 10^5$ N·m，计算结果也符合要求。

均衡计算由机电长完成后，出海前送艇长或政委审批。

3. 均衡计算表的意义

（1）由表 2-6 中"附注"栏填写内容可知，它记录了潜艇出海中潜水均衡的海区、天气和均衡结果，以及潜艇变深运动情况，可积累航行资料，并有助于机电长总结经验。本栏除第 6～10 项在返航后填写外，其余各项应在均衡完毕时填写。

表 2-6　某艇均衡计算表

序号	载荷名称	载荷质量/t	力臂/m	前次载重/t	实际载重/t	质量差/t	力矩差/(×10⁵ N·m)	附注
1	装水雷时发射管中的环形间隙水	6.240	31.26					1. 潜艇于深度　米自　至　均衡潜艇，计　min　s。
2	艇首发射管中的鱼雷（每条 1.85 t）	11.010	30.87					2. 下潜地点为　。
3	艇首发射管中的水（$\rho=1.00$ t/m³）	12.000	30.54	12.34	12.34			3. 艇首、艇尾、左舷、有限的浪为　。
4	艇首发射管中的水雷	12.600	29.41					4. 风为　级，风向为　，艇的航向为　。
5	二号燃油舱的油和水	12.600	27.95	15.02	15.02			5. 水的密度为　。
6	艇首环形间隙水舱的水	15.020	26.60	4.40	4.40			6. 最大下潜深度为　。
7	艇首无泡发射水舱的水	4.700	26.40					7. 一昼夜潜水时间为　。
8	备用鱼雷（12 条）	3.000	22.73					8. 最长的一次潜水时间为　h　min。
9	备用鱼雷（6 条）	12.600	22.40					9. 最快速潜时间为　。
10	一号燃油舱的油和水	11.010	21.97	11.55	11.55			10. 速潜次数为　，正常下潜次数为　。
11	鱼雷补重水舱的水	11.550	19.57	4.00	4.00			11. 各舱人数：(1)　,(2)　,(3)　,(4)　,(5)　,(6)　,(7)　,总计　。
12	一号淡水舱的水	12.340	48.04	0.80	2.65	+1.85	3.27	12. 油量表数字：　。
13	水雷补重水舱的水	2.650	17.97	5.73	5.73			13. 均衡舱水量：首左　首右　尾左　尾右
14	四号燃油压载水舱的油和水	5.730	15.55					
15	二号淡水舱的水（前半部）	49.800	13.29	12.40	12.40			
16	二号淡水舱的水（后半部）	12.400						
17	三号燃油舱的油和水	28.820	11.93	28.82	28.82			
18	一号污水舱的水	0.550	8.05					
19	第三舱内的食品	2.526	5.80	1.95	3.32	+1.37	+0.78	
20	箱内蒸馏水	1.920	5.50	3.10	3.00	-0.10	-0.054	
21	还原桶（B-64）	6.000	3.04					
22	三号淡水舱的水	1.860	2.64	0.86	0.86			
23	艇员和行李	5.200	2.28					

序号	载荷名称	载荷质量/t	力臂/m	前次载重/t	实际载重/t	质量差/t	力矩差/(×10⁵ N·m)	附注
24	一号清滑油舱的油（前半部,$\rho=0.9$ t/m³）	6.220	0.47	10.60	9.50	−1.10	+0.047	
25	一号清滑油舱的油（后半部）	5.180	−0.40					
26	四号燃油舱的油和水	19.250	−2.04					
27	第四舱内的粮食	0.058	−2.55	0.40	0.75	+0.35	−0.087	
28	七号燃油压载水舱的油和水	49.300	−6.40					
29	二号污水舱的水	0.720	−6.65	0.40	0.40			
30	第五舱内的粮食	0.078	−9.00					
31	左舷循环滑油舱滑油	2.073	−10.03	1.80	1.80			
32	右舷循环滑油舱滑油	2.140	−10.50	1.26	1.26			
33	八号燃油压载水舱的油和水	25.800	−10.83					
34	日用油箱（燃油）	0.874	−10.00	0.70	0.70			
35	污油舱的燃油	0.883	−11.80					
36	二号清滑油舱的滑油	2.482	−12.90	2.03	2.03			
37	五号燃油舱的油和水	14.650	−13.06	14.65	14.65			
38	主机冷却水舱的淡水	2.330	−14.17	2.20	2.20			
39	第六舱内的粮食	1.283	−15.65	0.52	0.85	+0.33	−0.52	
40	推进电动机滑油舱的滑油	1.180	−17.15	0.68	0.68			
41	三号污水舱的水	0.230	−21.15					
42	四号淡水舱的水	1.840	−24.15	1.84	1.84			
43	六号燃油舱的油和水	28.660	−25.30	30.44	31.02	+0.58	−1.44	
44	艇尾环形间隙水舱的水	1.300	−27.60	1.30	1.30			
45	艇尾无泡水舱的水	1.800	−28.40					
46	艇尾发射管中的水	4.200	−29.41					
47	艇尾发射管中的水雷	4.000	−30.54	4.42	4.42			
48	艇尾发射管中的鱼雷	3.670	−30.87					
49	装水雷时发射管中的环形间隙水	2.080	−31.26					

续表

序号	载荷名称	载荷质量/t	力臂/m	前次载重/t	实际载重/t	质量差/t	力矩差/(×10⁵ N·m)	附注		
50	鱼雷工具、食品、外加床铺	1.000	22.00	1.06	1.50	+0.44	+0.95	实际均衡量		
	小计					+3.72	+2.96	各舱内的水	质量的误差	力矩的误差
A	艇首均衡舱($\rho=1.00$ t/m³)	6.67	24.17	4.00	3.80	−0.20	−0.47	3.50	−0.30	−7.11×10⁴
B	艇尾均衡舱($\rho=1.00$ t/m³)	7.46	−25.87	3.30	3.50	+0.20	−0.51	4.00	+0.550	−1.27×10⁵
C	一号浮力调整水舱	上 6.34/下 13.73	上 4.35/下 5.45	12.00	8.28	−3.72	−1.99	9.00	+0.74	+3.83×10⁴
D	二号浮力调整水舱	15.88	29.97	6.00	6.00					
E	二号浮力调整水舱围壁	5.64	1.90	5.50	5.50					
	总计					0	−0.01		+0.99	−1.60×10⁵

（2）潜艇水下均衡后，记录实测的浮力调整水舱、纵倾平衡水舱的水量，并与理论均衡计算后的实际载重（第五栏）相减，得"质量差"项，将质量差与相应力臂及重力加速度 g 相乘得"力矩差"项，最后将各辅助水舱的质量差和力矩差纵向相加，所得代数和记入表 2-6 的最后一行。

经上述测量、计算可检查实际均衡与预先理论均衡计算的误差，以帮助分析产生误差的原因。通常引起误差的原因可能有以下几点：①计算误差；②可变载荷的质量和位置不准确；③海水密度的变化；④艇务人员在注、排水和调水时计量不准确等。

对于在航潜艇，本次出海载重和前次载重相比较，二者之间的变动一般不大，如果计算结果中的质量差和力矩差均较大，需仔细查明原因，切忌粗枝大叶。

习　　题

2-1　绘出水面舰船各种浮态的示意图，写出各种浮态下表征浮态的参数。

2-2　写出正浮和纵倾舰船的静力平衡条件，说明其工程用途与理论指导意义；写出横倾舰船静力平衡方程，说明横倾舰船静力平衡方程的理论指导意义。

2-3　说明排水量的分类方法，以及按各分类方法所得的排水量种类。

2-4　写出重心移动定理用于浮心移动问题的表述。

2-5　写出按垂向积分和纵向积分计算的舰船排水体积 V 和浮心 C 坐标 (x_c, z_c) 的积分式。

2-6　若将舰船静水力曲线分为舰船浮性曲线和舰船稳性曲线，说明舰船浮性曲线和舰船稳性曲线所包含的曲线,试写出各曲线的函数表达式。

2-7 说明储备浮力在保证舰船航行安全性方面的意义。

2-8 说明邦戎曲线、费尔索夫图谱的组成和用途。

2-9 某护卫舰标准排水量 $P=1000$ t。此时在机舱内有一台质量为 $q=30$ t 的汽轮机,其重心高度 $z_{q1}=3.3$ m。这时舰的重心坐标为 $(-2,0,4.5)$。现将汽轮机铅垂上移到甲板上,其重心高度 $z_{q2}=6.3$ m,求汽轮机移动后舰的重心坐标。

2-10 某驱逐舰正浮状态的静水力曲线如图附录 C 所示,当容积排水量 $V=2500$ m^3 时,求 T、S、x_f、x_c、z_c,作出上述各参数的示意图。

2-11 设例题 2-3 之驱逐舰,要执行布雷任务需带水雷 48.78 t。若载雷后舰仍能处于正浮状态,求水雷之合重心及布雷后舰之吃水。

2-12 某护卫舰排水量 $P=1000$ t,吃水 $T=2.8$ m,水线面面积中心纵坐标 $x_f=-2$ m,水线面面积 $S=582$ m^2。今在舰上增加两项载荷,其中一项 $q_1=20$ t,其重心位置为 $(4,0,2.5)$;另一项 $q_2=40$ t,试问:这两项载荷应加在何处才能使该舰不产生横倾、纵倾?求出增加载荷后吃水的变化量。

2-13 某船在 A 港内吃水 $T=5.35$ m,要进入 B 港,其吃水不能超过 $T_1=4.60$ m。假设在该吃水改变范围内每厘米吃水吨数 $q_{cm}=15.18$ t/cm,求该船进入 B 港前必须卸下的质量。

2-14 某船的吃水 $T=2.4$ m,方形系数 $C_B=0.654$,水线面面积系数 $C_w=0.785$,当卸下质量为 8% 排水量的重物时,求该船的平均吃水。

2-15 已知某驱逐舰设计水线长 $L=110$ m。当艏吃水 $T_b=5.6$ m,艉吃水 $T_s=2.6$ m 时,根据邦戎曲线查得的各站处横剖面面积 ω 如表 2-7 所示。

表 2-7 各站处横剖面面积

站号	0	1	2	3	4	5	6	7	8	9	10
ω/m^2	1.0	8.5	14.5	20.5	25.9	30.	33.3	36.7	38.5	39.0	39.0

站号	11	12	13	14	15	16	17	18	19	20	
ω/m^2	38.2	35.0	31.4	27.0	22.0	16.0	10.4	5.2	1.3	0	

试用梯形法求在此倾斜水线下的体积排水量的近似值。

2-16 已知某艇 $T_b=0.58$ m,$T_s=0.7$ m,费尔索夫图谱如图 2-18 所示,求该艇此时的 V、x_c。若 T_b 增加 0.02 m,T_s 减少 0.02 m,求 V 和 x_c 的变化量。

2-17 试述建立潜艇水下平衡方程的增加载重法和损失浮力法,并写出按两种方法得出的正浮状态水下平衡方程。

2-18 试述潜艇下潜、上浮的力学原理。

2-19 试述潜艇速潜水舱、浮力调整水舱、首尾均衡水舱,以及水平舵的功能。

2-20 试述潜艇均衡的含义,并说明主压载水舱是否参加潜艇均衡,水平舵是否参与潜艇均衡。

2-21 试述水下潜艇的均衡措施。

2-22 试述影响水下潜艇定深的主要因素,以及保持定深的基本方法。

第3章 初 稳 性

第 2 章研究了舰船浮性的规律,主要说明了舰船的平衡条件及其保持。根据舰船的重量和浮力的关系,应用平衡条件可确定舰船的浮态,即平衡位置,但是满足平衡条件后是否一定能保持既定的浮态,即舰船在已知的平衡位置上浮得稳不稳? 在各种外力(如增减、移动载荷,风浪等)的作用下舰船会不会翻? 新的平衡位置在哪里(将会产生多大的倾斜倾差)? ……为此需研究舰船的另一个十分重要的航行性能——稳性。

本章将研究如下问题:

(1) 什么是舰船的稳性?

(2) 判断、表示和计算舰船稳度的基本方法、一般公式和常用算法。

(3) 影响稳度的主要因素(在各种外力作用下舰船的浮态、稳度的变化规律)。

(4) 倾斜试验。

(5) 潜艇的初稳性。

▌ 本章目的

稳性是舰船重要的基本航行性能,关系到舰船静水中某一平衡位置是否不翻,是舰船生命力的重要保证,本章讨论稳性中的初稳性问题。

▌ 本章内容

稳性问题的物理根源关系到一对力偶,即重量与浮力组成的力偶。舰船倾斜后,排水体积形状的改变会导致浮心位置从正浮状态发生移动,原来重量与浮力这样一对平衡力转化为一对力偶,这对力偶的力偶矩即复原力矩,稳性问题的解决关键在于对这对力偶的分析,其实质为力偶臂大小的获取,即浮心移动轨迹与新的浮心位置。对于初稳性,获取力偶臂的关键是解决稳定中心高的变化情况。

研究潜艇的稳性问题,需考虑由倾斜等问题造成的浮心移动,这一点与水面舰船类似;与水面舰船的不同之处在于,其需重点关注潜艇下潜与上浮过程中重量与浮力这对力偶的变化(力的大小与作用位置的变化)所引起的稳性改变。

本章内容可归结为以下核心内容。

(1) 等容倾斜:确定舰船小角度等容倾斜时的倾斜轴位置,即确定舰船此时的排水体积形状,进而可分析其浮心位置的移动特征。

(2) 平衡稳定条件:以等容倾斜为基础,分析重量-浮力这对力偶的力偶矩,找出近似为圆弧的浮心移动轨迹的圆心位置与半径,得到平衡稳定条件。

(3) 稳定中心高:定义并计算稳定中心高,明确稳定中心高的正负与平衡稳定与否的关系。

(4) 初稳性计算中的复原力矩公式:明确表示和计算舰船稳度的基本方法、一般公式。

（5）初稳度的变化规律：研究在各种外力作用下舰船的浮态、稳度的变化规律。

（6）倾斜试验：阐明了舰船倾斜试验的目的、基本原理、方法。

（7）潜艇水下稳度的计算：采用增加载重法和损失浮力法两种方法计算处于水下状态的潜艇的稳性问题，其核心是对压载水舱中的水采用不同的处理方法。

（8）潜艇下潜与上浮过程中的稳性变化问题：采用潜艇潜浮稳性曲线图来分析下潜与上浮过程中重量与浮力、重心与浮心变化所引起的稳性改变。

本章重点与难点

（1）等容倾斜的概念；

（2）平衡稳定条件；

（3）初稳度的表示方法；

（4）增减少量载荷时浮态和初稳度的变化，中面的概念与应用，悬挂载荷的虚重心，自由液面对稳度的影响，改善自由液面影响的措施；

（5）潜艇水下稳度的计算；

（6）潜艇下潜与上浮过程中稳度的变化问题。

本章关键词

稳性，初稳性，稳定中心，稳定中心高，复原力矩，水下稳度，潜浮稳性曲线图等。

3.1　稳性的基本概念

首先通过图示说明舰船平衡位置的稳定性概念。图 3-1 所示为舰船正浮平衡于 WL 水线，受到瞬时外力干扰后水线为 W_1L_1 并有横倾角 θ，当外力作用消失后舰船的运动情况。图 3-1（a）所示的情况是重量与浮力形成的力偶矩方向使舰船回到原来的平衡位置，此时称舰船原来的平衡位置具有稳定性。图 3-1（b）所示的情况是重量与浮力所形成的力偶矩使舰船继续倾斜而偏离原来的平衡位置，此时称舰船原来的平衡位置不具有稳定性。

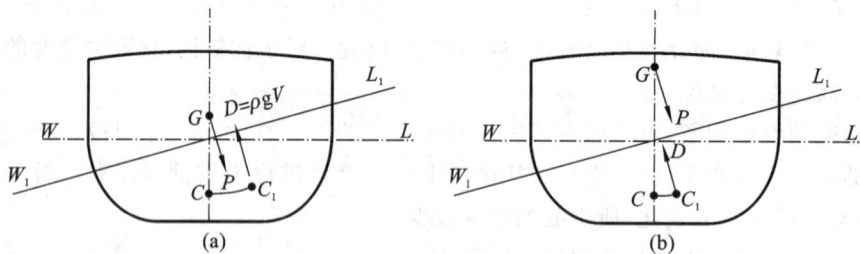

图 3-1　舰船平衡位置稳定性概念

以上两个位置都满足平衡条件，都是平衡位置，但是，当舰船在外力干扰作用下偏离平衡位置后，一旦外力作用消失，有的能够回到平衡位置，有的却不能，这是因为它们的稳性不同。

什么是舰船的稳性？

舰船在外力作用下，偏离其平衡位置，当外力去掉后，能自行重新回到原来平衡位置的能力叫作稳性。这一能力也称为复原能力。这是稳性的定义。

1. 稳性是平衡位置的特性

稳性是针对舰船的某一平衡位置（浮态）来讲的，它是平衡位置的固有属性，也是用以描述两平衡位置间的区别的特征量。

当处于某个平衡位置的舰船具有上述复原能力时，我们称该平衡位置为稳定的，否则就是不稳定的。

有无上述复原能力是稳、不稳的问题，而复原能力的大小则是稳定的程度问题。前者是质的不同，后者是量的差别。稳性包含了稳不稳及稳定程度这两方面的概念。

2. 横稳性与纵稳性

舰船在外力作用下发生的对平衡位置的偏离，可能有各种情况，但概括起来，无非是沿坐标轴的平移或是绕坐标轴的转动。

当舰船沿铅垂轴（z 轴）上下平移时，将发生吃水的改变，从而引起浮力的变化。但当外力去掉后，或因重力大于浮力，或因浮力大于重力，舰船总会自行重新回到原来的平衡位置。

当舰船沿水平轴做前后（x 轴）左右（y 轴）的平移，或绕铅垂轴（z 轴）转动时，舰船的平衡显然是随机的。由于这些情况下舰船仅仅改变了它在海上的位置或航向，而和水表面的相对位置并未发生改变，因此就研究舰船安全而言，这类偏离没有什么实际意义。

显然，最有实际意义的是舰船绕水平轴的转动，这时舰船和水表面的相对位置改变了。而且对这种偏离而言，舰船的平衡绝非总是稳定的，其中尤其值得我们注意的是舰船绕纵向水平轴（x 轴）的转动，也就是横倾。因为翻船通常总是发生在横向上。

按偏离的方向区分，把研究横倾条件下舰船的复原能力称为横稳性，而把研究纵倾（即绕横向水平轴转动）条件下舰船的复原能力称为纵稳性。

3. 初稳性与大角稳性

根据对平衡位置的偏离程度的大小不同，还可把稳性分为小角稳性和大角稳性，前者又称初稳性。

初稳性仅适用于横倾角不大于 15°的情况。舰船横倾达 20°，30°，⋯甚至 90°时的复原能力则属于大角稳性的研究范围。应当指出：大角度倾斜仅在横倾时发生，所以大角稳性只研究横倾。至于纵倾，因其通常都很小，仅在初稳性中加以研究。

初稳性和大角稳性之间的关系是局部和全局的关系。初稳性只反映平衡位置的最初特性，或者说只反映受到外界小扰动情况下的舰船稳性。全面表征舰船某一平衡位置的横稳性应是大角稳性。特别是当涉及舰船是否会倾覆这样一类问题时，绝不能仅根据其初稳性就做出判断，而必须考察其大角稳性如何。

如此说来，只要研究大角稳性就够了，为什么要把初稳性这个局部分出来单独地进行研究呢？这是因为倾斜较小时，可做出某些假设使复原能力可用简单的数学方程来表示，从而使整个研究简化并得出实用的结果。另外，在处理许多实际问题时，往往也只需要知道舰船的初稳性就够了。

3.2　平衡稳定条件

3.2.1　等容倾斜

由稳性的含义可知，判断舰船平衡位置是否稳定的基本方法：给舰船一个不大的倾斜（包括横倾和纵倾),然后看它能否自行回到原来的平衡位置。

用以判断舰船稳不稳的这种倾斜有什么特点?

外力被去掉后,舰船在倾斜位置上既未增加载荷,又未减少载荷,排水体积在倾斜前后应当一样(见图 3-2),即水线 $W_1 L_1$ 以下的体积和水线 WL 以下的体积是相等的,或者说入水楔形体积 V_{LOL_1} 和出水楔形体积 V_{WOW_1} 相等。

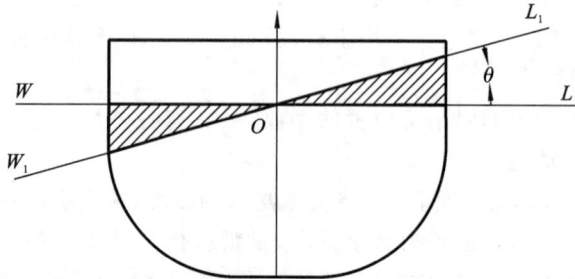

图 3-2　等容倾斜

这种保持容积排水量不变的倾斜称为等容倾斜,不论初稳性还是大角稳性(大纵倾例外)研究中都必须针对等容倾斜的情况来考虑。

水线面 $W_1 L_1$ 和水线面 WL 互称为等容水线面。两个等容水线面的交线称为等容倾斜轴。

当倾角不大时,可以证明:"等容倾斜轴通过水线面的面积中心 F,即通过漂心。"不论横倾或纵倾都是如此(见图 3-3)。

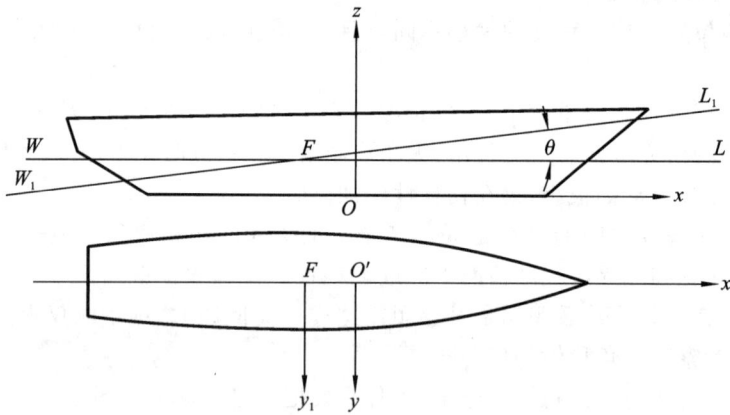

图 3-3　等容倾斜轴

3.2.2　稳定条件

现在以横稳性为例来研究舰船平衡位置稳定的条件。

设舰船正直漂浮于水线 WL 处,重量为 P、重心在 G 点,浮力为 D(或 $\rho g V$),浮心在 C 点,如图 3-4 所示。根据平衡条件,应有:

$$\begin{cases} P = D = \rho g V \\ x_g = x_c \\ y_g = y_c = 0 \end{cases} \tag{3-1}$$

使舰船等容倾斜一个小角度 θ 而达到水线 $W_1 L_1$ 处,然后看它能否重新回到原来的位置。

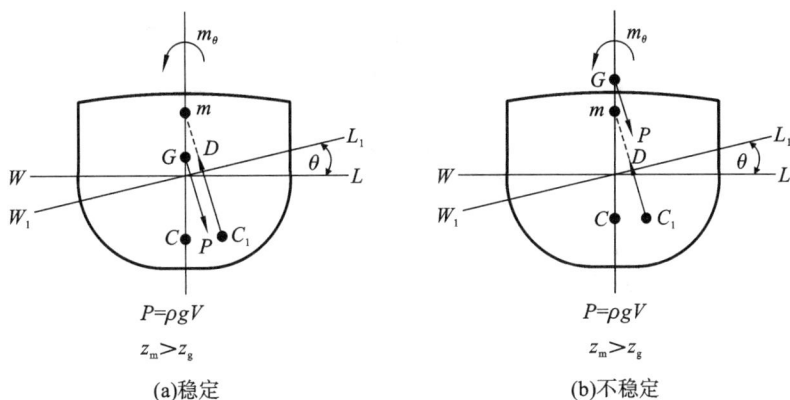

(a)稳定　　　　　　　　　　(b)不稳定

图 3-4　横稳定平衡条件

舰船能否从水线 $W_1 L_1$ 复原到原来的平衡水线 WL,取决于舰船在 $W_1 L_1$ 水线处的受力特点,要研究舰船在水线 $W_1 L_1$ 处的受力情况。

由于倾斜是等容倾斜,因此重量 P 和浮力 D 大小不变。

假定倾斜过程中船上各种设备和载荷(包括液体载荷)的位置均不改变(实际上油水舱未满时,舱内油水将随倾斜而移动,这里暂时认为其未发生移动,以后再做讨论),即重心 G 的位置保持不变。至于浮心,因排水体积形状改变了,它将从原来的 C 点移到新的浮心位置 C_1 点。

这样一来,在水线 $W_1 L_1$ 处,重量 P 和浮力 D 虽然仍保持大小相等、方向相反(均铅垂于水线 $W_1 L_1$),却不再作用于同一条铅垂线上了,而将形成力偶,这个力偶的矩称为复原力矩。对于图 3-4(a)所示的情况,复原力矩的方向和倾斜方向相反,在这个复原力矩作用下,舰船将重新回到原来的平衡位置,此时原平衡位置 WL 是稳定的。对于图 3-4(b)所示的情况,倾斜后重量和浮力所构成的复原力矩方向和倾斜方向是一致的,在此复原力矩作用下,舰船将继续倾斜,因此原来的平衡位置是不稳定的。

舰船一旦偏离平衡位置,去掉外力后,能够重新回到原来位置或继续倾斜,都是复原力矩作用的结果。规定复原力矩逆时针方向为正,反之为负。

怎样求出小角倾斜后的复原力矩的方向?

可将图 3-4(a)(b)中倾斜后的浮力作用线延长,使其和正直状态的浮力作用线相交于 m 点,由图可知:当 m 点在重心 G 之上时,复原力矩的方向和倾斜方向相反,复原力矩方向为负,舰船平衡位置是稳定的;当 m 点在重心 G 之下时,复原力矩的方向和倾斜方向一致,复原力矩方向为正,舰船平衡位置是不稳定的。

由于 m 点和 G 点的相对位置决定了舰船已知平衡位置的稳定性,所以把 m 点称为稳定中心,而把 $\overline{Cm}$ 称为稳定中心半径。稳定中心是相邻的两个非常接近的浮力作用线的交点。确切地说,m 点称为横稳定中心,$\overline{Cm}$ 为横稳定中心半径,用 r 表示。

同理,当舰船纵倾时,其相应的稳定中心称为纵稳定中心,以"M"表示,而$\overline{CM}$称为纵稳定中心半径,用 R 表示,如图 3-5 所示。

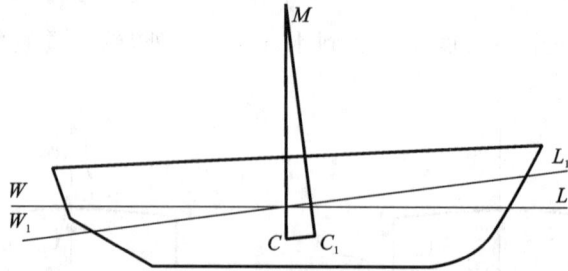

图 3-5　纵稳定中心 M

根据以上分析可知,如果舰船已知平衡位置是稳定的,则相应于该位置的稳定中心必须高于重心,也就是 m、M 点在 G 点之上。这就是舰船平衡的稳定条件。

3.3 ▏稳定中心高及其计算

3.3.1　稳定中心高及其表达式

定义稳定中心在重心之上的高度为稳定中心高,如图 3-6 所示。横稳定中心在重心之上的高度$\overline{Gm}$ 称为横稳定中心高,以 h 表示;纵稳定中心在重心之上的高度$\overline{GM}$ 称为纵稳定中心高,以 H 表示。

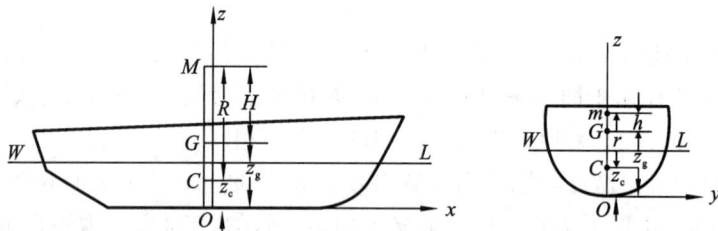

图 3-6　稳定中心高

由图 3-6 可见:

$$h = z_c + r - z_g \tag{3-2}$$
$$H = z_c + R - z_g \tag{3-3}$$

式中:z_c——浮心高度;

　　　z_g——重心高度。

由平衡稳定条件得知,当 $h>0$(或 $z_c+r>z_g$)及 $H>0$(或 $z_c+R>z_g$)时,横稳定中心 m 与纵稳定中心 M 在重心 G 以上,所以平衡稳定条件可用稳定中心高来表示:当 $h>0$ 时,舰船横稳定;当 $H>0$ 时,舰船纵稳定。

由式(3-2)、式(3-3)可知,要计算 h、H,关键在于确定稳定中心半径 r、R,因为 z_g 和 z_c 的计算已在第 2 章中解决了。

3.3.2　计算稳定中心半径的公式

设舰船漂浮于水线 WL 时,容积排水量为 V,等容倾斜小角 $d\theta$ 到达水线 W_1L_1,而浮心由点 C 移至点 C_1,两浮力作用线的交点为 m,横稳定中心半径为 r,如图 3-7 所示。

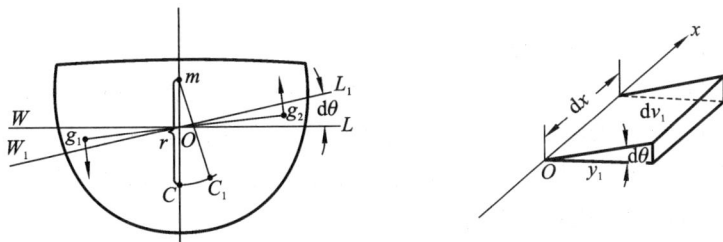

图 3-7　横稳定中心半径 r 的计算

由图 3-7 可见,浮心自点 C 移至点 C_1 是楔形出水体积 V_{WOW_1} 变成楔形入水体积 V_{LOL_1} 的结果。若楔形出水、入水体积以 v 表示,其体积中心分别以 g_1、g_2 表示,将重心移动定理用于浮心移动,应有

$$V \cdot \overline{CC_1} = v \cdot \overline{g_1g_2} \tag{3-4}$$

当 $d\theta$ 很小时,有

$$\overline{CC_1} \approx \overset{\frown}{CC_1} = r \cdot d\theta$$

于是,式(3-4)变为

$$V \cdot r d\theta = v \cdot \overline{g_1g_2}$$

则

$$r = \frac{v \cdot \overline{g_1g_2}}{V \cdot d\theta} \tag{3-5}$$

即欲计算 r 值必须先求出 $v \cdot \overline{g_1g_2}$,它是由楔形体积移动所形成的体积矩,为此,先沿船长取微元体积

$$dv = \frac{1}{2}y^2 d\theta \cdot dx$$

dv 搬动距离为

$$\overline{g_1g_2} = 2 \times \frac{2}{3}y$$

dv 对 Ox 轴的体积矩为

$$\frac{1}{2}\overline{g_1g_2} \cdot dv = \frac{2}{3}y \cdot dv \tag{3-6}$$

则楔形入水、出水体积 v 对 Ox 轴的体积矩为

$$v \cdot \overline{g_1g_2} = 2\int \frac{2}{3}y \cdot dv = 2\int \frac{2}{3}y \cdot \frac{1}{2}y^2 d\theta \cdot dx = \frac{2}{3}\int y^3 dx \cdot d\theta = I_x \cdot d\theta \tag{3-7}$$

因此由式(3-5)和式(3-7)可得

$$r = \frac{I_x}{V} \tag{3-8}$$

式中:I_x——水线面面积对纵向中心轴 Ox 的惯性矩。

同理,可以得到计算纵稳定中心半径 R 的公式为

$$R = \frac{I_{yf}}{V} \tag{3-9}$$

式中：I_{yf}——水线面面积对横向中心轴 Oy_f 的惯性矩。

3.3.3　关于稳定中心高的说明

（1）舰船的横稳定中心高 h 比纵稳定中心高 H 小得多。

比较式（3-2）与式（3-3）、式（3-8）与式（3-9）不难看出，二者之区别在于水线面面积惯性矩 I_x 和 I_{yf} 不同。由于舰船水线面的形状是狭长的，其在纵向上的尺度远大于在横向上的尺度，因此 I_{yf} 的值也远大于 I_x 的值。为简明起见，我们以一长、宽、吃水分别为 L、B、T 的直角平行六面体（见图 3-8）为例来比较二者的差别。

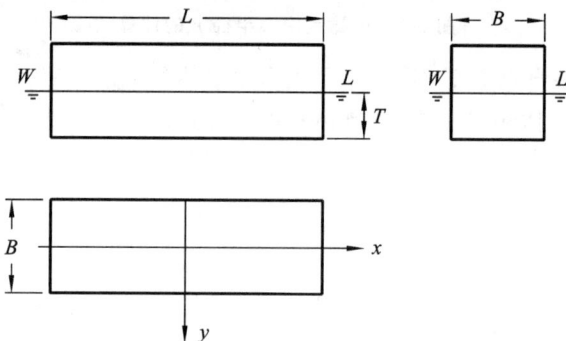

图 3-8　直角平行六面体稳性计算

$$r = \frac{I_x}{V} = \frac{LB^3/12}{LBT} = \frac{B^2}{12T} \tag{3-10}$$

$$R = \frac{I_{yf}}{V} = \frac{L^3 B/12}{LBT} = \frac{L^2}{12T} \tag{3-11}$$

$$\frac{R}{r} = \frac{L^2}{B^2} = \left(\frac{L}{B}\right)^2 \tag{3-12}$$

一般水面舰船的长宽比 L/B 为 6～11，那么，R 比 r 可能大 40～120 倍。因此，舰船的横稳定中心高 h 常常不到 1 m，而纵稳定中心高 H 却可达 1 倍至 3 倍船长。因此，实际上要判断舰船的某个平衡位置是否稳定，只要看横稳定中心高 h 是否为正就可以了。"横稳定中心高 $h > 0$"就是舰船的稳定条件，至于纵稳性通常是有保证的，并且考虑到 R 值相对 $z_c - z_g$ 大得多，故取 $H = R$。

（2）h、H 的大小取决于船体重心高低和船形。

由稳定中心高的计算公式可知，h、H 的大小取决于船体重心高低和船形，因浮心高度 z_c、稳定中心半径 r、R 都是随排水体积的形状和水线面形状的变化而改变的，所以通常情况下，稳定中心高总是随舰船的吃水（或排水量）和装载状态而改变。例如，对一些底部有大量油水舱的轻型舰船来说，满载状态的横稳定中心高可能比空载时大一倍。

（3）各类舰船的横稳定中心高 h 有其合适的数值。

从静稳性的角度看问题，较大的 h 值有利于改善舰船的不沉性和稳性。但过大的 h 值，容易让舰船在风浪中航行时产生剧烈的摇摆，对舰船安全、船员工作与生活及使用武器都是不利的。因此在舰船的设计和改装，以及处理舰船的装载或压载时，均应使舰船具有较合适的横稳定中心高。各类舰船的横稳定中心高 h 值的变化范围大致如表 3-1 所示。

表 3-1　各类舰船的横稳定中心高 h 值的变化范围

舰种	横稳定中心高 h/m	舰种	横稳定中心高 h/m
航空母舰	2.7～3.5	潜艇	$\dfrac{0.25～0.65(水上)}{0.15～0.50(水下)}$
巡洋舰	0.9～1.8	猎潜艇	0.6～0.7
驱逐舰	0.7～1.4	巡逻艇	0.5～0.8
护卫舰	0.6～1.0	鱼雷快艇	0.9～1.5
扫雷舰	0.7～0.9	拖船	0.5～0.8

（4）稳定中心高的计算实例。

对于一定的舰船，可根据 2.4.3 节介绍的方法，应用静水力曲线来查找正浮状态某一吃水 T 下的 z_c、r、R 值，再代入已知的重心高度 z_g 值，即可计算出舰船正浮状态的稳定中心高 h 和 H 的值。

例题 3-1　某驱逐舰的静水力曲线如附录 C 所示，舰的吃水 $T=3.63$ m，$z_g=4.65$ m，试根据静水力曲线计算 h、H 的值。

解　由静水力曲线查出 $T=3.63$ m 时，$z_c=2.25$ m，$r=3.4$ m，$I_{yf}=6.075\times10^5$ m⁴，$V=2.25\times10^3$ m³，那么

$$R=\frac{I_{yf}}{V}=\frac{6.075\times10^5}{2.25\times10^3}\ \text{m}=270\ \text{m}$$

$$h=z_c+r-z_g=(2.25+3.4-4.65)\ \text{m}=1\ \text{m}$$

$$H=z_c+R-z_g=(2.25+270-4.65)\ \text{m}=267.6\ \text{m}$$

由上述计算结果可见，舰船的纵稳定中心高 H 远大于横稳定中心高 h。

3.4　初稳性计算中的复原力矩公式

3.4.1　复原力矩的公式

设舰船原平衡于水线 WL 处，倾斜某个角度 θ 至新水线 W_1L_1 处，如图 3-9(a)所示。这时浮心沿曲线从点 C 移至点 C_1，重量 P 和浮力 D 所组成的力矩即复原力矩 m_θ，可表示为

$$m_\theta=P\cdot\overline{GK} \tag{3-13}$$

式中：$\overline{GK}$——复原力臂，即重力和浮力间的垂直距离。若已知力臂 $\overline{GK}$ 大小，则复原力矩可求出。

由图 3-9 可知，对应于水线 WL，稳定中心在 m 点（它是对应于水线 WL 的浮力作用线和与水线 WL 极为邻近的水线的浮力作用线的交点），而对应于水线 W_1L_1，其稳定中心将在 m_1 点（它是对应于水线 W_1L_1 的浮力作用线和与水线 W_1L_1 极为邻近的水线的浮力作用线的交点），即水线 W_1L_1 的浮力作用线将通过 m_1 点，而和正浮水线 WL 的浮力作用线并不相交于 m 点。在这种情况下，要确定 $\overline{GK}$ 的大小比较复杂。

当倾角 θ 不大时,例如小于 $15°$ 时,则可假设曲线 $\overset{\frown}{CC_1}$ 是一段圆弧,或者说在这一倾角范围内稳定中心保持其 m 点的位置不变。这样复原力臂和稳定中心高 h 之间就能建立非常简单的联系。由图 3-9(b)可知

$$\overline{GK} = h\sin\theta \tag{3-14}$$

因为倾角 θ 很小,可取 $\sin\theta \approx \theta(\mathrm{rad})$。

于是复原力矩为

$$m_\theta = Ph\sin\theta \approx Ph\theta \ (\mathrm{t \cdot m}) \tag{3-15}$$

同理,纵向复原力矩为

$$M_\psi = PH\sin\varphi \approx PH\psi \tag{3-16}$$

式中:纵倾角 ψ 的单位也是 rad。

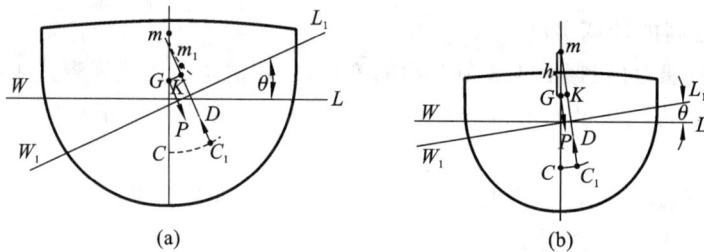

图 3-9　复原力矩与稳定中心高关系

复原力矩公式是初稳性计算中的基本公式,在解决各种与小倾角有联系的实际问题时有着广泛的应用。但应用时须注意公式所基于的假设,如果是潜艇,因其横剖面是圆形或接近圆形,当横倾时,浮心移动曲线 $\overset{\frown}{CC_1}$ 就是一段圆弧或接近圆弧,式(3-15)的适用范围将不再仅限于小角度倾斜了。以一般船形的水面舰船为例,式(3-15)通常只适用于倾角在 $15°$ 以下的情况,角度愈大误差愈大,角度愈小精确度愈高。

3.4.2　船形稳性力矩和重量稳性力矩

记重心在浮心以上的高度为 $a = z_g - z_c$,这样式(3-15)可改写成

$$m_\theta = Ph\sin\theta = P(r-a)\sin\theta \tag{3-17}$$
$$= Pr\sin\theta - Pa\sin\theta$$

由式(3-17)可见,复原力矩由两个力矩组成:

第一个力矩 $Pr\sin\theta$ 永远是正的,起扶正作用,并且当重量 P 为定值时,它的大小主要取决于船形,故称船形稳性力矩;

第二个力矩为 $-Pa\sin\theta$,若重心在浮心之上即 $a>0$,该力矩总是负的,总是使舰船离开平衡位置而继续倾斜,且当重量 P 为定值时,它的大小主要取决于重量在高度方向的分布即重心高度,故称重量稳性力矩。

关于上述两个力矩的作用,也可在图 3-10 中形象地表示出来。在图 3-10(a)中,浮心 C 上所加的一对大小相等(其值等于重量 P)、方向相反、且平行于重量 P 的力,构成的一对力偶,用符号"//"标记,此为船形稳性力矩;另一对是重量稳性力矩。

另外,船形稳性力矩还可以表示成图 3-10(b)中的样子。实际上浮心从点 C 移至点 C_1,是左边楔形体积移至右边的结果,在式(3-4)中已指出:

$$V \cdot \overline{CC_1} = v \cdot \overline{g_1 g_2}$$

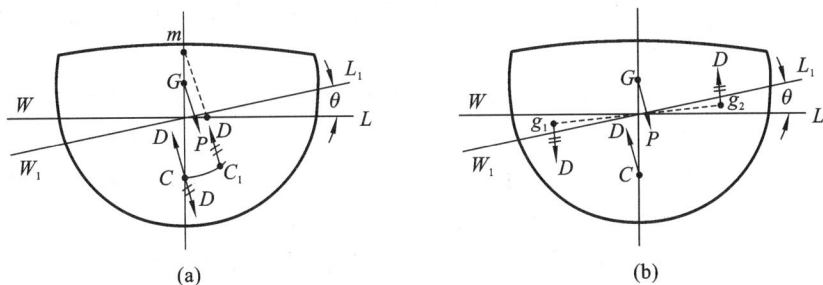

(a)　　　　　　　　　　　　　　　　　　(b)

图 3-10　船形稳性力矩和重量稳性力矩

再看图 3-10(b)及式(3-5)、式(3-7),船形稳性力矩可写成

$$Pr\sin\theta = P\overline{CC_1} = \rho g v \cdot \overline{g_1 g_2} = \rho g I_x \theta \tag{3-18}$$

由此可见,船形稳性力矩就是楔形出水和入水体积产生的浮力所构成的力矩。舰船倾斜后之所以会产生复原能力,从根本上就是因为水密体积的搬动,并且当排水量一定时,船宽越大,水线面面积的惯性矩 I_x 越大,从而船形稳性力矩就越大,船的稳度也就越大。

至于重量稳性力矩,其绝对值越小(即 a 越小,重心越低)对稳度越有利。

综合分析可知,舰船稳度的优劣主要取决于船体重心高低和船形。

3.4.3　初稳度的三种表示法

表示舰船的初稳度可采用如下三种不同的方法。

1. 用复原力矩表示

在 3.4.1 节已讨论过,横向和纵向的复原力矩分别为

$$m_\theta = Ph\theta \tag{3-19}$$

$$m_\psi = PH\psi \tag{3-20}$$

2. 用稳定系数表示

稳定系数是排水量和稳定中心高的乘积。

横稳定系数为

$$k = Ph \tag{3-21}$$

纵稳定系数为

$$K = PH \tag{3-22}$$

3. 用横、纵稳定中心高 h、H 表示

横、纵稳定中心高 h、H 的计算式前面已给出,此处不再赘述。

上述三种表示法各有特点。

复原力矩越大,舰船倾斜后回到原平衡位置的能力就越大,或要使舰船偏离平衡位置倾斜一定角度所需的外加力矩也越大,因此舰船原平衡位置就越稳定。从这个意义上说,复原力矩是表示初稳度的最根本的量。但是,复原力矩必须通过倾斜才能显示出它的大小,当倾角为零时,它的值也为零,倾角不同时,它的值也不同,这是复原力矩作为初稳度的一种量度的不足之处。

由复原力矩公式可知,稳定系数是单位倾角下的复原力矩。当稳定系数 $k>0$ 时,舰船的

平衡位置是稳定的；当 $k<0$ 时，平衡位置则不稳定。k 越大，平衡位置也就越稳定。由于稳定系数中不包含倾角的因素，从而避免了用复原力矩表示初稳度所具有的缺点。任何一个平衡位置都有其确定的稳定系数值。

至于稳定中心高，可根据它的正负来判断舰船在某个平衡位置是否稳定，实际上它可看成单位排水量下的稳定系数。用稳定中心高来表示舰船的初稳度，优点是简明，它便于用来评价同类舰船的初稳度，因此得到了广泛的应用。它的缺点是对同一平衡位置，采用不同方法（如增加载重法与损失浮力法）计算时，所得稳定中心高的值也不同（这一点将在"舰船不沉性"这一章中再予讨论）。但复原力矩与稳定系数则不存在这种情况，只要是对同一平衡位置进行计算，不管用哪种方法，其结果总是相同的。

3.5　　初稳度的变化规律

在此之前，我们阐明了舰船稳性的基本概念，判断舰船平衡是否稳定的条件，以及初稳度的表示式和计算方法等。

下面我们将转入某些和初稳度有关的实际问题的探讨。

如某舰有倾角为 $3°$ 的初始横倾，或 25 cm 的首纵倾，需加多大的横倾力矩及纵倾力矩方可将其消除？如果采用导移油水的方法来进行调整，需要将多少油水从何舱导移至何舱？

又如，若已知某船之初稳度偏低，要想使稳定中心高增大 0.20 m，需加多少压载？加在何处？

又如，舰船上排或进坞修理前要卸下油水及弹药等物，卸载后舰船的浮态和初稳度将有何变化？

再如，舰船改装时，若将上甲板的 37 炮拆除而换装 57 炮，初稳度将改变多少？

在舰船的监造、管理、改装、维修的实践中，诸如此类的问题还可举出很多。但从舰船原理静力学的角度来看，所有这些问题概括起来，无非是载荷的移动或增减对其浮态和初稳度的影响。

在这节内容中，对于任何一种问题的处理，都是先解决稳定中心高的变化问题，再根据新的稳定中心高，利用复原力矩公式求解舰船浮态的变化。

3.5.1　移动小量载荷对舰船浮态和初稳度的影响

小量载荷，一般指不超过排水量 10% 的载荷。在小量载荷条件下，变动（移动或增减）的载荷和舰船排水量相比较小，不致显著地违背初稳度公式所基于的假设。

对于这个问题，本着由简到繁、由特殊到一般的原则，先研究载荷的铅垂移动和水平移动，然后再研究载荷的任意移动。

1. 载荷的铅垂移动

设舰船原来正浮于水线 WL 处，船上有一重量为 q 的小量重物，将其从 A_1 点铅垂移至 A_2 点，如图 3-11 所示。

由于载荷的移动是铅垂的，故对浮态无影响，舰船仍浮于 WL 水线处。

那么稳度有何变化？由于稳定中心高的大小取决于浮心、稳定中心及重心三个点的高度，所以分析稳度变化时必须分析上述三个点在高度方向上的变动。

由于水线位置不变,故舰船的排水量 V 不变,浮心 C、稳定中心点 m 的位置也不变。但重心 G 随载荷 q 的移动而铅垂移至 G_1 点,移动距离 $\overline{GG_1}$ 可根据重心移动定理求得:

$$\frac{\overline{GG_1}}{\overline{A_1A_2}}=\frac{q}{P} \qquad (3\text{-}23)$$

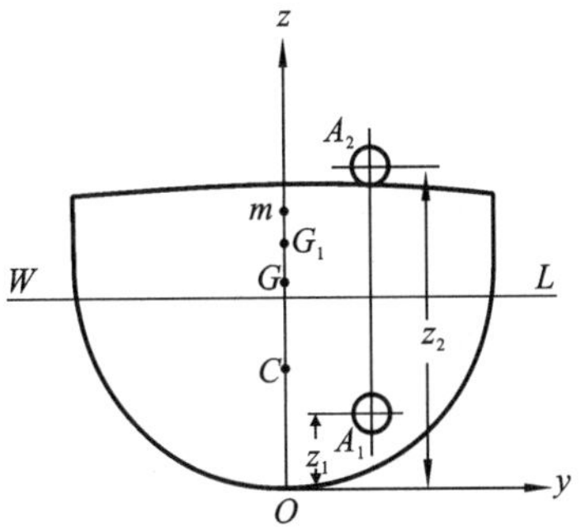

图 3-11　铅垂移动载荷

若将 $\overline{A_1A_2}$ 用两点的坐标代入,则式(3-23)可改写成:

$$\overline{GG_1}=\frac{q}{P}(z_2-z_1) \qquad (3\text{-}24)$$

由图 3-11 可见,新的横稳定中心高 $h_1=\overline{G_1m}$ 可写成:

$$h_1=h-\frac{q}{P}(z_2-z_1) \qquad (3\text{-}25)$$

同理,纵稳定中心高为

$$H_1=H-\frac{q}{P}(z_2-z_1) \qquad (3\text{-}26)$$

从式(3-25)、式(3-26)可知,当 $z_2>z_1$,即载荷铅垂上移时,稳定中心高减小;反之,稳定中心高增加。实际上,由于整个舰船重心的移动一般很小,通常不会超过 0.1 m,因此只有在计算横稳定中心高时才有考虑的必要,而在计算纵稳定中心高时可将其省去不计,即 $H_1\approx H$。

综上所述,铅垂移动小量载荷,浮态不变、横稳度改变。载荷上移,稳度减小;载荷下移,稳度增加。

2. 载荷的横向水平移动

将重量为 q 的小量重物自 A_1 水平横移至 A_2,舰船重心 G 移至 G_1,从而产生横倾角 θ,舰船平衡在新的水线 W_1L_1 上,如图 3-12 所示。

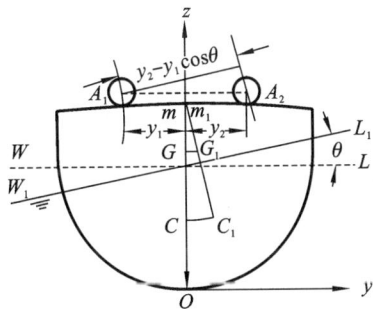

图 3-12　水平横移载荷

由于舰船横倾,浮心 C 移至 C_1 点。根据小倾角条件下稳定中心的位置不变的假定,可以认为对应于平衡水线 W_1L_1 的稳心 m_1 和 m 点重合,这样一来,G_1、C_1、$m_1(m)$ 点都在垂直于水线 W_1L_1 的同一条铅垂线上。

对应于 W_1L_1 的稳定中心高是 $h_1=\overline{G_1m_1}$,它和正浮时的稳定中心高 $h=\overline{Gm}$ 有如下关系:

$$h_1=\frac{h}{\cos\theta} \qquad (3\text{-}27)$$

当 θ 很小时,$\cos\theta\approx 1$,所以

$$h_1\approx h \qquad (3\text{-}28)$$

横倾角 θ 可以根据力矩的平衡求出,显然在平衡水线 W_1L_1 上,舰船的复原力矩 m_θ 必将等于横移重物所产生的横倾力矩 m_{kp}:

$$m_{kp}=q(y_2-y_1)\cos\theta\approx q(y_2-y_1) \qquad (3\text{-}29)$$

于是,有

$$Ph\theta=q(y_2-y_1) \qquad (3\text{-}30)$$

则

$$\theta = \frac{q(y_2 - y_1)}{Ph} \text{ (rad)} \tag{3-31}$$

从式(3-31)可知,在同样大小的横倾力矩作用下,若舰船的初稳度大一些(即 h 值大一些),横倾角就会小一些,所以说舰船的横倾、纵倾和稳度有关。最后还需注意式(3-31)中坐标值 y_1、y_2 本身均带有正负号,并且当 $y_2 - y_1$ 的值为正时,横倾角 $\theta > 0$,舰船向右倾斜;反之,舰船向左倾斜。

综上所述,水平横移小量载荷,稳度不变、浮态改变,舰船横倾漂浮。

3. 载荷的纵向水平移动

将重量为 q 的小量重物自 x_1 水平纵移至 x_2 处,如图 3-13 所示。

如前所述,小量载荷纵向水平移动时稳度不变,即 $H_1 = H$,但有纵倾角

$$\psi = \frac{q(x_2 - x_1)}{PH} \text{ (rad)} \tag{3-32}$$

式中:x_1、x_2 本身均带正负号。

ψ 为正时表示首纵倾,反之为尾纵倾。

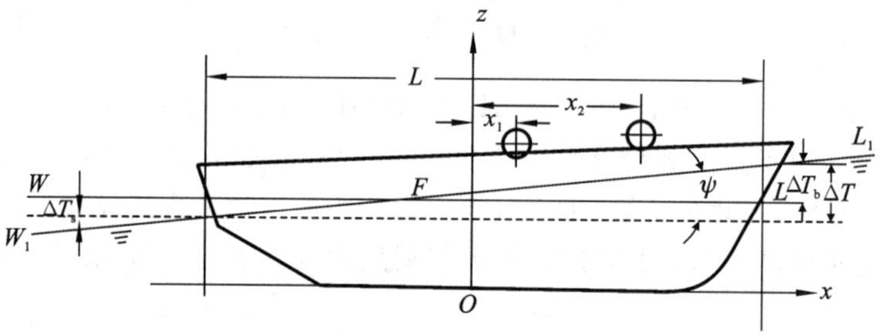

图 3-13 水平纵向移动载荷

通常,当舰船有纵倾时,我们希望知道的不是纵倾角 ψ(和横倾角不一样,ψ 往往非常小)而是艏、艉吃水,由于小角等容纵倾时纵倾轴通过水线面面积中心 F,因此从图 3-13 可知,艏、艉吃水的改变分别为

$$\begin{cases} \Delta T_b = \left(\dfrac{L}{2} - x_f\right)\psi \\ \Delta T_s = -\left(\dfrac{L}{2} + x_f\right)\psi \end{cases} \tag{3-33}$$

载荷移动之后艏、艉新吃水分别为

$$\begin{cases} T_b = T + \left(\dfrac{L}{2} - x_f\right)\psi \\ T_s = T - \left(\dfrac{L}{2} + x_f\right)\psi \end{cases} \tag{3-34}$$

式中:x_f——水线面面积中心 F 点的纵坐标;x_f 及 ψ 本身均带正负号,ψ 以弧度计。

为了确定由载荷的纵向移动所引起的吃水差,常用纵倾 1 cm 力矩 M_{1cm} 来表示。纵倾 1 cm 力矩就是使舰船产生 1 cm 的艏艉吃水差所需的外加力矩。

假设艏艉吃水差为

$$\Delta T = T_b - T_s \tag{3-35}$$

吃水差 ΔT 和纵倾角 ψ 满足:

$$\frac{\Delta T}{L} = \tan\psi = \psi \ (\mathrm{rad}) \tag{3-36}$$

取 $\Delta T = 1 \ \mathrm{cm} = 0.01 \ \mathrm{m}$ 代入式(3-36),则有

$$\psi_{1\,\mathrm{cm}} = \frac{0.01}{L} \tag{3-37}$$

根据外加力矩和纵向复原力矩平衡的原理,舰船纵倾 1 cm 力矩为

$$M_{1\,\mathrm{cm}} = PH\psi_{1\,\mathrm{cm}} = PH\frac{0.01}{L} = \frac{PH}{100L} \tag{3-38}$$

当已知 M_{kp} 和 $M_{1\,\mathrm{cm}}$ 时,即可求得吃水差为

$$\Delta T = \frac{M_{\mathrm{kp}}}{M_{1\,\mathrm{cm}}} \ (\mathrm{cm}) \tag{3-39}$$

注意:纵倾 1 cm 力矩 $M_{1\,\mathrm{cm}}$ 也是随排水量和重心高度而改变的。

综上所述,纵向水平移动小量载荷,舰船稳度不变,浮态改变,会产生纵倾角。

4. 载荷的任意移动

将重量为 q 的小量重物从 $A(x_1, y_1, z_1)$ 移动到 $B(x_2, y_2, z_2)$,如图 3-14 所示。

由前述可知,任意移动将会同时引起舰船的横倾、纵倾及稳度的变化。

为简便起见,可将这种任意移动分解成三个简单连续移动。假设小量载荷先由 z_1 铅垂地移至 z_2,这时浮态不变,仅仅改变了稳度;然后再由 y_1 横向水平移至 y_2,这时仅产生横倾;最后由 (x_1, y_2, z_2) 纵向水平移至 (x_2, y_2, z_2),这一步产生纵倾。实际上,移动载荷对舰船浮态和稳度的影响只取决于载荷移动后的最终位置,而与移动时所取的路线无关,但是在计算时必须首先考虑铅垂移动,求出新的稳定中心高 h_1、H_1,然后再用这个新的稳定中心高去求横倾角、纵倾角,这样就把一个一般性问题简化为几个特殊的问题处理了。

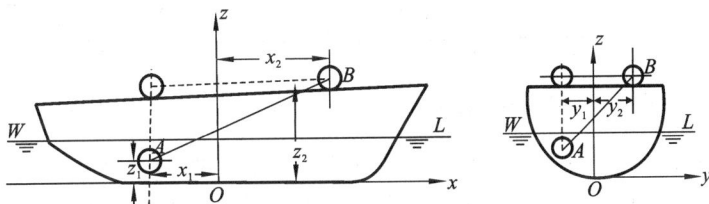

图 3-14 任意移动小量载荷

现将所用公式按计算顺序重新排列:

(1)载荷由 z_1 移动到 z_2,舰船的稳定中心高为

$$h_1 = h - \frac{q}{P}(z_2 - z_1)$$

$$H_1 = H - \frac{q}{P}(z_2 - z_1) \approx H$$

(2)载荷由 y_1 移动到 y_2 所引起的横倾角为

$$\theta = \frac{q(y_2 - y_1)}{Ph_1}$$

(3)载荷由 x_1 移动到 x_2 所引起的纵倾角和艏、艉吃水分别为

$$\psi = \frac{q(x_2 - x_1)}{PH_1}$$

$$T_{\mathrm{b}} = T + \left(\frac{L}{2} - x_{\mathrm{f}}\right)\psi$$

$$T_s = T - \left(\frac{L}{2} + x_f\right)\psi$$

3.5.2 增减小量载荷对舰船浮态和初稳度的影响

本小节先研究比较简单的在特定位置的增减载荷,即载荷增减后不引起横倾和纵倾的情况,然后再研究在任意位置增减载荷的情况。

1. 不引起横倾和纵倾的载荷增加

1) 条件

设舰船原正浮于水线 WL 处,重心在 G,浮心在 C,如图 3-15 所示。

根据平衡条件,在水线 WL 处应有

$$P = D$$
$$x_g = x_c (y_g = y_c = 0)$$

若增加载荷 q 后,舰船平行下沉至水线 W_1L_1 处,补加容积层的中心在 C 点(即补加浮力的作用点),从图 3-15 上不难看出,要使水线 W_1L_1 为平衡水线,只有增加的载荷 q 和补加的浮力 $\rho g \Delta V$ 这一对力平衡,亦即

$$q = \rho g \Delta V \tag{3-40}$$
$$x_q = x'_c, \ y_q = y'_c = 0 \tag{3-41}$$

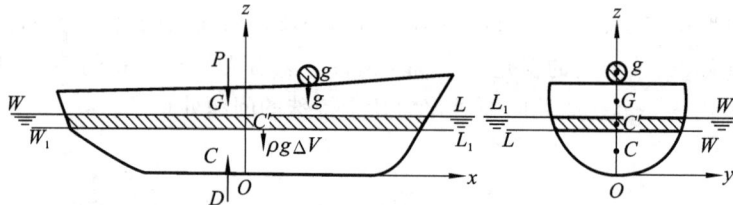

图 3-15 不引起 θ、ψ 的载荷增加(注意:G 点在 C' 点正上方)

若所增加的载荷是小量的,则可认为在吃水改变范围内舰船为直舷,即增载前后的水线面可看成一样的。在这种情况下,补加体积层的中心和水线面面积中心是在同一条铅垂线上的。因此增加小量载荷而不产生横倾和纵倾的条件也就可以改为:"所增加小量载荷的重心和原水线面面积中心在同一条铅垂线上"。

2) 吃水及初稳度的改变

先研究吃水的改变。

设重物的重量为 q,加在点 $A(x_f, 0, z_q)$ 处,如图 3-16 所示(图示为单项重物,当增加多项重物时,取其合重心位于 A 点即可)。

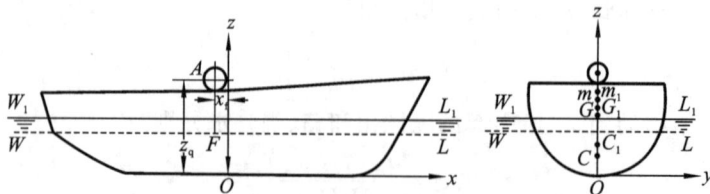

图 3-16 增加载荷引起的吃水改变

因增加小量载荷而产生的补加容积 $\Delta V = S \cdot \Delta T$，而 $q = \rho g \cdot \Delta V = \rho g S \cdot \Delta T$，故吃水变化为 $\Delta T = \dfrac{q}{\rho g S}$（$S$ 为水线面面积）。

下面推导初稳度的改变。

设载荷增加前舰船浮于水线 WL 处，浮心在 C，重心在 G，横稳定中心在 m，横稳定中心高为

$$h = z_c + r - z_g$$

载荷增加后，舰船平行下沉至水线 $W_1 L_1$ 处，浮心在 C_1，重心在 G_1，横稳定中心在 m_1，横稳定中心高为

$$h_1 = z_{c1} + r_1 - z_{g1}$$

因此，横稳定中心高的改变量为

$$\Delta h = h_1 - h = (z_{c1} - z_c) + (r_1 - r) - (z_{g1} - z_g) = \Delta z_c + \Delta r - \Delta z_g \tag{3-42}$$

显然，要求横稳定中心高的改变量就要分别算出浮心高度、稳定中心半径和重心高度三者的变化。

为了确定 Δz_c，可通过 C 点的水平面取体积矩，并使水线 $W_1 L_1$ 以下的体积 V_1 的体积矩等于水线 WL 以下的容积 V 和水线 WL 与 $W_1 L_1$ 之间的补加容积 ΔV 两部分的体积矩之和。则

$$V_1 \cdot \Delta z_c = V \cdot 0 + \Delta V \left(T + \frac{\Delta T}{2} - z_c \right)$$

故

$$\Delta z_c = \frac{\Delta V}{V + \Delta V} \left(T + \frac{\Delta T}{2} - z_c \right) \tag{3-43}$$

为了确定 Δz_g，可通过 G 点的水平面取力矩，并使重量 $P + q$ 的力矩等于 P 及 q 对同一平面的力矩和，则得

$$(P + q)\Delta z_g = P \cdot 0 + q(z_q - z_g)$$

故

$$\Delta z_g = \frac{q}{P + q}(z_q - z_g) \tag{3-44}$$

横稳定中心半径的改变量 Δr 为

$$\Delta r = r_1 - r = \frac{I_x + \Delta I_x}{V + \Delta V} - \frac{I_x}{V} = \frac{V \cdot \Delta I_x - I_x \cdot \Delta V}{V(V + \Delta V)} = \frac{\Delta I_x}{V + \Delta V} - r \frac{\Delta V}{V + \Delta V} \tag{3-45}$$

由于增加的是小量载荷，吃水改变不大，可以认为在吃水改变范围内舰船是直舷，故两个水线面面积的惯性矩一样，即 $\Delta I_x = 0$，于是

$$\Delta r = \frac{\Delta V}{V + \Delta V}(-r) \tag{3-46}$$

将式（3-43）、式（3-44）、式（3-46）代入式（3-42），并考虑到 $P = \rho g V$，$P + q = \rho g (V + \Delta V)$，可得

$$\Delta h = \frac{q}{P + q} \left(T + \frac{\Delta T}{2} - z_q - z_c - r + z_g \right) \tag{3-47}$$

式（3-53）中的 $-z_c - r + z_g$ 相当于负的横稳定中心高的值，于是有

$$\Delta h = \frac{q}{P + q} \left(T + \frac{\Delta T}{2} - h - z_q \right) \tag{3-48}$$

同理,可得增加小量载荷后所引起的纵稳定中心高的改变量为

$$\Delta H = \frac{q}{P+q}\left(T + \frac{\Delta T}{2} - H - z_q\right) \tag{3-49}$$

3）关于稳定中心高变化的分析

（1）由于在推导这些公式的过程中做了直舷假设,因此这些公式仅适用于小量载荷的增减。所谓"小量",指载荷增加后,吃水改变范围内可以认为是直舷（即不严重违反直舷假设）而无明确的数量界限,因为这种界限在很大程度上与船形有关。但是从实用上的需要来看,对一般处于正浮位置的舰船而言,当 $q < (10\% \sim 15\%)P$ 时,通常可做小量载荷处理。

（2）从式(3-48)可见,载荷增加后,横稳定中心高是增大还是减小,完全取决于括号中的值是正还是负,因为在增加载荷的情况下, $\dfrac{q}{P+q}$ 总是正的。

当 $z_q < T + \dfrac{\Delta T}{2} - h$ 时, $\Delta h > 0$,横稳定中心高增加;

当 $z_q > T + \dfrac{\Delta T}{2} - h$ 时, $\Delta h < 0$,横稳定中心高减小;

当 $z_q = T + \dfrac{\Delta T}{2} - h$ 时, $\Delta h = 0$,横稳定中心高不变。

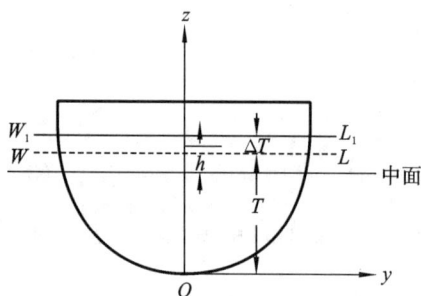

图 3-17　舰船稳度的中面

我们把 $z_q = T + \dfrac{\Delta T}{2} - h$ 所确定的水平面称为中面（见图 3-17）,则当增加载荷的重心低于中面时横稳定中心高增加,高于中面时横稳定中心高减小,与中面的高度一致时横稳定中心高保持不变。

因此,如果想用增加压载的办法来提高舰船的初稳度,那么必须使所加载荷的重心在中面之下。

（3）减少载荷时,式(3-48)仍然适用,只要将 q 冠以负号即可,当然式中的 ΔT 也将是负的,相应地表示中面的方程也将变为

$$z_q = T - \frac{\Delta T}{2} - h \tag{3-50}$$

并且,当减少载荷之重心高于中面时稳定中心高增大,低于中面时稳定中心高减小。

（4）分析式(3-49)可见,由于纵稳定中心高 H 是一个很大的量,而 $T + \dfrac{\Delta T}{2} - z_q$ 通常只有几米,和 H 相比可忽略不计,于是可得

$$\Delta H = -\frac{q}{P+q}H \tag{3-51}$$

从式(3-51)可知,增加载荷时舰船的纵稳定中心高总是减小的。

2. 任意位置上的载荷增加

在任意位置上增加载荷必将同时引起舰船吃水、稳度、横倾、纵倾的变化,这样问题就复杂了。可以想象载荷首先是加在水线面面积中心所在的铅垂线上,然后再平移到实际所加的位置上去。这样做所引起的浮态和稳度改变和载荷直接加在其最终位置上所引起的改变完全一样,但在研究方法上却简便多了。

按上述设想,载荷加在任意位置上所引起的浮态和稳度的改变可按以下方法进行计算。

设所增载荷之重心在(x_q, y_q, z_q)处,如图 3-18 所示。

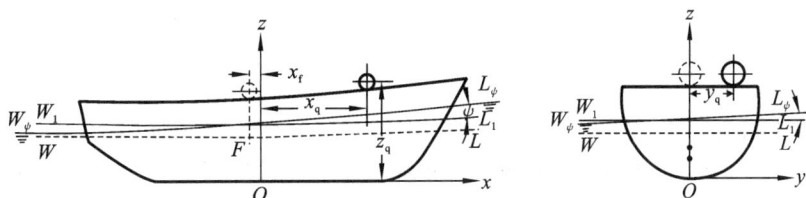

图 3-18 任意位置上载荷的增加

首先将载荷加在$(x_f, 0, z_q)$处,这时舰船平行下沉,并有稳度改变,计算公式为

$$\Delta T = \frac{q}{\rho g S}$$

$$\Delta h = \frac{q}{p+q}\Big(T + \frac{\Delta T}{2} - h - z_q\Big)$$

$$h_1 = h + \Delta h$$

$$\Delta H = -\frac{q}{P+q}H$$

$$H_1 = H + \Delta H = H\Big(1 - \frac{q}{P+q}\Big) = \frac{HP}{P+q} \tag{3-52}$$

然后再把载荷由$(x_f, 0, z_q)$水平横移到(x_f, y_q, z_q),得到横倾角:

$$\theta = \frac{q \cdot y_q}{(P+q)h_1} \tag{3-53}$$

最后把载荷由(x_f, y_q, z_q)水平纵移到(x_q, y_q, z_q),得到纵倾角:

$$\psi = \frac{q(x_q - x_f)}{(P+q)(H + \Delta H)} = \frac{q(x_q - x_f)}{PH} \tag{3-54}$$

新艏、艉吃水分别为

$$T_b = T + \Delta T + \Big(\frac{L}{2} - x_f\Big)\psi \tag{3-55}$$

$$T_s = T + \Delta T - \Big(\frac{L}{2} + x_f\Big)\psi \tag{3-56}$$

式(3-53)、式(3-54)、式(3-55)、式(3-56)都是近似的,因为它们是基于初稳性计算中的复原力矩公式得到的,并且式中含有稳定中心高及吃水改变的近似值。在推导横倾力矩、纵倾力矩、复原力矩的过程中还用了 1 代替 $\cos\theta$、$\cos\psi$,用 θ、ψ 分别代替 $\sin\theta$ 和 $\sin\psi$。

当舰船具有不大的初始横倾及初始纵倾时,式(3-53)、式(3-54)仍可应用,不过这时求出的是补加的横倾和纵倾。要得到全部横倾及纵倾,需计算初始值和补加值的代数和,并在式(3-55)、式(3-56)中将吃水 T 一项分别改为首尾的初始吃水。

在实际中,增减小量载荷后的初稳度常用浮力与初稳性曲线求得,其步骤大致如下。

(1) 求增加载荷 q 后舰船新的重量 P_1 与排水量 V_1:

$$P_1 = P + q \tag{3-57}$$

$$V_1 = \frac{P_1}{\rho g} \tag{3-58}$$

(2) 求增加载荷 q 后舰船新的重心坐标:

$$x_{g1} = \frac{Px_g + qx_q}{P_1} \tag{3-59}$$

$$y_{g1} = \frac{P y_g + q y_q}{P_1} \tag{3-60}$$

$$z_{g1} = \frac{P z_g + q z_q}{P_1} \tag{3-61}$$

（3）求增加载荷后新的浮心坐标 x_{c1} 和 z_{c1}、稳定中心半径 r_1 和 R_1。根据排水量 V_1 查静水力曲线得舰船新的吃水 T_1，再根据 T_1 在静水力曲线上又可查得 x_{c1}、z_{c1}、r_1 及 R_1：

$$h_1 = z_{c1} + r_1 - z_{g1} \tag{3-62}$$

$$H_1 = z_{c1} + R_1 - z_{g1} \tag{3-63}$$

$$\theta = \frac{q y_q}{P_1 h_1} \text{ (rad)} \tag{3-64}$$

而纵倾角按重心移动产生的纵倾力矩等于复原力矩来确定（见图 3-19）。因为舰船增加载荷后，如果重心 G_1 与浮心 C_1 在同一铅垂线上（$x_{g1} = x_{c1}$），则舰船处于正浮状态，平衡于 $W_1 L_1$ 水线处；如果重心在 G_ψ 处，与浮心 C_1 不在同一铅垂线上（$x_{g\psi} \neq x_{c1}$），则舰船产生纵倾，平衡在 $W_\psi L_\psi$ 水线处。可以认为，舰船的纵倾是重心由 G_1 移到 G_ψ 的结果，此时重心移动产生的纵倾力矩为 $P_1(x_{g\psi} - x_{c1})\cos\psi$，船的复原力矩为 $P_1 H_1 \sin\psi$。二者相等，即

$$P_1(x_{g\psi} - x_{c1})\cos\psi = P_1 H_1 \sin\psi \tag{3-65}$$

$$\tan\psi \approx \psi = \frac{x_{g\psi} - x_{c1}}{H_1} \text{ (rad)} \tag{3-66}$$

当舰船存在初始的设计纵倾时，可按式（3-66）计算。

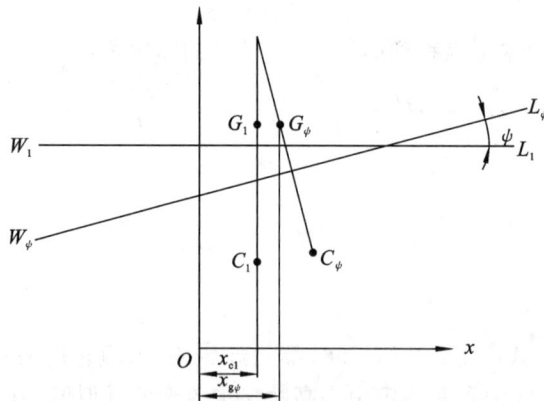

图 3-19　纵倾平衡角的确定

（4）确定艏、艉吃水 T_{b1}、T_{s1}。

由纵倾角 ψ 求艏、艉吃水，由于水线面面积中心纵坐标 x_f 与艇长 L 相比较小，在计算中可忽略，于是有

$$T_{b1} = T_1 + \frac{L}{2}\tan\psi \tag{3-67}$$

$$T_{s1} = T_1 - \frac{L}{2}\tan\psi \tag{3-68}$$

3.5.3　舰船进出坞时压于尾墩木上的压力及稳度

下面研究舰船进出坞时压于尾墩木上的压力及稳度。

为了对舰船水下部分进行保养、油漆或修理等,舰船需要进坞,进坞前为了保证修理施工中的安全,通常需卸去油水、弹药等物,其排水量接近于空载状态,这时舰船往往具有明显的尾纵倾,实际上,多数舰船即使在正常航行状态往往也有一定的尾纵倾。设舰船尾倾角为 ψ_0,墩木倾角为 α_0,如图 3-20 所示。

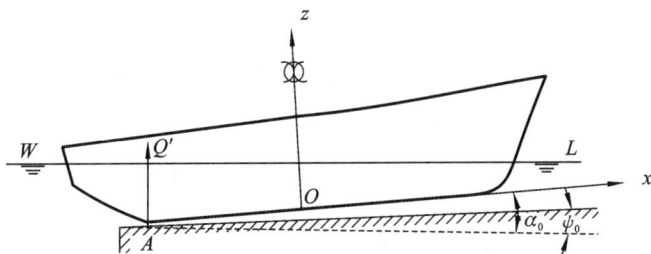

图 3-20　进坞时的尾倾

现在来分析舰船进坞坐墩过程中的运动、受力和稳度的变化。

随着坞内水的排出,舰船保持纵倾平行下沉。艉柱先与墩木 A 点接触,此后继续排水时,舰船开始绕通过 A 点并垂直于对称面的横轴转动,直到龙骨全线接触墩木为止,在这一过程中舰船的倾角由 ψ_0 变为 α_0。

在艉柱开始接触墩木 A 点之前,舰船是自由漂浮的,其重量全由浮力支持。艉柱与墩木接触后,随着排水的进行,舰船浮力将随着水下船体逐渐露出而相应减小。这时重量超过浮力的部分就由墩木来承担,表现为压于墩木的压力。不断排水,压于墩木上的压力则不断增加。

在龙骨全线与坞墩接触之前,舰船压力集中在靠尾部的一小段墩木上。在龙骨全线与墩木接触后,随着进一步排水,浮力继续减小,压于墩木上的总压力虽然继续增加,但接触表面开始增大。

所以,实际上最值得注意的是,在龙骨全线刚刚要和墩木接触的一瞬间,尾部一小段墩木上所受的压力最大,以 Q 表示该瞬间的总压力。

我们不直接求总压力 Q,而设法求墩木对舰船的反作用力 Q',这就相当于把坐墩的过程想象为船不动,而是墩木平行升起,顶出舰船。从船和墩木相互作用的观点看这完全是一样的。

由于此反作用力是铅垂向上的,并且其作用点 A 实际上可以看作是不变的,因此可以进一步把此反作用力看成减少重量为 Q'、重心在 A 点的载荷,并可取点 A 的位置为 $(-\frac{L}{2}, 0, 0)$。舰船由于减少此载荷而使纵倾角减小了 $\psi_0 - \alpha_0$,于是由纵倾力矩等于复原力矩的公式(3-54)得

$$\psi_0 - \alpha_0 = \frac{Q'(x_q - x_f)}{PH}$$

由此可得

$$Q' = \frac{PH(\psi_0 - \alpha_0)}{x_q - x_f} \tag{3-69}$$

式中:$x_q = -\dfrac{L}{2}$;

　　　P——进坞时的舰船重量,N;

　　　H——进坞时的舰船纵稳定中心高,m;

L——舰船长度(或龙骨墩木直线段之长度 L_0，$L_0 \approx 90\%L$)，m。

将式(3-69)中的 x_q 用 $-\dfrac{L}{2}$ 替换，则

$$Q' = \frac{PH \mid (\psi_0 - \alpha_0) \mid}{\dfrac{L}{2} + x_f} \tag{3-70}$$

如前所述，可把墩木对船体的反作用力 Q' 看成在 A 点减少载荷，因 $z_q = 0$，于是按 3.5.2 节的结论，此时舰船横稳定中心高的改变为

$$\begin{cases} \Delta h = \dfrac{-\mid Q' \mid}{P - \mid Q' \mid}\left(T + \dfrac{\Delta T}{2} - h\right) \\ \Delta T = -\dfrac{\mid Q' \mid}{\rho g S} \\ h_1 = h + \Delta h \end{cases} \tag{3-71}$$

式中：h、S——舰船坐墩前自由漂浮时的横稳定中心高和水线面面积。

分析式(3-70)和式(3-71)，不难得出如下结论。

(1) 当墩木表面没有坡度时，即 $\alpha_0 = 0$ 时，在龙骨刚要和墩木重合的瞬间，作用于墩木上的总压力 Q' 的大小主要取决于舰船龙骨线和墩木表面之间的夹角 $(\psi_0 - \alpha_0)$，即主要取决于舰船的纵倾角 ψ_0，同时也和舰船进坞时的重量 P 有关。纵倾角 ψ_0 愈大，重量 P 愈大，总压力 Q' 也愈大。

(2) 从式(3-71)可知，在龙骨刚和墩木重合的瞬间，舰船的稳度总是降低的，因为通常 $T + \dfrac{\Delta T}{2} > h$，故 $\Delta h < 0$，并且 Q' 愈大，则稳度降低愈严重。

(3) 当进坞舰船原来的稳度就较小且又有较大的尾纵倾时，则在坐墩过程中很易发生危险。为了防止过大的集中压力压坏墩木或船体，避免稳度的严重降低而翻船，应在进坞前减小舰船的纵倾和进坞重量，这样可减小 Q' 和保证足够的稳度。

(4) 舰船出坞时，一切现象将以相反的顺序出现，舰船起初是以其龙骨全线和墩木接触的，然后，在向坞中灌水的过程中，开始绕过 A 点的横轴做反方向的转动，直到具有自由漂浮时应有的纵倾角 ψ_0 为止，此后在断续灌水过程中舰船以 ψ_0 平行浮起。浮起过程中相应的 Q' 和 h_1 按式(3-70)和式(3-71)求出。

因稳度不足而使舰船从墩木上倾倒或滑下这类事故，在出坞时尤为多见。此外，在坞中不正确地增减载荷也可造成此类事故。例如，为了修理船体在坞内卸下了部分固体压载，而修好之后又忘了将它们重新装上，等等。这就更加恶化了出坞时舰船的稳性。因此，应切实做好进出坞的稳度校核计算和"舰船进出坞技术条令"规定的其他工作。

3.5.4　悬挂载荷对舰船初稳度的影响

本章在研究舰船稳定条件时，我们曾认为当舰船做小角度等容倾斜时其重心位置是不变的，亦即倾斜时舰上无任何东西移动，复原力矩、稳定中心高都是在这一前提下得出的。可是，实际上舰上有各种活动载荷，诸如悬挂载荷、液体载荷等，它们将随着舰船倾斜而改变自己的位置，在这种情况下舰船稳性将有什么样的改变呢？

我们先研究悬挂载荷的影响。

设舰船浮于水线 WL 处,有一重量为 q、重心在 g 的载荷悬挂于 A 点,悬挂长度为 l,如图 3-21 所示。

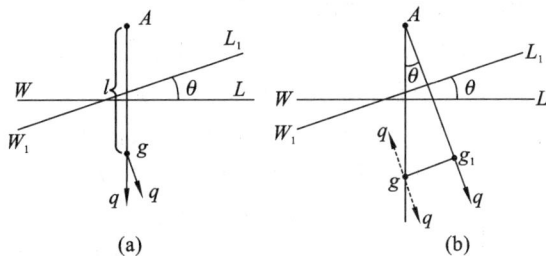

图 3-21　悬挂载荷

为了看出悬挂载荷的影响,我们来比较载荷处于固定和悬挂两种情况下舰船的复原力矩。

先设想载荷被固定在 g 点,当舰船横倾一小角 θ 时,将产生复原力矩:

$$m_\theta = Ph\sin\theta$$

这时重量 q 的作用如图 3-21(a)所示,仍作用于 g 点并垂直于 W_1L_1 水线。

然后任载荷自由(成为悬挂的),这时悬挂载荷的影响将表现出来。使舰船横倾一同样的 θ 角,这时载荷 q 显然将向横倾方向移动而到达 g_1 点,并有 $\overline{Ag_1} \perp W_1L_1$,如图 3-21(b)所示。

在 g 点加上一对大小和 q 相等、方向相反并垂直于水线 W_1L_1 的力,如图 3-21(b)虚线所示,比较图 3-21(a)和图 3-21(b)就可看出,当载荷从固定载荷变为悬挂载荷时,从力的作用上来看就相当于增加了一对力偶,如图 3-21(b)所示,该力偶的力矩为

$$\Delta m_\theta = q \cdot l\sin\theta$$

它的方向和复原力矩的方向是相反的。

显然,在存在悬挂载荷的情况下,舰船的复原力矩应当从原来(载荷为固定时)的复原力矩中扣除 Δm_θ 的部分,即

$$m_{\theta 1} = Ph\sin\theta - ql\sin\theta = P\left(h - \frac{q}{P}l\right)\sin\theta \tag{3-72}$$

简化后可得

$$m_{\theta 1} = Ph_1\sin\theta \tag{3-73}$$

式中:h_1——考虑了悬挂载荷影响以后的舰船横稳定中心高。

比较式(3-72)及式(3-73),可得

$$h_1 = h - \frac{q}{P}l$$

又

$$h_1 = h + \Delta h$$

所以有

$$\Delta h = -\frac{q}{P}l \tag{3-74}$$

式(3-74)表示悬挂载荷对初稳度的影响。

从式(3-74)可知,悬挂载荷的存在将使初稳度降低,降低的量取决于重量 q 和悬挂长度 l。

若将式(3-74)和载荷的铅垂移动对初稳度的影响

$$\Delta h = -\frac{q}{P}(z_2 - z_1) \tag{3-75}$$

相比较,则不难看出,悬挂载荷对初稳度的影响相当于将重量为 q 的载荷铅垂地向上移动了距离 l,即对舰船的初稳度而言,实际重心在 g 而悬挂在 A 点的悬挂载荷就相当于重心在 A 点的一个固定载荷。也就是说,载荷一旦从固定载荷变为悬挂载荷,其重心立即从其实际位置升高到悬挂点,所以悬挂点又称悬挂载荷的虚重心。当船上有起重机吊起甲板上(或舱内)的载荷时,载荷一离开甲板,也就是当载荷由固定载荷变为悬挂载荷的一瞬间,稳定中心高立即按式(3-74)的规律减小,而只要悬挂点本身的位置不变,那么在载荷继续升高的过程中,稳定中心高将不再改变,因为在这一过程中起作用的始终是虚重心,而不是实际重心了。

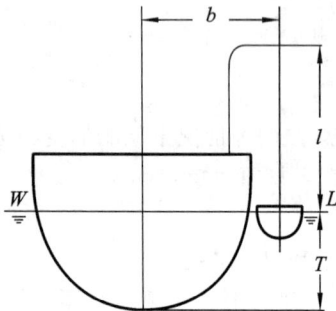

图 3-22　求舰船横倾角示意图

例题 3-2　如图 3-22 所示,求舰船用吊杆吊起 $q=8.0$ t 重的小艇时的横倾角,若已知:舰船排水量 $P=3000$ t,吃水 $T=3.5$ m,吊杆的外伸 $b=8.0$ m,吊杆顶端在水线以上的高度 $l=12.0$ m,原横稳定中心高 $h=0.75$ m。

解　(1)只要小艇一离开水面,其虚重心即达到吊杆顶端,故可看成是舰上增加了一个固定载荷,其重心高度为

$$z_q = T + l = 3.5 \text{ m} + 12.0 \text{ m} = 15.5 \text{ m}$$

应用增加小量载荷对初稳度之影响的公式,则有

$$\Delta h = \frac{q}{P+q}\left(T + \frac{\Delta T}{2} - h - z_q\right) = \frac{8.0}{3000 + 8.0} \times (3.5 - 0.75 - 15.5) \text{ m} = -0.034 \text{ m}$$

(注:式中 ΔT 甚小,可略去。)

$$h_1 = h + \Delta h = (0.75 - 0.034) \text{ m} = 0.716 \text{ m}$$

(2)横倾角为

$$\theta = \frac{q \cdot y_q}{(P+q)h_1} = \frac{q \cdot b}{(P+q)h_1} = \frac{8.0 \times 8.0}{(3000 + 8.0) \times 0.716} \text{ rad} = 0.0297 \text{ rad}$$

即

$$\theta \approx 1.7°$$

3.5.5　自由液面对初稳度的影响

如果油、水等液体载荷完全充满舱室,那么它们的重心位置不会因舰船的倾斜而改变,它们的存在和重量相当的固体载荷一样。

如果液体载荷没有装满舱室,那么当舰船倾斜时,舱内液体的表面也将随之倾斜,使液面与水平面平行,这种可以自由流动的液体表面称为自由表面或自由液面。

自由液面的存在将使舰船的稳度降低。

1. 自由液面对初稳度影响的公式

设舰船正浮于水线 WL 时,排水量为 P,某舱内装有液体,其自由表面在 wl 处,重量为 q,体积为 v,密度为 ρ_1,如图 3-23 所示。

当舰船倾斜一个小角度 θ 而到达水线 W_1L_1 处时,液面将倾斜至 w_1l_1,且 w_1l_1 平行于 W_1L_1,这时将有一小块楔形体积的液体从 g_1 移至 g_2,从而构成力偶矩 $\rho g_1 \cdot \Delta v \cdot \overline{g_1g_2}$。其中 Δv 为楔形体积的大小,该附加力矩的方向与船的倾斜方向相同,即与复原力矩反向。

为了确定附加力矩的数值,可把液舱看成一个浮于水线 wl 的小船,并参看 3.3 节中计算楔形体积移动所构成的体积矩的公式(3-7),有

$$v \cdot \overline{g_1 g_2} = I_x \cdot \mathrm{d}\theta$$

不难知道,上述力偶矩

$$\rho_1 g \cdot \Delta v \cdot \overline{g_1 g_2} = \rho_1 i_x \cdot \mathrm{d}\theta \qquad (3\text{-}76)$$

式中:i_x——液体自由表面对通过其自身面积中心 o' 并平行于舰船 x 轴的 A—A 轴的惯性矩。

这样一来,当有自由表面存在时,舰船在水线 $W_1 L_1$ 时的复原力矩应由两部分组成:

$$m_{\theta 1} = Ph\theta - \rho_1 g i_x \theta$$

经整理可得

$$m_{\theta 1} = P\left(h - \frac{\rho_1 i_x}{\rho V}\right)\theta$$

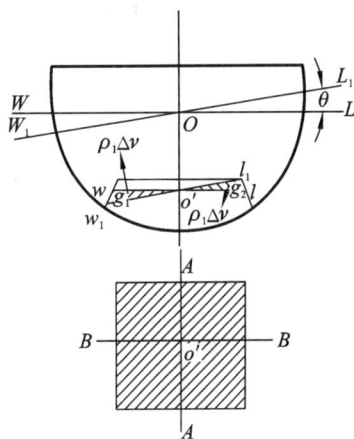

图 3-23　自由液面对初稳度的影响

把括号中的式子记为 h_1,则

$$h_1 = h + \Delta h = h - \frac{\rho_1 i_x}{\rho V} \qquad (3\text{-}77)$$

式中:h_1——考虑了自由液面影响的稳定中心高;

　　h——不考虑自由液面(如设想液体是冻结的)影响的稳定中心高;

　　ρ_1、ρ——液体载荷、舷外(海)水的密度。

故

$$\Delta h = -\frac{\rho_1 i_x}{\rho V} \qquad (3\text{-}78)$$

同理,可得自由液面造成的纵稳定中心高的变化量为

$$\Delta H = -\frac{\rho_1 i_y}{\rho V} \qquad (3\text{-}79)$$

式中:i_y——自由液面对通过自身面积中心 o' 并平行于舰船 y 轴的 B—B 轴的惯性矩。

由于纵稳定中心高 H 之值比较大,通常和 H 相比 ΔH 可忽略不计,仅在液舱长度较大、惯性矩 i_y 的值比较显著的情况下才有考虑的必要。

根据式(3-77)、式(3-78)与式(3-79),可得如下结论。

(1)自由液面的存在总是使舰船稳度减小。

(2)自由液面对稳度的影响,取决于自由液面的大小和形状、液体的密度 ρ_1,以及舰船的容积排水量 V。最后这点意味着同样大小的自由液面,对小船初稳度的影响要比大船的严重。

(3)自由液面对初稳度的影响和液体体积无关。一般情况下,特别是当倾角不大时,确实如此。如图 3-24(a)所示,舱内液体在不同高度时,尽管体积 v 不同,只要液面的大小和形状一样,那么自由液面对初稳度的影响是一样的。但是对于某些特殊情况,在应用式(3-77)和式(3-78)时,可能产生较大的误差,比如甲板上积了一层薄薄的水(见图 3-24(b)),可能在一个不大的倾角时,水就集中于一舷了,惯性矩 i_x 迅速减小,但是式(3-77)和式(3-78)未考虑这一点,用此两式计算时就等于考虑了如图 3-24(b)虚线所表示的楔形所包含液体的移动,这样一来,不论在移动液体重量上和移动距离上都比实际情况夸大了,在这种情况下,不能使用式(3-77)和式

(3-78)来计算初稳度。此外,当舱内接近灌满时,也会产生类似情况(见图 3-24(c))。

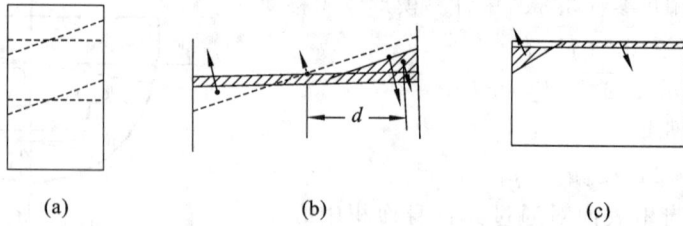

图 3-24　液体体积对稳度的影响

(4) 当船上有几个具有自由液面的舱室时,自由液面对初稳度的影响,按下式计算:

$$\Delta h = -\frac{1}{\rho V} \sum \rho_i i_{xi} \tag{3-80}$$

$$\Delta H = -\frac{1}{\rho V} \sum \rho_i i_{yi} \tag{3-81}$$

式中:ρ_i——各舱液体的密度;

i_{xi}、i_{yi}——各舱自由液面对自身纵向和横向中心轴的惯性矩;

ρ——舷外(海)水的密度。

2. 减少自由液面对稳度影响的方法

对于装有大量液体载荷的舰船,如油船、水船,应特别注意自由液面对稳度的影响,军舰在破损进水后常常会带来大量的自由水面,甚至有时能使稳度降为负值而使舰船面临倾覆的危险。

减少自由液面对稳度的影响可以在舰船结构上和舰船日常使用上采取改进办法。

在结构上,可以在液舱中设置纵、横隔壁。如图 3-25 所示,设液舱长为 l,宽为 b,水平截面为矩形,加纵隔壁前、后的自由液面惯性矩分别为

$$i_x = \frac{lb^3}{12}$$

$$\sum i_{xi} = 2 \times \frac{l\left(\frac{b}{2}\right)^3}{12} = \frac{1}{4} \frac{lb^3}{12} = \frac{1}{4} i_x \tag{3-82}$$

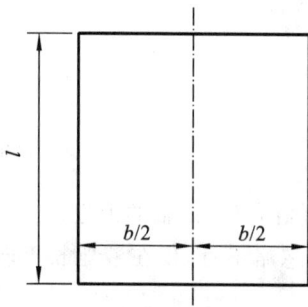

图 3-25　增加纵隔壁减小自由液面的影响

这就是说,在中间加一道纵隔壁后,自由液面对稳度的影响将降低到原来的 1/4。

用同样的方法可以证明,如果用两道纵隔壁把自由液面的宽度三等分,则自由液面的影响可以降低到原来的 1/9。一般来讲,若按液舱宽度进行 n 等分,则自由液面的影响可降低到分隔前的 $\frac{1}{n^2}$。当然,本结论主要适用于液面为矩形的情形。

在实际计算中,根据舰船液舱的具体情况,大多可近似地将液面看成矩形液面。

除了在结构上采取措施以外,在舰船的日常使用中也应力求避免或减少自由液面的存在,例如,必须按规定程序使用油水,防止不按程序多舱使用油水,形成多块自由液面同时存在的不利局面。又如,有的舰船为了在使用淡水上宽裕些、方便些,出海前在舢板中也装上淡水,或在指挥台高处加设重力式淡水箱供日常使用,这些做法无异于人为地制造自由水面,对舰船稳性都是有害的。

3. 增加液体载荷时稳定中心高的计算

增加液体载荷时,稳定中心高的计算必须考虑增加载荷和自由液面的双重影响。

(1) 先设想载荷为固体,由于增加载荷 q,则有

$$\Delta h_1 = \frac{q}{P+q}\left(T + \frac{\Delta T}{2} - h - z_q\right)$$

(2) 再考虑自由液面存在的修正:

$$\Delta h_2 = -\frac{\rho_1 i_x}{\rho g(V + \Delta V)}$$

$$\Delta V = \frac{q}{\rho g}$$

增加液体载荷后,舰船的稳定中心高为

$$h_1 = h + \Delta h_1 + h_2 = h + \frac{q}{p+q}\left(T + \frac{\Delta T}{2} - h - z_q\right) - \frac{\rho_1 i_x}{\rho(V + \Delta V)} \tag{3-83}$$

3.6 倾 斜 试 验

根据载重表用计算方法求得的重心位置往往不很准确可靠,但是重心位置对舰船的浮态和稳度却影响极大,所以对于每一艘舰船,在建造完工后、下水后、经现代化改装后或大修后都照例要用试验的方法来检验其重心位置,尤其是重心高度。为此而做的试验称为倾斜试验。

但倾斜试验所得的直接结果并非重心位置而是舰船水下状态的稳定中心高,当知道了准确的稳定中心高,也就不难推出准确的重心位置。

倾斜试验应当在标准排水量条件下进行。

3.6.1 倾斜试验的基本原理

若将重量为 q 的重物水平横向移动一段距离 d(见图 3-26),那么移动重物所造成的倾斜力矩应是 $q \cdot d \cdot \cos\theta$,根据平衡条件应有

$$q \cdot d \cdot \cos\theta = P \cdot h \cdot \sin\theta$$

所以

$$h = \frac{q \cdot d}{P \cdot \tan\theta} \tag{3-84}$$

式中:移动重物的重量 q 可以事先称量;移动距离 d 可事先量得;$P = \rho g V$,而 ρ 可取水样后由密度计测定,排水体积 V 则可根据试验时的吃水状况由静水力曲线查出或由邦戎曲线求出;θ 则可在试验过程中测定。这样,稳定中心高 h 便可按式(3-84)求出。

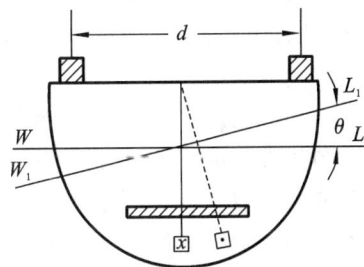

图 3-26 倾斜试验示意图

有了稳定中心高 h,则重心高度 z_g 可按式(3-85)求得:

$$z_g = r + z_c - h \tag{3-85}$$

式中:r 和 z_c 均可按试验时的吃水由静水力曲线查得。

关于重心纵坐标 x_g,则按正浮平衡条件 $x_g = x_c$ 确定,而 x_c 也按试验时吃水状况的静水力曲线求得。

3.6.2　试验所需的准备工作

（1）按标准排水量的载荷一览表列出不足载荷表和多余载荷表。

（2）将各舱室的液体载荷抽出舷外。

（3）将锅炉及其他机械内的水装到工作时的水平，所有管道及系统都处于工作时的状态，但阀门与排水系统应紧闭。

（4）为搬运重物准备 12 个架子，每侧六个对称并平行于对称面，如图 3-27 所示。

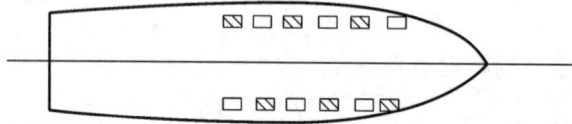

图 3-27　重物的布置

（5）在舰船的甲板上把六组指定重量的重物放入架子内，每边三组，放好后应不产生倾斜，倾差也力求避免。

（6）沿舰船长度方向布置三个悬锤，并附具有刻度的标尺，一个安放于船中，另两个分别安放于船首、船尾。为了迅速消除重锤的摆动，可在重锤下连一十字木架并将此木架浸入装有水或重油的箱体中。悬线应尽可能放长一些，悬点到标尺的距离最好不短于 4 m。

3.6.3　试验要求

在进行倾斜试验时，首先要从船首、中、尾的六个（每舷各三个）吃水标尺处量取吃水值，并且在试验做完后，还要重复量取一次，把倾斜试验前后在每个吃水标尺上所量得的结果取平均值，作为最终吃水，以便按此吃水利用邦戎曲线或静水力曲线求出 V、x_c、z_c、r 等值。

测量后即可搬动重物，重物应这样选择：使它们全部集中于一舷时倾角不超过 4°，以保证精确性。为了避免在试验时产生各种难以预料的问题，重物应重复地搬运几次。例如先把右舷的三个重物依次全部搬至左舷，最后再从左搬回三个重物至右舷，使重物又重新恢复到原来的样子，这样就要搬运 12 次。每次倾斜时应按三个重锤测量倾角，并取平均值作为这一次倾斜的最终角度。

每一次倾斜均可利用式（3-84）求得一个相应的稳定中心高，最后把所得的一系列稳定中心高的值用专门的方法（如用最小二乘法）加以处理，即可求得舰船在试验状态下稳定中心高的较精确值；可按式（3-85）计算出在试验状态下的舰船重心高。最后再根据不足载荷表和多余载荷表即可计算出标准排水量时的舰船重心高。

3.7　　潜艇的初稳性

在潜艇的初稳性中，既有与水面舰船共同的一般概念、原理和规律，也有与水面舰船不同或水面舰船不涉及的内容。本节主要讨论与水面舰船不同或水面舰船不涉及的内容。

研究潜艇的稳性问题，需考虑倾斜等问题造成的浮心移动，这一点与水面舰船类似。与水面舰船稳性问题研究不同之处在于，在潜艇稳性问题研究中更需重点关注潜艇下潜与上浮过程中重量与浮力这对力偶的变化(力的大小与作用位置的变化)所引起的稳性改变。

3.7.1 潜艇水下状态的稳性

1. 潜艇水下稳定平衡条件

和研究潜艇水上状态的稳性一样,给处于平衡状态的水下潜艇一个瞬时干扰,使其产生横倾(或纵倾),如图 3-28 所示。

由于潜艇在水下状态时,无论倾角多大,其排水体积和形状都不变,所以水下排水量 $V_{\downarrow}$ 和对应的水下浮心 $C_{\downarrow}$ 位置也不变。另外,认为潜艇在水下倾斜过程中艇上载荷没有增减和移动,故潜艇水下重量 $P_{\downarrow}$ 和重心 $G_{\downarrow}$ 也不变。因此,当浮心 $C_{\downarrow}$ 位于重心 $G_{\downarrow}$ 之上时,重量 $P_{\downarrow}$ 与浮力 $D_{\downarrow}$ (或 $\rho g V_{\downarrow}$)将不作用在同一条铅垂线上,而形成力偶,力偶的矩就称为水下复原力矩。此时它的方向和倾斜方向相反,促使潜艇复原到原来位置;反之,当浮心 $C_{\downarrow}$ 位于重心 $G_{\downarrow}$ 之下时,形成的复原力矩起倾覆作用,潜艇继续倾斜,而不会回到原来位置。

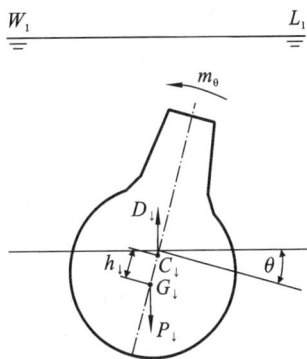

图 3-28　潜艇水下稳定平衡条件

可见潜艇水下稳定平衡条件:浮心 $C_{\downarrow}$ 在重心 $G_{\downarrow}$ 之上(即 $z_{c\downarrow} > z_{g\downarrow}$)。此时,复原力矩的方向与倾斜方向相反。这时的潜艇犹如一个悬吊的摆锤,只要重心在浮心之下,潜艇就是稳定的。实际上,潜艇在水下状态时,有效水线面面积为零,所以水线面面积惯性矩 $I_x = I_{yf} = 0$,即稳定中心半径 $r = R = 0$。也就是说潜艇在水下状态时,浮心 $C_{\downarrow}$ 就是横稳定中心 $m_{\downarrow}$,也是纵稳定中心 $M_{\downarrow}$,此时三心重合在一点(也可根据稳定中心的定义得出上述结论)。可见,当不考虑液体载荷的自由液面影响时,潜艇水下的纵稳度与横稳度相等。

综上,潜艇水下稳定条件与水上稳定条件相似,即稳心 $m_{\downarrow}$(或稳心 $M_{\downarrow}$,或浮心 $C_{\downarrow}$)在重心 $G_{\downarrow}$ 之上时,潜艇既是横稳定的也是纵稳定的。

2. 水下稳度的计算

潜艇水下稳度常用水下稳定中心高和水下复原力矩度量。

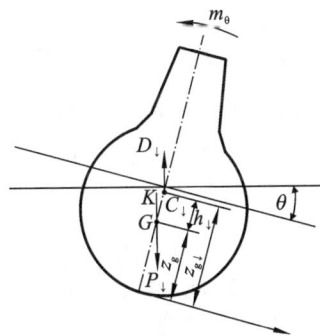

图 3-29　潜艇水下稳度

(1)水下稳定中心高。

如图 3-29 所示,且考虑到水下纵、横稳定中心高相等,则有

$$H_{\downarrow} = h_{\downarrow} = z_{c\downarrow} - z_{g\downarrow} \tag{3-86}$$

(2)水下复原力矩。

$$m_{\theta\downarrow} = P_{\downarrow}(z_{c\downarrow} - z_{g\downarrow})\sin\theta \tag{3-87}$$

$$M_{\psi\downarrow} = P_{\downarrow}(z_{c\downarrow} - z_{g\downarrow})\sin\psi \tag{3-88}$$

当纵倾角与横倾角相等时,纵、横向复原力矩也相等。

同时,因为水下状态的浮心 $C_{\downarrow}$ 不随倾角而改变,所以式(3-87)对于任一倾角 θ(或 ψ)都适用,无小角稳性与大角稳性的区别。

潜艇水上纵稳定中心高很大,水面状态的稳性问题主要是横稳性问题,这一点与水面舰船类似,但潜艇水下的纵稳定中心高却很小,故其水下状态的失稳主要是纵倾,而且潜艇的纵向较长,载荷移动力臂大,因此移动不大的载荷将造成可观的纵倾力矩,加之艇自身的复原力矩较小,所以防止水下纵向失稳是潜艇操纵的主要问题之一。

(3)计算水下稳度的两种观点。

水下稳定中心高 $h_\downarrow$ 和 $H_\downarrow$ 是用重心与浮心之间的距离来度量的,但对潜艇水下重量 $P_\downarrow$ 有两种不同的观点——增载法和失浮法,从而将使水下重心 $G_\downarrow$、水下浮力 $D_\downarrow$ 和水下浮心 $C_\downarrow$ 都有两种量值,因此所得水下稳定中心高的量值也不同。

①增载法:将主压载水舱注水看成潜艇增加载重,所以有

$$\begin{cases} P_\downarrow = P_\uparrow + \rho g \sum v_{\mathrm{m}} \\ z_{\mathrm{g}\downarrow} = (P_\uparrow \cdot z_{\mathrm{g}\uparrow} + \rho g \sum v_{\mathrm{m}} \cdot z_{\mathrm{m}}) / P_\downarrow \\ D_\downarrow = \rho g V_\uparrow + \rho g V_{\mathrm{rb}} = \rho g V_\downarrow \\ z_{\mathrm{c}\downarrow} = (\rho g V_\uparrow \cdot z_{\mathrm{c}\uparrow} + \rho g V_{\mathrm{rb}} \cdot z_{\mathrm{rb}}) / D_\downarrow \end{cases} \tag{3-89}$$

式中:$P_\downarrow$——潜艇水下重量;

　　　$z_{\mathrm{g}\downarrow}$——潜艇水下重心高;

　　　$D_\downarrow$——潜艇水下浮力;

　　　$z_{\mathrm{c}\downarrow}$——潜艇水下浮心高;

　　　$\sum v_{\mathrm{m}}$——潜艇主压载水舱总容积,m³;

　　　z_{m}——潜艇主压载水舱总容积中心高度,m;

　　　V_{rb}——潜艇储备浮容积,m³;

　　　z_{rb}——潜艇储备浮容积中心高度,m。

因此,按增载法计算水下稳定中心高的公式为

$$H_\downarrow = h_\downarrow = z_{\mathrm{c}\downarrow} - z_{\mathrm{g}\downarrow} \tag{3-90}$$

例题 3-3　按增载法,某艇有 $P_\downarrow = 1712.780$ t,$z_{\mathrm{g}\downarrow} = 3.08$ m,$z_{\mathrm{c}\downarrow} = 3.26$ m。求此时该艇的水下稳定中心高。

解　此时该艇的水下稳定中心高为

$$H_\downarrow = h_\downarrow = z_{\mathrm{c}\downarrow} - z_{\mathrm{g}\downarrow} = (3.26 - 3.08) \text{ m} = 0.18 \text{ m}$$

②失浮法:将主压载水舱注水看成潜艇失去浮力(艇上载荷不变),该浮力由大小相等的潜艇储备浮力予以补偿。

由此可知,潜艇水上和水下重量不变($P_\uparrow = P_\downarrow$),重心高也不变($z_{\mathrm{g}\uparrow} = z_{\mathrm{g}\downarrow}$)。艇的浮力不变,因为 $\rho g \sum v_{\mathrm{m}} = \rho g V_{\mathrm{rb}}$。但排水体积形状由水上的 $V_\uparrow$ 变成了水下的固定浮容积 V_0,所以浮心高由水上的 $z_{\mathrm{c}\uparrow}$ 变成水下的固定浮容积中心高 $z_{\mathrm{c}0}$。因此,按失浮法计算水下稳定中心高的公式为

$$H'_\downarrow = h'_\downarrow = z_{\mathrm{c}0} - z_{\mathrm{g}\uparrow} \tag{3-91}$$

例题 3-4　已知某艇固定浮容积排水量 $\rho V_0 = 1319.360$ t,$z_{\mathrm{c}0} = 3.24$ m,水上重心高 $z_{\mathrm{g}\uparrow} = 3.00$ m。

解　按失浮法计算该艇的水下稳定中心高为

$$H'_\downarrow = h'_\downarrow = z_{\mathrm{c}0} - z_{\mathrm{g}\uparrow} = (3.24 - 3.00) \text{ m} = 0.24 \text{ m}$$

　　由此可知,潜艇水下稳定中心高的量值随计算观点的不同而不同,在使用时必须明确是依据哪种观点、针对哪个排水量的稳定中心高。通常在"浮力与初稳度技术条令"中所给出的潜艇水下稳定中心高的量值,是按不变排水量观点即失浮法求得的(潜艇船体规范也是这样要求的)。

　　在研究潜艇的浮性与稳性的实际应用问题时,一般都采用增载法的观点。基于失浮法观点的计算方法本身带有假定的性质,计算所得的稳定中心高数值虽然不同,但对潜艇稳性判断的最终结果应是一致的。实际上基于两种观点算得的复原力矩和稳定系数的数值相同,某一平衡位置只对应唯一确定的稳性,不会因计算方法的不同而改变平衡位置的属性,故有

$$P_\downarrow h_\downarrow \sin\theta = P_\uparrow h'_\downarrow \sin\theta \tag{3-92}$$

$$P_\downarrow h_\downarrow = P_\uparrow h'_\downarrow \quad 或 \quad \rho g V_\downarrow h_\downarrow = \rho g V_0 h'_\downarrow \tag{3-93}$$

式中: $P_\downarrow$ ——增载法的潜艇水下重量, $P_\downarrow = \rho g V_\uparrow + \rho g \sum v_m = \rho g V_\downarrow$;

　　　$P_\uparrow$ ——失浮法的潜艇水下重量, $P_\uparrow = \rho g V_\uparrow = \rho g V_0$。

　　由式(3-93)可得如下稳定中心高的换算公式:

$$\begin{cases} h_\downarrow = \dfrac{V_0}{V_\downarrow} h'_\downarrow \\[3mm] h'_\downarrow = \dfrac{V_\downarrow}{V_0} h_\downarrow \end{cases} \tag{3-94}$$

　　例如,按式(3-94)换算某艇的水下稳定中心高 $h_\downarrow$ 与 $h'_\downarrow$,则

$$h_\downarrow = \frac{V_0}{V_\downarrow} h'_\downarrow = \frac{1319.36}{1712.78} \times 0.24\ \mathrm{m} = 0.18\ \mathrm{m}$$

3.7.2　潜艇潜坐海底时的稳性

　　由于战术上的原因或为修复破损艇体装置、设备等原因,潜艇有时需要潜坐海底。潜坐海底的通常方法是向浮力调整水舱内注入一定数量的舷外水以形成剩余负浮力,使潜艇稳坐海底,具体操艇方法将在第 8 章中介绍,这里仅就潜坐海底对潜艇稳性的影响进行描述。

　　假设潜艇潜坐海底,浮力调整水舱的注水重量为 q ,其重心作用点为 K ,则海底反作用力 $F = q$,作用点为 A 。两力平衡,潜艇潜坐于海底,当外界有干扰时,潜艇产生倾角 θ (见图 3-30),则潜艇复原力矩为

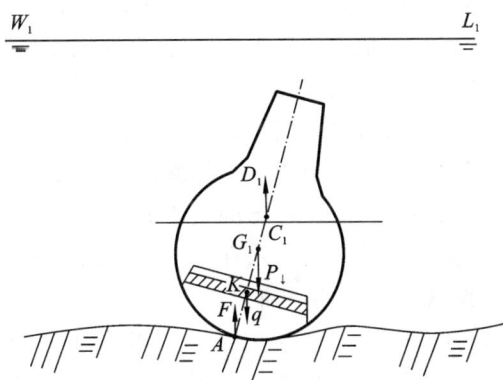

图 3-30　潜艇潜坐海底时的稳性

$$m_\theta = P_\downarrow h_\downarrow \theta - q \cdot \overline{AK} \cdot \theta = P_\downarrow \left(h_\downarrow - \frac{q}{P_\downarrow} \overline{AK} \right) \theta$$

故潜艇潜坐海底时,横稳定中心高为

$$h_{1\downarrow} = h_\downarrow - \frac{q}{P_\downarrow} \overline{AK} \tag{3-95}$$

由式(3-95)可知,潜艇潜坐海底时,相当于底部卸载。其稳度减小,减小的量值取决于注入舷外水的重量和高度位置,假如稳度丧失过大,或出现负初稳度情况,潜艇可能出现失事横倾,横倾角的大小还与潜艇舷侧突出部分及海底形状有关。为了保证潜艇潜坐海底的稳度,注水量不宜过大。如某艇的负浮力一般为 30~50 kN(注:负浮力指重力大于浮力,合力向下),在此情况下,稳度减小程度甚小,对潜艇的影响可忽略。

3.7.3　潜艇下潜和上浮时的稳度

潜艇不仅要求在水面和水下状态是平衡稳定的,而且还要求在下潜和上浮的全过程中是稳定的。

潜艇从水面巡航状态转为水下状态或由水下状态转为水上状态,都是靠主压载水舱的注排水来实现的。潜艇的潜浮可分两种方式进行,即一次潜浮和二次潜浮(见 2.7.1 节)。不管采用哪种方式潜浮,求潜浮过程中某一位置的初稳度,其实质都是增减载荷求初稳度。潜艇管理人员可用设计部门已绘制好的"下潜与上浮时的初稳性曲线"(见附录 E)来查找潜浮过程中的稳度。

1. 潜浮稳性曲线图

潜艇下潜时,若把主压载水舱的注水看成艇上增加的液体载荷,由前述可知,增载后艇的吃水 T、排水量 V、稳定中心高 $z_c + r$、重心高 z_g 都将发生变化,而且主压载水舱的自由液面对稳度的修正值 Δr 也会随之改变。作出以上各量值随吃水变化而变化的曲线,即组成潜浮稳性曲线图。

(1) 排水量曲线 $V = f(T)$(参考附录 E 图上曲线①)。潜艇排水量随吃水增大而逐渐增加,至全潜后变成一定值。

(2) 重心高曲线 $z_g = f(T)$(参考附录 E 图上曲线②③④)。下潜开始,最初海水注于舱底,潜艇重心下降;随着注水增加,压载水的重心不断升高,当其高过潜艇重心后,潜艇重心开始升高,到全潜后新重心高不变,即 z_g 为一常数。二次下潜时 z_g 曲线有一拐点,而且下潜和上浮时 z_g 并不按同一曲线变化。这是因为二次潜水时,首尾组主压载水舱先注的水不能抵消全部储备浮力,所以首尾组的主压载水舱未注满,水舱上部还有自由空间;当开始向中组水舱注水时,艇的重心似乎应先向下然后再向上变化,但由于首尾组水舱上部再次注水,所以潜艇重心是缓慢地向上变化,直到注水完毕。潜艇二次浮起时,首尾组的主压载水舱是注满水的;而中组的主压载水舱的排水是先从上部减少,艇的重心先向下变化,当水舱下部排水时,艇的重心又开始向上改变,潜艇浮到半潜状态的吃水深度大于二次潜水时的吃水深度。可见潜浮过程中重心高曲线拐点是分两次注、排水引起的。

(3) 横稳心在基线上的高度 $z_m = z_c + r = f(T)$(参考附录 E 图上的曲线⑤)。其中潜艇浮心高 z_c(参考附录 E 图上的曲线⑨)随着吃水 T 不断上升,到全潜后为一常数。

横稳心半径 $r = I_x / V = f(T)$,其中水线面面积惯性矩 I_x 取决于水线面有效面积的大小和形状。潜水开始后,吃水增加、水线面面积减小,水线面面积惯性矩 I_x 随之减小,所以 r 值下降。当耐压壳入水时水线面面积基本消失,稳定中心半径 r 变为零,稳定中心 m 与浮心 C 重合于一点,故 z_c 曲线和 z_c+r 曲线相交于一点,则 $z_c+r=z_{c\downarrow}$,到全潜时 $z_{c\downarrow}$ 也固定不变,成一常数。

(4) 主压载水舱自由液面对初稳度的修正 $\Delta r=f(T)$(参考附录 E 图上的曲线⑥⑦⑧)。它主要取决于主压载水舱两舷空气、水是否相通,分为:①全通,两舷空气相通,水也相通;②半通,两舷空气不通,但水相通;③不通,两舷空气相通,但水不通,或两舷空气不通,水也不通。

对以上三种情况应分别进行计算(可参看专门的潜艇原理计算书)。此外,Δr 还与潜浮方式——一次或二次潜浮有关,所以需用多条曲线表示。

根据潜浮稳性曲线图,考虑到横稳定中心高 $h=z_c+r-z_g+\Delta r$,所以曲线 $z_g=f(T)$ 和 $z_c+r+\Delta r=f(T)$ 之间的水平距离即横向初稳度 h,该水平距离的变化反映了 h 在潜浮过程中的变化规律。当原始装载不同(即正常载荷和超载情况)时,稳性曲线也不同,所以应分别绘制两张潜浮稳性曲线图。因此,潜浮稳性曲线图比较全面地反映了潜艇在不同装载情况下的水上、水下及中间过渡状态时的初稳度,它是一种重要的稳性资料。

2. 潜浮稳度的"颈"区

由潜浮稳性曲线图可知,不论是一次潜浮还是二次潜浮,潜艇在潜浮过程中都存在一个稳度最小区域,称作稳度 h 的"颈"区,在这一区域 h 有最小值,记为 h_{min}。

例如,A 艇的颈区:一次潜浮时,$T=6.10$ m,$h_{min}=0.154$ m;二次潜浮时,$T=6.05$ m,$h_{min}=0.146$ m。B 艇的颈区:一次潜浮时,$T=6.05$ m,$h_{min}=0.171$ m;二次潜浮时,$T=5.59$ m,$h_{min}=0.138$ m。

造成这种现象的原因:耐压船体入水,水线面面积基本消失,稳定中心半径 $r=0$,而浮心 z_c 和重心 z_g 都不断上升,使 h 值迅速降低。另外,在此期间,主压载舱内尚有自由液面,对初稳度有较大的修正。

考虑到这种情况,在大风浪天实施潜浮时,为确保潜艇的安全应加速潜浮,以缩短在"颈"区的过渡时间。另外,应选择有利的航向,减少风浪对艇体的冲击,以免造成大横倾。由此可见,掌握潜艇在潜浮过程中初稳度的变化规律,对操纵潜艇具有重要的实际意义。

习　　题

3-1 两木质柱体尺寸和漂浮状态如图 3-31 所示。水的密度 $\rho=1$ t/m³,水柱密度 $\rho_1=0.5$ t/m³。

(1) 求两木质柱体的吃水、浮力及浮心坐标(x_c,y_c,z_c);

(2) 试证明只有一长棱竖直时,木质柱体方能稳定地漂浮于水面。

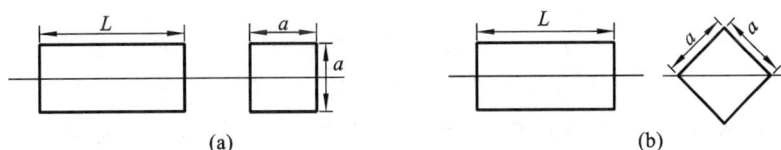

图 3-31　两木质柱体尺寸和漂浮状态

3-2 已知某猎潜艇的静水力曲线如图 3-32 所示,艇的重心高 $z_g=2.7$ m,吃水 $T=2.2$ m,

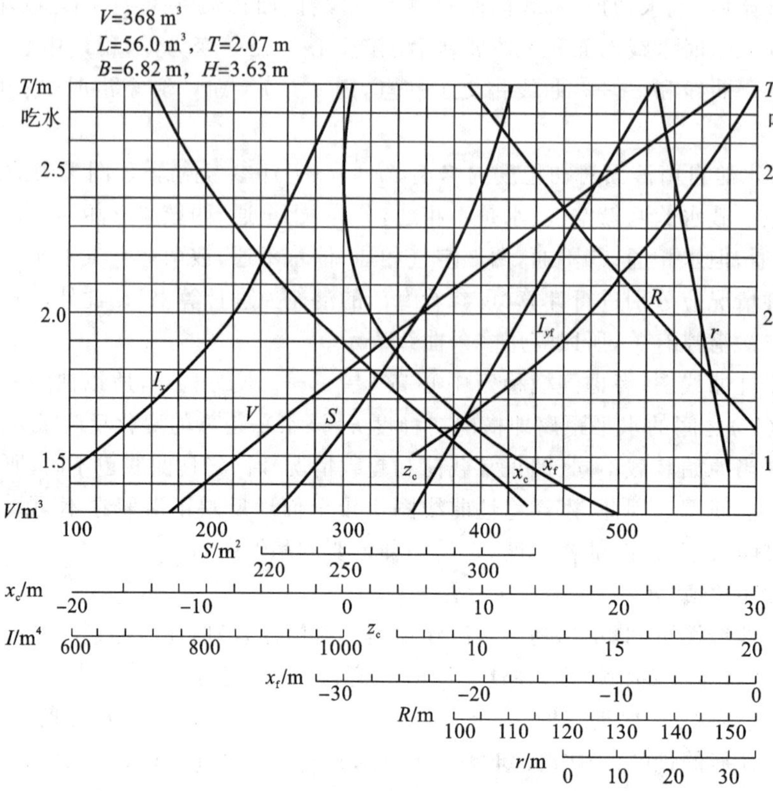

$V=368\ m^3$
$L=56.0\ m^3,\ T=2.07\ m$
$B=6.82\ m,\ H=3.63\ m$

图 3-32　某猎潜艇的静水力曲线

若外力使艇横倾 $0.5°$,求此时艇的复原力矩(取 $\rho=1.025\ t/m^3$)。

3-3　某驱逐舰 $L=110\ m$,吃水 $T=3.5\ m$ 时重心高 $z_g=4.8\ m$。试求该驱逐舰横倾 $1°$ 时的力矩及纵倾 1 cm 时的力矩。(静水力曲线如附录 C 所示。)

3-4　已知某船艏吃水 $T_b=5.65\ m$,艉吃水 $T_s=5.97\ m$,纵倾 1 cm 力矩 $M_{1cm}=2.67\times 10^6\ N\cdot m$,问必须把多少燃油从尾舱导移到相距 156 m 的首舱才能将舰船扶正?

3-5　某驱逐舰 $L=110\ m$,$T=3\ m$。今在舰上有载荷 $q=15\ t$ 自 $A(20,3,3)$ 移至 $B(-20,-2,6)$,设载荷移动前舰重心高 $z_g=4.75\ m$,求载荷移动后的浮态(倾角及艏、艉吃水)与稳度。(静水力曲线如附录 C 所示。)

3-6　说明增减小量载荷舰船平行下沉的条件,写出相应的表达式。

3-7　某护卫舰排水量 $P=1000\ t$,吃水 $T=2.8\ m$,水线面面积中心纵坐标 $x_f=-2\ m$,水线面面积 $S=582\ m^2$,横稳定中心高 $h=0.8\ m$。今在舰上增加两块压载铁块,其中一块 $q_1=20\ t$,其重心位置为 $(4,0,2.5)$,另一块 $q_2=40\ t$,问:q_2 应加在何处才能使该舰不产生横倾和纵倾且横稳定中心高也不变?

3-8　某驱逐舰 $L=110\ m$,$T=3.5\ m$,$z_g=4.65\ m$,$q_1=50\ t$,加在 $(20,1.2,2.86)$ 处,$q_2=-20\ t$,减在 $(-10.0,-2.05,3.56)$ 处,求舰的浮态及初稳度。(静水力曲线如附录 C 所示。)

3-9　已知某猎潜艇 $L=56\ m$,静水力曲线如图 3-32 所示,艇进坞前经卸载后,其平均吃水 $T=2m$,$z_g=2.36\ m$,尾纵倾角 $\varphi_0=1°$,墩木坡角 $\alpha_0=0°$,求该艇进坞时的初稳度。如果要提高其初稳性,应采取哪些措施?

3-10　某舰在甲板上安装起重设备起吊主机(起重设备重可略去)。已知舰排水量 $P=$

2000 t,主机重 $q=20$ t,起吊前主机重心离悬点的距离 $l=10$ m。试求主机被吊起 2 m 时,舰的横稳定中心高变化量。

3-11 某舰排水量 $P=1000$ t,舰上有一淡水舱,舱长为 12 m,舱宽为 6 m,若舱内装水,当水桶满时,舰的横稳定中心高 $h=0.8$ m,今在舰上自右向左水平移动 $q=8$ t 的载荷,移动距离为 5 m。求:

(1) 舱中水装满时舰的倾角;

(2) 舱中水未装满时舰的倾角。

3-12 某舰有两个油舱,油舱尺寸都为 $l\times b=5$ m×3 m。当两个油舱未装满油时,舰的横稳定中心高 $h=0.75$ m,排水体积为 $V=300$ m³,$\rho_油=0.8$ t/m³,油舱液面如图 3-33 所示。求:

(1) 两油船不连通时,舰的横稳定中心高 h_1;

(2) 两油舱连通时,舰的横稳定中心高 h_2。

3-13 已知某艇吃水 $T=2$ m,排水量 $P=360$ t,$h=0.65$ m,$H=136$ m,$L=56$ m,$x_f=-2$ m,$q_{1cm}=2.8$ t/cm。艇出航后,原已装满水的艇首水舱用去了淡水 $q=5.6$ t,其用去淡水的容积中心坐标为(10,2,0.7),已知淡水舱的截面为矩形,且长 4.5 m、宽 3 m,求此时艇的浮态及初稳度。

3-14 某艇在海水($\rho=1.025$ t/m³)船坞中进行倾斜试验时,测得其平均吃水 $T=2.10$ m,艇的容积

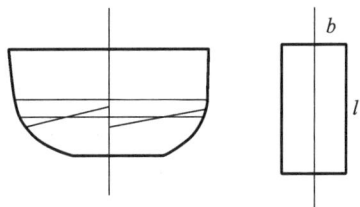
图 3-33 油舱液面

排水量 $V=380$ m³,横稳心半径 $r=2.27$ m,浮心竖向坐标 $z_c=1.21$ m。设用于试验的移动载荷质量 $q=3.5$ t,横向水平移动的距离 $a=4.0$ m,测得艇的横倾角 $\theta=3°$,求试验状态下艇的横稳定中心高 h、艇的重心高 z_g。

3-15 试述潜艇水下状态稳定平衡条件。

3-16 已知某艇的潜浮初稳性曲线如附录 E 所示,试计算吃水 $T=6.0$ m 和水面正常排水量下的横稳定中心高和排水量。注:计入自由液面的影响,分别按两次下潜、紧急下潜进行计算。

3-17 某艇在上层建筑(耐压艇体外)中增加两高压气瓶,计算初稳心高的变化。假设固体压载物仅做纵向移动。已知条件如下:水上排水量 $D_↑=700$ t;舷外水质量密度 $\rho=1.0$ t/m³;两高压气瓶质量 $q=1.2$ t;两高压气体体积 $v=0.8$ m³;两高压气瓶重心垂向位置 $z_q=5.5$ m;水下初稳度 $h_↓=0.2$ m;潜艇重心的垂向位置 $z_{g↑}=2.6$ m;固体压载物重心的垂向位置 $z_1=0.5$ m。

3-18 某小型潜艇水下排水量 $D_↓=300$ t,在该艇耐压艇体内增加一设备,质量 $q=1.2$ t,$z_q=3.0$ m,$x_q=-1.0$ m。增加设备后为实现艇的水下均衡,在 $x_1=1.0$ m,$z_1=0.3$ m 位置处减去质量为 q_1 的固体压载物 1,并在 $x_1=1.0$ m 处沿纵向水平移动固体压载物 2($q_2=1.0$ t)。求减去的固体压载物 1 的质量 q_1、固体压载物 2 移动的距离,并求增加设备后艇的初稳度变化量。

第4章 大角稳性

第3章我们已研究了舰船在小倾斜时的稳性,但舰船在服役过程中绝不只限于发生小倾斜,例如在大风浪中有时倾角可能达到 40°以上,在这种情况下舰船是否有足够的稳度?能否保证安全无疑是十分重要的问题。要解决这类问题,必须研究舰船在大倾斜(>15°)时的稳性规律,这时初稳度的概念和公式 $m_\theta = Ph\sin\theta$ 已经不适用了。

大角稳性就是舰船(通常都是正浮状态位置)在大倾斜条件下的稳性。基本问题是确定复原力矩和倾角之间的关系及变化规律。关于大角稳度的计算将从略(可参看有关设计计算书),本章着重介绍大倾角的复原力矩的表示和规律性,以及如何利用这些规律解决一些实际问题,尤其是在各种外力矩作用下舰船的倾斜问题。

水面舰船与潜艇静力学有着共同的力学基础,本章仍然先讨论水面舰船的大角稳性问题,包括大角稳度复原力矩的表达方法与有关规律,确定舰船在静倾力矩、动倾力矩作用下的倾角,确定舰船能承受的最大静倾力矩、动倾力矩,大角稳度的主要影响因素,并给出具有重要工程意义的舰船抗风浪性概念及其计算方法。最后一节说明潜艇大角稳性的特殊性。

本章目的

主要阐述水面舰船的大角稳性问题,讨论大角稳性的研究思路、评估方法,并预报舰船在受到静倾力矩与动倾力矩作用下的最大倾角。

本章内容

本章中,稳性在小角度假设前提下的线性变化规律已不再存在,需采用非线性的处理思路来讨论问题,利用静稳性曲线作图获取所需信息,即如何得到某平衡状态下的静稳性曲线,如何应用静稳性曲线,如何由静稳性曲线推得动稳性曲线,并利用动稳性曲线解决相关问题等。

本章内容可归结为以下核心内容。

(1)静稳性曲线:静稳性曲线的物理含义,即静稳性曲线为舰船复原力矩或力臂相对于横倾角的变化曲线;静稳性曲线上一些具有特定含义的特征值及其意义。

(2)静倾力矩作用:静倾力矩的定义,静倾力矩作用下的舰船静倾角的计算;计算舰船所能承受的最大静倾力矩及其静倾角。

(3)动倾力矩作用:动倾力矩的定义,动倾力矩作用下的舰船动倾角的计算;考虑初始横倾的动倾力矩作用下的舰船动倾角,计算舰船所能承受的最大动倾力矩及其动倾角。

(4)各装载因素与船型因素对稳度的影响:载荷的移动、增减对舰船大角稳度的影响,自由液面对舰船大角稳度的影响,相关船型因素对舰船稳度的影响。

本章重点与难点

(1)静稳性曲线与动稳性曲线的物理意义与对应关系;

（2）利用静稳性曲线作图分别计算舰船在受到静倾力矩与动倾力矩作用下的静倾角与动倾角；

（3）利用动稳性曲线作图计算舰船在受到动倾力矩作用下的动倾角。

本章关键词

大角稳性，静倾力矩，动倾力矩，船形稳性力臂，重量稳性力臂等。

4.1 复原力矩及其力臂的表示式

设舰船从平衡位置（水线 WL 处）等容倾斜一大角 θ 而到达水线 $W_\theta L_\theta$ 处（见图 4-1）。和小角倾斜相比，大角倾斜有如下特点：一是水线 $W_\theta L_\theta$ 和水线 WL 的交点通常都不再通过 WL 水线面面积中心 F 点；二是浮心自 C 移至 C_θ，$\overset{\frown}{CC_\theta}$ 通常也不能再认为是一段圆弧，从而新的浮力作用线 $\overline{C_\theta K_\theta}$ 通常也不再通过舰船处于初始平衡位置时的稳定中心 m 点。于是，在大横倾角情况下，复原力矩不能再用 $m_\theta = Ph\sin\theta$ 表示了。

由图 4-1 可看出，大横倾角的复原力臂为

$$\overline{GK_\theta} = \overline{CN} - \overline{CH} = \overline{CN} - a \cdot \sin\theta \qquad (4\text{-}1)$$

式中：a——正浮状态时重心 G 在浮心以上的高度；

$\overline{CN}$——浮心 C 到新的浮力作用线（$\overline{C_\theta K_\theta}$）的距离。于是，复原力矩为

$$m_\theta = P \cdot \overline{GK_\theta} = P(\overline{CN} - a \cdot \sin\theta)$$
$$= P \cdot \overline{CN} - P \cdot a\sin\theta \qquad (4\text{-}2)$$

由式（4-1）、式（4-2）可知，复原力臂或复原力矩均由两项组成。

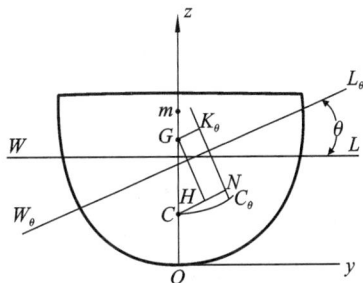

图 4-1 舰船大角稳性

$\overline{CN}$ 取决于浮心移动，和船形有关，故称为船形稳性力臂，用 $l_{\varphi\theta}$ 表示。$P \cdot \overline{CN}$ 称为船形稳性力矩，用 $m_{\varphi\theta}$ 表示。若将重心移动定理用于浮心移动，不难从图 4-2 中看出：

$$m_{\varphi\theta} = \rho g V \cdot \overline{CN} = \rho g v_\theta d_\theta \qquad (4\text{-}3)$$

式中：v_θ——楔形体积；

d_θ——出水和入水楔形体积中心之间的距离。

所以船形稳性力矩 $m_{\varphi\theta}$ 实质上是由楔形体积的搬运而形成的，并且其作用为使舰船复原，这与初稳度下的船形稳性力矩的特性完全相同，不同的只是 $\overline{CN}$ 不再能用稳定中心半径"r"表示了。

对于式（4-1）和式（4-2）中的 $-a\sin\theta$ 项，当排水量一定时，z_c 是常数，a 的大小取决于重心位置，故称其为重量稳性力臂，且只要重心在浮心之上，即 a 值为正，则其力矩 $-Pa\sin\theta$ 总是使舰船继续倾斜的。

若用 l_θ 表示复原力臂，则式（4-1）、式（4-2）可分别写为

$$l_\theta = l_{\varphi\theta} - a\sin\theta \qquad (4\text{-}4)$$
$$m_\theta = P \cdot l_\theta \qquad (4\text{-}5)$$

把复原力矩或力臂与倾角的关系用曲线表示，得到静稳性曲线 $m_\theta = f(\theta)$ 或 $l_\theta = f(\theta)$，如图 4-3 所示。静稳性曲线完整地表示了舰船的横稳性，具有很大的实用价值。

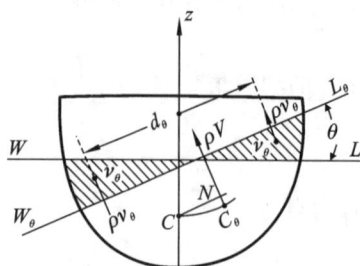

图 4-2　船形稳性力矩的构成

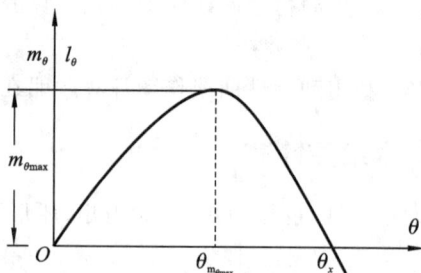

图 4-3　静稳性曲线

4.2　静稳性曲线及其应用

4.2.1　静稳性曲线的特性

静稳性(力臂)曲线 $m_\theta = f(\theta)$ 或 $l_\theta = f(\theta)$ 是复原力矩(或力臂)与倾角的关系曲线,是根据式(4-4)与式(4-5)计算得到的,且对应于一定的载重状态(通常是正常排水量和对应的重心高度)。须注意的是,力矩和力臂通常用同一条曲线表示,因为它们之间只相差一个常数倍数——排水量 P,所以只要对其坐标采用不同的比例尺就行了。

由图 4-3 可知,静稳性的一般变化规律:随着倾角的增大,复原力矩从零逐渐加大,在某个倾角时达到极大值,以后就逐渐减小,又变为零,并最终变为负值。对应于复原力矩最大值的倾角称为最大稳度角,用 $\theta_{m_{\theta max}}$ 表示;对应于曲线下降段上复原力矩为零值的角度则称为稳性消失角,用 θ_x 表示。

规定:向右舷横倾时倾角 θ 为正,反之为负;从艇尾向首看,使舰船绕 x 轴做逆时针转动时,复原力矩 m_θ 为正,反之为负。

考虑到船形及重量分布通常应是左右对称的,舰船不论向右舷还是向左舷倾斜,其稳性都是相同的,所以一般只需画出曲线的右半部分就够用了,完整的静稳性曲线如图 4-4 所示。

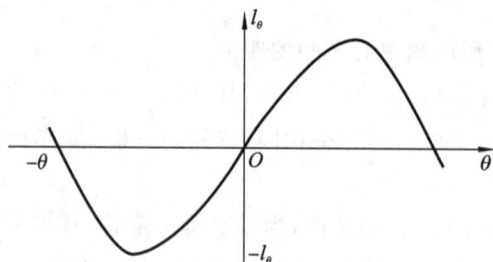

图 4-4　完整的静稳性曲线

静稳性曲线的基本用处在于:

(1) 确定舰船在各种外力作用下的大倾角;

(2) 全面衡量舰船在一定载重状态下稳性的好坏。

同时,静稳性曲线也是估算舰船耐风浪性的基本资料之一。

如果排水量和重心高度改变了,静稳性曲线就不同。此时可用如图 4-5 所示的船形稳性力臂插值曲线,应用已知的排水量静水力曲线得到新的浮心坐标 z_c,然后按改变后的重心高度 z_g 计算得到新的 a 值($a = z_g - z_c$),从而求得新的重量稳性力臂 $a\sin\theta$,最后按公式(4-4)计算船形稳性力臂的值。

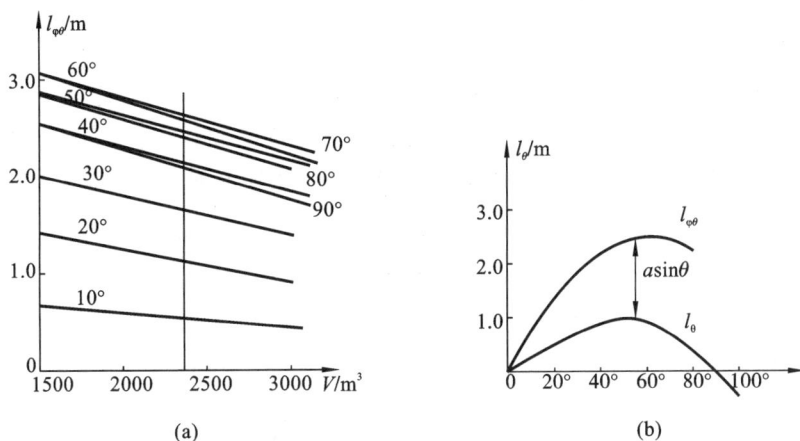

图 4-5　船形稳性力臂插值曲线

4.2.2 静倾力矩作用下舰船的倾斜

研究稳性的基本目的是判断舰船在外力作用下会不会发生倾覆。要做出这种判断必须解决两个问题:

(1) 在一定外力作用下,舰船会产生多大的倾角 θ?

(2) 在不引起危险时,舰船能承受的最大外力是多少?

1. 两种不同作用性质的外力矩

根据外力的性质可以将外力矩区分为静倾力矩和动倾力矩(又称突加力矩)两种。

1) 静倾力矩

静倾力矩 m_{KP},指外力从零逐渐地增加到某个值时产生的力矩。舰船在这样的力矩作用下其倾斜也将逐渐地增大,在倾斜过程中可以认为不产生角加速度及角速度,倾斜过程是无限个平衡状态的继续。如燃油或均衡水在导移过程中所造成的力矩、长时间连续吹拂的风造成的力矩等,就是静倾力矩。

2) 动倾力矩

若外力矩是突然施加到舰船上的,力矩的数值一下子就达到某个值,舰船在倾斜过程中将产生角加速度及角速度,这样的力矩称为动倾力矩(或称突加力矩)m_{KPD}。如舰船破损时大量海水突然灌入或突起的阵风等构成的力矩,就是动倾力矩。

综上所述,倾力矩对舰船的作用不仅取决于倾力矩数值的大小,还取决于其作用方式。大小相同时,静倾力矩和动倾力矩所引起的倾斜效果很不一样,动倾力矩造成的后果往往要严重得多。

为了方便使用,将倾力矩与舰船静稳性曲线所用排水量之比称为倾斜力臂,即

$$l_{KP} = \frac{m_{KP}}{P} \tag{4-6}$$

式中：P——正常装载或超载时舰船的重量，应与静稳性曲线所表示的装载状态相一致。

2. 静倾力矩作用下舰船的倾斜

1）静倾角的确定

假设舰船受一定的静倾力矩 m_{KP} 作用，且已知舰船在某个载重状态的静稳性曲线，求舰船在 m_{KP} 作用下所产生的倾角。

分析：如图 4-6 所示，在图上以平行于 θ 轴的直线表示 m_{KP}。由于是静倾力矩作用，它的值并非一开始就达到给定值，而是逐步增加的，舰船也随之逐渐倾斜，复原力矩也逐渐增大。倾斜过程中，倾力矩时时等于复原力矩（如图中虚线所示），舰船时时都处于平衡状态。

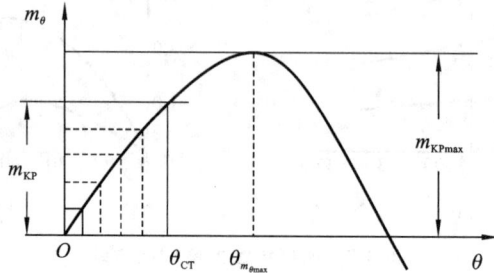

图 4-6　静稳性曲线的应用

当倾力矩增大到给定的 m_{KP} 值时，倾角达到 θ_{CT} 就稳住了，这一角度称为静倾角。

结论：静倾角 θ_{CT} 是根据两力矩作用下的静力平衡条件来确定的。具体来讲应是倾力矩等于复原力矩，即

$$m_{KP} = m_\theta$$

因此，将表示倾力矩 m_{KP} 的直线作到静稳性曲线图上去，该直线与静稳性曲线交点所对应的角度就是静倾角 θ_{CT}，因为该角度的倾力矩等于复原力矩。

2）舰船所能承受的最大静倾力矩

由上述分析可知，当倾力矩继续增大时，静倾角 θ_{CT} 也继续增大，当倾力矩增大到等于最大复原力矩时，舰船就将平衡在最大稳度角 $\theta_{m_{\theta max}}$ 处（见图 4-6）。这时，若再加大一点倾力矩，那么倾力矩将永远大于复原力矩，再没有哪一个倾角下的复原力矩足以和倾力矩相抗衡。显然，这时舰船就会倾覆了。所以，舰船所能承受的最大静倾力矩的数值就是最大复原力矩的数值，并称此力矩为舰船的最小倾覆力矩，而最大稳度角也就是舰船在静倾力矩作用下所能达到的极限倾角。即舰船能承受的静倾力矩应满足

$$m_{KPmax} \leqslant m_{\theta max}, \ \theta_{CTmax} \leqslant \theta_{m_{\theta max}} \tag{4-7}$$

例如：已知某艇的静稳性曲线如图 4-7 所示，巡航状态时能承受的最大倾力矩和最大静倾角分别为

$$m_{KPmax} = m_{\theta max} = 2.352 \times 10^6 \text{ N} \cdot \text{m}$$
$$\theta_{CTmax} = 45°$$

如果受到静倾力矩 $m_{KP} = 1.421 \times 10^6$ N·m 作用时，则其静倾角 $\theta_{CT} = 20°$。

4.2.3　动倾力矩作用下舰船的倾斜

1. 动倾角的概念

设舰船在正浮状态，受到突加力矩 m_{KPD} 的作用，m_{KPD} 在静稳性曲线上仍可用一条平行于

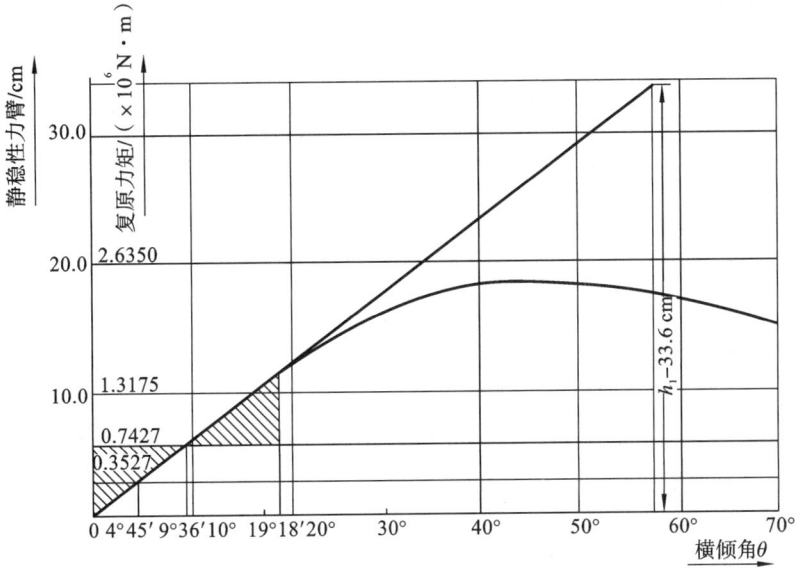

图 4-7　某艇的静稳性曲线

θ 轴的直线表示(这里假定它的数值为常量)，如图 4-8(a)所示。但须注意，突加力矩是一开始就以 m_{KPD} 的大小作用到舰船上的。

当突加力矩作用到舰船上时，舰船就产生了角加速度和角速度，并且在 $0\sim\theta_{CT}$ 内，突加力矩一直大于复原力矩，因此角加速度就一直存在，从而角速度就一直在增大。

当倾角达到 θ_{CT} 时，虽因突加力矩等于复原力矩，合力矩为零使角加速度也为零，但在此之前舰船一直处在角加速状态，故这时角速度达到最大值，从而舰船将由于惯性而越过 θ_{CT}，继续倾斜。

倾角一旦超过 θ_{CT}，复原力矩又大于倾力矩，舰船将产生负的角加速度，于是角速度越来越小直至为零，这时舰船的倾角达到最大值，这个角度称为动倾角，用 θ_D 表示。

舰船在动倾角 θ_D 处并不会久留，因 θ_D 不是平衡位置，此时复原力矩大于倾力矩。舰船将开始被复原，当重新经过平衡位置 θ_{CT} 时，角速度又达到极大，然后用逐渐减小的角速度继续复原，直到正浮状态，角速度又变为零。

此后，同样的倾斜—复原过程又将重复，舰船围绕静平衡位置 θ_{CT} 在 $0\sim\theta_D$ 内往复摆动。由于水的阻尼作用，摆幅将越来越小，最终将停止在平衡位置 θ_{CT} 上。

在突加力矩作用时，主要关心的是动倾角 θ_D 的大小，而不是最终的静平衡位置 θ_{CT}，因为 θ_D 比 θ_{CT} 大得多。完全可能有这样的情形：当某个一定大小的力矩一直作用时，舰船不会发生什么危险，倾角为 θ_{CT}，而当同样大小的力矩突然作用时，舰船会翻掉。

2. 动倾角的确定

1) 关于力矩做功的概念

为了确定动倾角 θ_D 的大小，需引入力矩做功的概念。

当舰船产生倾斜时，倾力矩必须克服复原力矩而做功。力矩的功表示力矩在倾斜过程中对舰船的累积效应，因此力矩与角位移的乘积就是功。倾斜过程中不仅倾力矩做功，复原力矩也做功，不过由于这两个力矩的方向相反，因此倾力矩做的功是正的，而复原力矩做的功是负的。可用以下力矩做功的方程式表示(见图 4-8(b))：

倾力矩的微功元是

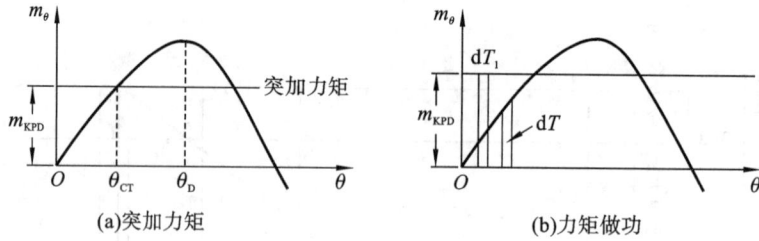

(a)突加力矩　　　　　　　　　(b)力矩做功

图 4-8　动倾力矩做功

$$\mathrm{d}T_1 = m_{\mathrm{KPD}}\mathrm{d}\theta$$

复原力矩的微功元是

$$\mathrm{d}T_2 = m_\theta \mathrm{d}\theta$$

从 $0 \sim \theta$ 对倾力矩和复原力矩的微功元进行积分,则舰船从正浮状态倾斜到 θ 角时,倾力矩和复原力矩所做的功分别为

$$T_1 = \int_0^\theta m_{\mathrm{KPD}}\mathrm{d}\theta = m_{\mathrm{KPD}}\theta \tag{4-8}$$

$$T_2 = \int_0^\theta m_\theta \mathrm{d}\theta \tag{4-9}$$

从图形上看,T_1、T_2 分别为两曲线与直线 θ_{d} 围成的面积(见图 4-9)。

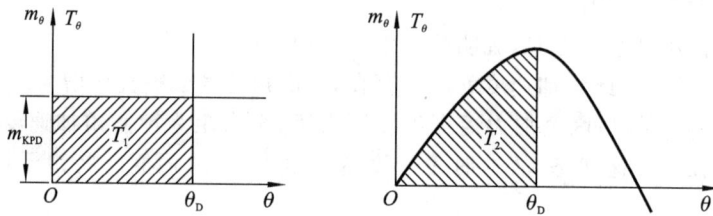

图 4-9　功 T_1、T_2 相等

2) 确定动倾斜的条件

由上述内容可知,舰船倾斜达到动倾角时的角速度为零,也就是动能为零。

根据理论力学中的动能定理:"所有外力(外力矩)对物体所做的功等于物体动能的改变。"而舰船开始倾斜时(如处于正浮的平衡位置),动能为零,倾斜到动倾角时动能又变为零,在这一角度间隔上动能没有改变,于是由动能定理就不难推出以下结论。

从 $\theta = 0$ 到 $\theta = \theta_{\mathrm{D}}$ 的过程中,倾力矩所做的功必等于复原力矩所吸收的动力,因为只有这样才能使力矩对舰船所做的功等于零,从而使舰船动能的改变也为零。所以应有

$$\int_0^\theta m_{\mathrm{KPD}}\mathrm{d}\theta = \int_0^\theta m_\theta \mathrm{d}\theta \tag{4-10}$$

若动倾力矩 $m_{\mathrm{KPD}} =$ 常数,则有

$$m_{\mathrm{KPD}} \cdot \theta_{\mathrm{D}} = \int_0^{\theta_{\mathrm{D}}} m_\theta \mathrm{d}\theta \tag{4-11}$$

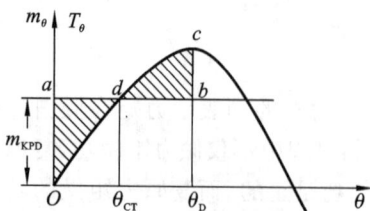

图 4-10　用静稳性曲线确定动倾角

由图 4-10 可见,$m_{\mathrm{KPD}} \cdot \theta_{\mathrm{D}}$ 就是矩形 $ab\theta_{\mathrm{D}}O$ 的面积,而 $\int_0^{\theta_{\mathrm{D}}} m_\theta \mathrm{d}\theta$ 则是曲线下的面积 $Oc\theta_{\mathrm{D}}$,这两块面积相等。由于面积 $Odb\theta_{\mathrm{D}}$ 是公共的,因此面积 Oad 等于面积 dcb。

这样一来,只要把表示倾力矩的直线(当 m_{KPD} 是常数时)作到静稳性曲线图上,根据两块类似三角形(图 4-10 中阴影部分)面积相等的条件,就可确定动倾角 θ_D 了。但由于忽略了水阻力的作用,而水阻力将消耗掉一部分动能,所以实际的动倾角将稍小一点。

动倾力矩作用下
舰船横摇过程

4.3 动稳性曲线及其应用

4.3.1 动稳度与动稳性力臂

在静倾力矩作用下,舰船静倾角的大小是根据倾力矩等于复原力矩的原理确定的,复原力矩的大小标志着舰船抵抗静倾力矩的能力,所以用复原力矩或力臂来表示舰船的静稳度。而在突加力矩作用下,确定舰船动倾角的大小时,有决定意义的不是复原力矩本身,而是复原力矩做的功。动倾角是根据倾力矩做的功等于复原力矩做的功这一原理确定的,复原力矩做功的大小标志着舰船抵抗动倾力矩的能力,所以用复原力矩做的功来表示舰船的动稳度,记为 T_θ。

动稳度是"使舰船由正浮状态倾斜到某一倾角时所需花费的最小功"。所谓"最小",指倾斜舰船所需的全部功都用来克服舰船的复原力矩以形成舰船的倾斜,而没有用来克服舰船的角速度。

这样,相当于某一倾角 θ 的动稳度 T_θ 在数值上就是舰船从 0 倾斜到 θ 时复原力矩吸收的功,即

$$T_\theta = \int_0^\theta m_\theta \mathrm{d}\theta \tag{4-12}$$

因此倾力矩所做的功如果比 T_θ 还小,哪怕只小一点,也无法使舰船倾斜到 θ。

若将式(4-12)改写成

$$T_\theta = \int_0^\theta m_\theta \mathrm{d}\theta = \int_0^\theta P l_\theta \mathrm{d}\theta = P \int_0^\theta l_\theta \mathrm{d}\theta \tag{4-13}$$

并定义动稳度和排水量之比为动稳性力臂,以 $l_{D\theta}$ 表示,则有

$$l_{D\theta} = \frac{T_\theta}{P} = \int_0^\theta l_\theta \mathrm{d}\theta \tag{4-14}$$

不论是动稳度 T_θ 还是动稳性力臂 $l_{D\theta}$,在几何上均表现为静稳性曲线下的相应面积,如图 4-11 所示。

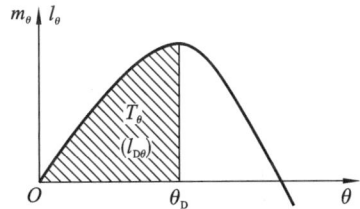

图 4-11 动稳度和动稳性力臂的几何意义

4.3.2 动稳性(力臂)曲线

动稳度 T_θ 或动稳性力臂 $l_{D\theta}$ 随倾角 θ 而变化的曲线称为动稳性(力臂)曲线,由式(4-13)不难看出动稳性(力臂)曲线是相应的静稳性(力臂)曲线的积分曲线,因此它和静稳性(力臂)曲线之间存在着如下的关系。

(1) 如图 4-12 所示,动稳性(力臂)曲线上点的纵坐标就相当于倾角 θ 下的静稳性(力臂)曲线所包围的阴影面积 A。

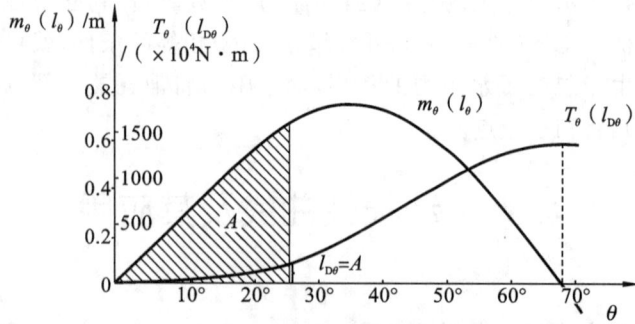

图 4-12　静稳性曲线和动稳性曲线

（2）静稳性曲线的极大值对应于动稳性曲线的拐点。

（3）静稳性曲线的稳性消失角 θ_x 对应动稳度极大值，该值等于静稳性曲线在 θ 轴以上的整个面积，这块面积的大小表示要使舰船从 0 倾斜到 θ_x 所需耗费的全部功，也称为动稳度储量。

当已知静稳性曲线时，根据上述关系，不难运用计算定积分的近似公式——梯形法则求出动稳性（力臂）曲线在各倾角下的数值。

若取角间隔 $\Delta\theta = 10°$，则计算公式如下：

$$l_{D0°} = \int_0^{0°} l_\theta \mathrm{d}\theta = 0$$

$$l_{D10°} = \int_0^{10°} l_\theta \mathrm{d}\theta = \frac{\Delta\theta}{2}(l_{0°} + l_{10°})$$

$$l_{D20°} = \int_0^{20°} l_\theta \mathrm{d}\theta = \frac{\Delta\theta}{2}[(l_{0°} + l_{10°}) + (l_{10°} + l_{20°})]$$

$$= l_{D10°} + \frac{\Delta\theta}{2}(l_{10°} + l_{20°})$$

$$l_{D30°} = \int_0^{30°} l_\theta \mathrm{d}\theta = \frac{\Delta\theta}{2}[(l_{0°} + l_{10°}) + (l_{10°} + l_{20°}) + (l_{20°} + l_{30°})]$$

$$= l_{D20°} + \frac{\Delta\theta}{2}(l_{20°} + l_{30°})$$

$$\vdots$$

$$l_{D90°} = \int_0^{90°} l_\theta \mathrm{d}\theta = l_{D80°} + \frac{\Delta\theta}{2}(l_{80°} + l_{90°})$$

式中：$l_{0°}, l_{10°}, l_{20°}, \cdots, l_{90°}$ 及 $l_{D0°}, l_{D10°}, l_{D20°}, \cdots, l_{D90°}$ 分别表示 θ 为 $0°, 10°, 20°, \cdots, 90°$ 时静稳性和动稳性力臂的值。$\Delta\theta = 10° = (10/57.3)\ \mathrm{rad} = 0.1745\ \mathrm{rad}$。

4.3.3　动稳性曲线的应用

1. 确定舰船的动倾角

1）舰船在正浮状态受到突加力矩作用

利用静稳性曲线来求 θ_D 的方法已在 4.2.3 节做了介绍，问题是准确判别图 4-10 中两块类似三角形的面积大小比较困难，所以实际上确定动倾角 θ_D 时一般都用动稳性曲线。

根据式（4-13），确定 θ_D 的条件是

$$m_{KPD} \cdot \theta_D = \int_0^{\theta_D} m_\theta d\theta = T_{\theta_D} \qquad (4\text{-}15)$$

所以用动稳性曲线来求 θ_D 时,关键在于把表示突加力矩 m_{KPD} 所做的功和倾角 θ 的关系曲线作出来,它和动稳性曲线的交点所对应的角度就是 θ_D 了,因为两曲线交点对应的角度处倾力矩做的功与复原力矩做的功相等。

由 $T_1 = m_{KPD} \cdot \theta$,突加力矩所做的功 T_1 和倾角 θ 的关系曲线显然是一条直线,因此只要任取直线上的两点即可作出 m_{KPD} 的做功曲线了。一般取以下两个特征点:

(1) 取 $\theta = 0°$ 时,有 $T_1 = 0$;

(2) 取 $\theta = 57.3° = 1$ rad 时,有 $T_1 = m_{KPD}$,此时突加力矩做的功在数量上等于力矩本身的大小。

具体作法如图 4-13 所示,只要在横坐标 θ 等于 1 rad($57.3°$)处引垂线,并在此垂线上以动稳度的比例量取一段长度 $\overline{AC} = m_{KPD} \cdot 1$。将所得 A 点与坐标原点相连,直线 $\overline{OA}$ 就是动倾力矩所做的功与倾角的关系曲线了。直线 $\overline{OA}$ 和曲线 T_θ 之交点 e 所对应的角度就是动倾角 θ_D。

2) 舰船在瞬间初倾斜时受到突加力矩作用

瞬间初倾斜指相应的倾斜位置并不是静平衡位置,舰船在该处仅做瞬间的停留,即角速度为零。例如,舰船在波浪中间当一舷摇摆至最大摆幅正要返回的一瞬间,突然受到舷向阵风的作用(相当于某个动倾力矩的作用)。

先假定舰船有向右舷的初倾斜(倾角为 θ_0),当舰船正要向左舷返回时,受到使舰船向右舷倾斜的突加力矩作用,这时动倾角 θ_D 在静稳性曲线上就可以根据图 4-14 上两块类似三角形面积相等的条件确定。注意,这种情况下不论是突加力矩做的功还是复原力矩做的功均应从 θ_0 开始计算。

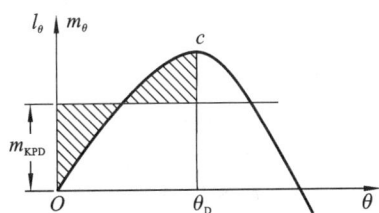

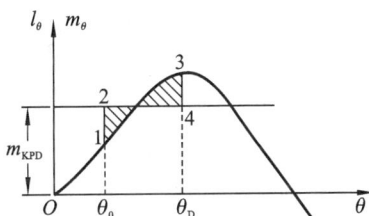

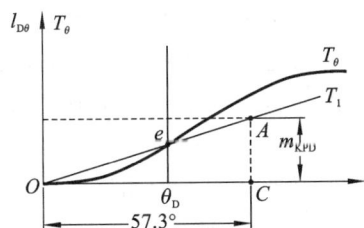

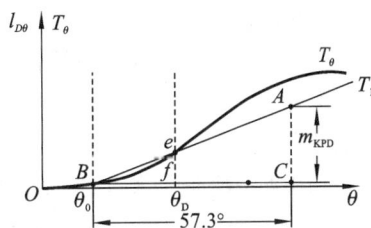

图 4-13 利用动稳性曲线求动倾斜问题

图 4-14 在初倾角 θ_0 下求动倾角 θ_D

若用动稳性曲线来求动倾角,如图 4-14 所示:由动稳性曲线上对应倾角 θ_0 的 B 点作平行于 θ 轴且等于 1 rad 长的线段 BC,由此线段的端点 C 以动稳度 T_θ 的比例在垂向量取 $\overline{AC} = m_{KPD}$ 而得 A 点,连接 A、B 两点得 $\overline{BA}$ 线,它在 BC 线以上的纵坐标就表示突加力矩从 θ_0 起所做的功 T_1 和倾角 θ 间的变化关系,于是直线 $\overline{AB}$ 和曲线 T_θ 的交点 e 所对应的倾角就是动倾角 θ_D。因为就直线 $\overline{AB}$ 而言,纵坐标 ef 正好相当于图 4-14 上图中的矩形面积 $\theta_0 24\theta_D$,就曲线

T_θ 而言,纵坐标$\overline{e\theta_D}$ 代表面积 $O13\theta_D$,$\overline{ef} = \overline{e\theta_D} - \overline{f\theta_D}$,而$\overline{f\theta_D} = \overline{B\theta_0}$ 相当于图 4-14 上图中的面积 $O1\theta_0$,因此线段$\overline{ef}$ 正好相当于图 4-14 上图中的面积 $\theta_013\theta_D$,而面积 $\theta_013\theta_D$ 和面积 $\theta_024\theta_D$ 是相等的。这就证明了突加力矩和复原力矩从 θ_0 起至 θ_D 做的功相等。

如果瞬间初倾斜是发生在左舷的,舰船正要向右舷返回时,受到使舰船向右舷倾斜的突加力矩作用,那么求动倾角的确定方法将如图 4-15 所示。关于图 4-15 中的下图和上图的坐标线段和图形面积的对应关系,读者可自行分析。

显然,这种情况下,动倾角的值要比上一种情况下大得多,这是因为在从 $-\theta_0$ 到 0 的角度间隔内复原力矩所做的功和突加力矩所做的功符号完全相同。

2. 确定舰船所能承受的最大动倾力矩

1)舰船处于正浮状态

从静稳性曲线上看,如图 4-16 所示:当面积 A 等于面积 B 时,直线 $\overline{ab}$ 所表示的动倾力矩就是舰船所能承受的最大动倾力矩,以 m_{KPDmax} 表示;相应的动倾角称为最大动倾角,以 θ_{Dmax} 表示。

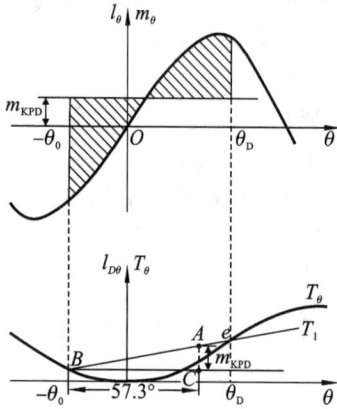

图 4-15 利用动稳性曲线求有初始左倾斜的动倾斜问题

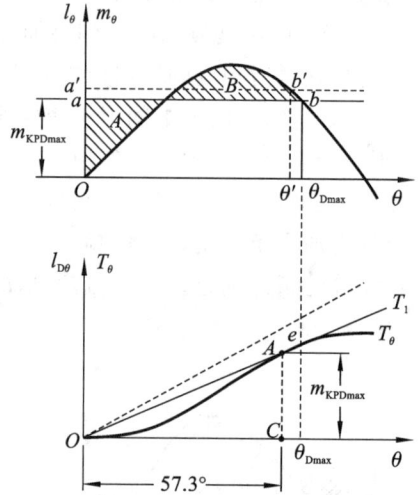

图 4-16 利用动稳性曲线求最大动倾力矩问题

若动倾力矩的值稍微再增大一点,如图 4-16 上图中虚线$\overline{a'b'}$ 所表示的那样,那么动倾力矩所做的功就将永远大于复原力矩做的功,直到舰船倾斜到 θ' 时动能还不会为零,舰船还将继续倾斜,并且过了 θ' 后动倾力矩做的功将更加大于复原力矩所做的功,舰船倾斜的角速度将越来越大,直至倾覆。

若利用动稳性曲线来求,则从坐标原点向 T_θ 曲线作切线,切点 e 所对应角度就是最大动倾角 θ_{Dmax},而自 57.3° 处作垂线和切线交于 A 点,用 T_θ 的比例量取的线段$\overline{AC}$ 就是舰船所能承受的最大动倾力矩 m_{KPDmax}。

因为切线$\overline{Oe}$ 代表了最大动倾力矩 m_{KPDmax} 所做的功和倾角 θ 的关系,而切点 e 处是动倾力矩做的功能够等于复原力矩做的功的最后一个机会,当动倾力矩比 m_{KPDmax} 稍微再增大一点时,动倾力矩做的功就将永远大于复原力矩做的功,舰船就要倾覆了。

2)舰船有瞬间初倾斜

设舰船有向左舷的瞬间初倾斜(倾角 θ_0),确定所能承受的最大动倾力矩显然应从最严重的受力情况来考虑,即动倾力矩将使舰船向右舷倾斜的情况。

从静稳性曲线上看,当阴影面积 $A=B$ 时,由 $\overline{ab}$ 线所表示的力矩即 m_{KPDmax},如图 4-17(a)所示,该力矩也称为最小倾覆力矩。

用动稳性曲线来求最大动倾力矩,方法如下:从动力稳性曲线上对应倾角 θ_0 的 B 点作水平线 $\overline{BC}$,并自 B 点向 T_θ 曲线引切线,切点 e 所对应的角度即最大动倾角 θ_{Dmax};自 B 点量取 $57.3°$ 得 C 点,自 C 点作垂线与切线交于 A 点,以 T_θ 的比例量取 $\overline{AC}$ 的长度即得所要求的最大动倾力矩 m_{KPDmax}。

显然,对于倾角 θ_0 不同的瞬间初倾斜,舰船所能承受的最大动倾力矩 m_{KPDmax} 和相应的最大动倾角 θ_{Dmax} 也不同。

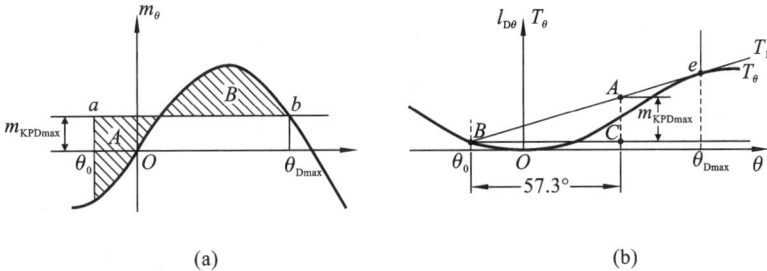

图 4-17 有瞬间初倾斜时求最大动倾力矩问题

还应指出,舰船在最大动倾力矩 m_{KPDmax} 的作用下,从理论上说应当停留在最大动倾角 θ_{Dmax} 处,因为在该角度下动倾力矩等于复原力矩,但实际上这是一个不稳定的平衡位置。根据外界干扰的情况,舰船要么返回到稳定位置,要么倾覆。

4.4 表示舰船稳性的特征值与大角稳度的影响因素

4.4.1 表示舰船稳性的特征值

为了通过静稳性曲线鉴别舰船稳性的好坏,为了研究各种因素对大角稳性的影响,必须考察稳性曲线上一些具有特定含义的特征值。

1. 稳性力臂 l_θ 曲线的初切线的斜率

静稳性力臂 l_θ 曲线的初切线(在原点处的切线)的斜率等于舰船正浮状态的横稳定中心高 h。

证明如下:

如图 4-18 所示,在 θ 较小的范围内 l_θ 曲线与切线重合。设切线与 θ 轴之间的夹角为 α,则切线的斜率应为

$$\tan\alpha = \frac{l_\theta}{\theta}$$

根据初稳性计算中的复原力矩公式,应有

$$m_\theta = Ph\theta$$

则 $l_\theta = h\theta$,从而有

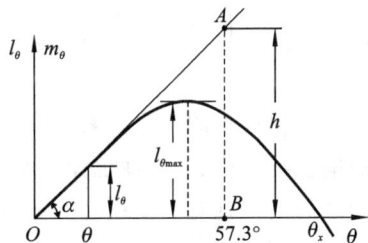

图 4-18 舰船稳性的特征值

$$\tan\alpha = \frac{h\theta}{\theta} = h \qquad\qquad (4\text{-}16)$$

应用这个结论可从静稳性曲线上求得稳定中心高 h。为此,如图 4-18 所示,只要在 $\theta = 1$ rad(57.3°)处作 θ 轴的垂线交切线于 A 点,用 l_θ 的比例量取 $\overline{AB}$ 即得 h 值。但需注意,由于从曲线的原点作切线不易保证准确性,因此用此法求出的 h 值也是不很精确的。

显然,静稳性曲线的初段愈陡,意味着舰船正浮状态的横稳定中心高愈大。

2. 最大稳性力臂 $l_{\theta\max}$(最大复原力矩 $m_{\theta\max}$)

$l_{\theta\max}$ 的大小意味着舰船所能承受的最大静倾力矩的大小。由于 $l_{\theta\max}$ 和 $\theta_{m_{\theta\max}}$ 两者结合在一起对静稳性曲线的形状和面积有很大影响;加之考虑到在破损条件下,或在随浪(顺浪)波峰上航行时稳性力臂可能降低,$l_{\theta\max}$ 的值当然是大一些为好。

3. 最大稳度角 $\theta_{m_{\theta\max}}$

$\theta_{m_{\theta\max}}$ 表示舰船在静倾力矩作用下所能达到的极限倾角,超过这一角度,舰船就要倾覆,这一角度显然大一些为好。

4. 稳性消失角 θ_x

从正浮状态产生大倾斜时,只要倾角不超过稳性消失角 θ_x,当去掉外力,顺其自然(且舰船在倾斜位置上没有角速度)时,舰船都能重新回到原来的平衡位置,所以从 $\theta = 0$ 到 $\theta = \theta_x$ 这一范围叫稳定范围。若超过稳性消失角 θ_x,即使去掉外力,舰船也将在负复原力矩作用下倾覆。通常要求军舰的稳性消失角 θ_x 为 60°～90°。

5. 静稳性曲线包围的面积

如图 4-19 所示,面积 A 意味着使舰船从 0 倾斜到消失角 θ_x 所需做的最小功。所以面积 A 愈大说明舰船承受动倾力矩的能力愈大。面积 A 也称为舰船正浮状态的动稳度储量。

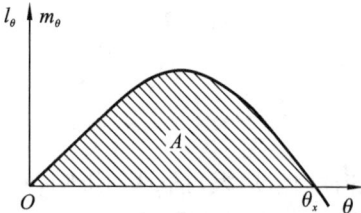

图 4-19　舰船正浮时的动稳度储量

将同一舰船不同装载状态下的静稳性曲线的诸特征值进行比较,就可以知道哪一种状态下舰船的稳性较好,哪一种状态下舰船的稳性较差。有时也以此比较同类型舰船在设计状态稳性上的优劣。同时,为了保证舰船在海上航行的安全,许多国家根据自己海区水文气象特点和航海实践的经验,针对不同舰船,对上述某些特征值的大小或范围作了明确的规定,从而形成了稳性规范。

可见,静稳性曲线确能全面地表示舰船的静稳性与动稳性,在稳性保持研究方面很有实用价值。

4.4.2　大角稳性的影响因素

影响大角稳性的主要因素有重量重心、船形及自由液面等。它们之中有的参数对大角稳性的影响在物理概念、定性规律上与对初稳性的影响是类似的,但有的参数只在讨论舰船大角稳性时才涉及。现对大角稳性的各种影响因素分析如下。

1. 重量重心的影响

重量重心对大角稳性的影响分为载荷移动与载荷增减的情况来考虑。

1）载荷垂向移动使重心升高

假设 Δz_g 为重心高度增加量。此时船形稳性力臂不变，重量稳性力臂将增加 $\Delta z_g \sin\theta$，于是稳性力臂将变为

$$l_{\theta 1} = l_{\varphi\theta} - (a + \Delta z_g)\sin\theta = l_{\varphi\theta} - a\sin\theta - \Delta z_g\sin\theta = l_\theta - \Delta z_g\sin\theta \tag{4-17}$$

式中：l_θ、$l_{\theta 1}$——重心升高前、后的稳性力臂。

由此可见，重心升高后稳性力臂减小，变化前后的静稳性曲线如图 4-20 所示。由图 4-20 还可见，重心升高后舰船的稳性消失角与稳定范围也变小。因此，垂向移动载荷后，舰船的大角稳性会变差。

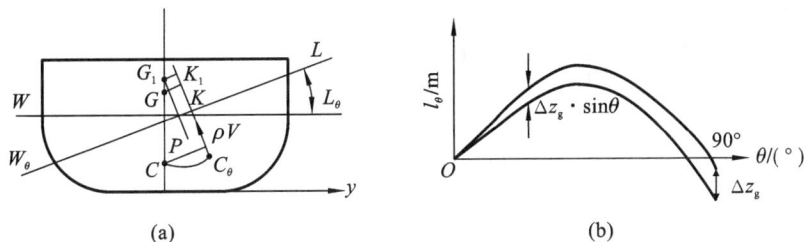

图 4-20　载荷铅垂移动对大角稳性的影响

2）载荷横向移动使重心横移

如图 4-21 所示，重心横移后新的重心位置以 G_1 表示，Δy_g 为重心横向偏移距离。在舰船倾斜过程中，重力作用线将通过新的重心位置 G_1，稳性力臂将减小 $\overline{GG_1}\cos\theta = \Delta y_g\cos\theta$，重心横移后新的稳性力臂为

$$l_{\theta 1} = l_\theta - \Delta y_g\cos\theta \tag{4-18}$$

由式（4-18）可得重心横移后的静稳性曲线，如图 4-21 所示，重心横移后舰船的稳性力臂减小，而且舰船有一初始横倾角 θ_0，从而使舰船的稳定范围减小。故因载荷横向偏移而出现的初始横倾对大角稳性是不利的，由此可见消除横倾保持舰船正常浮态的重要性。国家军用标准 GJB 4000—2000 规定水面舰船在正常排水量下的横倾角不得超过 $\pm 0.5°$，潜艇水上正常状态和水上燃油超载状态下的横倾角也不得超过 $\pm 0.5°$。

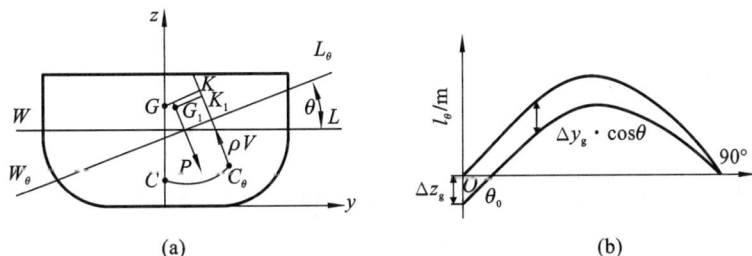

图 4-21　载荷水平横向移动对大角稳性的影响

3）载荷增减

载荷增减会使 l_θ 变化，其变化量要通过计算确定，即载荷增减对静稳性（即大角稳性）曲线的影响要通过计算确定，其计算方法参见 4.1 节。与增减载荷对初稳性的影响类似，增减载荷有可能使 l_θ 增大，也有可能使之减小。

2. 自由液面的影响

自由液面对大角稳性的影响是不利的，将减小稳性力臂 l_θ，其对大角稳性影响的机制与自

由液面对初稳性的影响是相同的。但在大角稳性中,自由液面对稳度影响的大小与液位深度、液舱横截面形状有关,这一点与初稳性不同。如图 4-22 所示,自由液面形状相同、液位深度不同的三个液体舱,在小角度倾斜时,即在初稳性中,液体移动产生的附加倾力矩是相同的;而在大角度倾斜时,液体移动产生的附加倾力矩是不相同的,显然,图 4-22(b)中液面近似位于舱室高度一半处,附加倾力矩大,而液舱接近装满或接近见底时附加倾力矩小。如图 4-23 所示,若自由液面形状相同,矩形横截面液舱与三角形横截面液舱的自由液面对初稳度的影响是相同的,但对大角稳度的影响却不相同,矩形横截面液舱自由液面比三角形横截面液舱自由液面对大角稳度的影响大。

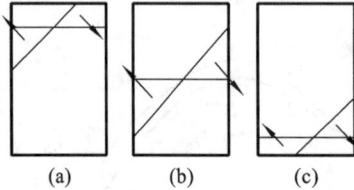

图 4-22　液舱不同深度下的自由液面　　　　　图 4-23　三角形横截面液舱自由液面

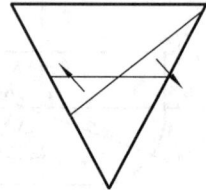

　　此外,自由液面对初稳度影响的大小可以采用简单的解析式确定,而在大角稳性中自由液面对稳度影响的大小却不能如初稳性中那样以简单的解析式表示。经研究后提出几种大角稳性中自由液面对稳度影响的处理方法,其中包括 GJB 4000—2000 中推荐的"M30 方法"。"M30 方法"的实施步骤如下:

　　(1) 在各液体舱形心附近取一等效横剖面,其面积乘以舱长与实际舱容相近,且横倾后横剖面形心的移动距离与液体重心移动距离也相近。

　　(2) 利用作简单几何图形形心的方法,求取各等效横剖面半截液面 ab 下的形心 g 和横倾 30°时液面 cd 下的形心 g_1,如图 4-24 所示。

　　(3) 设各舱液体重心 g 沿水平方向移动的距离为 e_i,半截液体重量为 w_i,则各舱半截液面横倾 30°时产生的横倾总力矩为

$$M_{30} = \sum_1^n w_i e_i$$

式中:n——进行自由液面修正的舱数。

　　(4) 横倾 30°时的稳性力臂修正值为

$$\Delta l_{30} = \frac{M_{30}}{P}$$

　　(5) 当 $\theta = 0° \sim 30°$时,静稳性曲线修正值(减小值)Δl 按线性规律确定:$\theta = 0°$时取 $\Delta l = 0$,$\theta = 30°$时取 $\Delta l = \Delta l_{30}$;当 $\theta > 30°$时,也取 $\Delta l = \Delta l_{30}$。

　　按"M30 方法"得出的修正前后静稳性曲线如图 4-25 所示。以上介绍的是"M30 方法"的基本计算过程,GJB 4000—2000 还给出了该项修正的有关细则,应用时可参阅原文。

3. 船形影响

　　船形稳性力矩取决于水线下船体几何形状,故与水下船体几何形状有关的各种船形要素对大角稳度都有影响,现只讨论干舷高度与船宽对大角稳度的影响,事实上通常认为这两个参数是对大角稳度影响大的参数。

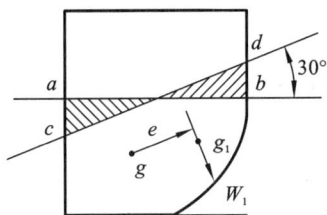

图 4-24 M_{30} 计算示意图

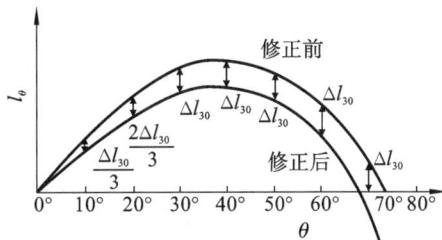

图 4-25 静稳性曲线 M_{30} 修正

1）干舷高度

如图 4-26 所示,假设舰船干舷高由 F_I 增加到 F_{II},而排水量、船形的其他部分、重心高均保持不变,讨论此时干舷高度增加对舰船大角稳度的影响。

若按干舷高度 F_I 舰船横倾达到 $W_\theta L_\theta$ 的位置,则按干舷高度 F_{II} 在同一个横倾角下倾斜水线应下降到 $W_\theta' L_\theta'$ 的位置。按两倾斜水线下体积相等的条件,倾斜水线 $W_\theta' L_\theta'$ 以上水密体积（单阴影线所示）与 $W_\theta' L_\theta'$ 以下水密体积（双阴影线所示）应相等。倾斜水线这种变化相当于将 $W_\theta' L_\theta'$ 水线以上阴影处的排水体积移到了 $W_\theta' L_\theta'$ 水线以下,即相当于舰船上附加了一使船回复的力矩 Δm,这将使舰船的复原力矩增大。舰船干舷高度对静稳性曲线的影响如图 4-27 所示,可见,当 $\theta > \theta_H$ 时干舷高度增加可改善舰船的大角稳度。但干舷高度大小对初稳性无影响。

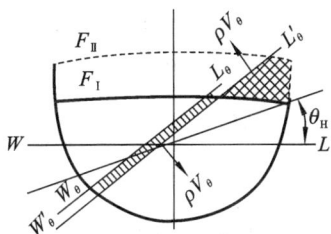

图 4-26 干舷高度对大角稳度的影响

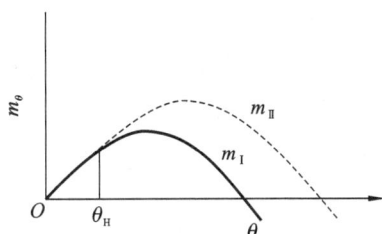

图 4-27 干舷高度对静稳性曲线的影响

2）船宽

仍然假设只有船宽变化,而舰船其他与稳性相关的因素保持不变。船宽增大,水线面面积惯性矩将增大,这时横稳定中心高 h 增大,故船宽增大对提高舰船的初稳度是有利的。如前所述,h 既是表征初稳度也是表征大角稳度的参数。

从静稳性曲线上看,船宽增大,静稳性曲线初切线斜率将增大;从对船形稳性力矩的影响考虑,船宽增大,出水楔形移至入水楔形处形成的力矩增大（见图 4-1）,故船形稳性力矩增大,按假设重量稳性力矩保持不变,故此时复原力矩将增大。另一方面,船宽增大后甲板边缘入水时的倾角将减小,故与复原力矩最大值对应的倾角将减小,即最大静倾角减小。

综合以上分析,船宽增大前后的静稳性曲线如图 4-28 所示。尽管船宽增大并非所有表征大角稳性的特征量都改善,但工程上通常认为增加船宽对改善初稳性和大角稳性都是有利的。顺便指出,船宽对舰船的横摇性能也有较大的影响,通常船宽增加对横摇性能是不利的,因此在设计中选择船宽时需综合考虑船宽对各种性能的影响。

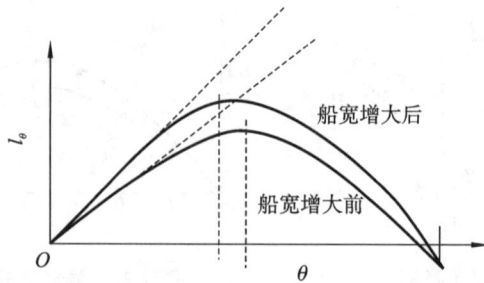

图 4-28　船宽对静稳性曲线的影响

4.5　舰船稳性保持与倾斜舰船的扶正

4.5.1　舰船稳性保持

即使舰船的设计、建造满足了稳性标准和规范的要求,装载、操纵、使用不当也有可能使舰船稳性恶化而导致倾覆事故,在舰船使用过程中保持良好的稳性状态是十分重要的。因此,有关部门除颁发了舰船的设计、建造规范以外,还颁发了舰船使用安全条例。如中国海军颁发了"海军水面舰艇稳性保持条例",供部队参照执行,这类条例通常是稳性理论与舰船航行、使用、维修实践相结合的产物,是在总结了大量稳性事故的经验教训的基础上提出的,有重要的技术指导意义,且有很强的法规意义,故在舰船使用过程中应严格遵守这类规章条例。另外,在稳性保持方面应注意以下事项。

1. 合理装载,增大舰船所能承受的最大动倾力矩 m_{KPDmax}

(1) 压载对于保持舰船稳性起着十分重要的作用,在舰船使用和修理过程中都不得随意变动或取消;

(2) 初始横倾对稳性不利,应进行调整使其基本消除(除非倾角很小,不超过 $0.5°$);

(3) 不得随意将低位的载荷移向高位,也不得随意向高位增加载荷;

(4) 在航行过程中一切可以移动的东西都必须固定,严格按规定的程序使用油水,以免出现大量的自由液面和不利的浮态。

2. 减小由风和浪的作用所引起的动倾力矩 m_{KPD} 与复原力矩损失

(1) 动倾力矩 m_{KPD} 的减小在很多情况下由操纵舰船的技艺实现,船长应当根据风、浪的大小、方向,以及舰船的装载等选择恰当的航向和航速。一般应避免正横风浪的航向。

(2) 应特别注意避免船长接近波长、航速接近波速的顺浪航行状况,因为这时可能出现舰船中部长时间处于波峰上(中拱)的状态,在中拱状态下舰船的复原力矩将明显减小,舰船大角稳性的各种特征值都变差,如图 4-29 所示。

现分析中拱状态下舰船的大角稳性变差的原因。如前所述,复原力矩本质上是由倾斜时出水楔形体容积移动到入水楔形体处产生的船形稳性力矩提供的,当舰船处于中拱状态时(见图 4-29),中部虽然吃水加大,但水线面面积增大不多,而首、尾端的水线面面积则显著减小,从而使中拱状态所提供的复原力矩变小;对一些干舷高度较小的舰船还会出现中部埋入水中或接近埋入水中的情况,这也会使复原力矩减小。综上所述,则不难理解在中拱状态下舰船的大

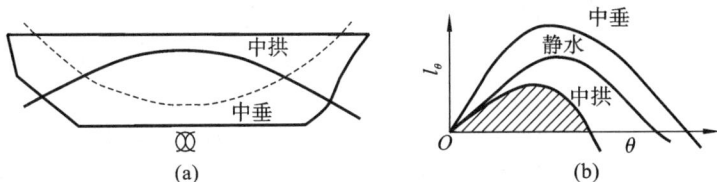

图 4-29　波浪中舰船静稳性曲线

角稳性为什么会恶化了。

另外，当舰船顺浪航行且航速接近波速时除了有出现中拱状态的危险外，舵也可能随来流速度的减小而降低或丧失工效，从而失去保持航向的能力，在横向力的干扰下舰船容易处于正横浪的危险状态下。这也是舰船在风浪中稳性恶化的原因之一。因此，应注意避免、防止舰船顺浪航行。

最后还应当指出，按传统的观点，舰船在正横浪中航行是稳性最差的状态，但不少船舶丧失稳性导致倾覆却是在尾斜浪（波浪传播方向与舰船航行方向夹角小于90°）或顺浪航行状态，其中稳性恶化的部分原因前面已做分析。至于在尾斜浪中航行的舰船，除了出现类似于顺浪航行时的稳性问题外，还会出现"横甩"现象，这是一种舰船在尾斜浪中航行时舵突然失去操纵能力并伴随舰船转向、横倾的现象，严重时会引起舰船的倾覆。"横甩"也是对在波浪中航行舰船稳性构成严重威胁的因素，舰船设计者与使用者都应当对其予以关注。现今的舰船稳性规范仍然是以横风横浪为假设前提，但舰船在波浪中的稳性研究是当今造船界的重要研究方向，随着这方面研究的深入，其研究成果在船舶设计建造规范与安全使用条例中都会有所反映和应用。

4.5.2　倾斜舰船扶正

在两种情况下舰船会出现横倾：一种情况是重心偏离了对称面，而横稳定中心高 h 是正的；另一种情况是正浮状态横稳定中心高 h 是负的，而重心位置在对称面上。这两种情况下舰船的静稳性曲线分别如图 4-30 和图 4-31 所示，图中清楚地表示出在两种情况下正浮位置都不是平衡位置，前一种情况中力矩不平衡，后一种情况中平衡状态不稳定（实际上也是不能平衡的），两种情况下舰船的平衡位置分别在图 4-30 的 θ_1 处和图 4-31 中的 θ_1 处。

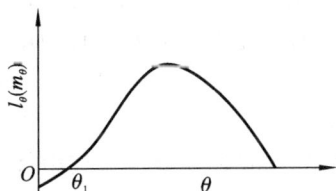

图 4-30　具有初始横倾的静稳性曲线
（载荷偏移引起）

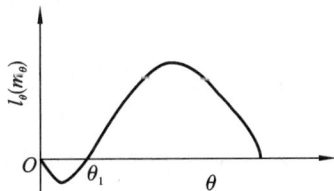

图 4-31　具有初始横倾的静稳性曲线
（正浮稳定中心高为负值引起）

在这两种情况下，横倾的产生原因不同，要用不同的方法来扶正舰船。对第一种情况，$h > 0$，$y_g \neq 0$，只要移动载荷，使 $y_g = 0$，舰船即可回复到正浮状态；对第二种情况，$y_g = 0$，$h < 0$，需设法增大 h，使其恢复正值，这样舰船即可自动回复到正浮状态。在此特别指出，对第二种情况不能横移载荷，只能增大横稳定中心高，否则有可能出现更严重的状况。如图 4-32 所示，

假设由于舰船正浮状态的横稳定中心高 $h<0$，舰船初始位置为左倾 $\theta_1(\theta=-\theta_1)$，此时若试图右移载荷扶正舰船，则起初舰船将沿着静稳性曲线向右转动（扶正）；当舰船转动至 $-\theta_m$ 时继续右移载荷，则向左的复原力矩将小于向右移动载荷的倾力矩 m_m 而不能实现力矩平衡，从而舰船将在 m_m 的作用下向右转动（开始向正浮位置扶正，后越过正浮位置而向右倾斜），该 m_m 具有动倾力矩的性质。如前所述，在该动倾力矩作用下舰船向右倾斜的动倾角 θ_d 应按功能平衡的条件确定，即按图中高度为 m_m 的水平线上、下阴影面积相等来确定，而相应的静倾角应由水平线和静稳性曲线的交点确定为 θ_2，θ_d 与 θ_2 均大于初始横倾角 $|\pm\theta_1|$，于是不难理解对横稳定中心高 $h<0$ 引起的横倾采用横移载荷的措施不但不能达到扶正的目的，还将引起更为严重的后果。

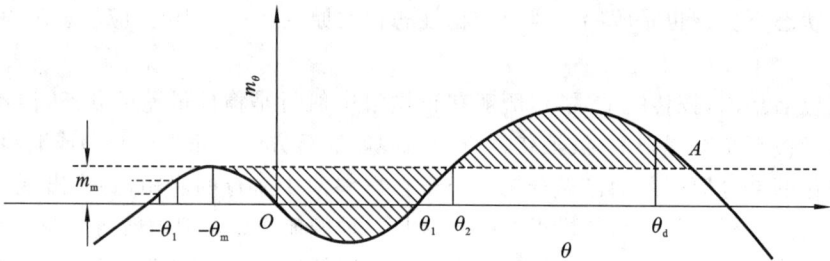

图 4-32　错误扶正方法产生的动倾角

　　判断舰船的横倾是属于第一种情况还是第二种情况的方法：如发现舰船稳定地向一侧倾斜，再结合考察当时的装载情况，则可以判断为第一种情况引起的倾斜；如发现舰船在风浪等因素的作用下倾斜方向会发生变化，结合考察当时的装载情况（如出现大面积自由液面、不存在不对称载荷等），则可以判断为第二种情况引起的倾斜。最后指出，上述两种横倾状态一般出现在舰船破损进水时，完好的舰船是不会（也不允许）出现上述情况的。

4.6　　潜艇的大角稳性

　　潜艇水面状态的大角稳性的基本概念、原理与一般水面舰船的大角稳性是相同的。艇体外形与一般水面舰船有所区别，尤其是潜艇水线以上部分艇体外形与一般的水面舰船区别较为明显，潜艇艇形的特殊性在其水面状态的静稳性曲线上有所反映。潜艇水面状态的静稳性曲线总体样式与水面舰船的一致，但在某些细节上有所不同。例如，水面舰船和潜艇水面状态的静稳性曲线一般都有反曲点 E，如图 4-33 所示，这点对应舰船在倾斜过程中甲板边线开始入水的时机，由于潜艇的甲板面积比较小，其水面状态静稳性曲线的这一特征就不明显，不如水面舰船的明显。又如，潜艇静稳性曲线的特征值数量上与水面舰船的也有区别。潜艇水面状态抗风浪性等大角稳度计算原理与水面舰船的一致，但在实际的稳度校核中遵循的标准又与水面舰船的不同。目前只有国家军用标准给出了潜艇水面状态大角稳度计算、校核的有关规定，如国家军用标准 GJB 4000—2000 对潜艇水面状态的大角稳度有如下规定。

　　（1）潜艇正常排水量时的静稳性曲线应满足下列要求：

　　①正常排水量小于 1000 t 时最大复原力臂不小于 0.18 m；

　　②正常排水量大于 1000 t 时最大复原力臂不小于 0.21 m；

　　③最大复原力臂对应的横倾角不小于 40°；

　　④静稳性曲线的稳性消失角不小于 65°。

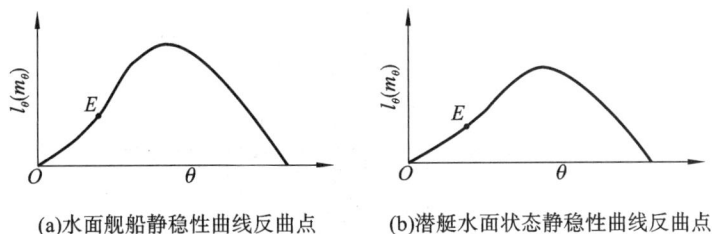

(a)水面舰船静稳性曲线反曲点　　(b)潜艇水面状态静稳性曲线反曲点

图 4-33　水面舰船和潜艇水面状态的静稳性曲线反曲点

（2）潜艇正常排水量时的水上稳性衡准数 K 应不小于 1，K 的计算方法如下：

$$K = \frac{l_c}{l_v} \tag{4-19}$$

式中：l_c——最小倾覆力臂，m；

　　　l_v——风压倾覆力臂，m。

l_c 的计算原理与水面舰船类似，具体计算方法详见军用标准 GJB 4000—2000；l_v 与潜艇水上部分相当受风面积 A_v、相当受风面积中心 z_v、潜艇重心垂向坐标 z_g、潜艇正常排水量 Δ_n，以及风压 p 有关，上述各参数的具体计算方法详见 GJB 4000—2000。

至于潜艇水下状态的大角稳度，可以得到与其初稳度类似的简单解析表达式。如图 3-29 所示，潜艇在水下时，其大角稳性计算中的复原力矩表达式与初稳性计算中的复原力矩表达式相同，即

横稳度：　　　　　　　　$m_\theta = \Delta_\downarrow (z_{c\downarrow} - z_{g\downarrow}) \sin\theta \tag{4-20}$

纵稳度：　　　　　　　　$M_\psi = \Delta_\downarrow (z_{c\downarrow} - z_{g\downarrow}) \sin\psi \tag{4-21}$

式（4-20）和式（4-21）是水下横稳度、纵稳度复原力矩公式，不受倾角的限制，可直接应用于水下大角稳性问题，从中可见潜艇水下静稳性曲线为正弦曲线。另外需特别指出的是，潜艇在水下时有可能出现大的纵倾角，即潜艇水下状态的纵稳性并不局限于初稳性问题。

习　　题

4-1　已知某舰容积排水量 $V = 3000 \ \mathrm{m}^3$，由其形状稳性力臂插值曲线查得如表 4-1 所示的数值。

表 4-1　某舰形状稳性力臂插值曲线数值

$\theta/(°)$	0	20	40	60	80
$l_{\varphi\theta}/\mathrm{m}$	0	1.1	1.8	2.2	2.0

若 $z_g = 4.75 \ \mathrm{m}$，$z_c = 2.6 \ \mathrm{m}$，求该舰在载重状态下的静稳性曲线（绘出草图）。

4-2　已知某艇正常排水量 $P = 384.4 \ \mathrm{t}$，$z_g = 3.05 \ \mathrm{m}$，相应的动、静稳性曲线如图 4-34 所示。试求：

（1）当艇受到 $m_{KP} = 96.1 \ \mathrm{t \cdot m}$ 作用时的 θ_{CT}；

（2）当艇受到 $m_{KPD} = 96.1 \ \mathrm{t \cdot m}$ 作用时的 θ_D；

（3）欲使艇横倾至 $-24°$，需从右舷移至左舷的燃油重量（两燃油中心之距为 3 m）；

（4）该艇所能承受的 $m_{KP\max}$ 和 $m_{KPD\max}$；

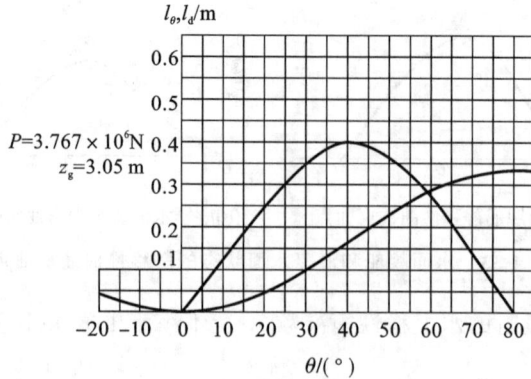

$P = 3.767 \times 10^6 \text{N}$
$z_g = 3.05 \text{ m}$

图 4-34 某艇动、静稳性曲线

(5) 艇处于正浮时，若因作战与生活的需要，$\theta_D \leqslant 40°$，求此时能承受的 m_{KPD}；

(6) 该艇横倾至左舷 20°，正欲返时，左舷吹来阵风，风压力矩 $m_{KPD} = 50$ t·m，求 θ_D，并说明该艇在阵风下是否安全。

4-3 有一圆柱形浮筒，半径为 R，长 $L > 2R$，吃水 $T < R$，排水量为 P，坐标系如图 4-35 所示，设重心坐标为 $(0,0,T)$，写出浮筒的静稳性曲线函数表达式。

4-4 已知某排水量为 368 t 的舰艇静稳性曲线数据如表 4-2 所示。

表 4-2 某舰艇静稳性曲线数据

$\theta/(°)$	0	10	20	30	40	50	60	70
l_θ/m	0.0	0.377	0.517	0.525	0.435	0.38	0.165	0.01

试计算艇横倾 50°的动稳度。

4-5 对直舷船在甲板边缘入水与底部出水之前，静稳性曲线可表示为 $l = \left(h + \dfrac{r}{2}\tan^2\theta\right)\sin\theta$，该式也称为直舷公式。今有一均质正方形横截面木材，密度 $\rho_1 = 0.7$ t/m³，将该木材置于淡水中，试问：在如图 4-36 所示坐标系下木材能否正浮？若不能，试按直舷公式计算初始横倾角，并绘出木材的静稳性曲线。

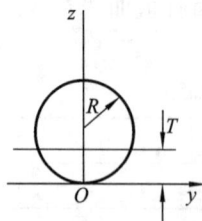

图 4-35 圆柱形浮筒坐标系

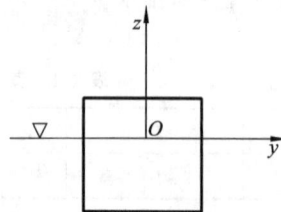

图 4-36 木材正浮试验坐标系

4-6 试通过对水面舰船船体进行受力分析，说明静稳性曲线上的反曲点相应于甲板边缘的入水时机。

4-7 某艇水上正常排水量 $P = 800$ t，按固定排水量法求得水下初稳定中心高为 $h_\downarrow = 0.2$ m，试绘出该艇水下状态的静稳性曲线。

第 5 章　舰船不沉性

无论是在战斗中还是在日常执行任务中,舰船都可能发生破损进水的情况。破损进水必然会引起舰船吃水的增加,引起横倾、纵倾和稳性的变化。吃水增加不大则对航行和战斗的影响不大,最不利的是稳性的严重恶化,以致舰船倾覆。不仅如此,横倾和纵倾的增加也会对舰船的航行和战斗性能造成影响。倾角越大,航行和战斗性能的损失也越大,倾角超过一定角度,鱼雷、导弹等武器的使用就会变得困难,甚至失去效用。

通常,将舰船破损进水后仍能浮于水面或水下而不倾覆,并能继续航行和作战的能力,称为舰船的不沉性。也可以将不沉性看作破损舰船的浮性和稳性。不沉性是舰船的重要性能之一。

舰船的不沉性是用水密舱壁将船体分隔成适当数量的舱室来保证的,要求当一舱或数舱进水后,舰船的下沉不超过规定的极限位置,并保证一定的稳性。因此,这里的不沉性问题包括两个方面:一方面是舰船在一舱或数舱进水后浮态及稳性的计算;另一方面是从保证舰船抗沉性的要求出发,计算分舱的极限长度,即可浸长度计算。

本章首先讨论破损舱的分类和渗透系数的确定;然后重点讨论舱室破损进水后舰船浮态和稳性的计算及可浸长度的计算,并总结舰船不沉性三原则;最后讨论潜艇水面和水下的不沉性。

本章目的

阐述不沉性的基本概念,预报舰船破损后的浮性与稳性,总结舰船不沉性三原则,讨论潜艇水面和水下的不沉性。

本章内容

本章首先对舰船的破损舱进行了分类总结,并提出了舱组进水的等效舱构建概念,以便针对其不同特征分别加以处理;提出了两种破损舱的处理方法——增加载重法与损失浮力法,利用这两种方法预报舰船破损后的浮性与稳性;总结了舰船不沉性三原则。

借助于与水面舰船类似的方法研究潜艇的不沉性问题,了解潜艇水面和水下抗沉的基本措施。

本章内容可归结为以下核心内容。

(1) 破损舱的分类及渗透系数:定义破损舱的三类破损舱分类,理解舱室渗透系数的概念。

(2) 计算不沉性的两种基本方法:增加载重法与损失浮力法是不沉性计算的两种基本方法,其中损失浮力法又称为不变排水量法,利用该方法可巧妙地解决第三类破损舱问题,同时该方法的思路在处理潜艇水下平衡与稳性问题时也有应用。

(3) 三类破损舱的处理:针对三类破损舱,根据其各自特点,对破损后舰船浮态及稳性的处理采用不同的方法,其中对于第一类破损舱的处理,增加载重法与损失浮力法处理结果一致。舱组浸水的处理采用等值舱的概念,等值舱的构建是舱组浸水处理的关键所在。

(4)可浸长度:舰船可浸长度的概念,舰船可浸长度的计算,在此基础上绘制舰船的可浸长度曲线。

(5)不沉性三原则:不沉性三原则是根据历年来的实践经验与教训总结出来的,应透彻理解不沉性三原则的内涵及其执行要点。

(6)潜艇水面不沉性:根据不同倾角大小分别处理,小倾角时可以利用潜艇的静水力曲线计算其进水后的浮态和稳性;大倾角时可以利用水上抗沉性图解和浮力与稳度万能图解确定潜艇的排水量和重心位置,其他要素的计算则与小倾角时的相同。

(7)潜艇水下抗沉性:仅需了解潜艇水下抗沉的基本措施。

本章重点与难点

(1)计算不沉性的两种基本方法——增加载重法与损失浮力法;
(2)三类破损舱的处理;
(3)可浸长度与许用舱长;
(4)水上抗沉性图解和浮力与稳度万能图解;
(5)潜艇水下抗沉时的基本措施。

本章关键词

不沉性,渗透系数,可浸长度,许用舱长,水上抗沉性图解,浮力与稳度万能图解,潜艇水下抗沉性等。

5.1　破损舱的分类和渗透系数

5.1.1　破损舱的分类

根据破损舱进水的特征,通常将破损舱分为如下三种。

(1)第一类舱:不管进水舱是否与舷外水相连,只要进水舱全部灌满,这类舱就称为第一类舱,如图 5-1(a)所示。通常此类舱的顶部位于水线以下,破损进水后,水全部充满舱室,不存在自由液面。

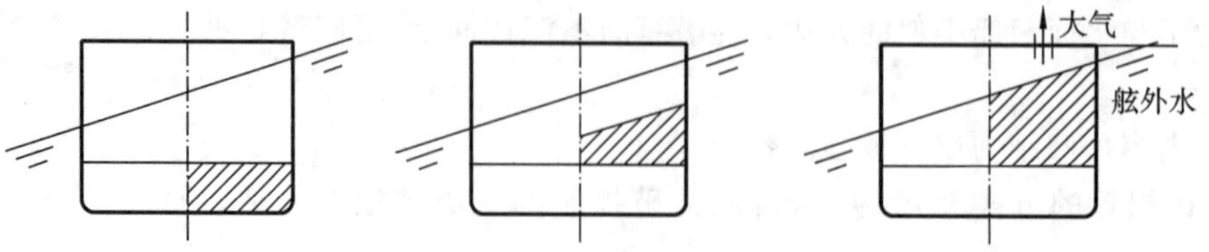

图 5-1　三类破损舱

(2)第二类舱:局部被淹且不与舷外水相通的舱室称为第二类舱,如图 5-1(b)所示。此类舱室存在自由液面。这种情况相当于破损舱的破洞已经堵塞,但水未被抽干,或是舱室未破损而有水从邻舱流过来,或是为了调整倾差出现了人为灌注又未灌满的舱柜。

(3) 第三类舱:局部被淹且与舷外水相连通的舱室,称为第三类舱,如图 5-1(c)所示。此类舱不仅存在自由液面,而且随着倾斜的变化,进水量也将发生变化,舱内水始终与舷外水保持同一水平面。

5.1.2　渗透系数

在不沉性计算中,进水舱的进水体积应该是进水的实际体积,而不是进水的理论体积。进水舱的理论容积 v_T 是指按船体型线所计算的舱室容积。进水的实际体积 v 是指从理论容积中扣除舱室内物件和船体构件所占去的容积后,实际能进水的容积。

进水实际体积(v)与进水舱理论容积(v_T)之比称为进水舱的体积渗透率或体积渗透系数,记为 μ_v,可表示为

$$\mu_v = v/v_T \tag{5-1}$$

除上述体积渗透率之外,尚有面积渗透率,表示实际进水面积与空舱面积之比。一般来说,各个舱渗透率的值不是同一个常数。对于进水舱的不同淹水水位,渗透率是不相同的;对于同一水位,各种渗透率也是不相同的。但在不沉性计算中,为了计算方便,忽略了这些微小的差别,近似地认为在任意水位时各种渗透率全都相等同,统一用体积渗透率计算。

对于不同类型的舱室,体积渗透率 μ_v 的大小有所不同:对于油舱、舷舱、双层底舱一般为 0.97,对于住舱一般为 0.96,对于机舱一般为 0.80~0.85,对于炉舱一般为 0.70~0.85,对于小型舰船的机舱一般为 0.75,对于弹药舱一般为 0.9。

5.2　破损舱进水后舰船浮态和稳性的变化

5.2.1　增加载重法与损失浮力法

在不沉性计算中,对于舱室的破损进水通常有两种不同的考虑方法,即增加载重法和损失浮力法。

(1) 增加载重法:把破损后进入舱室的水看作增加的液体载荷,舰船破损后的浮态和稳度就可以按增加液体载荷的情形来计算。应用此方法,舰船在破损后重量、排水量都要增加,重心和浮心的位置也要改变。

(2) 损失浮力法:将船体破损时进入舱内的水看成是舷外水的一部分。通俗地说,就是将船体舱内淹水部分的容积从船体内扣除。此时,舰船并没有增加载荷,舰船的重量排水量不变,重心位置也不变;但船体扣除了一部分容积,失去了部分浮力,损失的浮力由增加吃水所提供的浮力来补偿,且船体水下部分体积的形状也发生了变化。

用损失浮力法时,由于舰船重量和重心位置不变,计算方便,因此,在不沉性计算中,特别是在第三类舱的计算中,多采用损失浮力法。

5.2.2　破损舱进水后舰船浮态和稳性的变化

1. 第一类舱破损进水后舰船浮态和稳性的变化

如图 5-2 所示,设舱室进水前舰船漂浮于 WL 水线处,舱室进水后舰船产生倾角倾差,漂

浮于 W_1L_1 水线处。设进水舱的容积为 v，容积中心坐标为 (x_v, y_v, z_v)，下面用两种不同的方法计算第一类破损舱进水后舰船浮态和稳度的变化。

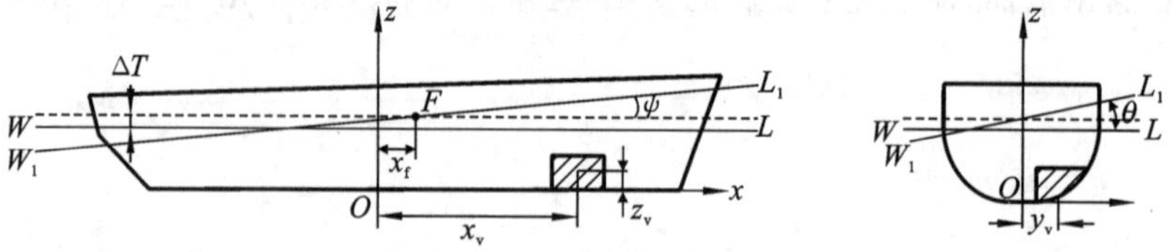

图 5-2　第一类舱破损进水

1）增加载重法

对于第一类舱进水，用增加载重法计算时，如同增加固体载荷一样。由前面章节关于"在任意位置装卸"的结果可直接得舰船浮态和稳度的变化如下：

（1）增加载荷的重量为

$$q = \rho g v \tag{5-2}$$

（2）平均吃水的增量为

$$\Delta T = \frac{q}{\rho g S} = \frac{v}{S} \tag{5-3}$$

（3）稳定中心高的增量为

$$\Delta h = \frac{v}{V+v}\left(T + \frac{\Delta T}{2} - h - z_v\right), \quad \Delta H \approx \frac{-v}{V+v}H \tag{5-4}$$

（4）新的稳定中心高为

$$h_1 = h + \Delta h, \quad H_1 = H + \Delta H \tag{5-5}$$

（5）新的倾角、倾差和艏、艉吃水为

$$\theta = \frac{vy_v}{(V+v)h_1}, \quad \psi = \frac{v(x_v - x_f)}{(V+v)H_1} \tag{5-6}$$

$$T_{b1} = T_b + \Delta T + \left(\frac{L}{2} - x_f\right)\psi \tag{5-7}$$

$$T_{s1} = T_s + \Delta T - \left(\frac{L}{2} + x_f\right)\psi \tag{5-8}$$

$$\Delta_1 = T_{b1} - T_{s1} \tag{5-9}$$

2）损失浮力法

用损失浮力法计算时，先假设在 $(x_f, 0, z_v)$ 处进水，进水体积为 v，如图 5-3 所示。

由于进水舱是小量舱，吃水增量 ΔT 很小，故两水线间的体积可以看成柱体，则其体积 $v = S\Delta T$，所以平均吃水的增量为

$$\Delta T = \frac{q}{\rho g S} = \frac{v}{S} \tag{5-10}$$

横稳定中心高的增量为

$$\Delta h = \Delta z_c + \Delta r - \Delta z_g \tag{5-11}$$

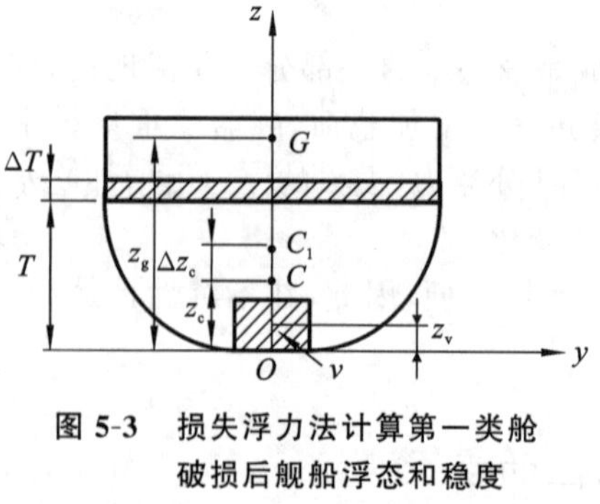

图 5-3　损失浮力法计算第一类舱破损后舰船浮态和稳度

设原水线下的排水体积为 V，体积中心即浮心 C。今失去了进水舱的体积 v，其体积中心

为 $(x_f, 0, z_v)$，补偿的体积为 v，其体积中心为 $\left(x_f, 0, T+\dfrac{\Delta T}{2}\right)$。

总的排水体积 V 没有改变，但排水体积的形状发生了改变，浮心位置改变到 C_1。相当于进水体积 v 由 z_v 移到 $T+\dfrac{\Delta T}{2}$ 处时，舰船排水体积中心将发生改变。由重心移动定理可知：

$$\Delta z_c = \frac{v}{V}\left(T+\frac{\Delta T}{2}-z_v\right) \tag{5-12}$$

由于吃水增量很小，水线面面积和形状都可看成没有改变，水线面面积惯性矩 I_x 也没有改变，因此横稳定中心半径增量 $\Delta r=0$。重心位置没有改变，即 $\Delta z_g=0$。则横稳定中心高的增量为

$$\Delta h = \Delta z_c + \Delta r - \Delta z_g = \frac{v}{V}\left(T+\frac{\Delta T}{2}-z_v\right) \tag{5-13}$$

$$h_1 = h + \Delta h \tag{5-14}$$

同理可得

$$\Delta H = \frac{v}{V}\left(T+\frac{\Delta T}{2}-z_v\right) \tag{5-15}$$

$$H_1 = H + \Delta H \approx H \tag{5-16}$$

再将进水重量由 $(x_f, 0, z_v)$ 移到 (x_v, y_v, z_v)，则得到倾角和吃水分别为

$$\theta = \frac{v y_v}{V h_1} \tag{5-17}$$

$$\psi = \frac{v(x_v - x_f)}{V H} \tag{5-18}$$

$$T_{b1} = T_b + \Delta T + \left(\frac{L}{2}-x_f\right)\psi \tag{5-19}$$

$$T_{s1} = T_s + \Delta T - \left(\frac{L}{2}+x_f\right)\psi \tag{5-20}$$

将上述计算结果进行比较可见，由两种计算方法所得的相对量值稳定中心高不同，两者相差的倍数为 $\dfrac{V}{V+v}$；但绝对量值吃水、倾角、稳定系数等则完全相同，读者可以自己证明。

2. 第二类舱破损进水后舰船浮态和稳性的变化

第二类舱破损进水后，舱室未被灌满，存在自由液面，且不与船外水相连通，如图 5-4 所示。

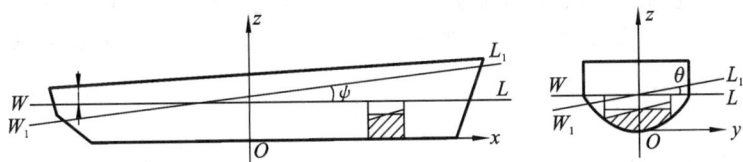

图 5-4　第二类舱破损进水

与第一类舱相比较，用损失浮力法计算时，除了由于舰船水下体积形状改变使浮心位置改变而引起的稳性变化外，这类舱破损对舰船稳度的影响还多了一个自由液面的影响。因此，用损失浮力法计算第二类舱进水后对浮态和稳度的影响时，在第一类舱计算结果的基础上，计及自由液面的影响即可。其计算公式如下：

$$\Delta T = \frac{v}{A_{\mathrm{w}}} \tag{5-21}$$

$$\begin{cases} \Delta h = \dfrac{v}{V}\left(T + \dfrac{\Delta T}{2} + z_{\mathrm{v}}\right) - \dfrac{i_x}{V} \\[3mm] \Delta H = \dfrac{v}{V}\left(T + \dfrac{\Delta T}{2} - z_{\mathrm{v}}\right) - \dfrac{i_y}{V} \end{cases} \tag{5-22}$$

式中：Δh——横稳定中心高的增量；

$\quad\quad\Delta H$——纵稳定中心高的增量；

$\quad\quad i_x$——进水舱自由液面对平行于 x 轴的中心轴的面积惯性矩；

$\quad\quad i_y$——进水舱自由液面对平行于 y 轴的中心轴的面积惯性矩。

其他计算公式与第一类舱进水时的公式相同。

3. 第三类舱破损进水后舰船浮态和稳性的变化

第三类舱进水后不仅存在自由液面，而且进水舱与舷外水相连通，使进水量随着舰船倾斜的变化而改变，从而增加了计算的复杂性。计算第三类舱破损进水后舰船浮态和稳度的变化，用损失浮力法较为方便。

1）计算过程

如图 5-5 所示，第三类舱破损进水时，舰船由原来的正直平衡位置水线 WL 倾斜到新的平衡位置水线 W_1L_1，进水舱内的水面始终与舷外水面保持一致。

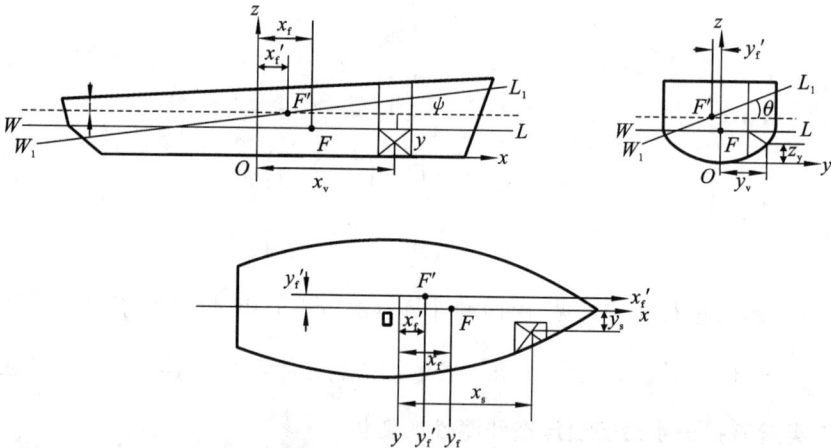

图 5-5　第三类舱破损进水

设初始水线下进水的体积为 v，进水面积为 s。用损失浮力法计算时，将进水体积 v 从舰船排水体积中扣除，看成是舷外水的一部分，则舰船水线面面积也要扣除进水面积 s，得到舰船水线面的有效面积，即

$$A'_{\mathrm{w}} = A_{\mathrm{w}} - s \tag{5-23}$$

式中：A_{w}——舰船原水线面面积，m^2；

$\quad\quad s$——进水面积，通常称损失面积，m^2；

$\quad\quad A'_{\mathrm{w}}$——舰船破损进水后水线面的有效面积，$\mathrm{m}^2$。

（1）平均吃水的变化。进水舱失去的容积为 v，由随吃水增加而增大的排水体积得到补偿。排水体积增量为

$$v = A'_{\mathrm{w}} \cdot \Delta T = (A_{\mathrm{w}} - s)\Delta T$$

则得

$$\Delta T = \frac{v}{A_{\mathrm{w}} - s} \tag{5-24}$$

（2）水线面面积要素的变化。水线面面积去掉了一块损失面积，减小了水线面有效面积，则面积中心将发生变化。设水线面有效面积中心为 $F'(x_{\mathrm{f}}', y_{\mathrm{f}}')$，损失面积中心坐标为（$x_{\mathrm{s}}$，$y_{\mathrm{s}}$），根据力矩定理可求得

$$x_{\mathrm{f}}' = \frac{A_{\mathrm{w}} x_{\mathrm{f}} - s x_{\mathrm{s}}}{A_{\mathrm{w}}'} \tag{5-25}$$

$$y_{\mathrm{f}}' = -\frac{s y_{\mathrm{s}}}{A_{\mathrm{w}}'} \tag{5-26}$$

式中：x_{f}——水线面面积原面积中心纵坐标，m。

有效面积对其中心轴 x_{f}' 轴和 y_{f}' 轴（见图 5-5）的惯性矩也要改变。先讨论 x 轴方向惯性矩的变化。设水线面面积对 x 轴的惯性矩为 I_x，有效面积对 x_{f}' 轴的惯性矩为 I_x'，损失面积自身的惯性矩为 i_{sx}。根据惯性矩移轴定理，损失面积对 x 轴的惯性矩为

$$i_x = i_{sx} + s y_{\mathrm{s}}^2 \tag{5-27}$$

有效面积对 x 轴的惯性矩 $I_{xs'}$ 等于水线面面积对 x 轴的惯性矩 I_x 减去损失面积对 x 轴的惯性矩 i_x，即

$$I_{xs'} = I_x - i_x = I_x - (i_{sx} + s y_{\mathrm{s}}^2) \tag{5-28}$$

根据移轴定理，有效面积对其中心轴 x_{f}' 轴的惯性矩为

$$I_x' = I_{xs'} - A_{\mathrm{w}}' y_{\mathrm{f}}'^2 = I_x - (i_{sx} + s y_{\mathrm{s}}^2 + A_{\mathrm{w}}' y_{\mathrm{f}}'^2) \tag{5-29}$$

$I_x - I_x'$ 为水线面面积对其中心轴的惯性矩与有效面积对其中心轴的惯性矩之差，这个差值是由于水线面损失了一块面积而产生的，因此称这个差值为损失惯性矩，记为 i_{px}，则

$$i_{px} = I_x - I_x' = i_{sx} + s y_{\mathrm{s}}^2 + A_{\mathrm{w}}' y_{\mathrm{f}}'^2 = i_{sx} + s y_{\mathrm{s}}^2 \left(1 + \frac{s}{A_{\mathrm{w}}'}\right) \tag{5-30}$$

同理，可求得 y 轴方向的损失惯性矩为

$$i_{py} = i_{sy} + s(x_{\mathrm{s}} - x_{\mathrm{f}})^2 \left(1 + \frac{s}{A_{\mathrm{w}}'}\right) \tag{5-31}$$

式中：i_{sy}——损失面积 y 方向的自身惯性矩，m^4。

（3）初稳度的变化。横稳定中心高的增量为

$$\Delta h = \Delta z_{\mathrm{c}} + \Delta r - \Delta z_{\mathrm{g}} \tag{5-32}$$

且有

$$\Delta z_{\mathrm{c}} = \frac{v}{V}\left(T + \frac{\Delta T}{2} - z_{\mathrm{v}}\right) \tag{5-33}$$

用损失浮力法时，重心位置不变，即

$$\Delta z_{\mathrm{g}} = 0$$

$$\Delta r = \frac{I_x'}{V} - \frac{I_x}{V} = \frac{I_x' - I_x}{V} = \frac{-(I_x - I_x')}{V} = -\frac{i_{px}}{V} \tag{5-34}$$

由此可得

$$\Delta h = \frac{v}{V}\left(T + \frac{\Delta T}{2} - z_{\mathrm{v}}\right) - \frac{i_{px}}{V} \tag{5-35}$$

同理可得

$$\Delta H = \frac{v}{V}\left(T + \frac{\Delta T}{2} - z_v\right) - \frac{i_{py}}{V} \tag{5-36}$$

$$h_1 = h + \Delta h \tag{5-37}$$

$$H_1 = H + \Delta H \tag{5-38}$$

（4）倾角的变化。根据平衡条件,倾力矩等于复原力矩,可得

$$\theta = \frac{v(y_v - y'_f)}{Vh_1}, \quad \psi = \frac{v(x_v - x'_f)}{VH_1} \tag{5-39}$$

艏、艉吃水增量分别为

$$\Delta T_b = \Delta T + \left(\frac{L}{2} - x'_f\right)\psi \tag{5-40}$$

$$\Delta T_s = \Delta T - \left(\frac{L}{2} + x'_f\right)\psi \tag{5-41}$$

2）计算实例

下面通过实例计算,说明第三类舱破损进水后对舰船浮态和初稳度的影响。

例题 5-1 已知某护卫舰容积排水量 $V=1226$ m³,$L=88$ m,$T=2.93$ m,$S=680$ m²,$x_f=-5.1$ m,$h=1.01$ m,$H=239$ m。战斗中左舷前电站破损进水,破损舱各参数如下:舱长 $l=5.5$ m,舱宽 $b=3.64$ m,$v=23$ m³,$x_v=6$ m,$y_v=-2$ m,$z_v=2.1$ m,$s=20$ m²,$x_s=6$ m,$y_s=-2.17$ m。求破损进水后该舰浮态和稳度的变化。

解 电站破损进水属于第三类舱破损进水,按第三类舱进水公式进行计算。

（1）平均吃水的变化。

$$\Delta T = \frac{v}{A_w - s} = \frac{23}{680 - 20} \text{ m} = 0.035 \text{ m}$$

（2）水线面各参数的变化。

有效面积为

$$A'_w = A_w - s = (680 - 20) \text{ m}^2 = 660 \text{ m}^2$$

有效面积中心坐标为

$$x'_f = \frac{A_w x_f - s x_s}{A'_w} = \frac{680 \times (-5.1) - 20 \times 6}{660} \text{ m} = -5.44 \text{ m}$$

$$y'_f = -\frac{s y_s}{A'_w} = -\frac{20 \times (-2.17)}{660} \text{ m} = 0.066 \text{ m}$$

损失惯性矩为

$$i_{px} = i_{sx} + s y_s^2\left(1 + \frac{s}{A'_w}\right) = \frac{5.5 \times 3.64^3}{12} \text{ m}^4 + 20 \times (-2.17)^2 \times \left(1 + \frac{20}{660}\right) \text{ m}^4$$

$$= (22.1 + 97.0) \text{ m}^4 = 119.1 \text{ m}^4$$

$$i_{py} = i_{sy} + s(x_s - x_f)^2\left(1 + \frac{s}{A'_w}\right) = \frac{5.5^3 \times 3.64}{12} \text{ m}^4 + 20 \times (6 + 5.1)^2 \times \left(1 + \frac{20}{660}\right) \text{ m}^4$$

$$= (50.5 + 2538.9) \text{ m}^4 = 2589.4 \text{ m}^4$$

（3）初稳度变化。

$$\Delta h = \frac{v}{V}\left(T + \frac{\Delta T}{2} - z_v\right) - \frac{i_{px}}{V} = \frac{23}{1226} \times \left(2.93 + \frac{0.035}{2} - 2.1\right) \text{ m} - \frac{119}{1226} \text{ m}$$

$$= (0.016 - 0.097) \text{ m} = -0.081 \text{ m}$$

$$\Delta H = \frac{v}{V}\left(T + \frac{\Delta T}{2} - z_v\right) - \frac{i_{py}}{V} = \frac{23}{1226} \times \left(2.93 + \frac{0.035}{2} - 2.1\right) \text{ m} - \frac{2589.4}{1226} \text{ m}$$

$$= (0.016 - 2.112) \text{ m} = -2.096 \text{ m}$$

$$h_1 = h + \Delta h = (1.01 - 0.081) \text{ m} = 0.93 \text{ m}$$

$$H_1 = H + \Delta H = (239 - 2.1) \text{ m} = 236.9 \text{ m}$$

（4）倾角变化。

$$\theta = \frac{v(y_v - y_f')}{Vh_1} = \frac{23 \times (-2 - 0.066)}{1226 \times 0.93} \text{ rad} = -0.042 \text{ rad}$$

$$= (-0.042) \times 57.3° = -2.4°$$

$$\psi = \frac{v(x_v - x_f')}{VH_1} = \frac{23 \times (6 + 5.44)}{1226 \times 237} \text{ rad} = 0.001 \text{ rad}$$

（5）艏、艉吃水变化。

$$\Delta T_b = \Delta T + \left(\frac{L}{2} - x_f'\right)\psi = \left[0.035 + \left(\frac{88}{2} + 5.44\right) \times 0.001\right] \text{ m} = 0.084 \text{ m}$$

$$\Delta T_s = \Delta T - \left(\frac{L}{2} + x_f'\right)\psi = \left[0.035 - \left(\frac{88}{2} - 5.44\right) \times 0.001\right] \text{ m} = -0.004 \text{ m}$$

4. 舱组破损进水时浮态和稳性的变化

实际破损进水情况，常常不会是单一类型的单一舱室破损进水，而是不同类型的一组舱室破损进水，即舱组进水。舱组进水时舰船浮态和稳度计算可采用等量舱的方法。

用一个假想的单舱代替一组进水舱，使这个假想的单舱进水后所引起的舰船浮态和稳性的变化与所讨论的舱组进水后引起的舰船浮态和稳性的变化相同，这个假想的单舱称为等量舱。

等量舱的类型按如下方法确定：舱组中包括第一类进水舱与第二类进水舱，则等量舱应按第二类舱确定；舱组中包括第一类进水舱、第二类进水舱与第三类进水舱时，则等量舱应按第三类进水舱确定。

只要确定了等量舱的舱室各参数，即可按单舱进水的计算公式进行计算。首先计算等量舱的舱室各参数。

等量舱的进水体积为舱组进水体积的总和，即

$$v = \sum_{1,2,3} v_i \tag{5-42}$$

式中：求和符号下的注脚 1、2、3 表示舱组中的第一、二、三类进水舱；

　　　v_i——某个进水舱的进水体积。

等量舱的进水体积中心为舱组进水体积的合中心，即

$$x_v = \frac{\sum\limits_{1,2,3} v_i x_{vi}}{v}, \ y_v = \frac{\sum\limits_{1,2,3} v_i y_{vi}}{v}, \ z_v = \frac{\sum\limits_{1,2,3} v_i z_{vi}}{v} \tag{5-43}$$

式中：x_v、y_v、z_v——等量舱进水体积中心坐标，m；

　　　x_{vi}、y_{vi}、z_{vi}——舱组中各进水舱进水体积中心坐标，m。

水线面损失面积为舱组中第三类进水舱进水面积之和，即

$$s = \sum_3 s_i \tag{5-44}$$

式中：s_i——舱组中第 i 个进水舱的进水面积，m²；

　　　求和符号下的注脚 3 表示舱组中的第三类进水舱。

水线面损失面积的面积中心为舱组中第三类进水舱的进水面积合中心，即

$$x_s = \frac{1}{s}\sum_3 s_i x_{si}, \ y_s = \frac{1}{s}\sum_3 s_i y_{si} \tag{5-45}$$

式中：x_s、y_s——等量舱进水面积中心坐标，m；

x_{si}、y_{si}——舱组中第三类进水舱各舱进水面积中心坐标，m。

某些场合下，水线面有效面积的面积中心坐标和水线面面积损失惯性矩也需进行计算。将所得到的数据代入有关公式，便可以计算出在一组舱室破损后的浮态和稳度。等量舱法按其原理而言是一种精确的方法，它正确地反映了舱组进水对舰船浮态和稳性的总影响。但计算中用了一些假设，致使计算结果有一定的近似性。

5.3　可浸长度与许用舱长的计算

5.3.1　可浸长度的计算

船体破损后，海水进入船舱，船身即下沉。"海船法定检验技术规则"规定，民用船舶的下沉极限在舱壁甲板上表面的边线以下 76 mm 处，也就是说，船舶在破损后至少应有 76 mm 的干舷。在船舶侧视图上，舱壁甲板边线以下 76 mm 处的一条曲线（与甲板边线相平行）称为安全限界线（简称限界线），如图 5-6 所示。限界线上各点的切线表示所允许的最高破舱水线（或称极限破舱水线）。

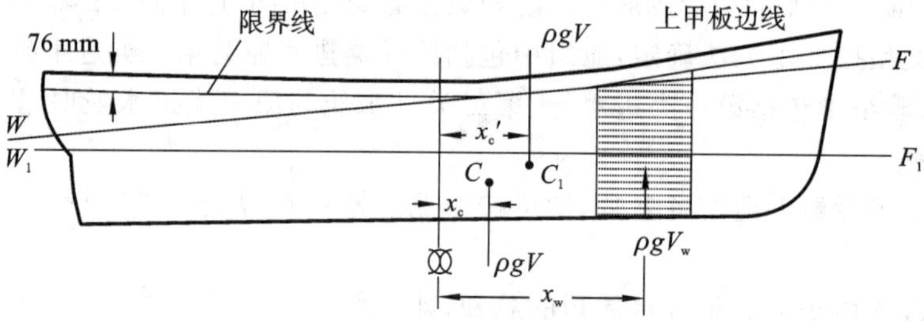

图 5-6　安全限界线

为了不使船舶沉没，其下沉应不超过一定的限度，这就需要对船舱的长度有所限制。船舱的最大许可长度称为可浸长度，它表示进水以后船舶的极限破舱水线恰与限界线相切。船舱在船长方向的位置不同，其可浸长度也不同。

1. 可浸长度计算的基本原理

如图 5-6 所示，舰船原浮于设计水线 WL 处，排水量为 V，浮心纵向位置为 x_c，设某舱破损进水后舰船恰好浮于破损水线 $W_1 L_1$ 处，其排水量为 V_1，浮心纵向位置为 x_c'，若破损舱的进水体积为 v_0，容积形心纵向位置为 x_0，则舰船浮于破损水线 $W_1 L_1$ 时必有如下关系：

$$\begin{cases} V_1 = V + v_0 \\ V_1 x_c' = V x_c + v_0 x_0 \end{cases} \tag{5-46}$$

或

$$\begin{cases} v_0 = V_1 - V \\ x_0 = \dfrac{M_1 - M}{v_0} \end{cases} \tag{5-47}$$

式中:M_1——极限破损水线 W_1L_1 以下的排水体积 V_1 对中横剖面的体积静矩,$M_1 = V_1 x_c'$;

$\qquad M$——设计水线 WL 以下的排水体积对中横剖面的体积静矩,$M = V x_c$。

式(5-47)中的 V、M、V_1 可以根据邦戎曲线用近似计算法求得,这样舰船的进水体积 v_0 及其容积中心纵向坐标 x_0 便可算出。

所以,可浸长度 $l_浸$ 的计算问题便可归纳为:在已知船舱进水体积 v_0 及其容积中心纵向位置 x_0 的情况下,求该船舱的长度。

2. 可浸长度曲线的具体计算

1)绘制极限破损水线

绘制极限破损水线的步骤如下。

(1)先绘制限界线。在船侧甲板线以下 76 mm 处画一条舱壁甲板线的平行线,即限界线。

(2)绘制水平极限破损水线 P。从限界线的最低点画一条水平的极限破损水线 P。

(3)绘制其他极限破损水线。在艏、艉垂线处分别自 P 线向下量取一段距离 d,其数值可按下式求得

$$d = 1.6H - 1.5T \tag{5-48}$$

式中:H——舰体型深(船中处的甲板高);

$\qquad T$——设计吃水。

然后在距离 d 内取 2 个或 3 个等分点,并从各等分点作与限界线相切的纵倾极限破损水线 1F、2F、3F、1A、2A、3A 等,如图 5-7 所示。

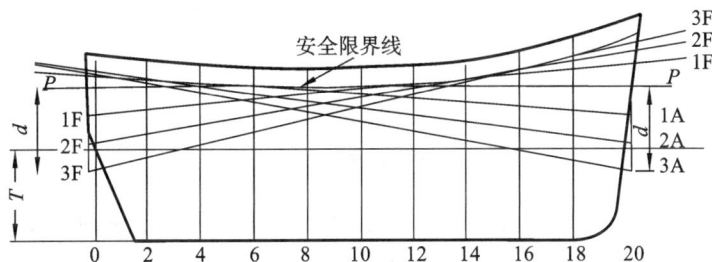

图 5-7 极限破损水线

通常极限破损水线取 7~10 条,其中艉倾水线 3~5 条,水平线 1 条,艏倾水线 3 条或 4 条。这些极限破损水线长度相应于沿船长方向不同舱室进水时舰船的最大下沉限度。

2)计算进水体积 v_w 及其容积中心纵向位置 x_w

在邦戎曲线上分别量取设计水线及破损水线的各站横剖面面积,并用近似计算法算出相应于设计水线和极限破损水线的排水体积 V 和 V_1,以及对于中横剖面的体积静矩 M 和 M_1。这样根据前面介绍的公式即可求出:

$$v_w = V_1 - V \tag{5-49}$$

$$x_w = (M_1 - M)/v_w \tag{5-50}$$

将结果绘制成 v_w-x_w 曲线,如图 5-8 所示。

3)计算进水舱的可浸长度

设某极限破损水线 W_1L_1 对应的破损舱进水体积为 v_w,其容积中心纵向位置为 x_w,现在的问题是如何求出破损舱室的可浸长度 $l_浸$ 和位置。该舱破损后的进水体积为 v_w,而容积中心又恰好在 x_w 处,对于这种计算一般采用图解法。下面具体介绍此方法:

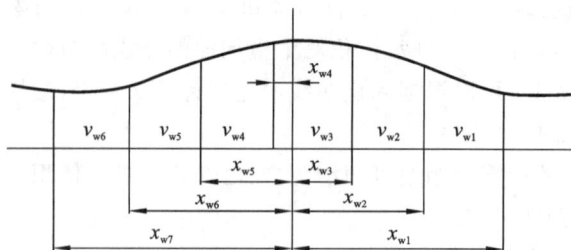

图 5-8 v_{w}-x_{w} 曲线

先画出极限破损进水线 W_1L_1 在 x_{w} 附近一段的横剖面面积曲线及该段的积分曲线,如图 5-9 所示。在 x_{w} 处作一垂线与积分曲线交于 o 点,在该垂线上截取 $CD=v_{\mathrm{w}}$,并使面积 S_{AoC} 等于面积 S_{BoD},则 A 点和 B 点间的水平距离即可浸长度 $l_{浸}$,同时该舱中点到中横剖面的距离 x 也可在该图上量出。由此法求得的舱长和位置,即能满足该舱破损后的进水体积为 v_{w} 而容积中心在 x_{w} 的条件。

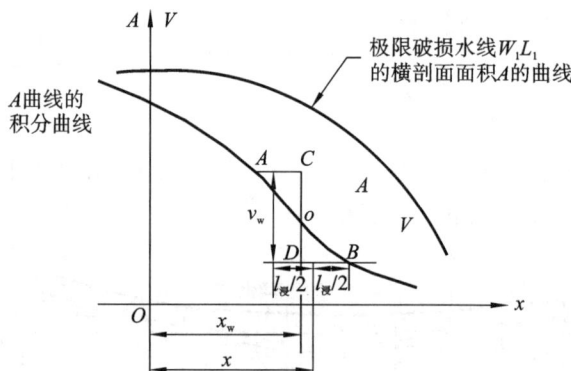

图 5-9   可浸长度确定

应用同样方法,即可求出其他各条极限破损水线对应的破损舱室的可浸长度和位置。

一般来说,由于这种方法需要绘制每一破损水线的横剖面面积曲线,因此计算和绘图工作过于繁杂。实践表明:进水舱通常总是在其相应破损水线与限界线相切的切点附近,故破损水线下的横剖面面积曲线与限界线下的横剖面面积曲线在进水舱附近几乎相同。

因此在实际计算中,常用限界线的横剖面面积曲线及其积分曲线来代替所有破损水线的横剖面面积曲线及积分曲线,如图 5-10 所示,这样便可迅速地求出所有进水舱长度及其位置。在进水舱附近,限界线下的横剖面面积略大于破损水线下的横剖面面积,故这样计算所得的可浸长度略小于实际长度,偏于安全,是允许的。

4）绘制可浸长度曲线

根据上面计算的各进水舱的可浸长度及其中点位置,在船体侧视图上标出各进水舱的中点并向上作垂线,然后截取相应的可浸长度为纵坐标并连成曲线,即可得可浸长度曲线,如图 5-11 所示。

由此所得可浸长度曲线是在假定进水舱的渗透率 $\mu=1.00$ 的前提下绘制的,事实上各进水舱的 μ 总是小于 1.00（各舱段的渗透率在设计文件中均可查得）,所以在图 5-11 中还需画出实际的可浸长度曲线并注明 μ 的数值。另外可浸长度曲线的两端被艏、艉垂线处 $\theta=\arctan 2$ 的斜线限制。

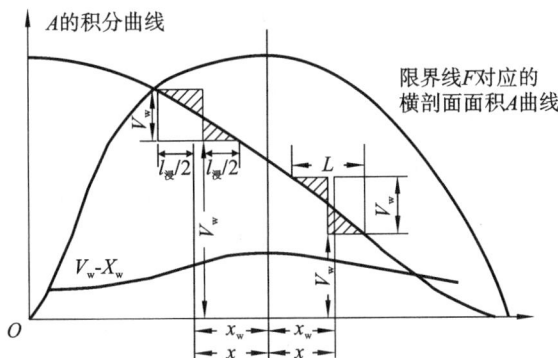

图 5-10　近似计算可浸长度

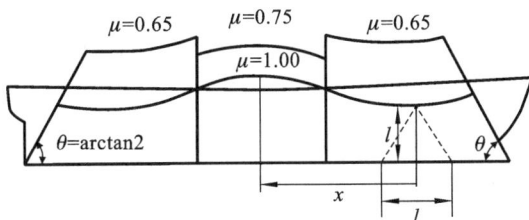

图 5-11　绘制可浸长度曲线

5.3.2　许用舱长的计算

（1）分舱因素：舰船的不沉性是由水密舱壁将船体分隔成适当数量的舱室来保证的。若直接用可浸长度曲线来检验舰船的横舱布置是否满足不沉性的要求，未免过于粗略，因为它不能体现各类舰船在不沉性方面的不同要求。为此采用一个分舱因素 $F(F \leqslant 1.00)$ 来决定许用舱长，于是有

$$l_{许} = l_{浸} \times F$$

式中：$l_{许}$——许用舱长；

　　　$l_{浸}$——可浸长度；

　　　F——分舱因素。

分舱因素的取值与舰船的不沉性要求有关：对于一舱制船，$1.0 \geqslant F > 0.5$；对于二舱制船，$0.5 \geqslant F > 0.33$；对于三舱制船，$0.33 \geqslant F > 0.25$。

假设水密舱壁的布置距离恰为许用舱长，则：

①当 $F = 1.0$ 时，$l_{许} = l_{浸}$，即船在一舱破损后恰能浮于极限破损水线处而不致沉没；

②当 $F = 0.5$ 时，$l_{许} = l_{浸}/2$，即船在相邻两舱破损后恰能浮于极限破损水线处而不致沉没；

③当 $F = 0.33$ 时，$l_{许} = l_{浸}/3$，即船在相邻三舱破损后恰能浮于极限破损水线处而不致沉没。

（2）许用舱长在分舱因素确定后，就可根据公式直接求出许用舱长曲线，如图 5-12 所示。

（3）关于用许用舱长校核不沉性的几点说明：

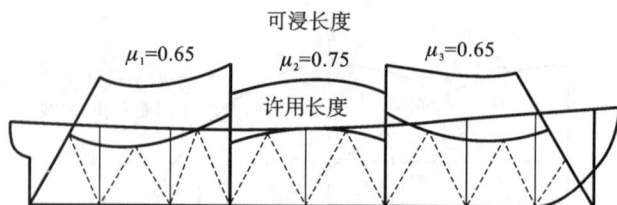

图 5-12　许用舱长

①当 $l_{实际} \leqslant l_{许}$ 时，则可认为舰船不沉性满足要求；

②由于计算 $l_{许}$ 时没有考虑到破损后的稳性问题，故尚需对稳性进行校核计算。

可浸长度法一般用于校核民用船舶和军辅舰船，战斗舰艇的分舱长度一般是按照实际布置的需要来确定的。

5.4　舰船破损后应采取的措施

确保舰船不沉性一方面是在舰船的设计中保证舰船舱室破损后具有一定的浮性和稳性，要满足舰船不沉性规范所提出的要求。如对于一定排水量的舰船，不对称浸水时，舰船的静横倾角不应大于 12°，破损舰船的静稳性曲线的最大力臂不应小于 10 cm，等等。另一个重要的方面是舰船的有效抗沉措施，这直接关系到舰船的寿命。这些措施如下。

（1）及时堵漏和加强结构：及时发现破损浸水的位置，确定破损区的范围，限制水漫延；用支柱加固舱壁、甲板、平台和水密舱盖；堵塞破洞，从已堵漏的舱中排水。

（2）恢复稳性：加载、移载和排出载荷，其目的是降低破损舰船的重心和减少由破损浸水所产生的自由液面所引起的稳度损失。

（3）扶正舰船：消除或减小由于舰体破损而产生的横倾和纵倾。

根据我海军历年来处理海损事故及战斗破损的经验，《水面舰艇损害管制条例》总结出有效抗沉措施的三条原则。

5.4.1　限制水的漫延——抗沉原则之一

一般来说，在舰船的不沉性设计中已保证其具有一定的储备浮力和稳性，一两个破损口浸水，甚至两三个舱被淹，不一定会很快耗尽其储备浮力而使舰船沉没。舰船破损浸水后的最大威胁来自水的漫延。根据海战的经验，多数舰船沉没或失去航行与战斗能力，都是水在舰船内部漫延造成的。经验也表明，虽然有的舰船破损严重，但由于注意了对水漫延的控制，因而舰船得以保存并保证了一定的航行与战斗能力。

控制水漫延的基本方法有下列三种。

（1）堵漏。

堵塞破洞，阻止海水进入舰内，对确保舰船的不沉性来说是比较彻底的方法，但有时无法实现。能否实现堵漏，与破口的大小、破口在水下的深度（水压）、海水灌入舰内船速（破损舱室灌水时间）、舰员所用堵漏器材及操作的水平有关。

（2）支撑。

支撑是控制水漫延的主要措施。通常，水密门、舱口盖的结构强度比较弱，舱室淹没后，海水往往由此向邻舱漫延。炸弹、炮弹等在舱内爆炸时,舱壁受损,更是海水漫延的主要根源。因此,加固水密舱壁、水密门及舱口盖是抗沉的一项重要措施。

（3）排水。

排干破损舱内的海水能彻底消除进水对舰船不沉性能的影响,是抗沉的一项重要措施。但是,由于破口的进水量与舰上排水设备的排水能力可能会存在着比较大的差异,所以排水的作用比较有局限性。

5.4.2　破损舰船的扶正——抗沉原则之二

当破损舰船进水时,控制水的漫延是关系到舰船存亡的主要问题。但是在水的漫延问题解决之后,必须尽快解决倾角、倾差和稳性降低的问题。倾角、倾差和稳性降低对舰船航行和作战很不利,严重时也可能造成舰船因稳性降低而在风浪中倾覆。

扶正舰船的目的就是消除和改善倾角、倾差,提高稳性,保障舰船不沉和武器、机器的正常工作。

扶正舰船的基本方法如下：

（1）灌水。一般是在破损舱的对角或对端加灌海水。

（2）导移载荷。将破损舱附近的载荷移至破损舱的对角,通常是导移油和水,也可搬动其他重物,如粮食、弹药等。

（3）排出载荷。排出破损舱附近的载荷,或排出堵好破洞的灌注舱的积水。

事实证明,舰船因稳性丧失而倾覆是突然的,时间很短,但丧失储备浮力使舰船正直下沉的时间较长,往往在几个小时以上。通过牺牲储备浮力换取稳性可以赢得时间,一方面可以继续作战,另一方面可以继续进行抢救工作。并且,储备浮力经过堵漏排水之后,也能有所恢复。所以扶正的基本原则是：在扶正舰船的过程中必须充分注意"节约储备浮力,提高稳性,必要时才以储备浮力换取稳性"。

扶正的方法不外乎以上介绍的三种,但所有这些措施都必须在计算的基础上进行。否则,可能反而会使舰船产生更大的横倾和纵倾,甚至使船翻掉。而在战斗中又应使有关扶正的计算工作量减少到最低限度。这样就有必要事先设想在战斗中可能出现的一系列破损情况,针对每种情况进行计算,选择相应的扶正方案,制作成文件供作战时使用。这些文件通常由设计部门提供给舰船使用人员,称扶正参考文件,供扶正舰船时参考。

常用的扶正参考文件有不沉性标板图和各种类型的不沉性表。

1. 不沉性标板图及其应用

不沉性标板图是一块指示板,上面标有舱室分布、载荷分布、舰船不沉性情况,如图 5-13（a）和图 5-13（b）所示。它的功用是供抗沉参考。

典型的标板图由三部分组成：

（1）单舱灌注影响图（也叫四角号码图）（见图 5-13（a））。这是标板图的主要部分,图上标出单舱进水后对不沉性的影响,在舱的四角标有该舱进水的体积（V）,该舱进水后的倾角（θ）、倾差（Δ）及横稳定中心高的变化（Δh）。

（2）油舱使用次序表（见图 5-13（b））。

（3）稳性储备浮力表（见图 5-13（b））,它给出按油舱使用次序时的初稳性高（横稳定中心高）h、储备浮力、排水量 V 和平均吃水 T 等。

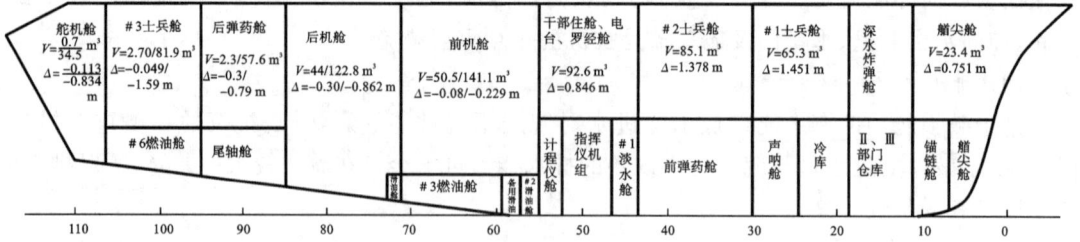

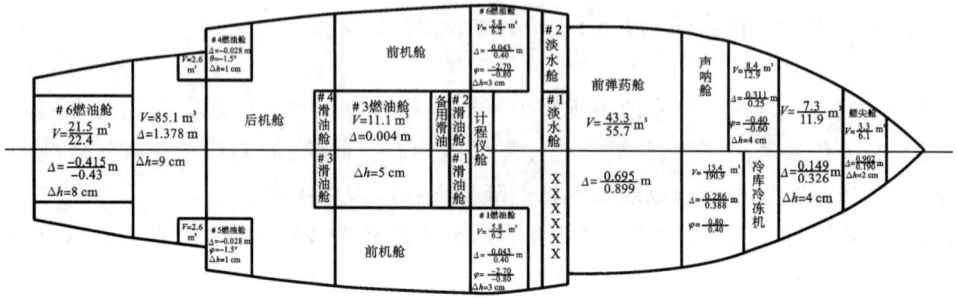

(a)

油舱使用次序表

使用次序	1	2	3	4	5	6	7	8
油舱号	7	8	4.5	2	1	3	6	5
油量	□	□	□	□	□	□	□	□

稳性储备浮力指示表

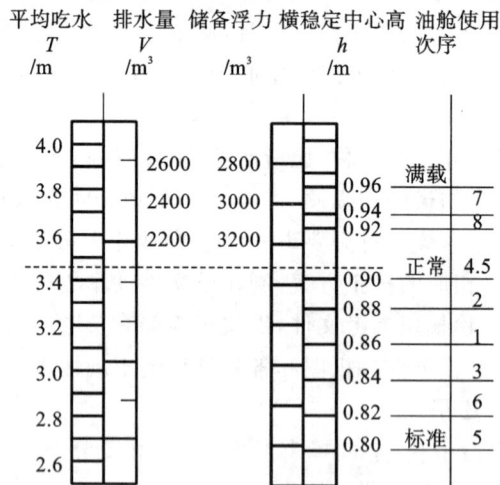

(b)

图 5-13　不沉性标板图

不沉性标板图的使用方法：

（1）及时将油水、弹药及其他重大载荷数量填到图的相应位置，并随时修改，使之符合当前的实际数量，作为备忘记录，供扶正时参考。

（2）按规定次序使用油水舱，及时了解当时的储备浮力、横稳定中心高和吃水。

（3）舰船破损进水时，标明破损进水舱、水漫延的趋势和范围。经过堵漏、支撑等措施使水的漫延基本稳定后,用叠加法估计舰船的浮态和初稳性变化,即查四角号码数字的代数和: $\sum v$、$\sum \theta$、$\sum \Delta$、$\sum \Delta h$。然后针对主要威胁(主要威胁包括倾角、倾差、稳性等),根据标板图考虑平衡方案(即采取什么平衡方法,选哪些舱室平衡),有

$$\sum \theta (扶正舱) \approx \left| - \sum \theta \right| (破损舱)$$

$$\sum \Delta (扶正舱) \approx \left| - \sum \Delta \right| (破损舱)$$

$$\sum \Delta h (扶正舱) \approx \left| - \sum \Delta h \right| (破损舱)$$

采取扶正措施前,必须估算扶正后的结果。

$$\sum \theta_扶 + \left(- \sum \theta_破 \right) = \sum \theta'$$

$$\sum \Delta_扶 + \left(- \sum \Delta_破 \right) = \sum \Delta'$$

$$\sum \Delta h_扶 + \left(- \sum \Delta h_破 \right) = \sum \Delta h'$$

式中:θ'——剩余横倾角;

　　　Δ'——剩余倾差;

　　　$\Delta h'$——剩余横稳定中心高变化。

2. 战用不沉性表

为了解决多舱进水问题,舰船上会"战用不沉性表",也叫作"多舱灌注平衡方案"。此表是假定一系列的舱室破损进水,按舱组破损的等量法进行计算,并拟好相应的扶正舱组,供平时训练和战时灌注扶正参考。表 5-1 所示为其中的一种表格样式。

表 5-1　战用不沉性表

问题号数	破损进水结果								破损舱及扶正舱排注水后的总结果									
	破损舱肋骨号	破损舱名称	进水体积	吃水改变			横倾角改变	纵倾角改变	横稳定中心高改变	扶正舱肋骨号	扶正舱名称	破损舱和进水舱总进水量	总吃水改变			总横倾角改变	总纵倾角改变	总横稳定中心高改变
				艏	平均	艉							艏	平均	艉			
1	2	3	4	5	6	7	8	9	10	11	12	13	14	15	16	17	18	19

值得注意的是,过去采用的战用不沉性表大都采用灌注法,即一次灌注就基本上同时消除了倾角和倾差。其优点是正、负初稳度同时扶正;缺点是单纯采用灌注法,对储备浮力不利,而且该方法只能用一次,多次破损进水就难以应用。所以,目前新建造的舰船的战用不沉性表,已废弃采用基于单纯的灌注法,而采用基于综合抗沉措施的舰船抗沉调整参考书。

抗沉调整参考书的文件形式与战用不沉性表的形式基本相同,所不同的是,抗沉调整参考书是针对每种扶正方案列一张表,所采用的扶正方法根据情况包括灌、导移、排或组合的方法;而且还会采用其他的不沉性措施,如支撑、排水、堵漏。

3. 抗沉计算仪

随着计算机技术的发展,计算机的运算速度和存储容量不断提高,这为提高舰船抗沉的自动化程度创造了有利条件。目前建造的新型舰船借助计算机的手段,在不沉性措施的制定上也开始采用新的方法。

4. 分步扶正法

利用标板图扶正舰船必须了解舰船破损的情况,确知舰船的浮态和稳性,如果对舰船的破损情况不明,不了解破损后稳性的变化,只知道倾角,此时就只能采用分步扶正方法。分步扶正分 2~3 步进行,扶正一步,校核一下破损舰船的稳性,在此基础上再确定消除剩余倾角(或倾差)所需要的力矩,进行下一步的扶正。在每次扶正过程中确认稳性是否提高、扶正措施是否正确。

具体方法举例说明。

例题 5-2 设有一护卫舰,破损前的排水量 $P_0 = 1200$ t,横稳定中心高 $h_0 = 0.80$ m;破损后的横倾角 $\theta_破 = 15°$。

扶正步骤如下。

(1)由于对破损后的稳性情况不了解,因此决定选一个位置较靠底的小舱作为试验舱并对其灌水,能造成的倾力矩 $m_{KP} = 3.23 \times 10^5$ N·m。估计第一次扶正产生扶正角 $\frac{1}{5}\theta_破 = 3°$,这时所需的复原力矩约为

$$M_\theta = P_0 g h_0 \cdot \frac{1}{5}\theta_破 = 1200 \times 9.8 \times 0.8 \times 3 \times \frac{\pi}{180} \text{ N·m} = 4.92 \times 10^5 \text{ N·m}$$

灌水后舰船横倾角变为 11°,即实际上引起了 4° 的横倾。所以,破损后横稳定系数 k_1 为

$$k_1 = P_1 h_1 = \frac{m_{KP}}{\theta} = \frac{3.23 \times 10^5 \times 57.3}{4} \text{ N·m} = 4.63 \times 10^6 \text{ N·m}$$

即 $k_1 \approx \frac{1}{2} k_0 = \frac{1}{2} P_0 h_0$,这说明破损后的舰船稳性降低了。

(2)假定 k_1 不变,要扶正剩余的 11°,则需要复原力矩:

$$M_{\theta 1} = P_1 h_1 \theta = 4.63 \times 10^6 \times 11 \times \frac{\pi}{180} \text{ N·m} = 8.88 \times 10^5 \text{ N·m}$$

考虑到破损后舰船稳性的降低,且在灌注过程中舰船稳性还可能产生预料不到的变化,因此将 11° 横倾再分为两步消除。

选取位置较低能提供 4.41×10^5 N·m 力矩的舱灌水,灌水后实际扶正 5°,这说明灌水过程中的初稳性增加了。因为预计扶正:

$$\frac{4.41 \times 10^5}{k_1} \times 57.3 = 5.5°$$

(3)这时要扶正剩余的约 6° 横倾,需要复原力矩:

$$M_\theta = 5.29 \times 10^5 \text{ N·m}$$

再选取能提供约 530 kN·m 的舱灌水,就基本上能将舰船扶正了。

5.4.3 舰船负初稳度的处理——抗沉原则之三

舰船多舱浸水,往往存在大面积自由液面,于是稳性大大降低,甚至初稳度可能出现负值,

使舰船处于危险状态,如果处理不当,可能造成翻船事故。因此,"在战斗破损时,凡出现大面积自由液面,应先按负初稳度对待",这就是抗沉中应遵守的第三个原则。关于舰船出现负初稳度时舰船的扶正问题在第 4 章中已经介绍,下面对判断负初稳度的方法进行简单介绍。

舰船破损进水后,当初稳度仍然为正值时,如果进水是对称的,则舰船不会产生倾斜;如果进水不对称,则舰船会向进水的一边(重边)倾斜。

当初稳度为负值时,即使进水对称,也会产生倾斜,而且两舷都可能倾斜,同时两舷倾角是相等的。如果进水不对称,则有两种情况:

(1) 当不对称载荷所形成的倾力矩大于舰船本身的最大负复原力矩,如图 5-14 所示的负初稳度静稳性曲线中 M_{KP1},它与静稳性曲线的交点所对应的角度 θ,比正初稳度情况下倾力矩 M_{KP1} 所造成的倾角 θ' 大很多,即 $\theta \gg \theta'$。

(2) 当倾力矩小于舰船本身最大负复原力矩,如图 5-14 中 M_{KP2} 表示向右倾的倾力矩,它与静稳性曲线相交于 θ_2 或 θ_3,即舰船将停留在 θ_2 处,也可能停留在另一舷(轻边)θ_3 处,停留在重边时的倾角 θ_2 也比横稳定中心高为正时的倾角 θ' 大很多,即 $\theta_2 \gg \theta'$。

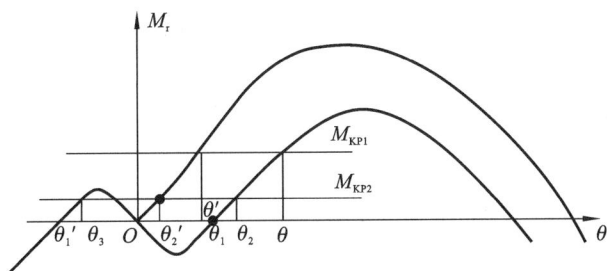

图 5-14　负初稳度静稳性曲线

所以,凡破损进水出现大面积自由液面时,当发现舰船不定期地在左舷或右舷轮换倾斜停留而且倾角相等,或虽只倾斜停留于一舷,但倾角远大于因进水不对称所造成的倾角,或倾斜停留于轻边时,即可判定该舰船的横稳定中心高(稳度)为负值。

舰船抗沉性
原则

5.5　潜艇水面不沉性

潜艇在一定的破损情况下,例如,一个耐压隔舱及其相邻的一个或两个主压载水舱破损进水后,仍然具有足够的浮性和稳度及其他航行性能的能力,称为潜艇的水面不沉性。

潜艇破损进水必将引起吃水增大,储备浮力减小,造成纵倾和横倾,导致潜艇的稳度减小及浮态变化。

5.5.1　失事潜艇的浮态和稳性的计算

1. 当失事潜艇横倾角不大时

对于失事潜艇,当其横倾角和纵倾角不大($\theta < 10°$, $\psi < 0.5°$)时,可以利用潜艇的静水力曲线计算其进水后的浮态和稳度。

假设进入破损的隔舱和相邻主压载水舱的水的体积为 $\sum v_i$,形心在 (x_i, y_i, z_i) 处,则可以按下述步骤进行计算。

（1）确定失事潜艇的排水体积：

$$\rho V_1 = \rho V + \rho \sum v_i$$

式中：V_1——失事后潜艇的排水体积；

V——失事前潜艇的排水体积。

（2）计算潜艇新的重心坐标：

$$x_{g1} = \frac{V x_g + \sum v_i x_i}{V_1}, \quad y_{g1} = \frac{V y_g + \sum v_i y_i}{V_1}, \quad z_{g1} = \frac{V z_g + \sum v_i z_i}{V_1}$$

在实际计算中，上述（1）（2）两步计算可以列成载荷计算表，如表 5-2 所示。

表 5-2 失事潜艇载荷计算表

载荷名称		排水体积 V_1/m^3	纵向		垂向		横向	
			力臂 x_{g1}/m	力矩 M_{zq} /(N·m)	力臂 z_{g1}/m	力矩 M_{cq} /(N·m)	力臂 y_{g1}/m	力矩 M_{hq} /(N·m)
正常载荷								
破损进水隔舱 编号：								
淹没的主 压载水舱	编号：							
	编号：							
共计								

（3）潜艇的储备浮力。

储备浮容积为

$$\Delta V = V_{\downarrow} - V_1$$

储备浮力占排水量的百分比为

$$\frac{V_{\downarrow} - V_1}{V_1} \times 100\%$$

其中：$V_{\downarrow}$——潜艇的水下排水体积。

（4）静水力曲线图中相关数据。

根据潜艇进水后的排水量，查找静水力曲线图中的相关数据，得出平均吃水 T_1、浮心垂向坐标 z_{c1}、横稳定中心半径 r_1 和纵稳定中心半径 R_1 的值。

（5）计算潜艇的横稳定中心高 h_1 和纵稳定中心高 H_1：

$$h_1 = z_{c1} + r_1 - z_{g1} - \Delta h \tag{5-51}$$

$$H_1 = z_{c1} + R_1 - z_{g1} - \Delta H \tag{5-52}$$

式中：Δh、ΔH——自由液面所造成的横稳定中心高和纵稳定中心高的变化量。

（6）确定潜艇的横倾角和纵倾角：

$$\theta = 57.3° \frac{M_{hq}}{\rho V_1 g h_1}, \quad \psi = 57.3° \frac{M_{zq}}{\rho V_1 g H_1}$$

（7）计算潜艇新的艏、艉吃水：

$$T_b = T_1 + \left(\frac{L}{2} - x_f\right)\tan\psi, \quad T_s = T_1 - \left(\frac{L}{2} + x_f\right)\tan\psi$$

2. 当失事潜艇的横倾角小，而纵倾角较大时

当失事潜艇的横倾角处于小倾角范围内，而纵倾角较大（$0.5° < \psi < 90°$）时，可根据型线图和包括突出体在内的横剖面面积曲线计算得出的水上抗沉性图解（见图 5-15）和浮力与稳度万能图解（见图 5-16）来计算潜艇进水后的浮态和稳度。

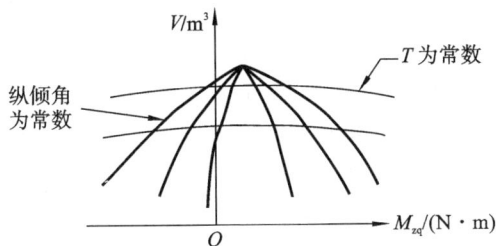

图 5-15　水上抗沉性图解

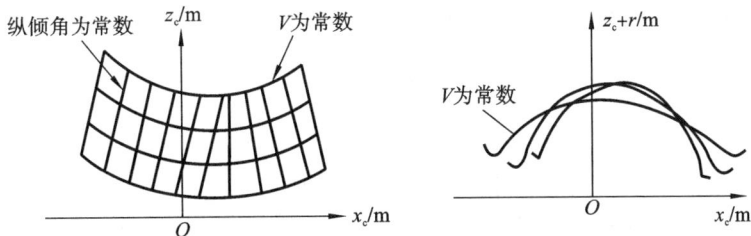

图 5-16　浮力与稳度万能图解

水上抗沉性图解是在以纵倾力矩 M_{zq} 为横坐标，以排水体积 V 为纵坐标的直角坐标系内，绘制的平均吃水 T 和纵倾角 ψ 的等值曲线。由图解上各点可得出在一定排水体积 V 和纵倾力矩 M_{zq} 数值下，艇的平均吃水和纵倾角的值。

浮力与稳度万能图解由两个曲线图组成：一个曲线图是绘制在以浮心的纵向坐标 x_c 为横坐标、以浮心的垂向坐标 z_c 为纵坐标的直角坐标系内的排水体积 V 和纵倾角 ψ 的等值曲线，图上每一点给出在一定的浮心位置 x_c、z_c 的数值下，潜艇的排水体积 V 和纵倾角 ψ 的值；另一个曲线图是在以浮心的纵向坐标 x_c 为横坐标、以 $z_c + r$ 为纵坐标的直角坐标系内绘制的排水体积 V 的等值线，曲线上的点给出一定的浮心位置 x_c 和 $z_c + r$ 数值下的排水体积 V 的值。

利用水上抗沉性图解和浮力与稳度万能图解确定失事潜艇的浮态和稳度的方法如下：

（1）确定失事潜艇的排水量和重心位置。同样，由表 5-1 计算潜艇进水后的排水体积 V_1 和纵倾力矩 M_{zq}。在水上抗沉性图解上可内插求得平均吃水 T 和纵倾角 ψ。由已知的 V_1、ψ 值在浮力与稳度万能图解的图中插值得到 x_c、z_c；然后，由求得到 x_c、V_1 值在浮力与稳度万能图解中求得 $z_c + r$ 值。

（2）失事潜艇其他要素的计算。潜艇进水后其他有关浮态和稳度的参数，仍可参照上面当失事潜艇横倾角不大时的相关计算公式进行计算。

5.5.2　失事潜艇的扶正

对失事潜艇，必须尽可能地堵住破口和排空失事隔舱，并采取措施进行扶正，最大限度恢复失事潜艇原有的航行性能。一般当失事潜艇的纵倾角大于 0.5°、横倾角大于 2.5°时，需要对失事潜艇进行扶正，即把纵倾角和横倾角尽可能减小。通常采用下面三种扶正方法或这三种扶正方法的组合：

(1) 在潜艇内部移动载荷；

(2) 排出一些载荷；

(3) 向未破损的主压载水舱注水。

第(1)种方法不消耗潜艇的储备浮力。第(2)种方法会使储备浮力有所增加。但这两种方法所需的时间较长，且因艇内可移动或排除的载荷是有限的，因此很少采用。第(3)种方法是事先依据有代表性的失事情况进行扶正计算，向未破损的主压载水舱注水，使注水造成的纵倾和横倾与失事造成的纵倾和横倾方向相反，这样艇的储备浮力会进一步减小，但是可以改善艇的稳性、操纵性、快速性和摇摆性等水上航行性能。扶正后，潜艇的储备浮力应足以保证安全航行，其稳度值应不小于下潜状态的稳度值。由于事先进行了有针对性的扶正计算，在潜艇失事时，可以立即采取相应措施，在较短时间内扶正潜艇。

在设计中，通常将水面抗沉性计算结果编制成水面不沉性表，供潜艇航行时参考，如表 5-3 所示。这里的不沉性是指采取抗沉措施后所得的特性。

表 5-3　水面不沉性表

方案	破损后情况											扶正后情况										
	破损舱名称	排水量	储备浮力	艏吃水	艉吃水	横倾角	纵倾角	横稳定中心高	纵稳定中心高	横倾1°力矩	纵倾1°力矩	破损舱名称	排水量	储备浮力	艏吃水	艉吃水	横倾角	纵倾角	横稳定中心高	纵稳定中心高	横倾1°力矩	纵倾1°力矩
1																						
2																						
3																						
4																						
5																						
6																						

5.6　潜艇水下不沉性

与水面不沉性类似，水下不沉性指潜艇在耐压隔舱及其相邻的一个或两个主压载水舱破损进水后，通过采取一定措施，仍具有上浮、下潜和水下操纵航行的能力。

在潜艇设计阶段就应采取措施保证潜艇的水下不沉性，这些措施包括：使潜艇壳体具有足够的坚固性和水密性；设置耐压的水密舱壁将耐压艇体分成数个水密舱段；保证潜艇具有足够的储备浮力；主压载水舱沿艇长合理分布；保证潜艇具有足够的高压空气的储备量及有效的主压载水舱吹除系统；保证潜艇具有足够的横稳性和纵稳性；装备有效的疏水设备等。

5.6.1　潜艇水下抗沉的基本措施

潜艇在水下破损进水后,将迅速产生负浮力和纵倾力矩,使破损潜艇碰撞海底或超越极限深度而沉没;如果艇内还存在大面积自由液面,则可能会使破损潜艇因丧失稳性而倾覆。为此,潜艇水下抗沉的主要措施是迅速堵漏、封舱和支顶、排水、平衡,以阻止艇内进水,限制进水在艇内漫延,消除负浮力和纵倾力矩,恢复潜艇的战斗力,这就是人们通常所说的潜艇水下静力抗沉。

如果潜艇在水下破损进水后,首先利用车、舵、气,再结合上述抗沉活动,操纵潜艇迅速建立起正浮力和纵向复原力矩,以消除负浮力和纵倾力矩,使潜艇免遭沉没,这就是人们通常所说的潜艇水下动力抗沉。

潜艇水下抗沉涉及的内容较多,包括堵漏、封舱和支顶、排水、平衡的相关计算和具体措施,高压气在抗沉中的应用计算,潜艇水下破损进水后可以上浮(或下潜)最大深度的计算,破损潜艇从水下自行上浮的条件等很多内容。考虑到本书的篇幅,本书只对潜艇从水下自行上浮的条件做简要介绍。

5.6.2　潜艇从水下自行上浮的条件

1. 必须设置耐压隔舱,增加水下抗沉的允许深度

根据抗沉性要求,将耐压艇体各舱段的隔舱壁做成耐压的水密隔壁,限制耐压艇体破损时的进水范围。当潜艇的水密舱段在水下破损时,其水密舱壁也要与耐压壳体承受同样大小的深水压力。如果水密舱壁与耐压壳体是等强度的,则在极限深度以内,壳体破损后的水密舱壁是安全的,但由于多种原因,潜艇耐压舱壁的强度一般比耐压壳体强度低,这就限制了水下抗沉的允许深度。为了增加水下抗沉的允许深度,一旦某一耐压舱段破损进水,即可采用向相邻舱段输入高压空气的办法,提高相邻舱段内的空气压力,以支撑破损舱段的水密舱壁。充气压力的大小视耐压水密舱壁的强度,以及空气隔舱中艇员生理上对压缩空气适应的程度而定。如耐压水密舱壁的可承受压力为 p_1,潜艇所处水深为 h,则破损舱的水密舱壁所承受的压力为

$$p = p_a + 0.1\rho gh \tag{5-53}$$

相邻舱段内的空气压力 p_d 应满足

$$p_d \geqslant p_a + 0.1\rho gh - p_1 \tag{5-54}$$

同时,P_d 应控制在舱中艇员所能承受的压力范围之内。

2. 保证失事潜艇自行上浮所需的浮力

失事潜艇要能从水下自行上浮,必须有足够的升力来克服破损舱段中灌进的水的重力,以及潜艇坐沉海底时泥浆对艇体的吸力(在极限深度内)。这个升力是靠压缩空气吹除必要的未破损的主压载水舱的水来获得的。该升力 F_L 应大于进入破损舱段的水的重力 ρgv、海底吸力 F_1,以及潜艇失事前的剩余浮力 ΔQ 的和,即

$$F_L > \rho gv + F_1 + \Delta Q$$

海底吸力与海底的物理性质、潜艇坐沉海底的姿态(即倾角大小),以及剩余浮力的大小、进水量等有关,一般可按下式估算:

$$F_1 = K(\rho g v + \Delta Q)$$

式中：K——吸力系数，由表 5-4 给出。

表 5-4　海底吸力系数

海底物质	吸力系数	海底物质	吸力系数
岩石带有鹅卵石和砂	$0 \sim 0.05$	淤泥下面有软的黏土	$0.15 \sim 0.2$
大砂	$0.05 \sim 0.1$	淤泥带有黏稠的黏土	$0.2 \sim 0.25$
鹅卵石带细砂	$0.1 \sim 0.15$	黏稠的黏土带有砂或贝壳	$0.25 \sim 0.45$
细砂	$0.15 \sim 0.20$		

3. 无纵倾或小纵倾上浮

潜艇的水下纵稳定中心高与横稳定中心高相等，耐压壳体破损进水造成的纵倾角可能远大于横倾角，所以必须高度重视潜艇水下纵稳性，而要求潜艇自水下能无纵倾或小纵倾上浮，就必须在潜艇克服下沉力、脱离海底上浮之前，迅速进行均衡，使吹除主压载水舱造成的纵倾力矩与破损进水造成的纵倾力矩能全部或部分抵消，尽可能减小纵倾角。

习　　题

5-1　何谓舰船不沉性？

5-2　简述水面舰船破损舱的基本类型和主要特征。

5-3　简述渗透率的类型和含义。

5-4　简述限界线的含义。

5-5　何谓可浸长度、可浸长度曲线？

5-6　分舱因素、许用舱长、二舱制船、三舱制船各表示什么含义？

5-7　简述潜艇静力抗沉和动力抗沉的基本措施。

5-8　某艇 $T = 2.27$ m，排水量 $P = 2.27$ t，后机舱破损进水，进水量 $q = 2.7$ t，进水体积中心 $z_q = 0.3$ m，舱长 $l = 7.5$ m，宽 $b = 6.0$ m，试问：进水对艇稳度有何影响（已知 $q_{cm} = 2.3$ t/cm，$h = 0.62$ m，$\rho_{海水} = 1.025$ t/m^3）？

5-9　计算驱逐舰尾部右舷 175～183 号肋骨间的油舱破损后的浮态和稳度。

破损舱各参数：$v = 28$ m^3，$x_v = -28$ m，$y_v = 3.0$ m，$z_v = 2.4$ m^3，$s = 10$ m^2，$x_s = -28$ m，$y_s = 3.1$ m，$i_{sx} = 1.9$ m^4，$i_{sx} = 37$ m^4。

破损前舰船各参数：$V = 2262$ m^3，$T = 3.63$ m，$S = 925$ m^2，$x_f = -5.02$ m，$x_c = -2.1$ m，$z_c = 2.25$ m，$h = 1.0$ m，$H = 291.6$ m，$L = 110$ m。

5-10　某舰 V、T、h 已知，今某舱破损进水后，堵住了破口，舱室未全部充满水。已知进水量为 $v\left(v < \dfrac{V}{10}\right)$，进水体积中心为点 (x, y, z)，自由液面惯性矩 i_x，舰艇平均吃水变化 ΔT，试证明由增加载荷法与损失浮力法所求得的进水对舰艇横倾角 θ 相同。

第6章　舰船阻力

从本章开始,我们将研究舰船原理中的动力学知识,动力学包括舰船航行性能中的快速性、操纵性和耐波性等。本章和第 7 章研究快速性。

1. 什么是快速性?

提起舰船的快速性,人们往往直观地将它与舰船所能达到的最大航速相联系。舰船快速性,确切地说应该指具有既定排水量的舰船,在既定主机功率条件下所能达到的最大航速的高低,或是达到既定航速所需主机功率的大小。可见,舰船的快速性是极为重要的战术技术性能之一,良好的快速性是保证舰船在进攻和防御中掌握主动权的重要保障。

舰船在水中以一定航速航行时,必然会受到一定大小的阻力作用,这就需要由主机驱动推进器(最常见的为螺旋桨)产生推力以克服阻力。可见,大功率和性能优良的主机、高效率的推进器和阻力小的船形,这三者是保证快速性的基本条件。关于主机性能的讨论,不属于本课程研究范围,本课程只介绍舰船阻力和推进器的有关知识。

2. 研究舰船阻力和推进器的目的、要求

为什么要学习舰船阻力和推进器知识呢?如上所述,动力装置的根本作用在于:向螺旋桨提供必要的转速和转矩(功率),使之产生一定的推力以克服舰船所遭受的阻力,维持所需的航速。因此,掌握各种情况下舰船阻力和螺旋桨性能的变化规律,可以明确对动力装置的相应要求。具体的学习要求可简述如下:

(1) 理解舰船航行时遭受水阻力的原因,以及螺旋桨工作时需要吸收转矩并能产生相应推力的原理;

(2) 了解各种情况下舰船阻力及螺旋桨工作特性的变化规律;

(3) 了解影响阻力和螺旋桨工作特性的各种因素及其影响规律;

(4) 会粗略地估算舰船阻力。

本章主要讨论以下几方面的问题:阻力的产生原因与分类方法;阻力随航速变化的规律;阻力(主机功率)估算方法;水深与船形等因素对阻力的影响。最后简要介绍潜艇阻力特性。

舰船动力学与舰船静力学的研究方法不同,在舰船静力学中主要采用理论分析与计算的方法,而在舰船动力学中需采用理论分析、数值计算、试验及经验公式相结合的方法。

▌本章目的

主要研究阻力的产生原因、变化规律、影响因素。

▌本章内容

阻力的产生原因、变化规律是分析阻力的影响因素、减小阻力等研究的基础。因此,本章首先分析了阻力的产生原因与分类方法,阻力随航速的变化规律;然后,主要分析了阻力的影响因素,在分析水面舰船阻力的基础上,简要介绍了潜艇阻力的相关概念。

本章核心内容可归结如下。

(1) 基本概念:对阻力和螺旋桨所涉及的流体力学基础知识作一简要介绍。

(2) 阻力的产生原因及组成:讨论阻力的产生原因、分类方法。

(3) 阻力的变化规律:讨论阻力随航速的变化规律。

(4) 阻力(功率)的计算:主要介绍了用海军部系数法计算舰船阻力(功率)的原理。

(5) 阻力的影响因素:主要分析船形、表面粗糙度、浅水、风浪等对阻力的影响。

(6) 潜艇阻力:在前面分析舰船阻力的基础上,对潜艇阻力特性进行一些补充说明。

本章重点与难点

(1) 阻力的产生原因;

(2) 阻力的变化规律;

(3) 阻力的影响因素。

本章关键词

舰船阻力,相似理论,边界层,船波,摩擦阻力,形状阻力,兴波阻力,附体阻力,海军部系数法,船形,浅水,潜艇阻力等。

6.1　基 本 概 念

在具体介绍舰船阻力之前,有必要对所涉及的流体力学基础知识作简要介绍,以便读者理解阻力和螺旋桨基本理论。

6.1.1　相似理论简述

对舰船快速性问题的研究,如同其他科学技术问题研究一样,无非包括理论研究与试验研究两大类。解决快速性方面的工程实际问题,目前主要依靠试验研究,而且大多依赖模型试验研究。而如何安排模型试验,怎样将模型试验结果用于实船,需由相似理论来指导。

关于相似理论的详尽阐释及导引,可参考流体力学方面的教材,此处不一一介绍,只是结合研究舰船阻力问题的需要,把相似理论的有关结论引述如下。

1. 关于相似条件

由于舰船阻力问题的研究是以水做定常流动为前提的,且水是不可压缩流体,水阻力仅与水的黏性和重力作用有关,因此所涉及的相似准数仅有雷诺数(Re)和弗劳德数(Fr)两个。因此,船模(系统)与实船(系统)实现力学相似的条件为

(1) 船模与实船几何相似;

(2) 船模与实船的雷诺数和弗劳德数分别相等,即有

$$\frac{V_s \cdot L_s}{\gamma_s} = \frac{V_m \cdot L_m}{\gamma_m}, \quad \frac{V_s}{\sqrt{gL_s}} = \frac{V_m}{\sqrt{gL_m}} \tag{6-1}$$

式中:$\dfrac{VL}{\gamma} = Re$;

$\dfrac{V}{\sqrt{gL}} = Fr$;

V——航速,m/s;

L——船长,m;

γ——水的运动黏性系数,m^2/s,因水质与水温而异;

g——重力加速度(通常为 9.81 m/s^2);

下标"s"表示实船,"m"表示船模,后不再解释。

2. 关于力的关系

满足相似条件而实现了力学相似的船模与实船之间"力"的关系为流体动力系数相等。联系我们讨论的阻力问题,即阻力系数相等。阻力系数的定义为

$$C_R = \frac{R}{\frac{1}{2}\rho V^2 S} \tag{6-2}$$

式中:R——船体所受的阻力,N;

ρ——水的密度,kg/m^3;

S——船体的浸湿表面积,m^2;

V——航速,m/s。

即满足了相似条件,应有

$$\frac{R_s}{\frac{1}{2}\rho_s V_s^2 S_s} = \frac{R_m}{\frac{1}{2}\rho_m V_m^2 S_m} \tag{6-3}$$

由于船模与实船几何相似,则显然有

$$\frac{S_s}{S_m} = \left(\frac{L_s}{L_m}\right)^2 = \lambda_1^2, \quad \frac{L_s}{L_m} = \lambda_1 \tag{6-4}$$

式中:λ_1——几何缩尺。

即

$$S_s = \lambda_1^2 \cdot S_m$$

同理,有

$$\nabla_s = \lambda_1^3 \cdot \nabla_m$$

式中:∇_s、∇_m——实船与船模的排水体积。

3. 关于部分相似的概念

由以上的讨论得知:若船模(系统)与实船(系统)几何相似,且有 $Fr_m = Fr_s$ 和 $Re_m = Re_s$,则两者的全部阻力成比例——总阻力系数相等。我们称这种情况为完全(力学)相似。然而,在实际的工程问题中,要实现完全相似往往是不可能的。这是因为:

按 $\dfrac{V_m}{\sqrt{gL_m}} = \dfrac{V_s}{\sqrt{gL_s}}$ 要求,应有 $V_m = \dfrac{V_s}{\sqrt{\lambda_1}}$;

按 $\dfrac{V_s \cdot L_s}{\gamma_s} = \dfrac{V_m \cdot L_m}{\gamma_m}$ 要求,应有 $V_m = \dfrac{\gamma_m}{\gamma_s} \cdot \lambda_1 \cdot V_s$。

因此,若要同时满足 $Fr_m = Fr_s$ 和 $Re_m = Re_s$,则必然应有

$$V_s \lambda_1^{-1/2} = \frac{\gamma_m}{\gamma_s} \cdot \lambda_1 \cdot V_s$$

即应满足

$$\gamma_m = \lambda_1^{-3/2} \cdot \gamma_s$$

而通常 $\lambda_1 = L_s/L_m \gg 1$,这就要求 $\gamma_m \ll \gamma_s$,即要求供船模试验用的流体具有极小的黏度(比实

船所在的海水的黏度小得多），这实际上是办不到的。可见，工程上不可能实现完全相似而只能实现部分相似。阻力问题中常用的部分相似概念可表述如下：

（1）黏性相似——雷诺相似定律。

若船模与实船几何相似，且有 $Re_m = Re_s$，则由流体黏性引起的那一部分阻力（即黏性阻力）与流体密度、体积和船体的浸湿表面积成比例，即黏性阻力系数相等，有

$$\frac{R_{vm}}{\frac{1}{2}\rho_m V_m^2 S_m} = \frac{R_{vs}}{\frac{1}{2}\rho_s V_s^2 S_s} \tag{6-5}$$

或简写成

$$C_{vm} = C_{vs}$$

式中：R_v 和 C_v——黏性阻力和黏性阻力系数。

（2）重力相似——弗劳德相似定律。

若船模与实船几何相似，且有 $Fr_m = Fr_s$，则由流体重力作用引起的那一部分阻力（即兴波阻力）与流体密度、体积和船体的浸湿表面积成比例，即兴波阻力系数相等，有

$$\frac{R_{wm}}{\frac{1}{2}\rho_m V_m^2 S_m} = \frac{R_{ws}}{\frac{1}{2}\rho_s V_s^2 S_s} \tag{6-6}$$

或简写成

$$C_{wm} = C_{ws}$$

式中：R_w 和 C_w——兴波阻力和兴波阻力系数。

$C_{wm} = C_{ws}$ 也可表示成 $\dfrac{R_{wm}}{P_m} = \dfrac{R_{ws}}{P_s}$（其中 P_m、P_s 分别为船模与实船的重量），证明如下：

因为

$$\frac{V_m}{\sqrt{gL_m}} = \frac{V_s}{\sqrt{gL_s}} = Fr$$

所以

$$V_m^2 = Fr^2 \cdot gL_m, \quad V_s^2 = Fr^2 \cdot gL_s \tag{6-7}$$

而在相似条件下又有

$$\frac{R_{wm}}{\frac{1}{2}\rho_m V_m^2 S_m} = \frac{R_{ws}}{\frac{1}{2}\rho_s V_s^2 S_s} \tag{6-8}$$

则只要将式（6-8）中的 V^2 用 $Fr^2 \cdot gL$ 代替，便可写成：

$$\frac{R_{wm}}{\frac{1}{2}\rho_m Fr^2 gL_m S_m} = \frac{R_{ws}}{\frac{1}{2}\rho_s Fr^2 gL_s S_s}$$

而 $\rho g = \gamma$，为流体重度。

由此可得

$$\frac{R_{wm}}{\frac{1}{2}\gamma_m L_m S_m} = \frac{R_{ws}}{\frac{1}{2}\gamma_s L_s S_s}$$

或

$$\frac{R_{wm}}{R_{ws}} = \frac{\gamma_m}{\gamma_s} \cdot \lambda_1^{-3} = \frac{\gamma_m}{\gamma_s} \frac{\nabla_m}{\nabla_s} = \frac{P_m}{P_s}$$

亦即

$$\frac{R_{wm}}{R_{ws}} = \frac{P_m}{P_s}$$

可见,重力相似定律也可表述如下:

若船模与实船几何相似,且有 $Fr_m = Fr_s$,则它们单位(重量)排水量下的兴波阻力相等。通常也称此定律为弗劳德比较定律。

6.1.2　平板边界层的主要特性

水是黏性流体,因此船体周围的流动是黏性流动。由流体力学知识可知:黏性作用主要表现在贴近壁面的一薄层内,这一薄层称为边界层。那么,对边界层内的流动,应如实当作黏性流动来处理;而对边界层外的流动,我们可忽略黏性影响而当作无黏流动来处理。下面将平板边界层的主要特性简要地介绍如下。

根据流体力学有关知识可知:边界层内的流动有层流与湍流之分,具体为哪一种流动则取决于黏性稳定作用与外界扰动力两方面的因素。

黏性稳定作用的大小可用局部雷诺数 $Re_x = \dfrac{v \cdot x}{\gamma}$ 来表示(其中 x 表示讨论的平板上某一点处至该平板前缘的距离;v 为该点处的流速)。Re_x 大,表示该处黏性稳定作用小,流动易呈湍流状态;反之,Re_x 小,表示该处黏性稳定作用大,流动易呈层流状态。流态由层流转变为湍流时所对应的 Re_x 称为临界雷诺数,记作 Re_{xcr}。

由于流态还取决于外界扰动的大小,因此临界雷诺数 Re_{xcr} 的大小也必然与外界扰动情况有关。通常条件下,对平板边界层而言,大致有

$$Re_{xcr} = 2.0 \times 10^5 \sim 2.8 \times 10^6$$

由此可见:对某一既定的平板边界层而言,其前段 Re_x 小,流动易呈层流状态;而后段 Re_x 大,流动易呈湍流状态。此外,贴近壁面处由于强烈的黏性稳定作用,流动总呈层流状态,形成层流底层。可见,通常平板边界层的流态往往为混合状态,如图 6-1(a)所示,不过,为计算方便,通常将其简化成图 6-1(b)所示状态。联系实际的船体边界层,可以想到:由于实船的航速、长度很大,因此其边界层除艏部有很小一段层流外,绝大部分均为湍流——层流段在整个船长范围所占比例极小,故可视实船的边界层流态为湍流;船模则不然,由于其速度、长度均比实船小得多,因此其层流段长度占有相当比例。为消除船模与实船边界层流态的差别,通常在船模试验时采取人工激流措施。

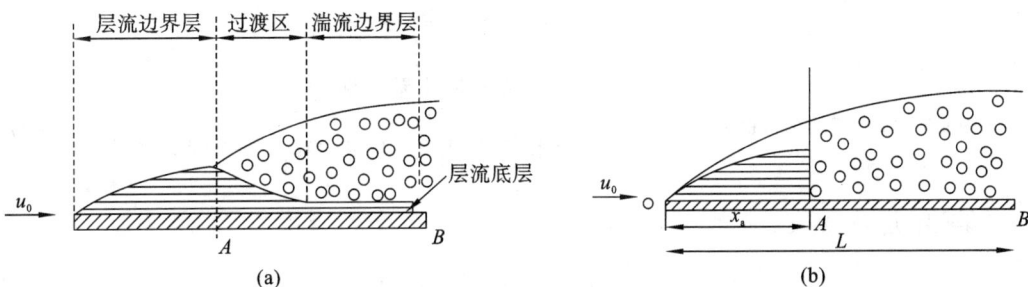

图 6-1　平板边界层

6.1.3　船波特性

由船舶运动而在静水表面掀起的波浪称为船波,它有如下主要特性。

1. 波形

根据观察统计,船波的波形近似于坦谷曲线,俗称坦谷波。某大圆沿直线做纯滚动时,其同心小圆上某一点的轨迹即坦谷曲线,如图 6-2 所示。此种曲线波形"峰"尖而"谷"坦,上下并不对称,坦谷波之名即由此而来。同时也不难看出:当波形传播时,水质点实际上做圆周运动(或称轨圆运动)。

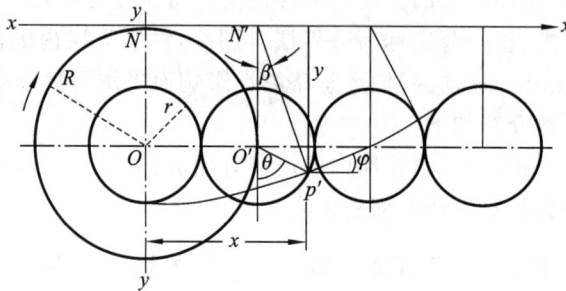

图 6-2　坦谷曲线

2. 波长 λ 与波速 C 的关系

当水深不受限制(即船舶处于深水中)时,可从理论上推得

$$C = \sqrt{\frac{g\lambda}{2\pi}} \approx 1.25\sqrt{\lambda}$$

当水深有限(即船舶处于浅水中)时,水质点的运动由于受底面的限制,不再是圆周运动,而只能是椭圆运动,此时 λ 与 C 的关系与上述深水情况相比,多一因子,即

$$C = \sqrt{\frac{g\lambda}{2\pi}\text{th}\frac{2\pi H}{\lambda}} \tag{6-9}$$

式中:H——水深。

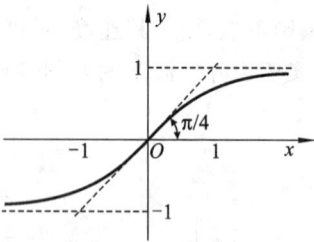

图 6-3　双曲正切函数曲线

根据双曲正切函数的特点,有 $0 \leqslant \left|\text{th}\frac{2\pi H}{\lambda}\right| \leqslant 1$(参见图 6-3)。可见随着水深 H 的加大,$\text{th}\frac{2\pi H}{\lambda}$ 很快趋于 1。例如:当 $H \geqslant \frac{\lambda}{2}$ 时,则 $\text{th}\frac{2\pi H}{\lambda} \geqslant \text{th}\pi \approx 0.9963$。可见此时已与深水时几无差别。

当水深极浅时,也即当 $\frac{H}{\lambda} \to 0$ 时,此时 $\text{th}\frac{2\pi H}{\lambda} = \frac{2\pi H}{\lambda}$(参见图 6-3),则

$$C = \sqrt{\frac{g\lambda}{2\pi}\text{th}\frac{2\pi H}{\lambda}} = \sqrt{\frac{g\lambda}{2\pi} \cdot \frac{2\pi H}{\lambda}} = \sqrt{gH}$$

即在极浅水中,波速 C 仅与水深 H 有关,此时,波形呈小丘状向前推进,这种波称为独波。

3. 轨圆半径变化与轨圆中心线升高

当水表面产生波浪运动时，表面以下原来静止的水层也会发生波动，形成次波面，但次波面波浪运动的轨圆半径比水表面波浪运动的轨圆半径小，它们的关系为

$$r = r_0 e^{-\frac{2\pi}{\lambda}y} \tag{6-10}$$

式中：r——次波面波浪运动的轨圆半径；

　　　r_0——水表面波浪运动的轨圆半径；

　　　y——次波面轨圆中心线到水表面的距离。

由式(6-10)可以看出：波浪随水深加大而迅速衰减。例如：当 $y = \lambda$ 时，$r = r_0 e^{-\frac{2\pi}{\lambda}\lambda} = r_0 e^{-2\pi}$ $= \dfrac{r_0}{535}$；即在水表面以下相当于一个波长的深处，波浪运动的轨圆半径只有水表面波浪的 $1/535$，几乎无波动。

不过，此处尚需说明：由于坦谷波峰尖谷坦，上下不对称，因此这里的"y"并非原静止水层的深度，而是轨圆中心线所在位置的深度，它较原静止时的水层位置高，其差值即轨圆中心线升高的高度，记作 Δh，且可推得

$$\Delta h = \frac{\pi r^2}{\lambda}$$

4. 波能及波能传播速度

波浪的能量由动能 E_k 和势能 E_p 两部分组成。对柱面(二元)波来说，一个波长范围内的波能为

$$E_k = E_p = \frac{1}{16}\rho g \lambda b H_b^2 \tag{6-11}$$

式中：ρ——水的密度；

　　　b——波宽；

　　　H_b——波高；

　　　λ——波长。

所以总能量为

$$E = E_k + E_p = \frac{1}{8}\rho g \lambda b H_b^2$$

波能传播速度为

$$u = \frac{1}{2}C$$

式中：C——波速。

以上列举了坦谷波的主要特性。这里尚需补充说明的是，对于船波问题的处理，有时为了数学解析上的方便，往往将船波看成正弦波(即波形为正弦曲线)。坦谷波与正弦波相比，除波形不同、轨圆中心线升高(正弦波上下对称，无轨圆中心线升高)，以及正弦波为无旋的微幅波而坦谷波为有旋的有限振幅波等差别外，其余如波速、波能等特性两者均相同，故此处不再赘述正弦波的特性。

6.2　阻力的产生原因及组成

对舰船阻力分类是为了方便研究和处理阻力问题，不同的阻力有不同的产生机制与特性，

研究和处理方法也不同。本节主要根据阻力的产生原因对阻力进行分类,先讨论各种阻力的产生原因,再给出阻力的分类方法。

6.2.1　舰船在水中运动时的受力

如图 6-4 所示,当船体在水中运动时,将使水质点获得加速度,而船体浸湿表面在微表面 $\mathrm{d}S$ 内将受到水的反作用力 F(即 F 表示单位面积上受到的力),显然,F 可分解为垂直于微表面的压力 p 和平行于微表面的切应力 τ_0。这样,微表面上所受的压力和切应力分别为 $p\mathrm{d}S$ 和 $\tau_0\mathrm{d}S$。它们在舰船运动方向(x 方向)上的分力则分别为 $p\cos(p,x)\mathrm{d}S$ 和 $\tau_0\cos(p,x)\mathrm{d}S$。于是整个船体浸湿表面 S 上作用有两个 x 方向的力,即

$$R_f = \int_S \tau_0 \cos(\tau_0,x)\mathrm{d}S \tag{6-12}$$

$$R_p = \int_S p \cos(p,x)\mathrm{d}S \tag{6-13}$$

式中:R_f——摩擦阻力,由船体浸湿表面所受切应力构成;

　　　R_p——压差阻力,它是由船体浸湿表面所受压力首尾不对称,形成首尾压差而构成的阻力。

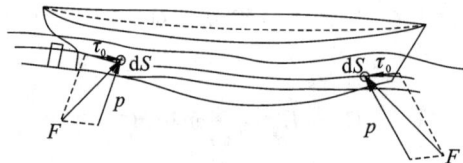

图 6-4　船在水中运动的阻力成因

由此可见,当船体在水中运动时,将受到 R_f 和 R_p 这两种阻力的作用。实际上,以上分析仅是从受力方向着眼的,如果从受力的物理属性出发,则可将船体所受阻力分得更细一些,即可分为摩擦阻力、形状阻力和兴波阻力。

6.2.2　摩擦阻力的产生

下面以最简单的平板绕流为例来说明摩擦阻力的产生原因。

当平板以速度 V 在静水中做等速运动时,根据运动转换原理,可视平板不动,而水以速度 V 反向流经平板,如图 6-5 所示。根据流体力学知识可知:由于水有黏性,板面附近形成一薄层"边界层"。在边界层内,沿板面法向,水质点有明显的速度梯度,从而产生摩擦切应力 τ,且这种速度梯度在板面处表现明显(参见图 6-5),因此板面上所受的切应力尤其大,记作 τ_0。由此,板面上各点所受 τ_0 之和即构成水对平板的摩擦阻力。

船体在水中运动时,其浸湿表面虽然并非平板,但船体表面流动的物理实质与平板绕流相同,即船体表面也要形成边界层,也受切应力 τ_0 的作用,只是 τ_0 的方向是沿船体表面的切线方向,而不像平板绕流中是与水流的速度方向一致。因此,只有 τ_0 在运动方向上的分量沿船体浸湿表面的积分才构成水对船体的摩擦阻力(参见式(6-12))。实验数据表明:在长度、速度和浸湿面积相等的条件下,船体摩擦阻力比平板摩擦阻力大 $1\%\sim4\%$。

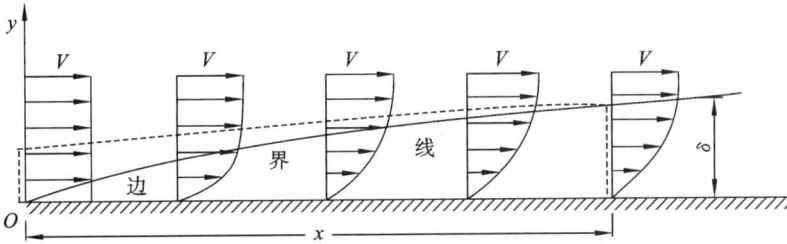

图 6-5　边界层的速度梯度

由以上分析可知:船体所受的摩擦阻力是由水的黏性引起的,因此就其物理属性而言,摩擦阻力是一种黏性阻力。

6.2.3　形状阻力的产生

水的黏性除了引起切应力从而形成船体的摩擦阻力以外,还会导致绕物体周围压力分布的前后压差。现在,我们来分析这种压差的产生原因。

图 6-6 表示了类似船体的曲面绕流情况。如果为理想流体绕流,则按伯努利定理可知:首尾端点处为"驻点",流体速度为零,压力最大;中部最宽,流速最大,压力最小。沿整个曲面的压力分布如图 6-6 中曲线 I 所示,其 x 方向分量沿表面的积分结果为零,无压差阻力。但当如实地计及水的黏性时,则情况有很大改变。由前所知,由于水的黏性,紧邻曲面处形成一薄边界层,边界层内流动是黏性流动,边界层外部流动则可看成势流。显然,C' 点处边界层外的势流速度值达最大值 U_{max},压力为最小值 p_{min}。所以,从 A 点至 C' 点的外部势流是加速的,压力梯度 $\partial p/\partial x < 0$,为顺压梯度;超过 C' 点后,则压力沿流动方向不断增加,$\partial p/\partial x > 0$,为逆压梯度。而根据薄边界层特性,在边界层内,压力沿着壁面法线方向不变,因此边界层内的压力纵向变化规律与外部势流相同。这样,在边界层内顺压梯度这一段(即 $C'C$ 剖面之前),虽因受黏性的影响流动有减速趋势,但是在顺压梯度的帮助下水仍能顺利地流动;而在 $C'C$ 剖面之后的逆压梯度区段内情形就不同了,流体受到黏性和逆压梯度的双重减速影响,因此紧邻壁面的流体质点在某点 D 处速度可能首先降为零。以后,下游的流体质点在逆压梯度作用下产生倒流现象。在 D 点上边界层内的流线开始与物面分离,故称 D 点为分离点。

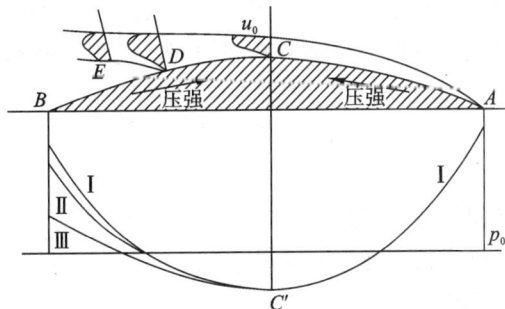

图 6-6　形状阻力的成因

边界层发生分离后,物体后部形成许多无规则的涡,其中涡的能量以热的形式耗散掉,因此分离点下游的压力已不能逐渐回升到驻点处压力,而只能如图 6-6 中曲线 Ⅲ 所示,形成前后压差,其在运动方向上分量之积分即构成压差阻力。

由以上分析可知:这种压差阻力的大小主要取决于分离点的位置。如果物体的形状能使分离点位置尽可能后移,这样涡区(又叫尾流)很小,则压差阻力也小。

随着物面细长程度的增大,$\partial p/\partial x$ 随之减小,分离点不断后移。因此,若物面有足够大的细长程度,则物面上可能不产生边界层分离——尾部不形成涡区,但是压差阻力却仍然存在。其原因不难由图 6-7 得到解释:若为理想流体,A 点与 B 点均为驻点,压力相等;若为黏性流体,形成边界层,则 B' 点的速度不为零,而 B' 处为势流,按伯努利定理有 $p_{B'}<p_A$,又根据薄边界层特性有 $p_B=p_{B'}$,由此可知 $p_B<p_A$,可见前后仍有压差。但这种情况下的压差要比有边界层分离情况的压差小得多,其压力分布将如图 6-6 中的曲线 II 所示。事实上,对大多数尖瘦的战斗舰艇来说,由于船形均较细长,其船体表面基本无边界层分离现象,因此其形状阻力的产生原因即如上述第二种无分离情况。

图 6-7　细长体的流态

通常,我们根据是否产生了边界层分离现象而将物体形状区分成流线体与非流线体。产生分离现象的为非流线体(或称钝体),否则为流线体。

综上所述,黏性影响将使物体表面产生前后压差,从而构成一种压差阻力,而这种阻力的大小与物体形状密切相关,故习惯上称之为形状阻力,记作 R_e。不过,为突出其物理属性(机理),目前也常称之为黏压阻力。

6.2.4　兴波阻力的产生

兴波阻力只有当水面舰船或潜艇在水面航行时才产生。对在水下深处航行的潜艇来说,并无兴波阻力,艇体自身的阻力仅由摩擦阻力和形状阻力两部分组成。

当舰船在静水面航行时,水面会掀起波浪(简称兴波)。波浪运动是水的一种运动形式,在运动中组成波浪的无数水质点不但会产生速度,而且其垂向位置相对于静止水面也会发生变化。因此,水质点不仅因兴波而具有了动能,而且还增加了势能。动能与势能变化的总和构成波浪的总能量,这些能量需由船体来提供。这就是说,舰船在水面航行时,除要不断补充因水的黏性而消耗的能量(即克服摩擦阻力和形状阻力)外,还需不断补充因兴波而消耗的能量。设单位时间内因兴波而消耗的能量为 E_w,航速为 V_s,则船因兴波而受到的阻力 R_w 为

$$R_w=E_w/V_s \tag{6-14}$$

式中:R_w——兴波阻力。

以上我们从能量观点说明了兴波阻力的产生原因。为了便于对兴波阻力特性和变化规律的理解,有必要对兴波的形成和特点作进一步的说明。

1. 兴波的形成及兴波图形

为了便于讨论,我们将水视为理想流体,并采用运动转换原理(视船不动而水自前方流来)进行分析。如前所述,水流流到艏、艉柱附近时,速度要减慢而压力要升高,艏、艉柱处水流速度等于 0,相应的点即驻点(压力最高),而水表面(自由表面)上的压力处处均为大气压力,因此,艏、艉柱附近水压力的升高必将导致水面的升高,于是在艏柱略后处形成一个波峰;其后升

高的水面要下落,在重力和惯性力的共同作用下,在垂向产生振荡而形成波浪。艉柱处的情况与艏柱处类似,在艉柱稍后处有尾波的第一个波峰(见图 6-8)。

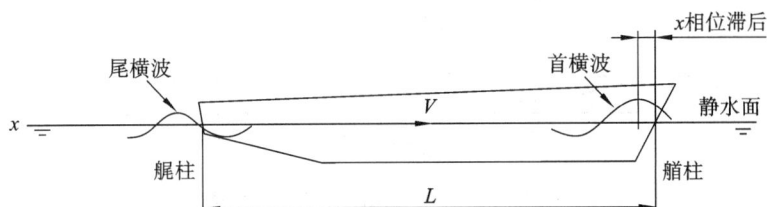

图 6-8　兴波阻力的成因

由上述分析可知:舰船在水面航行时掀起的波浪大体上有首尾两组波系。仔细观察又可发现:每组波系又各包含横波与散波。散波由小段波浪组成,各段中点的连线接近于直线,与舰船的对称面成 $18°\sim20°$ 角(又称散波角);而每段散波本身则又与此连线成 $18°\sim20°$ 夹角(即与对称面成 $36°\sim40°$ 夹角)。横波则垂直于对称面并被限制在散波中心连线所构成的三角形范围内(见图 6-9)。

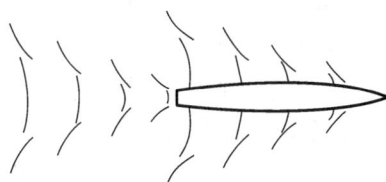

图 6-9　船波示意图

由以上兴波图形可知:随着船体的运动(航行),首、尾散波成梯次传播,互不干扰,清晰可见;至于首、尾横波,则在传播时会在尾部相遇而互相干扰。因此,实际上我们在船后看到的已不是单独的尾横波,而是首、尾波干扰而成的组合波,在艉柱之前,则可见首横波的一个或几个(视航速而定)波峰(或波谷)。

由图 6-8 可知,既然兴波后首部处于波峰中(水压力较高),尾部处于波谷中(水压力较低),首尾有压差,这也就不难从力的角度理解兴波阻力的成因了。

2. 航速与兴波波长的关系

由兴波原因可知,当舰船在静水面航行时,舰船航行到哪里,兴波现象也就"跟"到哪里,即舰船兴波的传播速度 C 与舰船的航速 V 相等。而根据 6.1 节所述船波特性可知:波速 C 与波长 λ 有关系:

$$C = \sqrt{\frac{g\lambda}{2\pi}}$$

因

$$C - V$$

故有

$$\lambda = 2\pi V^2 / g \tag{6-15}$$

或

$$\lambda = 2\pi L Fr^2$$

式中:L——舰船的水线长度(简称船长),m;

Fr——舰船的(长度)弗劳德数,$Fr = \dfrac{V}{\sqrt{gL}}$。

可见舰船航行所掀起波浪的波长 λ 将随航速的增高而加大,即航速越高,兴波波长 λ 越大;反之,兴波波长 λ 越小。图 6-10 表示不同航速(或 Fr)时在船长范围内的波浪形状,图中虚线为静浮时舰船轮廓。

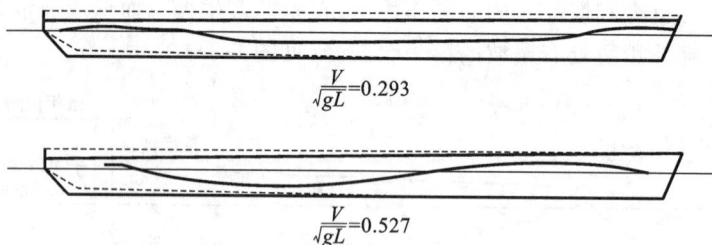

$$\frac{V}{\sqrt{gL}}=0.293$$

$$\frac{V}{\sqrt{gL}}=0.527$$

图 6-10　兴波波长随航速(或 Fr)的变化

由以上对兴波阻力产生原因的分析可知:兴波阻力也是一种压差阻力,只是这种压差是由兴波引起的。兴波使首部处于波峰中,压力较大,尾部处于波谷中,压力较小,从而形成首尾压差,构成阻力。因此,船体实际所受的压差阻力是由两方面原因形成的:一方面原因是水的黏性影响,所形成的即形状阻力;另一方面原因是兴波,所形成的为兴波阻力。而兴波的原因就水的物理属性来说,是因有重力作用,即兴波阻力与重力作用有关。

由上述可知,船体所受的基本阻力(习惯上称之为裸船体阻力或光体阻力)如图 6-11 所示。

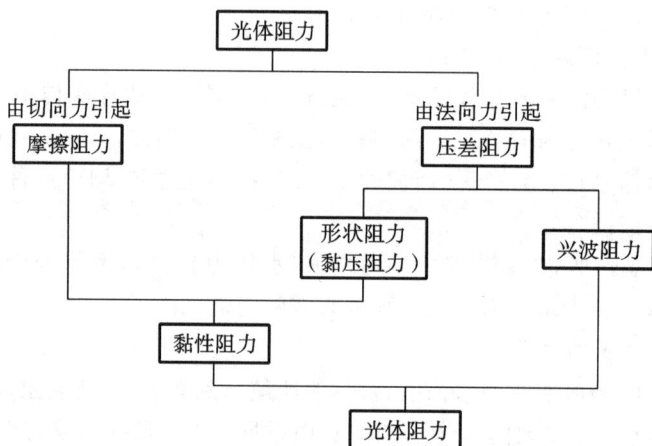

图 6-11　船体所受的基本阻力

6.2.5　附体阻力

舰船航行时,实际上还有一部分附体(又名突出体)在水中随船体一起运动,这部分附体也要受到水阻力的作用,即附体阻力,记作 R_a。

附体指突出于船体之外而处于水线以下的附属体,如舭龙骨、减摇鳍、轴和轴支架等。它们在水中随船体一起运动时,将受到水阻力的作用,但它们处于水线以下(潜没于水中),因此所受到的基本上只有黏性阻力而无兴波阻力。此外,在船体上安装附体后,将改变水流情况,即船体与附体发生互相干扰;同理,多个附体之间也有干扰。因此,装有附体的船体总阻力并不等于光体阻力和孤立附体自身的黏性阻力之和。换言之,附体阻力乃指装有附体的船体总阻力与光体阻力之差,故其产生的原因有二:其一,来自附体自身的黏性阻力;其二,来自附体与船体、各附体之间相互干扰作用。

6.2.6　船体所受总阻力的组成

综上所述,可知船体所受总阻力大体上由四部分组成,即

$$R_t = R_f + R_e + R_w + R_a \tag{6-16}$$

不过,这四种阻力在总阻力中所占的比例是各不相同的,表 6-1 列出了各阻力成分在各类舰船总阻力中所占比例的大体情况。

表 6-1　各种阻力在各类舰船总阻力中所占比例

速度级	舰船种类	Fr 范围	各种阻力的百分比			
			R_f	R_e	R_w	R_a
低速	登陆艇、辅助船	<0.2	60%	20%	10%	10%
中速	扫雷艇、猎潜艇	0.2～0.4	45%	15%	30%	10%
高速	驱逐舰、护卫舰	0.4～0.6	35%	8%	45%	12%

由表 6-1 可以看出,兴波阻力 R_w 所占的比例随着航速的增大而增大很快,低速时它的比例很小,而高速时却占了主要地位;摩擦阻力 R_f 则总占重要地位,低速时的地位尤甚;形状阻力 R_e 相对摩擦阻力和兴波阻力而言,其地位总是次要的,尤其对高速舰艇来说,其所占比例很小;至于附体阻力 R_a,对水面舰船来说,其所占比例变化也不甚大。当然上述比例并不是绝对的,即便对同一艘舰船而言,各阻力成分的比例也会随航速而变。图 6-12 所示为某护卫舰的光体阻力组成情况。

最后需要指出的是:

(1) 船体除受以上基本阻力的作用外,有时还受附加阻力的作用,附加阻力通常包括空气阻力和汹涛阻力。

①空气阻力。

舰船航行时,船体水线以上的部分在空气中运动,空气也是一种黏性流体,因此船体也会受到空气阻力的作用。既然空气阻力是一种黏性阻力,理当包括摩擦和黏压(形状)阻力两部分,但因空气的黏性很小,故其中主要是黏压阻力;又因为空气的密度比水小得多(约为水密度的 1/800),因此与水阻力相比,空气阻力是小量。在设计计算中不单独计算空气阻力而只是概略地估计其大小,如对一般水面舰船,在无风的情况下粗略地可按总阻力的 2%～4%估算空气阻力。

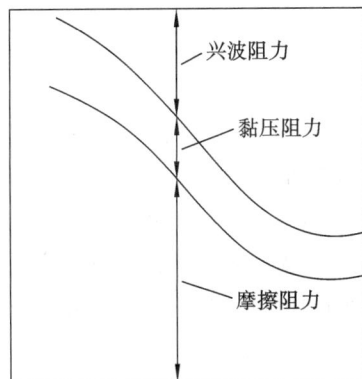

图 6-12　某护卫舰的光体阻力组成情况

②汹涛阻力。

汹涛阻力,指舰船在大风浪中航行时,由于风浪及船身的剧烈运动(如横摇、纵摇、垂荡和艏摇(也称首摇)等),船体阻力比静水时的阻力大大增加的部分。

舰船在大风浪中航行时,除了受到汹涛阻力而航速降低外,还会因船身的剧烈颠簸而发生甲板上浪,首部会不断受波浪的拍击,同时还会产生螺旋桨周期性出水引起的飞车等问题。舰船在风浪中的航行性能问题是一个复杂、涉及面较广的问题,此处不作详细分析。

（2）对于某些特殊的水面舰船，除上述阻力成分外，其所受阻力中还有其他特殊的阻力成分，如：对滑行艇而言，还有飞沫阻力；对水翼艇而言，还有水翼阻力；对肥大型船（方形系数 C_B >0.8）而言，航速较高时还会出现破波阻力等。此处均不赘述。

总之，本章只研究一般水面舰船，而且研究内容基本上限于舰船在静水中做等速（直线）运动时的阻力问题。

6.3　　阻力的变化规律

这一节要讨论的阻力变化规律指阻力与航速的关系。

表 6-2 所示为由船模试验测得的某舰在各种航速下的总阻力变化情况。

表 6-2　某船模试验测得的阻力

航速/kn	18	20	22	24	26	28	30	32	34	36
阻力/（$\times 10^6$ N）	0.31	0.38	0.46	0.56	0.70	0.89	1.10	1.29	1.47	1.62

由表 6-2 可以看出：阻力随航速提高而增加，然而这种增加并不均匀。如航速从 18 kn 提高到 20 kn，阻力增大 0.07×10^6 N；而航速从 26 kn 提高到 28 kn，阻力却增大 0.19×10^6 N；又如航速从 34 kn 提高到 36 kn，阻力只增大 0.15×10^6 N。可见，随着航速的提高，阻力增加的趋势是时剧时缓的。何以有这种差别？其中的规律究竟如何呢？如 6.2 节所述，船体所受的总阻力是由多种阻力成分构成的，且各成分所占比例又各不相同，更重要的是各种成分与航速的关系大有差异，因此要了解总阻力的变化规律，必须先弄清各阻力成分随航速的变化规律。

6.3.1　摩擦阻力的变化规律

根据相似理论可知：几何相似的实船与船模，若相似准数相等，则对应的阻力系数相等。可见，研究阻力系数与相似准数间的关系比直接研究阻力与航速的关系更有意义，因为后者只适用于所研究的某一特定船体，而前者却适用于所有几何相似的实船或船模。

因此，我们先来研究摩擦阻力系数与对应的相似准数——雷诺数（Re）间的关系。

按阻力系数的定义，摩擦阻力系数 C_f 为

$$C_f = \frac{R_f}{\frac{1}{2}\rho V^2 S} \tag{6-17}$$

由此，摩擦阻力可写成：

$$R_f = C_f \cdot \frac{1}{2}\rho V^2 S \tag{6-18}$$

由 6.2 节可知：船体摩擦阻力从机理上说与平板摩擦阻力相同，只是数量上相差 1%～4%。因此，实际上在分析船体摩擦阻力时，通常将船体浸湿表面当作"相当平板"来处理；至于曲度引起的差别，则计入形状阻力。

船体的相当平板，指长度、速度和浸湿面积均与船体对应相等的光滑平板。

关于平板的 C_f 与 Re，不少学者已通过对平板边界层的研究获得了一些半经验半理论的公式，下面分不同边界层来介绍其中较著名的几种。

1. 层流边界层

布拉休斯(Blasius)公式：

$$C_f = 1.328 Re^{-1/2} \tag{6-19}$$

2. 湍流边界层

(1) 法克纳尔(Falkner)公式：

$$C_f = 0.0315 Re^{-1/7} \tag{6-20}$$

(2) 普朗特-许立汀(Prandtl-Schlichting)公式：

$$C_f = \frac{0.455}{(\lg Re)^{2.58}} \tag{6-21}$$

(3) 桑海(Schoenherr)公式：

$$\frac{0.242}{\sqrt{C_f}} = \lg(Re \cdot C_f) \tag{6-22}$$

此式在 $Re = 10^6 \sim 10^9$ 时亦可写成：

$$C_f = \frac{0.4631}{(\lg Re)^{2.6}} \tag{6-23}$$

(4) 许夫(Hughes)公式：

$$C_f = \frac{0.066}{(\lg Re - 2.03)^2} \tag{6-24}$$

3. 混合流态的边界层

$$C_f = \frac{0.455}{(\lg Re)^{2.58}} - \frac{1700}{Re} \tag{6-25}$$

上述公式中：Re——雷诺数，$Re = \dfrac{V \cdot L}{\gamma}$；

V——船(或船模)的航速，m/s；

L——船(或船模)的设计水线长度，m；

γ——水的运动黏度，m^2/s，因水质和温度而异。

对于实际船体，由于 L 和 V 均较大，因此其 Re 很大(大多在 10^8 以上)，足见其边界层几乎全属湍流，即对实船多用湍流公式。

图 6-13 绘出了若干 C_f 公式的比较情况，图中曲线 5 所对应的公式为

$$C_f = \frac{0.075}{(\lg Re - 2.0)^2} \tag{6-26}$$

式(6-26)并非由边界层理论导出，而是第 8 届国际拖曳水池会议(ITTC)为提高船模试验预报的精确度推荐的 C_f 计算公式，纯属经验公式。

由图 6-13 可看出：在实船的雷诺数范围内，各公式的计算结果差别不大。因此，虽然大多数湍流 C_f 公式中的 C_f 与 V 关系并不显见，但参照法克纳尔公式，我们可概略地认为

$$C_f \propto V^{-0.15}$$

而

$$R_f = C_f \cdot \frac{1}{2} \rho V^2 S$$

则不难得到：

$$R_f \propto V^{1.85}$$

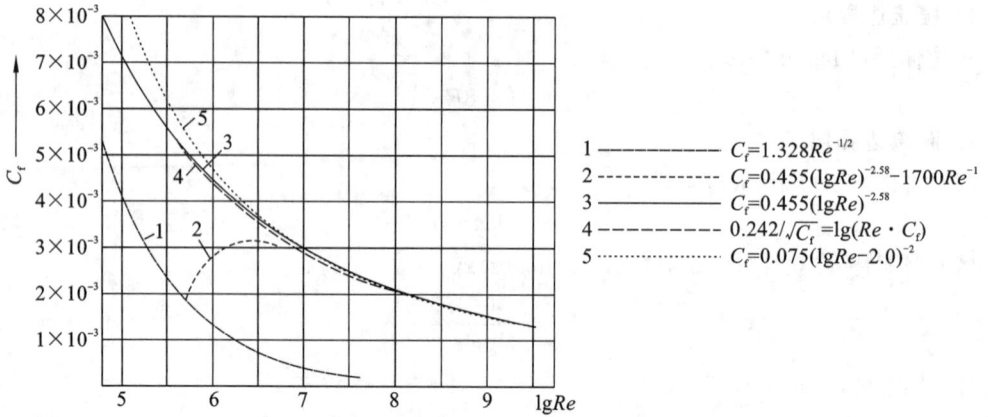

图 6-13　若干 C_f 公式的比较情况

由平板边界层特性可得,壁面上的切应力 τ_0 为

$$\tau_0 = 0.0136\rho V^{1.85}\left(\frac{\gamma}{x}\right)^{0.145} \tag{6-27}$$

而 τ_0 的积分即摩擦阻力,故由此也可直接得出这一结论:摩擦阻力与航速的 1.85 次方成正比。

6.3.2　形状阻力的变化规律

先研究形状阻力系数 C_e 与雷诺数 Re 的关系。如前所述,流线体与非流线体形成压差的原因不同,故它们的 C_e 变化规律也应不同。考虑到实际的船体(或船模)基本上都是流线体,故此处只讨论流线体的 C_e 与 Re 之间的关系。至于非流线体的 C_e 的变化规律,在一般流体力学相关书籍中可查到,此处不赘述。

图 6-14 所示为某回转体黏性阻力系数($C_v = C_f + C_e$)的变化规律。图中同时画出了 C_f 的变化规律(曲线 1 对应湍流;曲线 2 对应层流)。

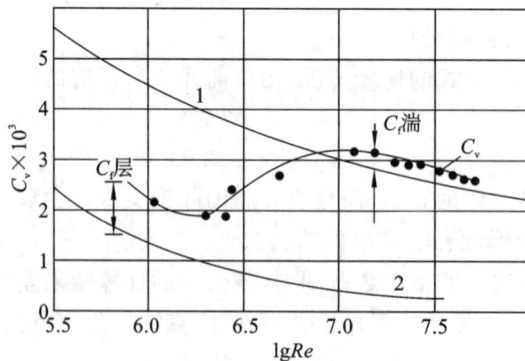

图 6-14　某回转体黏性阻力系数的变化规律

由图 6-14 可见:除过渡流态外,C_v 曲线与 C_f 曲线并不完全平行,但有这样的规律——$\dfrac{C_v}{C_f}$ $= r$,且 r 只取决于物体的形状,而与 Re 基本无关,即 $r = $const。这个结论也可变换成如下形式:

$$\frac{C_{\mathrm{v}}}{C_{\mathrm{f}}}=\frac{C_{\mathrm{f}}+C_{\mathrm{e}}}{C_{\mathrm{f}}}=\left(1+\frac{C_{\mathrm{e}}}{C_{\mathrm{f}}}\right)=(1+k)=r=\mathrm{const} \tag{6-28}$$

式中：k——形状因子，$k=\dfrac{C_{\mathrm{e}}}{C_{\mathrm{f}}}$，显而易见其为常数（只取决于形状）。

不过，从图 6-14 中也可发现：当 Re 很大时，也可把 C_{v} 线与 C_{f} 线视为平行，即认为 $C_{\mathrm{e}}=C_{\mathrm{v}}-C_{\mathrm{f}}=\mathrm{const}$。

从以上的讨论中还可以发现：形状阻力系数 C_{e} 不仅仅考虑了黏压阻力的影响，还包含曲度对摩擦阻力的影响。通常把曲度对摩擦阻力的影响计入形状阻力，而考虑摩擦阻力时则将船体表面当作相当平板来处理。

根据 C_{e} 的变化规律，便可推得 R_{e} 与航速 V 的关系：

因为

$$R_{\mathrm{e}}=C_{\mathrm{e}}\cdot\frac{1}{2}\rho V^{2}S \tag{6-29}$$

若按 $C_{\mathrm{e}}=\mathrm{const}$，则应有 $R_{\mathrm{e}}\propto V^{2}$；若按 $C_{\mathrm{e}}/C_{\mathrm{f}}=k=\mathrm{const}$，则应有 $R_{\mathrm{e}}\propto V^{1.85}$。

对通常比较瘦长的军用舰船而言，按 $C_{\mathrm{e}}=\mathrm{const}$ 处理较为方便，而且也不致引起总阻力很大的误差。这是因为：瘦长船形的 k 值很小，C_{e} 在总阻力系数中的所占比例也就很小，若视 $C_{\mathrm{e}}=\mathrm{const}$，则即使有误差也不致对总阻力产生重大影响。不过，对肥胖的民用船舶（如大型油轮、集装箱船等），由于其 k 值很大，则以采用 $C_{\mathrm{e}}/C_{\mathrm{f}}=\mathrm{const}$ 的处理方法为宜。

6.3.3　兴波阻力的变化规律

由于兴波阻力与水所受的重力作用有关，因此与 C_{w} 有关的相似准数应为 $Fr=\dfrac{V}{\sqrt{gL}}$。图 6-15 所示为 C_{w} 曲线的典型形状，可见 C_{w} 的变化规律比 C_{f}、C_{e} 的复杂得多。虽然从总的趋势看，C_{w} 随 Fr 的增大（相应地 V 也增大）而增加，而且增加得很快，但却有起伏。如图 6-15 中 a、c、e 点阻力系数尤大，即在这些点之前，兴波阻力系数 C_{w} 增长急剧，称这些点为阻力峰；图中 b、d 点阻力系数尤小，即在这两点之前，兴波阻力系数 C_{w} 增长缓慢甚至反而稍有减小，称它们为阻力谷。

兴波阻力系数的这种峰、谷现象是由横波干扰所致。如前所述：船体兴波大体上可分为首尾两组，每组又各由横波和散波组成。散波成梯次传播，互不干扰；而首尾横波却要在尾部相遇而发生干扰，其极端情况如下：

（1）在船尾处，首横波波谷与尾横波波谷相重合（见图 6-16 中的第一峰点、第二峰点），合成波波幅尤大，因而兴波阻力也大，表现为阻力峰。

（2）在船尾处，首横波波峰与尾横波波谷相重合（见图 6-16 中的第一谷点、第二谷点），合成波波幅尤小，因而兴波阻力也小，表现为阻力谷。

由于随航速的提高（相应地 Fr 也增大），兴波波长 λ 加长，致使峰、谷现象重复出现，如图 6-16 所示。

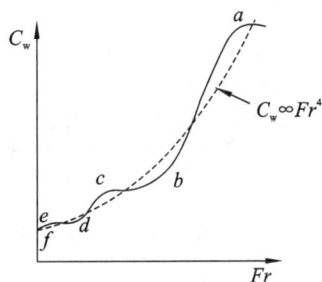

图 6-15　C_{w} 曲线的典型形状

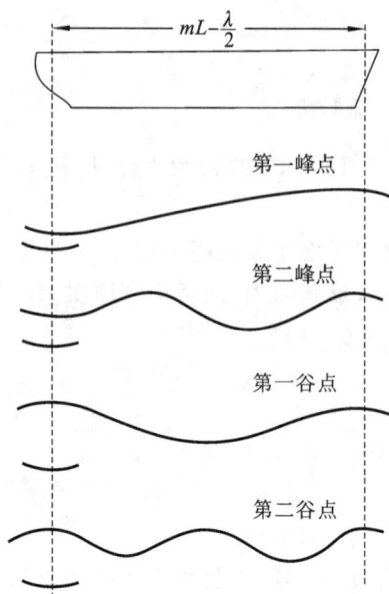

图 6-16　兴波干扰示意图

如果我们把兴波看成二元进行波,则可以得到 C_w 与 Fr 的关系如下:

$$C_w = \left(C + D\cos\frac{2\pi mL}{\lambda}\right)Fr^4 \qquad (6\text{-}30)$$

写成阻力形式,则有

$$R_w = \left(A + B\cos\frac{2\pi mL}{\lambda}\right)Fr^6 \qquad (6\text{-}31)$$

式中:A、B、C、D——比例常数;

　　　mL——首尾第一(横波)波峰间的距离(见图 6-17),称为兴波长度,它与船形及航速有关。

由式(6-30)和式(6-31)可以看出:平均兴波阻力与航速的六次方成正比,即 C_w 与 Fr^4 成正比。而式中第二项 $\cos\dfrac{2\pi mL}{\lambda}$ 在 $-1\sim+1$ 间变动,因此兴波阻力或阻力系数的增长趋势也就有急与缓之分。显然,当 $\dfrac{mL}{\lambda}=1,2,\cdots$ 时(据 mL 的定义可知,

此时相当于首尾波谷在尾部重合),C_w 得极大值,呈现阻力峰;当 $\dfrac{mL}{\lambda}=0.5,1.5,\cdots$ 时(相当于首波峰与尾波谷在尾部重合),C_w 得极小值,呈现阻力谷。不言而喻,无论是舰船的设计还是使用,均希望使 C_w 尽可能处于阻力谷处,这样可以消耗较少的功率而获得较高的航速。

通常阻力峰点大体出现在 $Fr\approx0.22$、0.30、0.50 的情况下。但这只是针对较丰满的船舶而言的(见图 6-18 中曲线 I)。对尖瘦的军用作战舰艇来说,$Fr=0.22$、0.30 这两个峰点并不能明显地呈现(见图 6-18 中曲线 II)。因为尖瘦船舶在这种 Fr 下,兴波波幅本身不大,故兴波干扰的影响也就不明显。

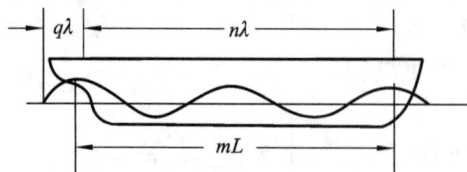

图 6-17　舰船的兴波长度

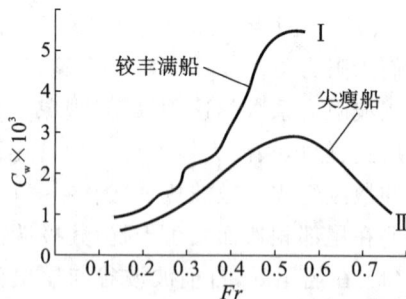

图 6-18　较丰满船与尖瘦船的兴波阻力特点

最后需要说明的是:当航速很高(如 $Fr>0.5$)时,C_w 反而随 Fr 增大而减小,而且也不会再出现峰点,其原因如下。

(1) 当 $Fr>0.5$ 时,兴波波长很大,整个船长范围内只有不足半个波,也即首横波的波谷已落在船尾后面,不可能在尾部与尾横波谷重合而再现不利干扰。

(2) 当 $Fr>0.5$ 时,由于航速很高,此时水的动压力作用显著,船体已开始进入半滑行状

态,从而使兴波阻力减小。

通过以上讨论可知:随着航速的提高,兴波阻力的增长比摩擦阻力和形状阻力的增长快得多,这也正是水面状态下各种阻力成分在总阻力中所占比例随航速不同而不同的主要原因。

6.3.4　附体阻力的变化规律

我们仍然先讨论附体阻力系数 $C_a = \dfrac{R_a}{\frac{1}{2}\rho V^2 \cdot S}$ 的变化规律。由附体阻力产生的原因可知,它与 Re 有关,而且由 C_f 与 C_e 的规律可知,C_a 随 Re 的变化不大,通常认为 $C_a \approx const$,所以附体阻力的变化规律可认为是

$$R_a \propto V^2 \qquad\qquad (6\text{-}32)$$

6.3.5　总阻力的变化规律

如上所述,既然总阻力由多种阻力成分组成,它们所占的比例不同,变化规律也各异,可见很难得出统一的规律,通常可以认为:

$$R_t \propto V^n \qquad (6\text{-}33)$$

显然,指数 n 是变化的,航速低时指数 n 小,航速高时 n 大。但当航速很高(如 $Fr > 0.5$)时,C_w 减小将导致总阻力随航速增大的趋势减缓,也即指数 n 又减小,此时在总阻力曲线上将出现拐点,如图 6-19 所示。

通常认为 n 的范围大致为 $1.8 \sim 3.5$,在航速较低的情况下或在航速变化不大的范围内可以粗略地认为 $R_t \propto V^2$,但这并非普遍规律。

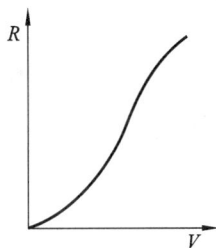

图 6-19　总阻力随航速的变化

6.4　阻力(功率)的计算

6.4.1　船模试验的概念

迄今为止,船舶阻力理论的发展,尚未达到可完全依靠数学解析方法或数值仿真方法来计算阻力的程度。要准确确定(或预报)船舶阻力,目前还得依靠船模试验。

船模试验,就是做一个与实船几何相似(即将实船按一定比例大幅度缩小)的船模,放在专门的船模试验水池(通常为船模拖曳水池)中拖动,并在拖动过程中测定船模等速运动时的阻力。然后,再按相似理论将测得的船模阻力换算成实船的阻力。

关于船模试验水池的具体设备情况、船模的制作和具体试验、换算的方法步骤等,在专门介绍船舶阻力的书中有详细说明,故此处不作详述,必要时可查阅有关书籍。

6.4.2　图谱法的概念

图谱法是一种阻力的近似计算方法,它以船模试验为基础。

图谱法通常只解决光体阻力问题,光体阻力即

$$R_0 = R_f + R_e + R_w \tag{6-34}$$

写成阻力系数的形式:

$$R_0 = \frac{1}{2}\rho V^2 (C_f + C_e + C_w) S \tag{6-35}$$

而弗劳德更进一步假设:

$$C_r = C_e + C_w \tag{6-36}$$

称 C_r 为剩余阻力系数,并认为它只是 Fr 的函数。

这样,对于某一类型的船,使其船形做有规律的变化(称系列变化),例如改变瘦长程度等,制作多个船模(称系列船模)进行系列船模试验;然后按系列试验结果作出 $C_r = f(Fr)$ 的图谱。有了这种图谱,则以后计算同一类型船舶的阻力时,便可从图谱上查到 C_r。至于 C_f,则先按平板计算出雷诺数 $\dfrac{VL}{\gamma}$,然后按 C_f 公式计算即可。

C_r 的图谱当然因船的类型而异,以往已发表不少,如泰勒图谱、方艉图谱等,此处不一一列举。

有了 $C_f + C_r$,剩下的问题即浸湿表面积 S 的计算,S 可根据线型图准确地计算出来,也可以通过近似公式计算。例如,对驱逐舰、护卫舰等高速水面舰船而言:

$$S = K \cdot L^2 \tag{6-37}$$

式中:L——船长,m;

　　K——系数,取决于船体瘦长程度,可由专门图线查得。

以上只是简单地介绍了图谱法的基本思路,至于具体图谱类型、公式和有关曲线的形式、计算方法的细节等,此处也不详加阐述。

6.4.3　海军部系数法

海军部系数法是一种较简便实用的方法,故对此作较深入的讨论。

海军部系数法也是一种近似计算方法,但它计算的不是阻力,而是由阻力引起的功率。

1. 阻力与功率的关系

若舰船在航速为 V(m/s)时受到的阻力为 R(N),则为克服此阻力 R 而维持航速 V 所需提供的功率为 RV,以"马力"(ps)计则为

$$P_E = \frac{R \cdot V}{735} \tag{6-38}$$

式中:P_E——纯粹克服阻力所需的功率,马力(ps),称为有效功率。

有效功率当然由主机来提供,不过主机所发出的功率需经减速装置(也有不经减速而直接传动者)、推力轴承、中间轴承及艉轴套等的摩擦损耗而传至螺旋桨(见图 6-20),最后由螺旋桨的工作而转换成有效功率。

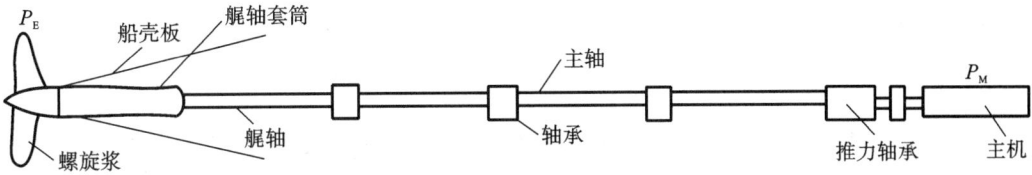

图 6-20　船-机-桨系统

显然,有效功率比主机功率 P_M 小得多,二者的比值称为推进系数,记作 PC:

$$PC = \frac{P_E}{P_M} \tag{6-39}$$

如上所述,推进系数(PC)是由于减速、传动及螺旋桨工作特性等原因而产生的,其间每一环节均有效率问题,详情将在下一章再予以讨论。

2. 海军部系数

定义:

$$C_E = \frac{D^{2/3} V_S^3}{P_E}, \quad C_M = \frac{D^{2/3} V_S^3}{P_M} \tag{6-40}$$

式中:C_E、C_M——海军部系数,二者对应不同的功率;

　　　D——舰船的排水量,t;

　　　V_S——舰船的航速,kn;

　　　P_E、P_M——有效功率与主机功率,均以"马力"(ps)计。

可见,若已知舰船在某航速 V_S 时的 C_E 或 C_M,便可据此算出该船在航速 V_S 下所需的有效功率 P_E 或主机功率 P_M。此法首先为英国海军部所采用,故而得名。

如果将 C_E、C_M 定义式中各物理量的计量单位稍做变换,便不难看出它们的物理意义。

$$D = \rho \nabla$$

式中:ρ——水的密度,t/m³;

　　　∇——船的容积排水量,m³。

$$V = 0.5144 V_S$$

式中:V,m/s;V_S,kn。

$$R = \frac{1}{2} \rho V^2 C_t \cdot S$$

式中:ρ——水的密度,kg/m³;

　　　S——船体浸湿表面积,m²;

　　　C_t——舰船总阻力系数。

将以上关系代入 C_E 的定义式,并取最终 $\rho = 1.025$ t/m³,则可得

$$C_E = 10.8 \frac{\nabla^{2/3}}{S} \cdot \frac{1}{C_t} \tag{6-41}$$

对既定的船体而言,$\dfrac{\nabla^{2/3}}{S} = \text{const}$,由此得

$$C_E \propto \frac{1}{C_t}$$

可见,C_E 反映了舰船阻力性能的优劣。C_E 越大,则阻力性能越好(C_t 越小);反之,C_E 越小,则阻力性能越差(C_t 越大)。

同理可知：

$$C_M \propto \frac{PC}{C_t}$$

可见，C_M 综合反映了舰船快速性能的优劣。C_M 大，说明 PC 大（推进效率高），C_t 小（阻力小）；反之，C_M 小，说明 PC 小（推进效率低），C_t 大（阻力大）。

根据上述 C_E、C_M 的物理意义及相似理论，不难推出：对于实用近似估算，若两艘船的船形类似，且 Re 和 Fr 分别相近，则可认为它们的海军部系数是相等的；对同一艘船而言，则只要它的航速、排水量或主机功率变更不大，则可以认为其海军部系数不变。因此，海军部系数可用于下列各种情况下的估算：

（1）舰船在航行中，当排水量或主机功率有不大的改变时，可用改变前的海军部系数来估计航速的变化；

（2）当舰船的排水量不变而需小量改变航速时，则可用原来的海军部系数来估算所需增减的主机功率；

（3）在根据母型舰设计新舰时，可以取母型舰的海军部系数来估算新舰的航速或所需的主机功率。

类似的问题还可以举出一些。总之，只要海军部系数已知，便可用来估算航速、排水量和主机功率（或有效功率）三者间的小量变化关系。

例题 6-1　某舰设计排水量 $D=4200$ t，最大航速 $V_{Smax}=17$ kn，主机功率 $P_M=8000$ ps。试估算该舰当排水量增大为 4500 t 时可达到的最大航速 V'_{Smax}。

解　首先求出设计状态下的 C_M：

$$C_M = \frac{D^{2/3} V_{Smax}^3}{P_M} = \frac{4200^{\frac{2}{3}} \times 17^3}{8000} = 160$$

然后根据 $C_M=160$ 估算排水量 $D'=4500$ t 时的 V'_{Smax}：

$$V'_{Smax} = \sqrt[3]{\frac{P_M \cdot C_M}{D'^{2/3}}} = \sqrt[3]{\frac{8000 \times 160}{4500^{\frac{2}{3}}}} \text{ kn} = 16.7 \text{ kn}$$

例题 6-2　今欲设计一巡逻艇，排水量为 70 t，要求水下最大航速为 31 kn，试利用海军部系数法估算所需的主机功率 P'_M。

解　首先选择一合适的母型艇。若已知某在役艇与所设计新艇之艇形极其相似，其排水量 $D=75$ t，最大航速 $V_{Smax}=30$ kn，主机功率 $P_M=4000$ ps，于是可算出海军部系数 C_M 为

$$C_M = \frac{D^{2/3} V_{Smax}^3}{P_M} = \frac{75^{\frac{2}{3}} \times 30^3}{4000} = 120$$

根据 $C_M=120$，便可估算出新艇所需的主机总功率 P'_M 为

$$P'_M = \frac{D'^{2/3} V'^3_{Smax}}{C_M} = \frac{70^{\frac{2}{3}} \times 31^3}{120} \text{ ps} = 4217 \text{ ps}$$

由以上的分析及例题可明显地看出：海军部系数法估算的近似程度（或准确性）取决于设计船与母型船的近似程度——包括船形、尺度和航速等方面的近似程度；对同一艘船来说，估算的近似程度取决于排水量、航速和功率变化量的大小。

6.5   阻力的影响因素

舰船阻力是船体与水相互作用的结果,因此其大小受船体与水双方的影响。就船体一方而言,影响阻力大小的主要因素是船形与船体表面的粗糙度;就水一方而言,影响阻力大小的主要因素是海区条件。

6.5.1   船形的影响

船形与阻力的关系极其密切,而且表征船形特点的参数又很多,因此船形对阻力的影响是一个需要进行专题研究的问题,这里仅就船形问题给出一个最基本、最粗略的概念。

由于船体阻力由多种阻力成分组成,而各种舰船的阻力中各阻力成分所占比例不同,加之各种阻力成分与船形的关系各异,因此不同舰船对船形的要求也就各不相同。

就摩擦阻力而言,影响其大小的最重要的船形因素是船体浸湿表面积,因此,为减小摩擦阻力,应使船形尽可能肥满、粗短,以期在同一排水体积下尽量减小浸湿表面积。

就形状阻力而言,对其影响最大的是边界层分离。为此,应使后体有足够的细长度,以减小逆压梯度而防止边界层分离。对于一般中、低速船($Fr<0.35$),通常对后体长度 L_K 和去流角 α_K 有如下要求:

$$L_K \geqslant 4.08\sqrt{A}, \quad \alpha_K < 18°$$

式中:A——中横剖面(浸水部分)面积。

L_K 和 α_K 的意义如图 6-21 所示。

就兴波阻力而言,通常船体越细长,兴波越小,兴波阻力也越小。

综上所述,可见:对以摩擦阻力为主导的低速船而言,船形以粗短丰满为好;对兴波阻力占重要地位的高速船而言,船形以细长为宜,如以 L/B 或 $\psi=L/\sqrt[3]{\nabla}$ 来表示船形的细长程度,则各类舰船的统计值如下。

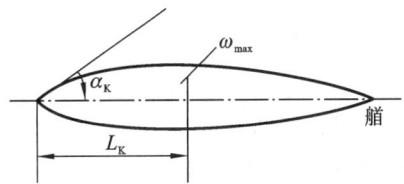

图 6-21 L_K 和 α_K 的意义

(1) 低速船($Fr\leqslant0.2$):$L/B=5.0\sim7.0$ 或 $\psi<7.0$。

(2) 中速船($0.2<Fr\leqslant0.4$):$L/B=6.5\sim8.0$ 或 $\psi=7.0\sim7.5$。

(3) 高速船($Fr>0.4$):$L/B=8.0$ 或 $\psi=8.0\sim9.0$。

6.5.2   表面粗糙度及污底影响

船体表面的粗糙度将影响阻力大小,这并不难想象:普遍性的粗糙度会增大摩擦阻力;局部的凸起会引起该处边界层局部分离而增大形状阻力。因此,在船体建造或修理中要力求保持船体表面光顺、清洁,所有在修造过程中造成的凹陷、焊迹等都要在下水前处理好。

对于使用中的舰船,特别要注意污底的影响。

污底,指舰船下水后,船壳板日久锈蚀和海生物(虫壳和海藻)滋生的现象。污底可使舰船所受阻力增大,航速降低。必须指出,污底影响是相当严重的。据对部分船舶的考察,新船下水六个月后,因污底而增加的总阻力甚至可达10％以上,从而使航速明显降低。所以,新船的测速、试航务必在下水(或出坞)后一个月内进行,否则其阻力将因污底而增加很多,从而影响测试的准确性。

除了下水(出坞)后日期长短外,海生物的滋生情况还与航速、航行区域、在航率、季节,以及舰船是否经常出入淡水港等因素有关。通常,水温越高,盐度越大,航速和在航率越低,则海生物滋生越快,反之则海生物滋生越慢。

污底的防除方法:在船体表面先涂二度防锈漆,再涂一至二度防污漆。防污漆的作用在于:一方面利用其光滑的漆面,使海生物不易附着;另一方面因其含有一定毒素,可使幼小的贝类、海草等死亡。不过,由于污底情况复杂,而防污漆的性能经一定时间便失效,因此污底不能完全避免,为此,舰船必须定期进坞进行清理,铲除船壳表面的附着物,重新涂漆。

6.5.3　浅水影响

以上我们讨论的均系舰船在无限深广的水域中航行时的阻力问题,当航道深广度受到限制时,则阻力将与无限航道的情况不同。针对军用舰艇的应用实际,窄航道的问题不突出,故仅讨论水深受限制的情况——浅水影响。

我国近海大部分水域的深度较小,浅水影响问题经常发生,例如根据我们对某艇的实测结果:该艇在舟山某深水测速场试航时,当航速为20 kn时,据实测结果推算得船体总阻力约为0.165×10⁶ N;当航速为30 kn时,总阻力约为0.306×10⁶ N。而在吴淞口浅水区试航时,当航速为20 kn时,推算得船体总阻力约为0.185×10⁶ N;当航速为30 kn时,推算得总阻力约为0.286×10⁶ N。将在两种水域中不同航速下的船体总阻力相比较可知:当航速为20 kn时,浅水影响使总阻力增大了;而当航速为30 kn时,浅水影响使总阻力减小了。那么,浅水影响究竟是使阻力增大还是减小呢?原因何在?怎样判别浅水影响的存在与否?下面针对这几个问题进行具体分析。

1. 浅水影响的规律

图6-22所示为某驱逐舰船模试验结果,图中采用了英制单位:纵坐标为船模阻力(lb);横坐标为速长比,其中L为船长(ft,1 ft＝0.3048 m),V为航速(kn)。船模的长、宽和吃水分别为12.33 ft、1.35 ft和0.32 ft;方形系数$C_B＝0.435$。曲线1为深水(水深$h＞10$ ft)情况下的船模阻力曲线;曲线2为浅水(水深$h＝1.97$ ft)情况下的船模阻力曲线。

由图6-22可见,当航速较低时,深、浅水的阻力差别极小,即并不显示浅水影响。随着航速的增大,浅水阻力逐渐大于深水阻力,且这种影响越来越显著。当航速增大到某一数值(例如对应于图上$\dfrac{V}{\sqrt{gh}}\approx1.0$)时,浅水影响达到最大程度。以后随着航速的进一步增大,浅水影响逐渐减小,在达到某一航速后,浅水阻力反而小于深水阻力。

为清晰起见,我们可按图6-22中深、浅水阻力的差值来作图,并以水深弗劳德数$Fr_h＝\dfrac{V}{\sqrt{gh}}$为横坐标,则图6-22可转换成图6-23所示形式。

另外,还采用该船模在多种水深条件下进行了试验,结果如图6-24和图6-25所示。

综合以上试验结果,可以看出浅水对阻力的影响规律如下:

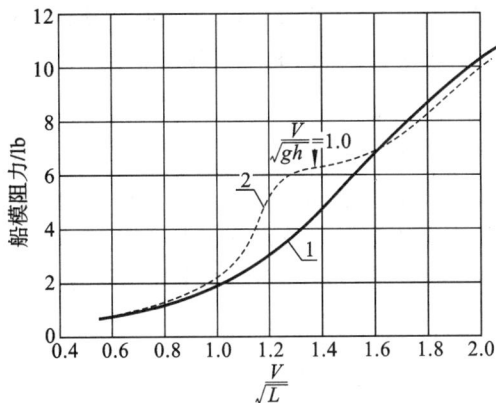

图 6-22 某驱逐舰船模试验结果

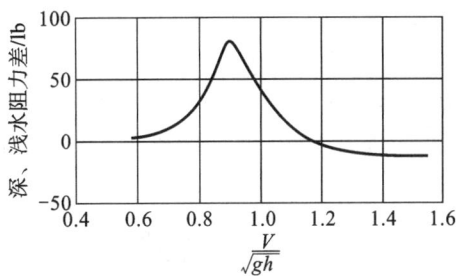

图 6-23 阻力差与水深弗劳德数的关系

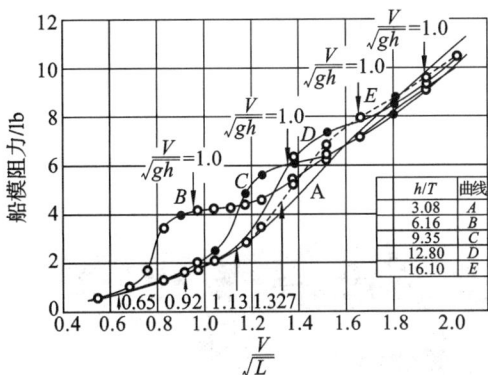

图 6-24 多种水深条件某驱逐舰船模试验结果

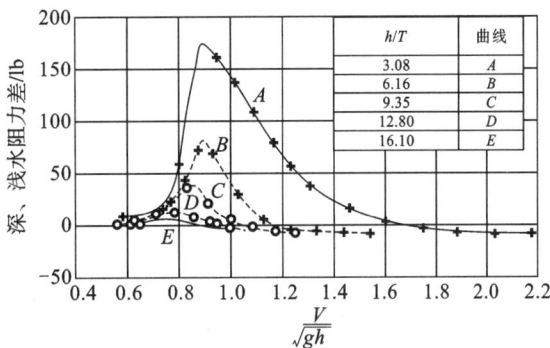

图 6-25 多种水深条件阻力差与水深弗劳德数的关系

(1) 当 $V/\sqrt{gh} \leqslant 0.6$ 时,无浅水影响;

(2) 当 $V/\sqrt{gh} > 0.6$ 时,出现浅水影响,且浅水影响随 $V/\sqrt{gh}$ 的增大逐渐加剧;

(3) 当 $V/\sqrt{gh} = 1.0$ 时,浅水影响达到最大程度;

(4) 当 $V/\sqrt{gh} > 1.0$ 时,浅水影响随 $V/\sqrt{gh}$ 的增大逐渐减弱,且在 $V/\sqrt{gh}$ 大于某一定值后,使 $R_h < R_\infty$;

(5) h/T 越小,浅水影响越严重。

由此可见,浅水并非就水深的绝对值而言,而是与 Fr_h 和 h/T 有关。同一水深,对航速低、吃水浅的船而言可以算深水,而对航速高、吃水深的船可能就成了浅水。

2. 浅水影响的产生原因

浅水影响的产生原因之一:浅水的阻塞作用,与深水情况相比,提高了水与船体的相对速度,从而增大了摩擦阻力。

浅水影响的产生原因之二:水与船体相对速度的提高,使船体周围的压力相对减小,且增大了纵向压力梯度 $\left(\dfrac{\partial p}{\partial x}\right)$;加之边界层厚度的影响,船体周围压力的相对减小在尾部表现尤甚,从而使形状阻力增大。

浅水的最大影响乃在于其对兴波情况的改变。当 $V/\sqrt{gh} < 0.6$ 时,船体兴波与深水时

相同,即保持兴波图形不变,如图 6-26(a)所示;当 $V/\sqrt{gh} > 0.6$ 时,散波逐渐靠向船舶运动方向的垂直方向(即散波角 α 增大),使兴波范围逐渐扩大,从而增大了兴波阻力;当 $V/\sqrt{gh} > 0.9$ 时,散波急剧靠向船舶运动方向的垂直方向,如图 6-26(b)所示;当 $V/\sqrt{gh} = 1.0$ 时,散波呈船舶运动方向的垂直方向而与横波合成为首尾两个巨大的横波,如图 6-27 所示,使兴波阻力突增至一极大值;当 $V/\sqrt{gh} > 1.0$ 时,由于浅水波的传播速度不能超越 $\sqrt{gh}$,因此横波不能随船前进,仅有散波束随船前进,且散波束的散波角随航速的提高而减小,如图 6-26(c)所示,故此时兴波阻力反而因横波消失而降低,且因散波角的进一步减小而低于深水阻力。

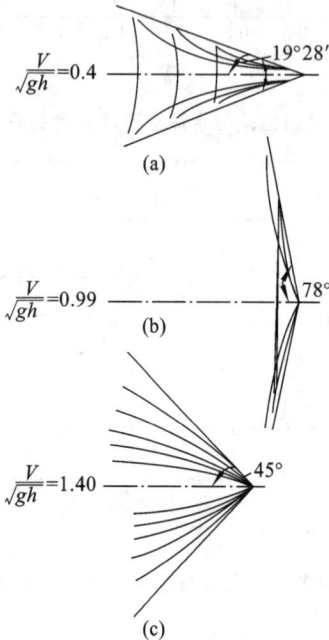

图 6-26　兴波与水深的关系

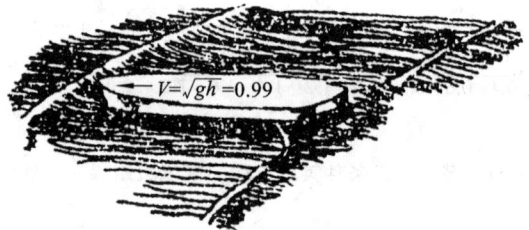

图 6-27　首尾横波叠加

　　根据上述浅水影响的产生原因,也就不难对浅水影响的规律做出解释。

　　鉴于在 $V/\sqrt{gh} = 1.0$ 前后其兴波情况不同,从而使浅水影响的规律各异,因此通常将 $V = \sqrt{gh}$ 这一速度称临界速度,而把 $V < \sqrt{gh}$ 的这一范围称亚临界速度范围;把 $V > \sqrt{gh}$ 的这一范围称为超临界速度范围。

3. 浅水影响的判别与估算

　　根据上述浅水影响规律,似乎只要按 $Fr_h = \dfrac{V}{\sqrt{gh}}$ 是否大于 0.6 便可判定有无浅水影响,其实不然。首先,$Fr_h > 0.6$ 这个判据并不适用于所有船型,对于形状比较丰满的船,往往当 $Fr_h > 0.4$ 时便出现浅水影响;其次,浅水影响的大小尚与相对水深 h/T 有关,只要 h/T 足够大,则即使 Fr_h 较大,也不致出现明显的浅水影响。因此,很难找出一个适用于一切船型的浅水影响判据。国际上曾先后发表过一些不产生浅水影响的最小水深要求的判据,部分如下。

　　美国:

$$h/T > 10V/\sqrt{L}$$

式中:$V/\sqrt{L}$ ——速长比,V 为航速,kn;

　　　　L ——船长,ft。

日本：

$$h > 3\sqrt{BT} \ \text{或} \sqrt{A_m}/h < 0.32$$

式中：A_m——最大横剖面面积。

法国（巴黎水池）：

$$h > 100 \ \text{m} \ \text{或} \ h > 10T$$

德国（汉堡水池）：

$$h > 5T$$

第 12 届国际拖曳水池会议推荐最小水深按以下两公式取较大值：

$$\begin{cases} h > 3\sqrt{BT} \\ h > 2.75V^2/g \end{cases}$$

显然，上述诸公式计算结果不尽相同，以美国和第 12 届国际拖曳水池会议推荐的最小水深判据为例，根据对某些舰船的计算结果，为避免浅水影响而要求的水深差别如表 6-3 所示。

表 6-3   为避免浅水影响而要求的水深差别

船型		潜艇	驱逐舰	护卫舰	万吨货轮
$Fr_h = V/\sqrt{gL}$		0.3	0.57	0.507	0.231
公式	$h/T > 10V/\sqrt{L}$	51.7	76.6	52.7	70.6
	$h > 3\sqrt{BT}$ 或 $h > 2.75V^2/g$	19.0	107.1	69.0	41.7

可见，不同类型的船宜采用不同的判据。近年来，我国也有一些单位开展了这方面的研究，并曾在有关刊物或专门会议上发表过一些判据、公式，但尚未得到普遍认可，故此处不一一列举。

关于浅水影响的估算方法则比较少见。苏联学者阿普赫金曾发表过可兼用于各种速度范围的估算浅水中航速损失的图谱，如图 6-28 所示，但此图也不适用于一切船型。

总之，对浅水影响的判别和估算尚有待深入研究。

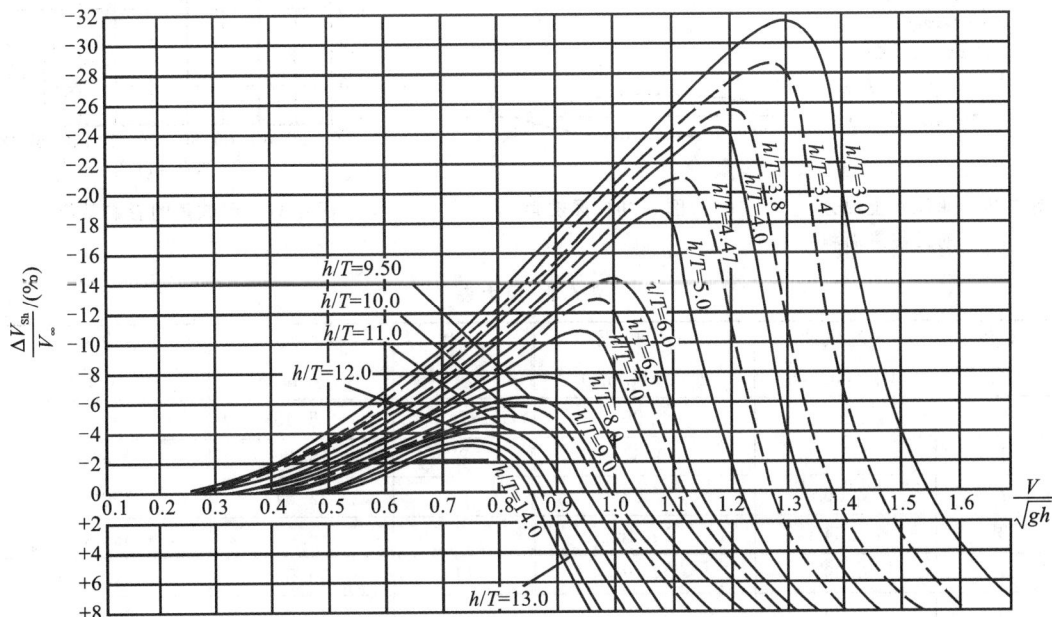

图 6-28   用于各种速度范围的估算浅水中航速损失的图谱

6.5.4　风浪影响

1. 风的影响

在 6.2 节中已提到船在受到水阻力的同时,还会受到空气阻力(也称风阻力)的作用,不言而喻,在有风的情况下,空气阻力也会改变,其大小可按下式计算:

$$R_{aa} = C_a \cdot \frac{1}{2} \rho_a A_T (V + kV_a)^2 \tag{6-42}$$

式中:R_{aa}——空气阻力,N;

　　　ρ_a——空气密度,通常可取 $\rho_a = 1.225 \text{ kg/m}^3$;

　　　A_T——船体水上部分的正投影面积,m^2,参见图 6-29;

　　　V——航速,m/s;

　　　V_a——风速,m/s,参照表 6-4 选取;

　　　k——风舷角 q(见图 6-30)的影响系数,参见图 6-31;

　　　C_a——空气阻力系数,对于一般水面舰艇可取 $C_a = 0.3 \sim 0.5$。

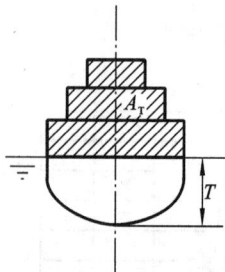

图 6-29　船体水上部分
的正投影面积

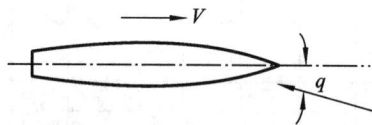

图 6-30　风舷角

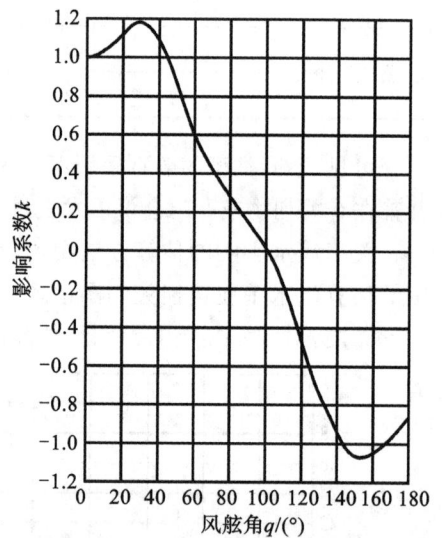

图 6-31　风舷角的影响系数

表 6-4　风力表

风力级别	平均风速 $V_{10}/(\text{m/s})$	平均风压 $P_{10}/(\text{N/m}^2)$	风力级别	平均风速 $V_{10}/(\text{m/s})$	平均风压 $P_{10}/(\text{N/m}^2)$
0	0	0.00	7	15.48	183.65
1	0.836	0.54	8	18.92	274.20
2	2.36	4.28	9	22.57	390.43
3	4.34	14.46	10	26.44	535.57
4	6.69	34.30	11	30.50	712.85
5	9.35	66.93	12	34.75	925.51
6	12.29	115.64			

图 6-31 是通过试验而绘制的。可见空气阻力在风舷角为 25°～30°时最大,这是因为此时船体水上部分侧投影面积大,线型不好。

如将空气阻力系数 C_a 换算成与船体总阻力系数相应的形式,即

$$C_{aa} = \frac{R_{aa}}{\frac{1}{2}\rho V^2 S} \tag{6-43}$$

将式(6-42)代入式(6-43)便可得

$$C_{aa} = \frac{C_a \rho_a}{\rho} \frac{A_T}{S} \left(1 + \frac{kV_a}{V}\right)^2 \tag{6-44}$$

对于一般水面战斗舰艇,也可粗略地取:

$$C_{aa} = (0.05 \sim 0.10) \times 10^{-3}$$

作为粗略估算,也可取 $R_{aa} = (2\% \sim 4\%)R_0$(即取光体阻力的 2%～4%)。

2. 波浪的影响

此处所说的波浪影响,乃指风的作用使水面产生波浪,从而使舰船在这种水面上航行时产生摇摆运动,导致阻力增加。注意切勿将此处的波浪与舰船在静水中航行时自身兴起的波浪相混淆。

舰船在波浪中航行时阻力的影响因素复杂,它与舰船的形状(尤其是首部的线型)、主尺度、航速,以及波长、波高等诸多因素有关。目前,对波浪中的附加阻力只能进行粗略的估算。一般情况下,波浪中的附加阻力 ΔR_w 可写成如下形式:

$$\Delta R_w = C_{\Delta w} \cdot \frac{1}{2}\rho V^2 S \tag{6-45}$$

式中: $C_{\Delta w}$——附加阻力系数,可按下式估算。

$$C_{\Delta w} \approx 0.3 \frac{h}{L}(1 - \cos\psi_s)\left(1 + \frac{0.4}{Fr}\sqrt{\frac{\lambda}{L}}\right)^2 \tag{6-46}$$

式中: ψ_s——首部水线进角(相对于中纵剖面);

　　 L——船长;

　　 Fr——弗劳德数, $Fr = \dfrac{V}{\sqrt{gL}}$;

　　 λ——波长;

　　 h——波高。

λ 和 h 的估算值可参照表 6-5 选取。

表 6-5　各种风速下的波浪要素

风速/(m/s)	6	8	10	12	14	16
波长/m	38	57	77	98	122	145
波高/m	2.8	3.7	4.5	5.4	6.4	7.2

6.6　潜艇阻力

潜艇与水面舰船同属水中航行体,其阻力应遵循水中航行体阻力的一般规律。但潜艇的

艇形、任务使命与水面舰船有所不同,需对其阻力性能进行一些补充说明。

6.6.1　潜艇阻力特性

潜艇的航行状态可分为水面航行状态、水下航行状态和通气管航行状态(近水面航行状态)。

潜艇在水面航行时的阻力成分及其随航速的变化规律与常规水面舰船基本上是相同的,只是潜艇水线以上部分受风面积很小,空气阻力所占比例较水面舰船更小,仅占总阻力的 1% 以下,通常可忽略不计。另外,潜艇的附体较水面舰船多,附体阻力所占比例较水面舰船大,一般占总阻力的 15%～35%,老式潜艇附体阻力所占比例更大。潜艇还存在流水孔阻力,对该项阻力有两种处理方法:计入摩擦阻力粗糙度附加中或计入阻力附加中。若按前一种处理方法,则潜艇的 ΔC_f 取值与水面舰船也不同,取为

$$\Delta C_f = \begin{cases} 0.6 \times 10^{-3}, & \text{水面} \\ (1.2 \sim 1.4) \times 10^{-3}, & \text{水下} \end{cases} \tag{6-47}$$

如 ΔC_f 中不计流水孔阻力,则取为

$$\Delta C_f = \begin{cases} 0.4 \times 10^{-3}, & \text{水面} \\ 0.6 \times 10^{-3}, & \text{水下} \end{cases} \tag{6-48}$$

潜艇在水下航行时,当潜深大于 1/2 艇长时可不计兴波阻力,此时潜艇的阻力成分只含黏性阻力和附体阻力(流水孔阻力计入 ΔC_f),各阻力所占总阻力比例分别为:摩擦阻力约占80%,其中粗糙度附加约占 30%,形状阻力约占 5%,附体阻力约占 15%。深水下航行潜艇各阻力成分占总阻力的比例如图 6-32 所示。各阻力随航速的变化规律与水面舰船相同,但由于潜艇水下阻力成分及其所占比例与水面舰船不同,故其水下总阻力随航速的变化规律较为简单,可近似认为

$$R_t \propto V^n, n = 1.9 \sim 2.0 \tag{6-49}$$

或粗略地认为

$$R_t \propto V^2 \tag{6-50}$$

关于水下阻力还需说明的是,尽管潜艇水下阻力不含兴波阻力,但其总阻力有可能比潜艇水面总阻力大;另外,提高潜艇水下航速是各国长期研究的课题,现代潜艇的水下航速通常为18～20 kn,更高的可达 22～25 kn。潜艇相对水的速度称为静水速度,相对岸的速度称为技术速度,讨论潜艇阻力特性时,所提潜艇速度均指静水速度。

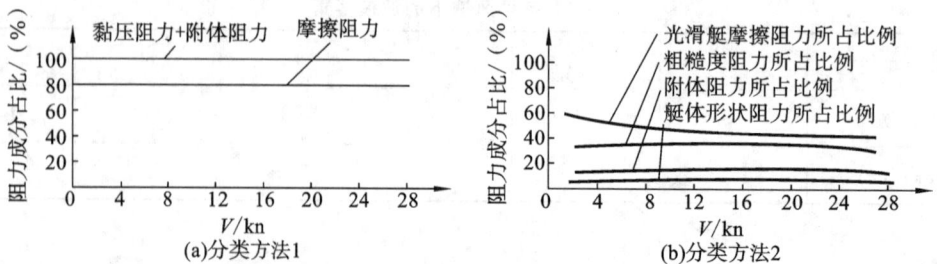

图 6-32　深水下航行潜艇各阻力成分所占比例

潜艇近水面航行时存在兴波阻力,习惯将潜艇的该项阻力称为兴波阻力附加,记作 ΔR_w,此时潜艇的总阻力等于水下航行阻力加 ΔR_w。ΔR_w 通常由模型试验确定:用带附体的潜艇模型进行近水面阻力试验与深水下阻力试验,从近水面阻力中扣除深水下阻力即得 ΔR_w。ΔR_w 是随潜深而变化的。图 6-33 给出了近水面运动的回转体兴波阻力随潜深与弗劳德数变化的规律。该图能定性反映潜艇 ΔR_w 随潜深与弗劳德数变化的规律。相关文献据线性兴波阻力理论研究了近水面回转体阻力随潜深和弗劳德数变化的规律,发现 ΔR_w 占相当大的比例,且其随潜深和航速变化呈现出较为复杂的变化规律,其中兴波阻力的变化规律与图 6-33 所给结果类似。另外,由上所述可知,潜艇会出现最大阻力的航行状态是近水面航行状态。

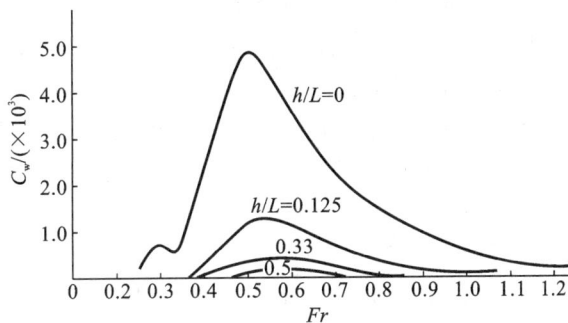

图 6-33　C_w 曲线随相对潜深的变化

6.6.2　潜艇阻力确定方法

水面或近水面航行潜艇的阻力确定方法大致与水面舰船相同,由于估算潜艇水面或近水面阻力的图谱很少,故确定潜艇水面或近水面阻力更多地借助于模型试验结果。

现代潜艇航行状态以水下航行状态为主,其水下阻力的预报更受关注。工程中确定潜艇光体水下摩擦阻力仍采用 6.3.1 小节中的计算公式,确定潜艇光体水下其他阻力的常用方法有经验公式法、图谱法和模型试验法,而确定水下附体阻力主要采用模型试验法。

光体水下形状阻力系数可采用巴普米尔公式估算:

$$C_e = 0.09 \frac{A_m}{S} \sqrt{\frac{A_m^{1/2}}{2L_r}} \qquad (6-51)$$

式中:A_m——最大横剖面面积;

　　　L_r——去流段长度,即最大横剖面到尾端的纵向距离。

光体水下形状阻力系数也可据 L/B 与 C_e 之间的关系按表 6-6 近似确定。

表 6-6　L/B 与 C_e 之间的关系

L/B	6	8	10	12
C_e	0.89×10^{-3}	0.52×10^{-3}	0.28×10^{-3}	0.12×10^{-3}

光体水下阻力也可采用模型试验法确定,此时剩余阻力中只有形状阻力,可按 C_e 为常数或 $C_e = KC_f$ 两种方法换算得实船阻力。

对于水下附体阻力,可从带附体艇模的阻力试验值中扣除光体艇模阻力试验值而得附体阻力模型试验值,再换算得实船附体阻力;也可以根据带全附体艇模试验值直接换算得出实艇的阻力,该方法的实质是将附体阻力计入剩余阻力,由模型剩余阻力换算得实船剩余阻力,再求出实船总阻力。另需说明的是,根据模型试验结果预报实艇阻力时,实艇航速与艇模航速无对应关系。

6.6.3　艇形对阻力的影响

下面简要讨论艇形对水下阻力的影响。光体水下阻力为摩擦阻力、形状阻力和粗糙度附加。了解水下阻力的成分是分析艇形对水下阻力影响的切入点。

在排水量一定的情况下,对水下阻力影响最大的艇形参数是 L/D,D 是回转体艇形的最大直径,L/D 也称为长径比。L/D 增大则浸湿表面积 S 增大,而 C_f、C_e 减小,ΔC_f 保持不变。但 L/D 对 S 的影响大于对 C_f 的影响,故 L/D 增大,R_f 是增大的。当 L/D 小于某个值时,L/D 增大对 C_e 的影响大于对 S 的影响,这时 R_e 是减小的;而当 L/D 大于该值时,C_e 随 L/D 增大而减小的趋势很平缓,L/D 增大对 S 的影响大于对 C_e 的影响,R_e 反随 L/D 增大而增大。

当排水量和 L/D 都已确定时,排水量沿船长的分布就是对水下阻力影响最大的因素了,排水量沿船长的分布与棱形系数 C_P、浮心纵向位置关系密切。定性地说,前体较为饱满、后体较为瘦削的水滴形艇形对减小阻力有利,因为在排水量、L/D 一定的条件下,前体饱满有利于减小 S,后体瘦削可减小形状阻力系数 C_e,亦即可以增大式(6-51)中的 L_r。

当然艇形设计是相当复杂的工程项目,实际的艇形不会仅从减小水下阻力的角度去设计,需综合考虑使用功能及其他性能。如艇形与流噪声就有密切的关系,流噪声是潜艇自噪声的重要声源,减小流噪声对提高潜艇声呐的探测距离有重要的意义。

习　　题

6-1　两舰船航速为 18 kn 时所需主机功率均为 7500 ps,排水量分别为 $D_1=4000$ t,$D_2=4200$ t,试讨论哪种舰船快速性好。

6-2　试述摩擦阻力、形状阻力、兴波阻力的产生原因。

6-3　试以代数表达式表示阻力分类方法,并说明各种阻力的含义。

6-4　试述高速、中速、低速划分方法,以及低速船、高速船各种阻力成分在总阻力中所占比例的大致情况。

6-5　写出 C_f、C_e、C_w 的定义式与函数表达式,据此说明形状阻力、摩擦阻力、兴波阻力随航速变化的规律。

6-6　解释 C_w 与 Fr 的关系曲线出现峰与谷的原因。

6-7　绘图说明船舶兴波的有利干扰与不利干扰状态。

6-8　试述总阻力随航速变化规律,作出总阻力曲线(即总阻力随航速变化的曲线),并说明总阻力的主要影响因素。

6-9　说明高速水面舰船与低速运输船的船形特征,并从阻力的角度加以解释。

6-10　试述浅水影响的主要物理机制,并据此说明浅水对阻力影响的规律。

6-11　说明判别浅水影响的方法。

6-12　某护卫舰满载排水量 $D_1=1195.5$ t,航速为 20 kn 时有效功率为 2425 ps,该舰超载至排水量为 $D_2=1305$ t 时,试求:

（1）保持 20 kn 航速所需的有效功率；

（2）保持有效功率为 2425 ps，相应航速的变化。

6-13　某船排水量增加 20%，而速度维持不变，试求必须增加的主机功率百分数。

6-14　某高速炮艇，正常排水量 $D=125$ t，现将火炮改装为导弹，排水量增至 142.5 t，试求各种航速下艇阻力增大的百分比。

6-15　两舰船航速分别为 19 kn、18 kn，所需主机功率均为 7500 ps，排水量分别为 $D_1=4000$ t，$D_2=4200$ t，试讨论哪种舰船快速性好。

6-16　某护卫舰最大设计航速为 32 kn，吃水 $T=3.10$ m。建造完工后在水深 $h=40$ m 的测速场进行交船试航，试航中测得最大航速为 31 kn，试分析产生上述结果的原因，并说明处理方法。

第7章 舰船推进器

舰船在水面或水下航行时将受到水对其运动的阻力,为使舰船能保持一定的速度向前航行,必须供给舰船一定的推力(或拉力),以克服其所遭受的阻力。作用在舰船上的推力是依靠能源(例如人力、风力以及各种类型的发动机)而产生的,但是仅有能源还不能直接产生推力,故在舰船上还需要设有专门的装置或机构,把能源(发动机)发出的功率转变为推动舰船前进的功率,这种专门的装置或机构统称为舰船推进器,例如风帆、明轮、螺旋桨,等等。

快速性是舰船重要的航行与战术技术性能,为了保证舰船具有良好的快速性,舰船不仅要有良好的舰体线型、效能好的动力装置,而且还必须配上效能高的推进器。舰船推进器效能的好坏,不仅影响舰船的快速性,而且影响舰船的机动性、隐蔽性,等等。

本章主要讨论普通螺旋桨的几何形状、敞水螺旋桨与船后螺旋桨的工作特性、螺旋桨的空泡特性,以及舰船的航行特性等内容。鉴于近年来特种螺旋桨和新型喷水推进器的应用有增加的趋势,对这类推进装置也作一简要介绍。至于潜艇螺旋桨,其水下噪声特性尤为重要,有些几何参数和工作特性与水面舰船也有所区别;此外,其航速性分析、计算要考虑的工况与水面舰船也有所不同,其余诸如工作原理、水动力学特性等与水面舰船基本一致。本章对潜艇螺旋桨的特点也作简要介绍。如未指明,本章所称螺旋桨均指普通螺旋桨。

本章目的

主要讨论螺旋桨的工作特性。

本章内容

螺旋桨能产生推力的基础是它的特殊几何形状,而螺旋桨产生推力、消耗主机功率的基本原理是讨论敞水螺旋桨与船后螺旋桨的工作特性、螺旋桨的空泡特性,以及舰船的航行特性等特性的基础。因此,本章先讨论普通螺旋桨的几何形状,以此为基础,分析螺旋桨产生推力、消耗主机功率的基本原理;然后,讨论敞水螺旋桨与船后螺旋桨的工作特性、螺旋桨的空泡特性,以及舰船的航行特性等内容。

本章核心内容可归结如下。

(1)螺旋桨的几何特征及螺旋桨图:螺旋桨各部分名称,桨叶的几何构成,螺旋桨图及主要几何参数。

(2)螺旋桨基本工作原理及特性:螺旋桨产生推力、消耗主机功率的基本原理,螺旋桨敞水水动力性能的规律。

(3)螺旋桨与船体的相互作用:船后螺旋桨与船体的相互影响,船后螺旋桨性能计算。

(4)应用螺旋桨性能检查图线进行舰艇航速性分析:在各种工作条件下,舰船航速与螺旋桨(或主机)转速及相应的主机功率之间的关系。

(5)螺旋桨的空泡现象:桨叶空泡的成因,空泡对螺旋桨水动力性能的影响。

本章重点与难点

(1) 螺旋桨的几何特征;
(2) 螺旋桨基本工作原理及特性;
(3) 船后螺旋桨性能计算;
(4) 桨叶空泡的成因及其对螺旋桨水动力性能的影响。

本章关键词

螺旋桨,桨叶,几何特征,螺旋桨基本工作原理,机翼理论,推力,阻力矩,伴流,推力减额,船后螺旋桨性能,舰船航速性分析,空泡现象。

7.1　螺旋桨的几何特征及螺旋桨图

7.1.1　螺旋桨各部分名称

螺旋桨由桨毂、桨叶两部分构成(见图 7-1)。桨毂是具有一定锥度(通常为 1/15～1/10)的截头锥体,其大小常以毂径 d_K 及毂长 l_K 表示。桨叶固接在桨毂上,桨叶数目(以 Z 表示)为 2～7 不等,最常见的是 3～5 叶螺旋桨。从船首看,直接看到的桨叶表面称为叶面(又称压力面),另一面为叶背(又称吸力面);桨叶与桨毂的连接处称为叶根,桨叶的外端称为叶梢。螺旋桨正车旋转时桨叶边缘的前面一边称为导边,另一边称为随边。

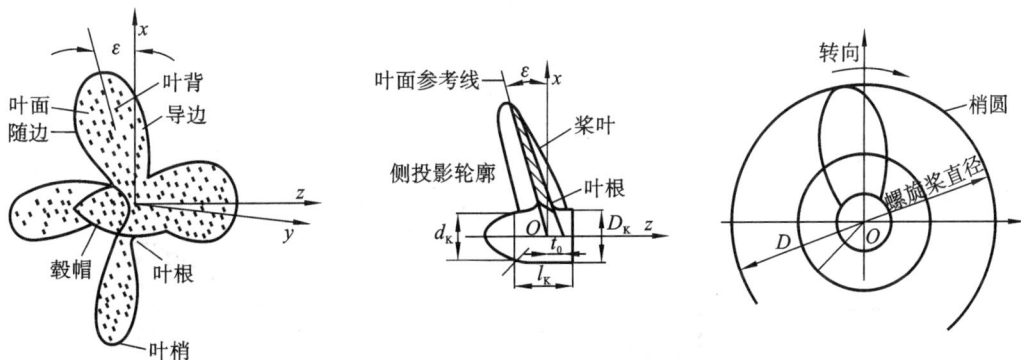

图 7-1　螺旋桨各部分名称

螺旋桨原地旋转时由叶梢所描绘的圆形轨迹称为梢圆,此圆的直径即螺旋桨直径,以 D 表示。梢圆的面积称为螺旋桨的圆盘面积,以 A_d 表示:

$$A_d = \frac{\pi}{4} D^2 \tag{7-1}$$

7.1.2　桨叶的几何构成

1. 螺旋线和螺旋面

为了清楚地了解螺旋桨的几何特征,有必要先介绍一下螺旋面的形成及特点。线段 ABC

（见图 7-2(a)）一方面绕轴线 O-O' 旋转，另一方面沿 O-O' 轴线往下移动，这样 ABC 所形成的空间轨迹就成为一个螺旋面，由线段 BC 所形成的部分螺旋面称为螺旋带，线段 ABC（或 BC）称为螺旋面（带）的母线，O-O' 轴称为螺旋面（带）的轴线。在母线上的任一点，就在以相应的半径所构成的圆柱表面上运动，其所构成的空间曲线称为螺旋线。例如 B 点（距离轴线 r_1）和 C 点（距离轴线 r_2），在圆柱表面上分别构成半径为 r_1 的螺旋线 BB' 和半径为 r_2 的螺旋线 CC'。因此，螺旋面（带）也可看作无数不同半径的螺旋线的组合。

2. 螺距、螺距角和螺距三角形

母线旋转一周，其轴向移动的距离称为螺旋面（线）的螺距，以 H 表示。

如果把螺旋线所在的圆柱表面以平面 $ACC'A'$ 切开，并展平在纸面上，那么螺旋线就变成某直角三角形斜边（见图 7-2(b)）。在母线的两种运动均为匀速运动时，此三角形斜边表现为直线，底边是螺旋线所在圆柱面的周长 $2\pi r$，而高等于螺旋线的螺距 H，通常将此三角形称为螺距三角形，角 ν 称为螺距角，显然存在如下关系：

$$\tan\nu = \frac{H}{2\pi r} \tag{7-2}$$

由式(7-2)可见，对 $H(r)$ 为常数的螺旋面，其螺距角随圆柱表面所在半径增大而减小。

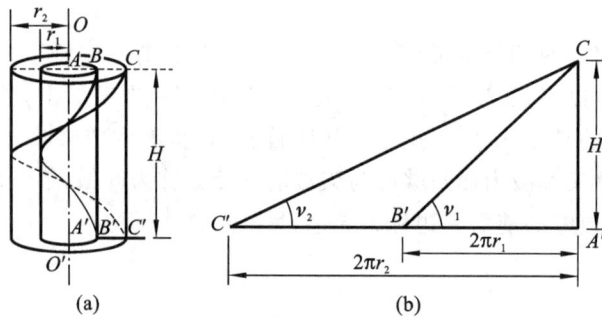

图 7-2 螺旋面及螺旋桨

如图 7-3 所示，构成桨叶叶面的螺旋面的螺距就称为螺旋桨的几何螺距，也以 H 表示。H/D 称为螺距比，是螺旋桨的重要几何参数。螺旋面的轴线即螺旋桨的轴线。

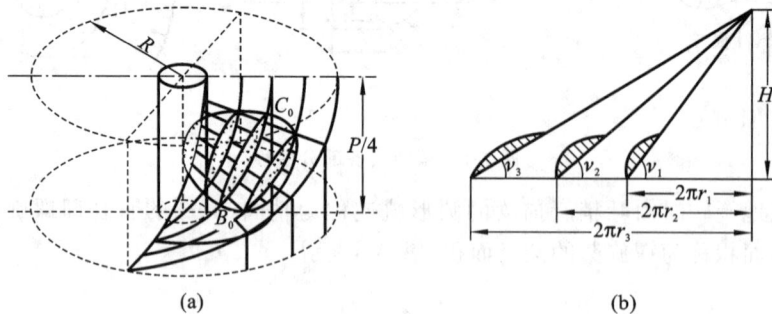

图 7-3 桨叶构成

螺旋面与螺旋线

3. 螺旋桨旋向

螺旋桨正车旋转时，由船尾向船首看，其旋转方向为顺时针者称为右旋桨；反之则为左旋桨。装于船尾两侧的螺旋桨，在正车旋转时，右舷桨右旋而左舷桨左旋者称为外旋桨；反之则为内旋桨。

右旋螺旋桨桨叶叶面由右旋螺旋面构成,左旋螺旋桨桨叶叶面由左旋螺旋面构成。要判断一个具体的螺旋桨是右旋或左旋,可用如下方法:

将螺旋桨平放于地面,如图 7-4 所示,人站在桨的旁边看,若靠近人的那个桨叶的右边缘高而左边缘低,该桨为右旋桨;反之则为左旋桨。

(a) 右旋桨　　　　　　　　　(b) 左旋桨

图 7-4　左右旋的判别

4. 叶切面

若以与螺旋桨同轴的圆柱面与桨叶相截,则圆柱面与桨叶叶面的交线为螺旋线段,圆柱面与桨叶的截交面习惯上称为桨叶的横切面(或简称为叶切面)。将不同半径的圆柱面与桨叶相截得到的不同半径处的叶切面展平并叠在一起,其螺距三角形(叶切面)如图 7-3(b)所示,叶切面的螺旋角 ν 随圆柱表面所在半径增大而减小。

螺旋桨叶切面的主要类型如图 7-5 所示。表征叶切面几何特征的主要参数是最大厚度 t、宽度 b、最大厚度在宽度上的位置 X_m、平均线的拱度 f,以及它们与宽度 b 的相对比值 $\delta = t/b$(即相对厚度)、$\delta_C = f/b$(即相对拱度)、$\overline{X}_m = \dfrac{X_m}{b}$ 等。

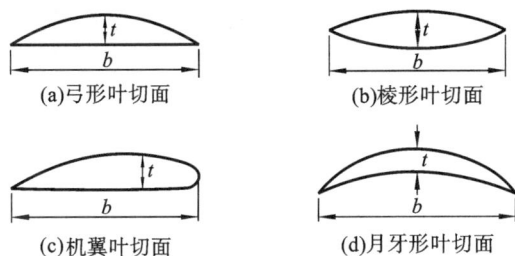

(a)弓形叶切面　　　　　　　　　(b)棱形叶切面

(c)机翼叶切面　　　　　　　　　(d)月牙形叶切面

图 7-5　螺旋桨叶叶切面的主要类型

5. 伸张外形

如果把不同半径处的叶切面平行地旋转至相应半径处,并用一光滑曲线连接各切面的导边及随边,就得出桨叶的伸张外形,如图 7-6(a)所示。

由于螺旋面不能被准确地展成一平面,因此桨叶的真实面积也难以计算,通常就以桨叶伸张外形所包围的平面面积作为桨叶的面积,称为桨叶伸张面积。所有桨叶伸张面积之和为螺旋桨的桨叶面积,以 A 表示。A 与 A_d 之比值 A/A_d 称为螺旋桨的盘面比,也是螺旋桨的重要几何参数。

螺旋桨桨叶的伸张外形有两类——对称型与非对称型,如图 7-6(b)所示,后者也称为侧斜桨。

7.1.3　螺旋桨图及主要几何参数

螺旋桨图完整地表示了螺旋桨的几何形状、尺寸和构造,是制造和检验螺旋桨的依据。一

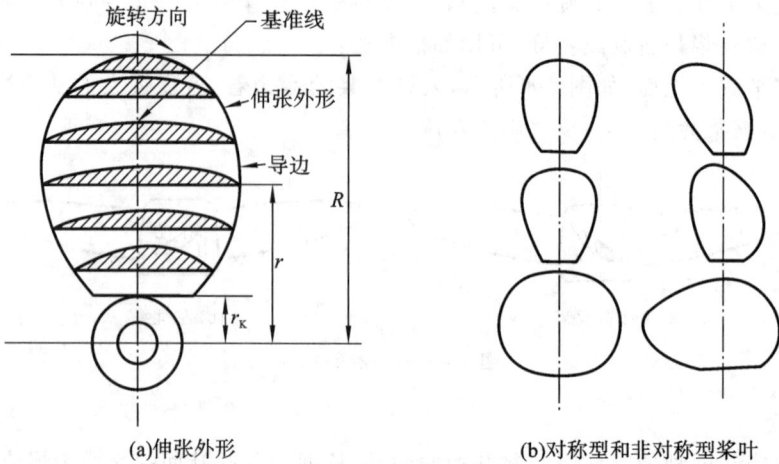

(a)伸张外形　　　　　　　　(b)对称型和非对称型桨叶

图 7-6　桨叶伸张外形

般包括总图及各种叶切面的详图。典型的螺旋桨总图如图 7-7 所示,图上包括正视图、侧视图、伸张外形图三组图。正视图表示出桨叶的数目、旋向、正投影轮廓等。伸张外形图表示出一片桨叶的伸张外形、若干半径处的叶切面主要特征,以及各切面最大厚度处在叶宽上的位置等。侧视图表示出桨叶的侧投影外形及桨叶的纵切面。习惯上,桨的纵切面对桨毂来说是真实剖面,而对桨叶来说只是表明形成桨叶叶面的母线的形状和它与桨轴线的关系,并表示出各半径叶切面最大厚度在半径方向的分布,而不是真实的剖面。螺旋桨总图上还应注上各种必要的结构尺寸(含桨毂),并列出专门的数据表格以表明螺旋桨的主要几何参数,它们通常包括:

(1) 直径 D,m;

(2) 毂径 d_K,m;

(3) 叶数 Z;

(4) 螺距 $H(r)$,m;

(5) 伸张面积 A,m^2;

(6) 螺距比 H/D;

(7) 盘面比 A/A_d;

(8) 毂径比 d_K/D;

(9) 叶切面类型;

(10) 旋向。

此外,还包括制造材料和其他技术要求等。

7.2　螺旋桨基本工作原理及特性

本节将讨论螺旋桨产生推力、消耗主机功率的基本原理,并说明螺旋桨水动力性能的规律,它是我们理解许多实际问题的基础。

通常螺旋桨是在船尾流场中工作的,螺旋桨与船体、舵之间存在相互影响,为了简化问题,弄清基本原理,这一节我们先介绍孤立螺旋桨的性能,或称螺旋桨敞水性能,即假定单独一只螺旋桨在原来静止的无限宽水域中一边前进一边旋转时的水动力性能。下一节再讨论螺旋桨

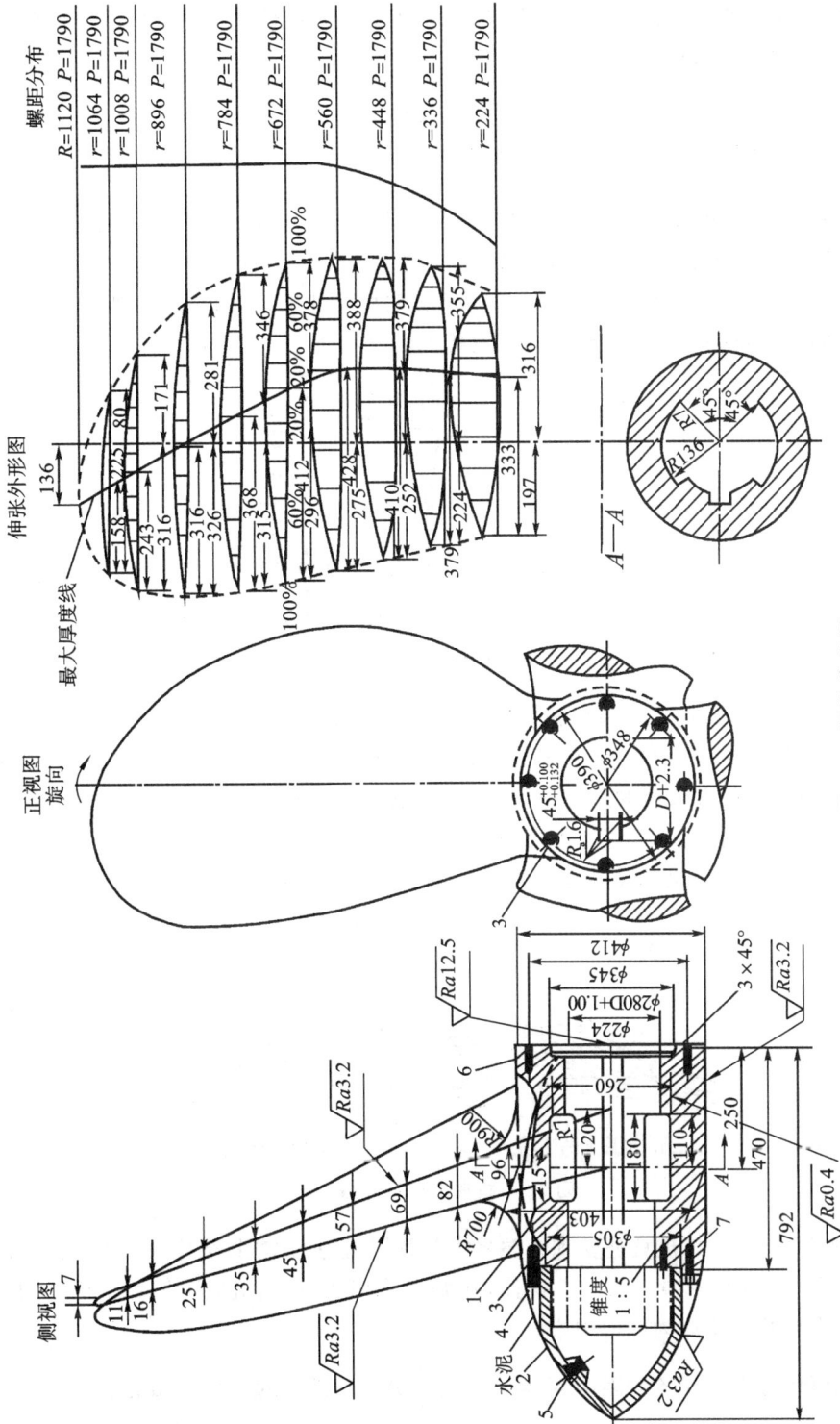

图 7-7　螺旋桨总图

1—螺旋桨；2—毂帽；3—半光小六角头螺栓；4—橡皮；5—圆柱头螺钉；6—螺孔（对称布置）；7—制动螺钉的螺孔

与船体间的相互影响(即船后螺旋桨性能问题)。

　　螺旋桨的工作是靠桨叶打水来完成的,而每一片桨叶相当于飞机的一片机翼,只不过机翼运动比较单纯而螺旋桨桨叶的运动比较复杂一些,因此在讨论螺旋桨的工作原理与性能之前,先简要了解一下机翼的流体动力作用和特性。

7.2.1　机翼水动力作用及特性

　　设有一机翼,翼展为 l,翼弦长为 b,以匀速 V 和某一不大的攻角 α_K(攻角指切面弦线与运动方向之间的夹角)在静止的流体中做直线运动,如图 7-8(a)所示。为研究方便,运用运动转换原理,视机翼为静止不动而水流以均匀的速度 V 向机翼冲来,如图 7-8(b)所示,这种转换就流体对机翼的作用力而言,对计算结果是没有影响的。

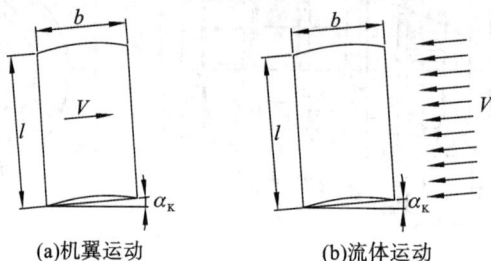

(a)机翼运动　　　　　　　(b)流体运动

图 7-8　机翼运动及其转换

　　当流体以速度 V 和攻角 α_K 流向机翼时,在机翼下表面(翼面)流速降低,而上表面(翼背)的流速增加。根据流体力学的伯努利定理,翼面的流体压力将较远前方来流的压力大,而翼背上的流体压力将较远前方来流的压力小,所以翼面也称压力面,翼背也称吸力面,如图 7-9(a)所示。这样,翼面和翼背上就形成压力差,这种压力差的合力构成方向向上的升力 Y(或称举力),如图 7-9(b)所示。飞机起飞并在空中飞行而不下跌即依靠这种升力。

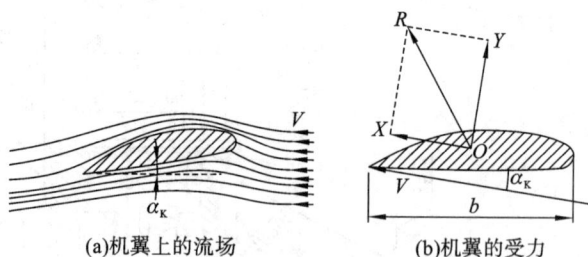

(a)机翼上的流场　　　　　　(b)机翼的受力

图 7-9　机翼上产生升力

　　实际流体存在黏性,故机翼还受到摩擦阻力与黏压阻力的作用,统称为翼型阻力,用 X 表示,它作用在平行于来流速度的方向。这样,升力 Y 和阻力 X 就组成了作用于机翼的总的流体动力 R,R 的作用点 O 称为压力中心。

　　根据理论和试验,升力 Y 和阻力 X 与动压力 $\frac{1}{2}\rho V^2$ 及机翼的面积 S 成正比,即

$$Y = C_y \cdot \frac{1}{2}\rho V^2 S \tag{7-3}$$

$$X = C_x \cdot \frac{1}{2}\rho V^2 S \tag{7-4}$$

或写成

$$C_y = \frac{2Y}{\rho V^2 S} \tag{7-5}$$

$$C_x = \frac{2X}{\rho V^2 S} \tag{7-6}$$

式中：C_y——升力系数(亦称举力系数)；

C_x——阻力系数；

ρ——流体密度，kg/m^3；

V——流速，m/s；

S——机翼面积，即 bl，m^2；

b——翼弦长；

l——翼展。

阻力系数 C_x 与升力系数 C_y 之比称为阻升比，以 ε 表示：

$$\varepsilon = \frac{C_x}{C_y} \tag{7-7}$$

也就是阻力与升力之比。ε 愈小，机翼性能愈好；ε 最小值所对应的攻角称为最佳攻角，以 α_{opt} 表示。

若压力中心 O 到导边的距离为 d，则

$$C_d = \frac{d}{b} \tag{7-8}$$

称为压力中心系数。

试验和理论研究结果证明：C_x、C_y、C_d、ε 之值随机翼的展弦比($\lambda = l/b$)、剖面类型及相对厚度 δ、相对拱度 δ_C，以及攻角 α_K 而变。对几何形状一定的某个机翼来说，C_x、C_y、C_d 只随攻角 α_K 而变。C_x、C_y 和 α_K 的典型关系如图 7-10 所示。从图中可看出：

(1) 升力系数 C_y 随攻角 α_K 的增大而增加，在攻角较小的范围内，二者基本上呈直线关系。当攻角大到某一极限角 α_{KP} 后 C_y 反而下降，这是由于攻角过大，流线遭到破坏，翼背上产生了涡流。

(2) 当 $\alpha_K = 0$ 时，C_y 并不等于零，而是等于某一正值，也就是当水流顺着翼剖面弦线方向冲向机翼时，升力 Y 并不等于零而仍有一定大小，这是由翼型拱度造成的。当水流顺着某一负攻角 α_0 冲向机翼时 C_y 达到零，通常将此来流方向称为翼型的无升力方向，如图 7-11 所示，α_0 称为零攻角，α_0 可按下式近似计算：

$$\alpha_0 = C_0 \delta_C \tag{7-9}$$

式中：δ_C——剖面平均线的相对拱度；

C_0——比例系数，随机翼剖面类型而异，对于普通机翼剖面 $C_0 = 90$，对于弓形剖面 $C_0 = 100$。

(3) 阻力系数 C_x 也随 α_K 而变，在零攻角前后达到最小且变化比较平缓，但随着攻角的增大而迅速增大。一般来说阻力系数 C_x 要比升力系数 C_y 小得多。

(4) 图 7-10 上未作出 C_d 随 α_K 而变的曲线，通常压力中心 O 随 α_K 的增加而稍向后移动，在一般攻角条件下，$C_d = 0.20 \sim 0.30$。

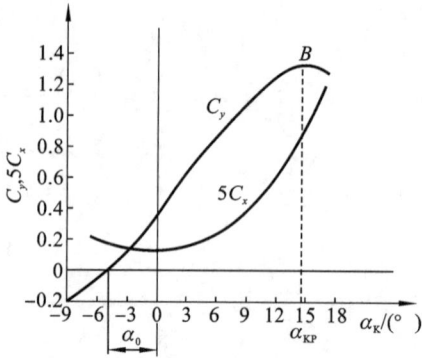

图 7-10 C_x、C_y 和 α_K 的关系

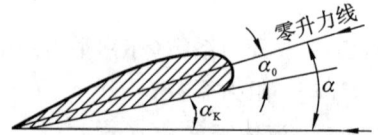

图 7-11 零攻角

7.2.2 螺旋桨运动及水动力分析

下面讨论螺旋桨一边前进一边旋转时产生推力和吸收主机功率的原因。

螺旋桨由几个桨叶构成,每一桨叶的作用可以看作无数叶元体作用的总和。叶元体,指以半径 r 和 $r+dr$ 的圆弧所截取的一小块桨叶,如图 7-12(a)所示。叶元体可以看作以某一半径 r 处桨叶截面为剖面,以 dr 为翼展的一小块机翼,如图 7-12(b)所示,为了弄清桨叶上所受的水动力,应当首先分析桨叶的运动。

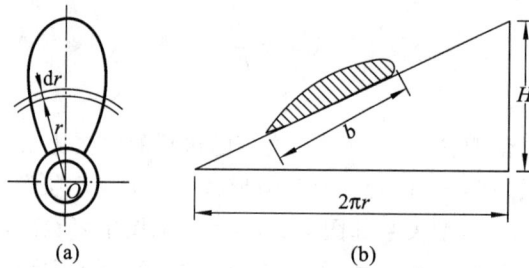

图 7-12 叶元体

设螺旋桨在原本静止的水中一方面以轴向前进速度 V_P(m/s)向前运动,一方面由主机带着以角速度 ω($\omega=2\pi n$,n 为螺旋桨每秒钟转数)旋转,其中轴向前进速度 V_P 简称为螺旋桨进速。应用运动转换原理,设桨叶原地不动,而流体以进速 V_P 由前方向桨叶冲来,并按与螺旋桨转向相反的方向,以角速度 ω($\omega=2\pi n$)旋转。这时,对于在 r 半径处的叶元体而言(见图7-12),流体是以进速 V_P(与轴线平行)及圆周方向的线速度 $\omega r=2\pi rn$(称为切向速度,其方向与轴线相垂直)向叶元体冲来。其合速度为

$$V_0=V_P+\omega r$$

此 V_0 对叶元体切面的攻角为 α_K,与切向速度的夹角为 β(称为进角);以 V_P、ωr 及 V_0 为边的三角形称为叶元体的速度三角形,如图 7-13 所示。这样 r 半径处的叶元体就相当于来流速度为 V_0、攻角为 α_K 的一小块机翼。

实际上原来静止的水,由于受到桨叶的拨动,将产生运动,这种运动的速度可以分成两个分量。其一是轴向分量,称为轴向诱导速度,它的方向是从桨前流向桨后,它的大小是由桨前远处为零逐渐增大,在桨后远处达到最大值,设在桨后的轴向诱导速度最大值是 u_a,则在桨叶

处为 $u_a/2$。其二是沿圆周切线方向的分量,称为切向诱导速度,它的方向与螺旋桨的旋转方向是一致的,设在桨后的切向诱导速度达到 u_t,则在桨叶处为 $u_t/2$。因此,考虑桨叶拨水作用产生的诱导速度后,r 处叶元体的速度三角形应改为如图 7-14 所示的速度多角形。此时冲向叶元体的来流合速度 $\boldsymbol{V}$ 为

$$\boldsymbol{V} = \boldsymbol{V}_P + \boldsymbol{\omega} r + u_a/2 + u_t/2$$

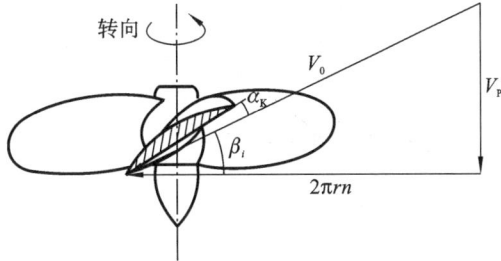

图 7-13　速度三角形

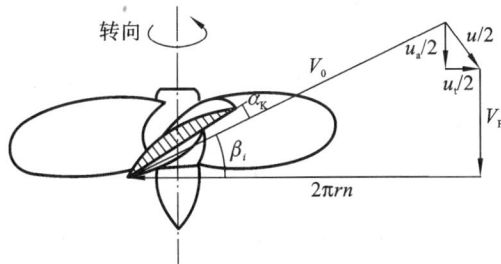

图 7-14　速度多角形

$\boldsymbol{V}$ 对叶元体的攻角为 α_K,角 β_i 称为水动力螺距角。

这样,应把半径 r 处的叶元体看作来流速度为 $\boldsymbol{V}$、攻角为 α_K 的一块机翼。通常诱导速度 $u_a/2$、$u_t/2$ 相对于 $\boldsymbol{V}_P + \boldsymbol{\omega} r$ 是小量,在用理论方法计算螺旋桨的性能时要考虑它们的影响。本书不涉及诱导速度的影响,而以图 7-13 所示的叶元体速度三角形来代替图 7-14 所示的叶元体速度多角形,以定性分析说明叶元体所受的流体动力及其规律。

如前分析所得,当螺旋桨在静止的水中一边以进速 V_P 前进,一边以 $\omega = 2\pi n$ 旋转时,在 r 半径处的叶元体的运动受力相当于来流速度为 $\boldsymbol{V}$、攻角为 α_K 的一小块机翼,其翼展方向尺寸为 $\mathrm{d}r$。根据机翼的水动力特性,此时有升力 $\mathrm{d}Y$ 和阻力 $\mathrm{d}X$ 作用,$\mathrm{d}Y$ 的方向垂直于 V 方向且向上,$\mathrm{d}X$ 的方向与 V 的方向平行,并与来流方向一致,如图 7-15 所示。这两个力的作用方向既不与螺旋桨轴线平行,也不与轴线垂直。将 $\mathrm{d}Y$ 分解为与轴线平行的轴向分量 $\mathrm{d}P_Y = \mathrm{d}Y\cos\beta_i$ 和与轴线相垂直的切向分量 $\mathrm{d}F_Y = \mathrm{d}Y\sin\beta_i$,将 $\mathrm{d}X$ 分解为与轴线平行的轴向分量 $\mathrm{d}P_X = \mathrm{d}X\sin\beta_i$ 和与轴线相垂直的切向分量 $\mathrm{d}F_X = \mathrm{d}X\cos\beta_i$。不难看出,轴向分量之和即叶元体所受到的流体在轴线方向的作用力,也就是叶元体所产生的推力元,以 $\mathrm{d}P$ 记之,即有

$$\mathrm{d}P = \mathrm{d}P_Y - \mathrm{d}P_X = \mathrm{d}Y\cos\beta_i - \mathrm{d}X\sin\beta_i = \mathrm{d}Y\cos\beta_i(1 - \varepsilon\tan\beta_i) \tag{7-10}$$

而切向分量之和即流体阻止叶元体旋转的阻力元,记作 $\mathrm{d}F$,即有

$$\mathrm{d}F = \mathrm{d}F_Y + \mathrm{d}F_X = \mathrm{d}Y\sin\beta_i + \mathrm{d}X\cos\beta_i = \mathrm{d}Y\sin\beta_i(1 + \varepsilon/\tan\beta_i) \tag{7-11}$$

由于此阻力元作用于离螺旋桨轴中心线的距离为半径 r 的叶元体,故流体对螺旋桨的阻力矩元(转矩元)$\mathrm{d}M$ 为

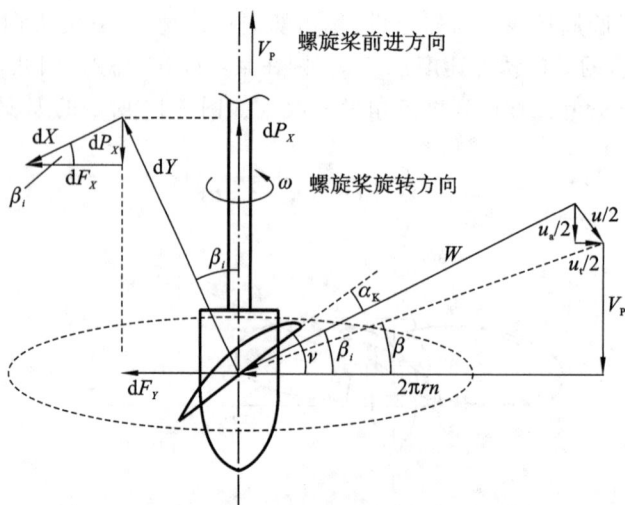

图 7-15　叶元体速度-力关系

$$dM = r \cdot dF = r dY \sin\beta_i (1 + \varepsilon_s/\tan\beta_i) \tag{7-12}$$

下面讨论叶元体的效率。叶元体效率的定义:叶元体所做的有效功率与其所需吸收(消耗)的功率之比。显然,叶元体所做的有效功率是推力元×进速(即 $dP \cdot V_P$),而它所需吸收的功率则是阻力矩元×旋转角速度(即 $dM \cdot \omega$)。叶元体效率用 η_{pr} 表示,则有

$$\eta_{pr} = \frac{dP \cdot V_P}{dM \cdot \omega} \tag{7-13}$$

式(7-10)、式(7-11)、式(7-12)中 $\varepsilon = dX/dY$ 是桨叶元体的阻升比。

为了分析螺旋桨效率的组成,将式(7-10)和式(7-12)代入式(7-13),并注意到图 7-15 中有如下关系:

$$\tan\beta = \frac{V_P}{\omega r} \tag{7-14}$$

$$\tan\beta_i = \frac{V_P + u_a/2}{\omega r - u_t/2} \tag{7-15}$$

则有

$$\eta_{pr} = \frac{dP \cdot V_P}{dM \cdot \omega} = \frac{\tan\beta}{\tan\beta_i} \cdot \frac{1 - \varepsilon\tan\beta_i}{1 + \dfrac{\varepsilon}{\tan\beta_i}} \tag{7-16}$$

或

$$\eta_{pr} = \frac{V_P}{V_P + \dfrac{u_a}{2}} \cdot \frac{\omega r - \dfrac{u_t}{2}}{\omega r} \cdot \frac{1 - \varepsilon\tan\beta_i}{1 + \dfrac{\varepsilon}{\tan\beta_i}} \tag{7-17}$$

由上述式(7-17)可见,叶元体的效率(也反映了整个螺旋桨效率的组成)由三个因子组成,其中:

第一项 $\eta_a = \dfrac{V_P}{V_P + \dfrac{u_a}{2}} < 1$,反映了螺旋桨打水造成原来静止的水流得到一个轴向诱导速度 u_a 而带来的能量损耗,称为轴向诱导效率。

第二项 $\eta_t = \dfrac{\omega r - \dfrac{u_t}{2}}{\omega r} < 1$，反映了螺旋桨桨叶旋转打水造成原来静止的水流得到一个圆周切向诱导速度 u_t 而带来的能量损耗，称为周向诱导效率。

这两个因子相乘得到的 $\eta_i = \eta_a \cdot \eta_t = \tan\beta / \tan\beta_i$ 也称为诱导效率（或称理想效率）。它说明即使螺旋桨在无黏性的理想流体中工作也会有能量消耗，因为桨叶要打水，使原来静止的水得到诱导速度，增加了水的动能，这部分能量被流过螺旋桨的水带走而成为螺旋桨工作时的能量损失。

第三项 $\eta_\varepsilon = \dfrac{1 - \varepsilon \tan\beta_i}{1 + \varepsilon / \tan\beta_i} < 1$，称为叶元体的结构效率，它反映了由于实际流体有黏性，使得 $\varepsilon = \dfrac{\mathrm{d}X}{\mathrm{d}Y} \neq 0$ 而产生的能量损耗。显然 ε 愈大这部分的损失也就愈大。

对整个桨叶从叶根到叶梢所有半径 r 处的叶元体进行上述类似的分析，则整个螺旋桨的推力将为

$$P = Z \int_{r_K}^{R} \mathrm{d}P \tag{7-18}$$

而整个螺旋桨的阻力矩（转矩）为

$$M = Z \int_{r_K}^{R} \mathrm{d}M \tag{7-19}$$

式中：Z——叶数；

r_K——桨毂半径，$r_K = \dfrac{d_K}{2}$；

R——螺旋桨的半径，$R = \dfrac{D}{2}$。

整个螺旋桨的效率以 η_P 表示，按定义为

$$\eta_P = \frac{螺旋桨所做的有效功率}{螺旋桨所需吸收的功率} \tag{7-20}$$

显然，螺旋桨所做的有效功率为 $P \cdot V_P$，而螺旋桨所需吸收的功率为 $M \cdot \omega$，因此

$$\eta_P = \frac{P \cdot V_P}{M \cdot \omega} = \frac{P \cdot V_P}{M \cdot 2\pi n} \tag{7-21}$$

螺旋桨需吸收的功率通常称为螺旋桨的收到功率，若以"马力"计，则称为收到功率，记作 DHP，则：

$$\mathrm{DHP} = \frac{M \cdot \omega}{735} = \frac{M \cdot 2\pi n}{735} \tag{7-22}$$

按螺旋桨效率的定义，收到功率也可用下式计算：

$$\mathrm{DHP} = \frac{P \cdot V_P}{735 \cdot \eta_P} \tag{7-23}$$

上述公式中的量及其单位：推力 P，N；进速 V_P，m/s；阻力矩 M，N・m；n 为螺旋桨转速，r/s；收到功率 DHP 为米制马力。

7.2.3 螺旋桨推力、阻力矩随螺旋桨进速、转速变化的规律

下面进一步讨论几何形状一定的螺旋桨所产生的推力 P 及阻力矩 M 与其运动参数（V_P

及 n）的关系。

　　首先要指出，在这里我们要研究的是螺旋桨本身的水动力特性，即螺旋桨的敞水性能。我们认为螺旋桨的进速 V_P 及转速 n 是两个相互独立的变量，实际上这也是可能的，因为螺旋桨在水中的运动与螺钉在固定螺母中的运动不一样：若螺钉的螺距为 H，则每转一周它在螺母中的前进距离必为 H，若每秒 n 转，则进速等于 Hn；而螺旋桨是在水中运动的，它每旋转一周所前进的距离可以大于、小于或等于它的螺距，也即它的进速 V_P 可以大于、小于或等于 Hn。例如舰船处于系泊状态或开车启航的时候，主机带着螺旋桨转起来了，但进速为零；或者把螺旋桨刹住而把舰船拖至各种速度前进也是可以的。

　　下面讨论既定的螺旋桨所产生的推力 P 与阻力矩 M 随进速 V_P 及转速 n 的变化规律，即螺旋桨的水动力性能。

　　对既定的螺旋桨，其水动力性能可以通过螺旋桨的模型试验或理论计算得到，螺旋桨的敞水模型试验一般在拖曳式船模试验水池中进行，利用专门的螺旋动力仪进行测试，动力仪放在敞水箱内，其结构原理如图 7-16 所示。

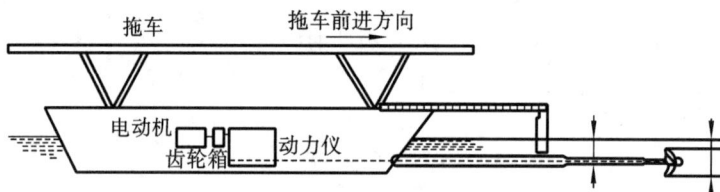

图 7-16　敞水模型试验结构原理

　　敞水箱与拖车固定连接，由拖车拖动前进。螺旋桨模型装在敞水箱前面的轴上，叶背朝前，动力仪上有直流电动机 M_1 通过传动装置带动螺旋桨转动。试验时螺旋桨一边前进，一边转动。进速由拖车控制，转速由电动机 M_1 控制，然后测量螺旋桨的推力 P 及阻力矩 M。试验通常采用两种方法进行：①保持桨模的转速 n 不变，改变进速；②保持进速不变，改变转速。典型的试验变化曲线如图 7-17 所示。

　　由图 7-17 可见，一定转速下螺旋桨的推力 P、阻力矩 M 均随其进速 V_P 增大而下降。当 $V_P=0$ 时 P 和 M 达到最大值，而当 V_P 大到一定程度时 P 及 M 相继减小直到等于零，V_P 继续增大时 P 及 M 变成负值。

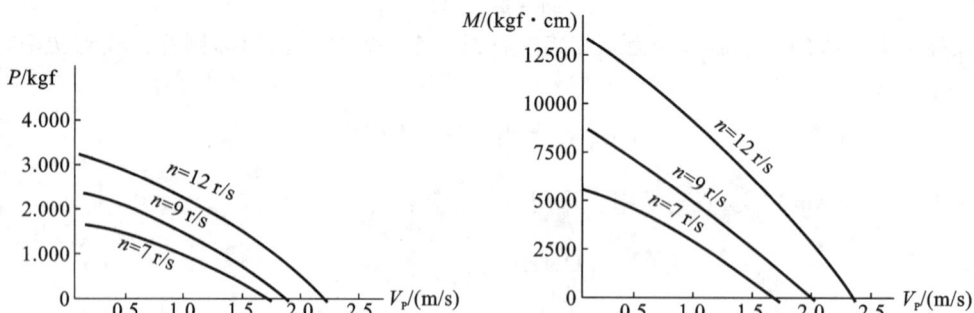

图 7-17　典型的试验变化曲线

（注：1 kgf≈9.8 N）

　　螺旋桨推力 P、阻力矩 M 的这种变化规律可以由其基本工作原理得到解释。为此作出螺旋桨某一代表叶元体（通常取 $r=0.7R$ 处的叶元体作为螺旋桨的代表叶元体）速度三角形，如图 7-18 所示。显然，当 n 一定而 V_P 增大时，如图 7-18（a）所示，叶元体来流速度 V 改变不大但攻角明显下降,因此作用于叶元体上的升力 dY 及阻力 dX 均下降,从而推力、阻力矩均下降。而当 V_P 一定而 n 增大时,如图 7-18(b)所示,叶元体来流速度 V 及攻角 α_K 均增大,所以 dY、dX 增大,导致推力、阻力矩增大。

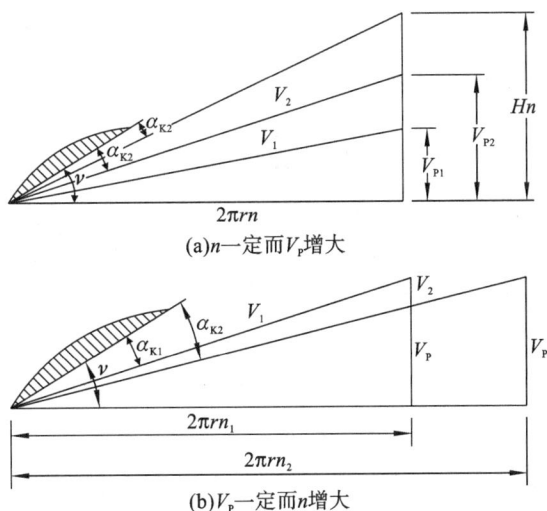

(a)n 一定而 V_P 增大

(b)V_P 一定而 n 增大

图 7-18　V_P、n 改变的影响

7.2.4　螺旋桨敞水性征曲线

为了应用方便,螺旋桨模型的敞水试验结果——推力、阻力矩与进速、转速的关系,通常用一些无因次系数表达。应用最广泛的是如下一些无因次系数。

推力系数:

$$K_1 = \frac{P}{\rho n^2 D^4} \tag{7-24}$$

阻力矩系数:

$$K_2 = \frac{M}{\rho n^2 D^5} \tag{7-25}$$

进速系数:

$$\lambda_P = \frac{V_P}{nD} \tag{7-26}$$

式中:P　　螺旋桨推力,N;

　　　M——螺旋桨阻力矩,N·m;

　　　ρ——水的密度,kg/m³;

　　　n——螺旋桨转速,r/s;

　　　V_P——螺旋桨的进速,m/s;

　　　D——螺旋桨的直径,m。

(注:也有许多书上用符号 K_T、K_Q、J 来分别表示推力系数、阻力矩系数及进速系数。)

由螺旋桨敞水效率 η_P 的定义式(7-21)及上面 K_1、K_2、λ_P 的定义式,不难导出如下关系式:

$$\eta_P = \frac{K_1}{K_2} \cdot \frac{\lambda_P}{2\pi} \tag{7-27}$$

通常我们将螺旋桨每转一周所前进的距离称为螺旋桨的进程,并用 h_P(m)表示,即

$$h_P = \frac{V_P}{n} \tag{7-28}$$

因此,进速系数 $\lambda_P = \frac{V_P}{nD} = \frac{h_P}{D}$ 是进程与直径之比,故 λ_P 也称为相对进程,它表示了螺旋桨的运动特征。它与叶元体来流的进角 β(见图 7-15)存在如下关系:

$$\tan\beta = \frac{V_P}{2\pi rn} = \frac{1}{\pi x}\lambda_P \tag{7-29}$$

式中:x——叶元体的相对半径,$x = r/R$。对一定位置(x 一定)的叶元体而言,λ_P 越大 β 愈大,则叶元体攻角 α_K($\alpha_K = \nu - \beta$,定性讨论,略去诱导速度)愈小,故推力系数、阻力矩系数下降。典型的 K_1、K_2 和 η_P 随 λ_P 而变化的曲线如图 7-19 所示,这组曲线通常称为螺旋桨敞水性征曲线或简称为性征曲线。

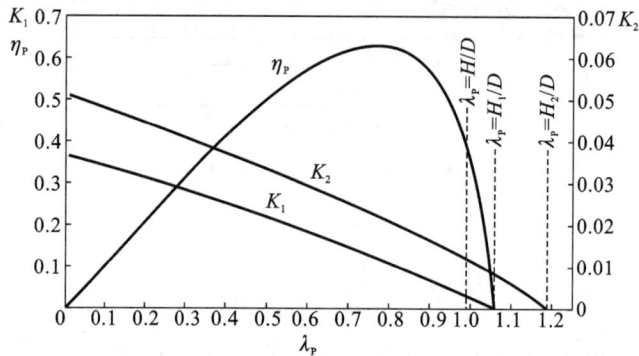

图 7-19　螺旋桨性征曲线

由图 7-19 可见,当 $\lambda_P = 0$(即 $\beta = 0$)时,K_1、K_2 最大;随 λ_P 增大(即 β 增大),K_1、K_2 均下降;当 λ_P 大到一定的程度时,相继出现 $K_1 = 0$ 和 $K_2 = 0$ 的情况;λ_P 继续增大,则 K_1、K_2 为负值。$K_1 = 0$、$K_2 = 0$ 这两种工况下叶元体速度三角形及受力情况分别如图 7-20、图 7-21 所示。

如图 7-20 所示,$K_1 = 0$ 的工况下 V_P 相对于 n 很大,以致来流速度 V 的方向接近于叶元体零升力方向,此时升力 dY 很小,而翼型阻力 dX 仍有一定大小,结果 dP_Y 和 dP_X 正好相互抵消,叶元体推力 $dP = dP_Y - dP_X = 0$,这时对螺旋桨的阻力 $dF > 0$。整个螺旋桨推力等于零的工况称为零推力工况。达到这种工况的进程,对于既定的螺旋桨是一定的,称为螺旋桨的零推力螺距(或称为实效螺距),以 H_1(m)表示,H_1/D 称为零推力螺距比或实效螺距比。即

$$(\lambda_P)_{K_1=0} = \left(\frac{h_P}{D}\right)_{K_1=0} = \frac{H_1}{D} \tag{7-30}$$

如图 7-21 所示,$K_2 = 0$ 的工况下 V_P 相对于 n 达到更大值,以致来流进角大于叶元体零升力角,此时 dY 和 dX 所产生的 dF_Y 和 dF_X 正好相互抵消,而对叶元体旋转的阻力 $dF = dF_Y - dF_X = 0$,因此流体对叶元体旋转的阻力矩 $dM = rdF = 0$,这时螺旋桨的推力 $dP < 0$,推力元与桨前进的方向相反。此种工况称为螺旋桨的零阻力矩工况。此时的进程称为零阻力矩螺距,以 H_2(m)表示。H_2/D 称为零阻力矩螺距比,即$(\lambda_P)_{K_2=0} = H_2/D$。通常螺旋桨正常工作时进速系数的范围为 $0 \leqslant \lambda_P \leqslant H_1/D$,此时螺旋桨将产生正推力,吸收阻力矩。

螺旋桨的敞水效率 η_P,可按式(7-27)由 K_1、K_2、λ_P 计算。η_P 随 λ_P 的变化曲线如图 7-19 所

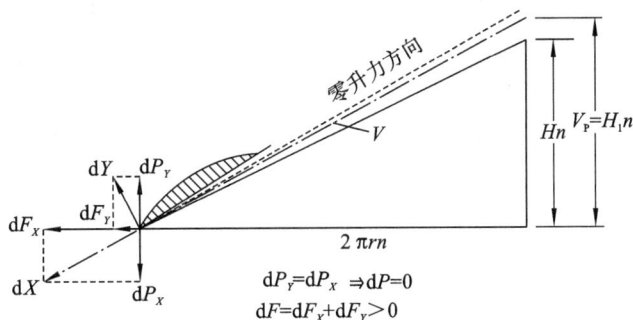

图 7-20　零推力工况

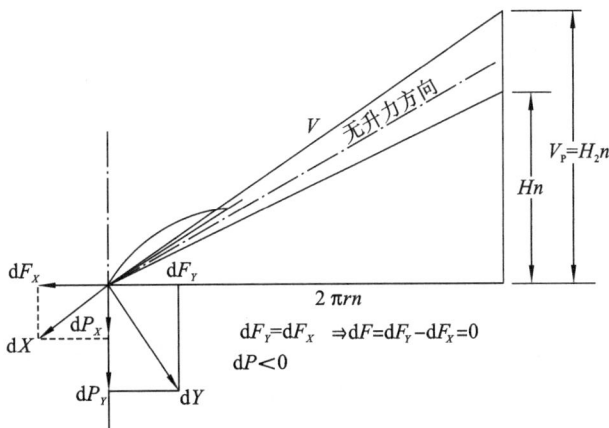

图 7-21　零阻力矩工况

示。当 $\lambda_P = 0$ 时，$\eta_P = 0$；当 $K_1 = 0$（即 $\lambda_P = H_1/D$ 时），$\eta_P = 0$；在 $0 < \lambda_P < H_1/D$ 时，η_P 先随 λ_P 的增大而增大，达到最大值，然后很快下降到零。

根据相似理论的研究结果，螺旋桨的性征曲线具有如下重要性质：如果两个螺旋桨几何相似，则不管两者的绝对大小是否一样，它们的性征曲线总是一样的。因此可以用较小尺度的螺旋桨模型进行试验，得到它的性征曲线，用来计算实桨的水动力性能。

例题 7-1　某艇螺旋桨的性征曲线如图 7-19 所示，其直径 $D = 3.0$ m，进速 $V_P = 11.0$ m/s，转速 $n = 300$ r/min，问它产生的推力多大？需吸收多大阻力矩？效率多少？（设水的密度 $\rho = 1000$ kg/m³。）

解　（1）计算进速系数：

$$\lambda_P = \frac{V_P}{nD} = \frac{11.0}{5.0 \times 3.0} = 0.733$$

其中 $n = 300$ r/min $= 5.0$ r/s。

（2）由 $\lambda_P = 0.733$ 查图 7-19，得 $K_1 = 0.135$，$K_2 = 0.0250$，$\eta_P = 0.630$。

（3）根据式(7-24)计算螺旋桨产生的推力：

$$P = K_1 \rho n^2 D^4 = 0.135 \times 1000 \times 5.0^2 \times 3.0^4 \text{ N} = 273375 \text{ N}$$

此时螺旋桨需吸收的阻力矩为

$$M = K_2 \rho n^2 D^5 = 0.0250 \times 1000 \times 5.0^2 \times 3.0^5 \text{ N} \cdot \text{m} = 151875 \text{ N} \cdot \text{m}$$

例题 7-2　对于例题 7-1 中的螺旋桨，若规定桨轴上的阻力矩不准超过题中所得的数值，问当进行码头试车(带桨)时,最大转速不得超过多大? 此时推力多大?

解　码头试车时,该艇被系住不动,$V_P=0$,即 $\lambda_P=0$。由图 7-19 可得此时 $K_1=0.380$,$K_2=0.0525$。

设此时允许的最大转速为 n,则

$$M=0.0525\times1000\times n^2\times3.0^5 \text{ N·m}\leqslant0.0250\times1000\times5.0^2\times3.0^5 \text{ N·m}$$

即

$$\left(\frac{n}{5}\right)^2\leqslant\frac{0.0250}{0.0525}$$

$$n\leqslant5\times\sqrt{\frac{0.0250}{0.0525}} \text{ r/s}=3.45 \text{ r/s}=207 \text{ r/min}$$

即码头试车时,为了不超过转矩,转速不应超过例题 7-1 所给转速的 69%。

当 $n=207$ r/min 时,推力 P 为

$$P=0.380\times1000\times3.45^2\times3.0^4 \text{ N}=366359 \text{ N}$$

此时推力比例题 7-1 中的数值大 34%。

7.3　螺旋桨与船体的相互作用

在 7.2 节中我们研究了孤立螺旋桨在敞水(未受干扰的均匀流场)条件下的水动力性能。但实际上螺旋桨是装在船尾工作的。由于船体的存在,尾部螺旋桨处的水流情况与敞水情况不同;另一方面,我们在第 6 章中只研究了孤立船体(不带螺旋桨)航行时所遭受的阻力,而螺旋桨在船尾工作,必将使船体周围的水流速度与压力分布发生变化,因而影响船体所受的阻力。可见,螺旋桨装在船尾工作,螺旋桨与船体间互有作用,它们的性能与我们前面分别讨论的孤立船体与孤立螺旋桨的性能是不同的。为了确定船后螺旋桨的推进性能,就必须研究螺旋桨和船体的相互作用问题。

7.3.1　伴流——船体对螺旋桨的影响

船在水中以某一速度 V 向前航行时,附近的水受到船体的影响而产生运动,其表现为船体周围伴随着一股水流,这股水流称为伴流或迹流。由于伴流的存在,螺旋桨与其附近水流的相对速度和船速不同。实际测量表明,船后伴流的速度场是很复杂的,它在螺旋桨盘面各点处的方向是不同的。通常,伴流速度场可以用相对于螺旋桨的轴向速度、周向(切向)速度和径向速度三个分量来表示,其中切向和径向速度与轴向速度相比为小量,所以一般伴流指轴向伴流。伴流的速度与船速同方向者称为正伴流,反之则为负伴流。产生伴流的原因有三:

(1)船身周围的流线运动。船在水中以速度 V 向前航行时,船体周围水流的流线分布情况大致如图 7-22 所示。首尾处的水流具有向前的速度,即产生正伴流,而在舷侧处水流具有向后的速度,为负伴流。由流线运动产生的伴流也称为位势伴流或势伴流。

(2)水的黏性作用。因水具有黏性,故当船运动时沿船体表面将形成边界层,边界层内的水质点具有向前的速度,形成正伴流,称为摩擦伴流,如图 7-23 所示。

(3)船舶的兴波作用。船在水面航行时形成波浪,而波浪传播时水质点实际上做轨圆运动,因此螺旋桨附近若恰恰为波峰,则水质点具有向前的速度;若恰恰为波谷,则水质点具有向

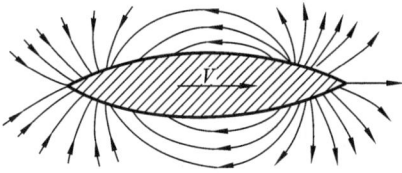

图 7-22 势伴流

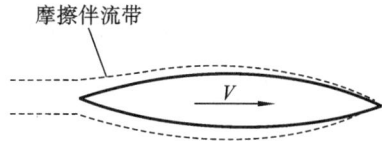

图 7-23 摩擦伴流

后的速度。由于船本身的兴波作用而形成的伴流称为波浪伴流,波浪伴流可能为正伴流也可能为负伴流。

在船尾螺旋桨盘面位置处,因以上三种原因而产生的伴流的速度之和在整个盘面上的平均值称为伴流速度,以 u 表示。

设船以速度 V 运动,运用运动转换原理,则由于伴流的存在,此时在船尾螺旋桨盘面处的水流速度为 $V-u$。因此,船后螺旋桨随船以速度 V 一起运动,其相对于水的实际速度(即进速 V_P)并不等于船速 V,而是

$$V_P = V - u \tag{7-31}$$

通常伴流的大小用伴流速度 u 和船速 V 的比值 w 来表示,w 称为伴流系数,即

$$w = \frac{u}{V} = \frac{V - V_P}{V} = 1 - \frac{V_P}{V} \tag{7-32}$$

若已知船体速度 V 及伴流系数 w,则螺旋桨的进速 V_P 为

$$V_P = V(1 - w) \tag{7-33}$$

式(7-33)说明:船体的存在,对船后螺旋桨的影响首先表现为螺旋桨的速度不等于船速,在利用螺旋桨敞水性征曲线时必须考虑到这一点。

通常,舰船伴流系数 w 的大小可以由实船试航或模型试验求得,根据统计,各种舰船的伴流系数和推力减额系数如表 7-1 所示。

表 7-1 各种舰船的伴流系数和推力减额系数

舰种	w	t
轻巡洋舰	0.035~0.10	0.05~0.10
大型驱逐舰	0~0.10	0.07~0.08
驱逐舰、护卫舰	0~0.08	0.07~0.08
快艇	0~0.04	0.01~0.03
潜艇(常规型、水面状态)	0.10~0.25	0.10~0.18
潜艇(水滴型、水下状态)	0.20~0.50	0.07~0.30

伴流系数也可用下列近似公式估算。

(1)巴布米尔公式:

$$w = 0.165 C_B^x \sqrt{\frac{\sqrt[3]{\nabla}}{D}} - \Delta w \tag{7-34}$$

式中:C_B——船体方形系数,$C_B = \dfrac{\nabla}{L \times B \times T}$,其中 L 为水线长,m,B 为水线宽,m,T 为吃水,m;

　　∇——容积排水量,m^3;

D——螺旋桨直径,m,作为第一近似可取 $D=(0.6\sim0.7)T$;

x——系数,对于中间螺旋桨 $x=1$,对于两侧螺旋桨 $x=2$,对于隧式尾螺旋桨 $x=1.5$;

Δw——对波浪伴流的修正,它随弗劳德数 $\left(Fr=\dfrac{V}{\sqrt{gL}}\right)$ 而变,当 $Fr\geqslant0.2$ 时 $\Delta w=0.1(Fr-0.2)$,当 $Fr<0.2$ 时取 $\Delta w=0$。

(2)泰洛公式(适用于海上运输船舶):

对于单螺旋桨船,有

$$w=0.50C_B-0.05 \tag{7-35}$$

对于双螺旋桨船,有

$$w=0.55C_B-0.20 \tag{7-36}$$

船体对螺旋桨工作性能的影响除上述平均轴向伴流之外,还存在伴流不均匀性的影响。这种影响通常表现为:船后工作的螺旋桨,在转速 n 及进速 V_P(考虑平均伴流的影响,按式(7-33)确定)相同时,其推力与敞水推力相等,但两者的阻力矩却不相同。设敞水和船后的阻力矩分别以 M 及 M_B 表示,则

$$M_B=i_2M \tag{7-37}$$

或

$$M=\eta_R M_B \tag{7-38}$$

称 i_2 为伴流不均匀性对阻力矩的影响系数,或称 $\eta_R\left(\eta_R=\dfrac{1}{i_2}\right)$ 为相对旋转效率。一般 $\eta_R=0.98\sim1.05$,在近似计算中常取 $\eta_R=1$。

7.3.2 推力减额——螺旋桨对船体的影响

设船模以速度 V 运动时,测得其阻力为 R;若在船模尾部装上螺旋桨,进行自航试验,则在同一速度 V 下测得螺旋桨的推力为 P,可以发现 P 并不等于 R,而是大于 R,这就说明:由于螺旋桨在船后工作,船体的阻力有所增加。螺旋桨在船后工作为什么会使船体阻力有所增加呢?原因可以解释如下:螺旋桨在工作时的吸水作用使桨前方的水流速度增加,根据伯努利定理,流速增大则压力下降,设没有螺旋桨工作时船体表面压力沿船长方向的分布如图 7-24 中曲线 I 所示,有螺旋桨工作时压力分布如图 7-24 中曲线 II 所示。图中阴影部分即表示螺旋桨的工作使船尾压力降低的部分,压力降低使船体首尾的压力差增大,也即增加了舰船的压差阻力。

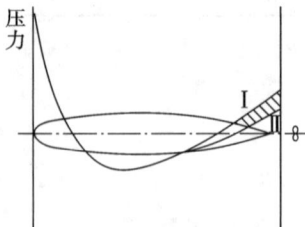

图 7-24 船体表面压力沿船长方向的分布

此项阻力增额是由于螺旋桨的工作而产生的,因此可以认为螺旋桨发出的总推力 P 中,有一部分推力 ΔP 是用来克服船体的阻力增额 $\Delta R(\Delta P=\Delta R)$ 的,这部分推力称为螺旋桨的推力减额。或者说,船后螺旋桨发出的总推力 P 应分成两部分,一部分是推力减额,另一部分是真正可以用来克服船体阻力的,称为有效推力,以 P_e 表示,即

$$P=P_e+\Delta P \tag{7-39}$$

实际使用中,定义如下比值:

$$t = \frac{\Delta P}{P} \tag{7-40}$$

式中：t——推力减额系数。

由式(7-39)、式(7-40)可得

$$P_e = P(1-t) \tag{7-41}$$

式(7-41)说明螺旋桨推力与有效推力之间的关系。

若舰船以航速 V 航行时所受阻力为 R，船上螺旋桨的数目为 Z_P，那么保持稳定航速的条件应是

$$Z_P P_e = R \tag{7-42}$$

或

$$P_e = \frac{R}{Z_P} \tag{7-43}$$

而每个螺旋桨实际发出的推力应是

$$P = \frac{P_e}{1-t} = \frac{R}{Z_P(1-t)} \tag{7-44}$$

推力减额系数 t 的大小与船型、螺旋桨工况及螺旋桨与船体、舵的配置等有关，一般由实船试航或船模自航试验结果的分析得到。各类舰船在设计工况下的 t 值大致如表 7-1 所示。

近似估算可采用如下商赫公式：

①对于单螺旋桨船，有

$$t = Kw$$

式中：w——伴流系数；

K——系数，视舵的形式而定，且

对于装流线型舵或反应舵者，$K = 0.50 \sim 0.70$；

对于采用方形舵柱的双板舵者，$K = 0.70 \sim 0.90$；

对于装单板舵者，$K = 0.90 \sim 1.05$。

②对于采用轴包架的双螺旋桨船，有

$$t = 0.25w + 0.14$$

③对于采用轴支架的双螺旋桨船，有

$$t = 0.70w + 0.06$$

7.3.3　舰船功率传递及推进效率的成分

设舰船以航速 V(m/s) 前进时，主机的转速为 n_1(r/s)，输出的功率为 N_e(ps)。主机经离合器、减速齿轮箱、推力轴承及各支承轴传到船尾螺旋桨的转速为 n(r/s)，阻力矩为 M_B(N·m，船后螺旋桨的阻力矩)，船后螺旋桨的收到功率(马力)为 N_{DB}(ps)，则 $N_{DB} = \frac{M_B \cdot 2\pi n}{735}$。此时螺旋桨发出的推力为 P，克服了船体在航速 V 时所遭受的阻力 R，使船保持此航速前进。这一平衡系统中，功率的传递及各种效率成分可分析如下。

1. 传送效率

主机输出的功率 N_e 经轴系传送至螺旋桨，轴系的摩擦损耗等因素致使螺旋桨在船后实际收到的功率为 N_{DB}，两者关系为

$$N_{DB} = \eta_T N_e \qquad (7\text{-}45)$$

式中：η_T——传递效率，它又分为减速齿轮效率及轴承效率两个部分，即 $\eta_T = \eta_G \cdot \eta_B$，其中 η_G 为减速齿轮的效率，取决于装置的类型及减速比 $j = \dfrac{n}{n_1}$，η_B 为轴承效率。

①η_G 的取值如下：

对于单级齿轮传动，$\eta_G = 0.97 \sim 0.98$；

对于双级齿轮传动，$\eta_G = 0.94 \sim 0.97$。

②η_B 的取值如下：

机舱在中部时，$\eta_B = 0.95 \sim 0.97$；

机舱在尾部时，$\eta_B = 0.97 \sim 0.98$。

2. 推进效率

螺旋桨在船后收到功率为 N_{DB}，而其真正做的有用功率是能克服船体阻力 R 并使船以航速 $V(\text{m/s})$ 前进的功率，即有用的功率为船体的有效功率（拖曳功率）$N_E = \dfrac{R \cdot V}{735}$。设船上有 Z_P 个螺旋桨，则推进效率为

$$\eta = \frac{N_E}{Z_P N_{DB}} \qquad (7\text{-}46)$$

而推进系数为

$$PC = \frac{N_E}{Z_P N_e} \qquad (7\text{-}47)$$

推进系数 PC 表示了包括机械性的轴系传送损失在内的总推进性能；而推进效率 η 表示了推进系数中总的水动力性能。

3. 推进效率成分分析

在 7.2.2 小节中，我们定义螺旋桨的敞水效率 η_P 为

$$\eta_P = \frac{P \cdot V_P}{M \cdot 2\pi n}$$

按上述分析，螺旋桨装在船后总的水动力效率由推进效率 η 表达，若将以下关系式

$$N_E = \frac{R \cdot V}{735}$$

$$R = Z_P \cdot P_e = Z_P \cdot P(1-t)$$

$$V = V_P/(1-w)$$

$$N_{DB} = \frac{M_B \cdot 2\pi n}{735} = \frac{M \cdot 2\pi n}{735 \cdot \eta_R}$$

代入式（7-46），则推进效率 η 为

$$\eta = \frac{N_E}{Z_P N_{DB}} = \eta_R \cdot \frac{1-t}{1-w} \cdot \frac{P \cdot V_P}{M \cdot 2\pi n} = \eta_R \cdot \eta_H \cdot \eta_P \qquad (7\text{-}48)$$

式中：η_R——相对旋转效率；

η_H——船体效率，$\eta_H = \dfrac{1-t}{1-w}$。

而推进系数 PC 为

$$PC = \frac{N_E}{Z_P \cdot N_e} = \eta_G \cdot \eta_B \cdot \eta_R \cdot \eta_H \cdot \eta_P \qquad (7\text{-}49)$$

7.3.4　船后螺旋桨性能计算

下面通过例题 7-3 说明如何应用螺旋桨敞水性征曲线计算船后螺旋桨的性能。

例题 7-3　某护卫舰,动力来自于两轴蒸汽透平发动机,其螺旋桨数据如下:$D = 2.34$ m,$H/D = 1.32$,$A/A_d = 0.80$,$Z = 3$。其敞水性征曲线见图 7-25,具体数据见表 7-2。设 $w = 0.06$,$t = 0.07$,$\eta_R = 1.0$,$\eta_B = 0.98$,$\eta_G = 0.98$;通过舰船测速知:当螺旋桨转速 $n = 366$ r/min 时,航速 $V_S = 26$ kn。求该舰在此航速下的推进效率 η、推进系数 PC、每轴螺旋桨的有效推力 P_e、阻力矩 M_B、收到功率 N_{DB},以及主机输出的功率 N_e。

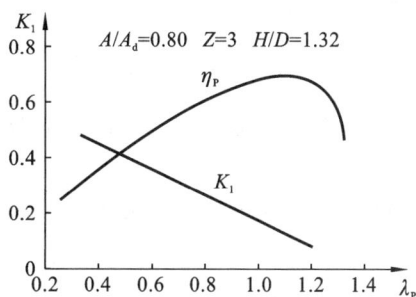

图 7-25　某护卫舰敞水性征曲线

表 7-2　敞水性征曲线数值

λ_P	0.40	0.50	0.60	0.70	0.80	0.90	1.00	1.10	1.20	1.30
K_1	0.466	0.420	0.30	0.322	0.275	0.225	0.180	0.131	0.086	0.038
$10K_2$	0.836	0.777	0.707	0.641	0.570	0.490	0.415	0.325	0.238	0.143
η_P	0.355	0.430	0.500	0.560	0.614	0.658	0.691	0.705	0.690	0.550

解　计算步骤及方法如下。

(1) 计算进速:

$$V_P = V(1-w) = 0.5144 V_S(1-w)$$
$$= 0.5144 \times 26 \times (1-0.06) \text{ m/s} = 12.6 \text{ m/s}$$

(2) 计算进速系数:

$$\lambda_P = \frac{V_P}{nD} = \frac{12.6}{\dfrac{366}{60} \times 2.34} = 0.883$$

(3) 求 K_1、K_2 和 η_P:

由 $\lambda_P = 0.883$,查其敞水性征曲线可得

$$K_1 = 0.235, \quad K_2 = 0.0508, \quad \eta_P = 0.649$$

(4) 计算有效推力 P_e 及船后阻力矩 M_B:

$$P_e = P(1-t) = K_1 \rho n^2 D^4 (1-t)$$
$$= 0.235 \times 1025 \times \left(\frac{366}{60}\right)^2 \times 2.34^4 \times (1-0.07) \text{ N} = 249918 \text{ N}$$

$$M_B = \frac{M}{\eta_R} = \frac{1}{\eta_R} K_2 \rho n^2 D^5 = 0.0508 \times 1025 \times \left(\frac{366}{60}\right)^2 \times 2.34^5 \text{ N} \cdot \text{m} = 135934 \text{ N} \cdot \text{m}$$

(5) 计算推进效率 η 及船后收到功率 N_{DB}。

$$\eta = \eta_R \eta_H \eta_P = \eta_R \times \frac{1-t}{1-w} \times \eta_P = 1.0 \times \frac{1-0.07}{1-0.06} \times 0.649 = 0.989 \times 0.649 = 0.642$$

船后收到功率可按如下公式计算:

$$N_{DB} = \frac{M_B \cdot 2\pi n}{735} = \frac{135934 \times 2\pi \times \left(\frac{366}{60}\right)}{735} \text{ ps} = 7088 \text{ ps}$$

也可按下式由推进效率来计算：

$$N_{DB} = \frac{P_e \cdot V}{735\eta} = \frac{249918 \times 0.5144 \times 26}{735 \times 0.642} \text{ ps} = 7084 \text{ ps}$$

（6）计算推进系数 PC 及主机输出的功率 N_e。

$$PC = \eta_T \eta = \eta_G \eta_B \eta = 0.98 \times 0.98 \times 0.642 = 0.6166$$

主机输出的功率 N_e 可按下式计算：

$$N_e = \frac{N_{DB}}{\eta_T} = \frac{7088}{0.98 \times 0.98} \text{ ps} = 7380 \text{ ps}$$

或

$$N_e = \frac{P_e \cdot V}{735\eta_T \eta} = \frac{P_e \cdot V}{735 PC} = \frac{249918 \times 0.5144 \times 26}{735 \times 0.6166} \text{ ps} = 7375 \text{ ps}$$

7.3.5 螺旋桨性能检查图线

为了应用的方便，螺旋桨在船后的性能常常用螺旋桨性能检查图线的形式表示，上面例题 7-3 中护卫舰的螺旋桨性能检查图线如图 7-26 所示。该图分为两部分，其中上图以螺旋桨转速（或以主机转速）为参数，表明在螺旋桨转速一定的条件下有效推力 P_e 与舰速 V_S 的关系。有了这张图，就能很方便地查出已知航速 V_S 及螺旋桨转速 n 时螺旋桨所发出的有效推力 P_e 及所需吸收的主机功率 N_e 是多少。这种图线在研究舰船航速性问题时是很有用的。

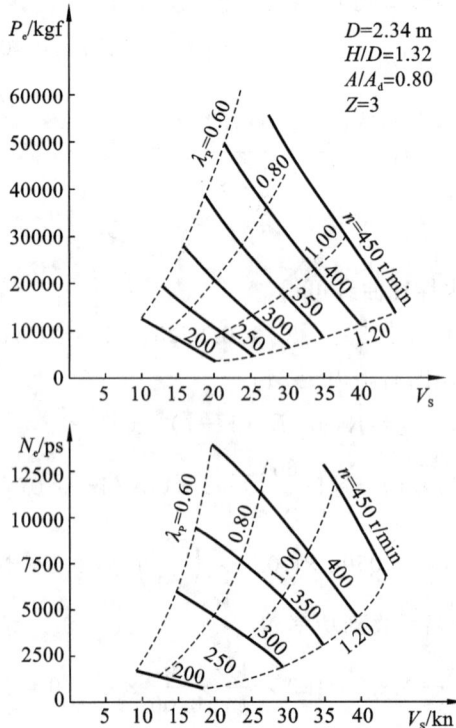

图 7-26　螺旋桨性能检查图线

7.4　应用螺旋桨性能检查图线进行舰船航速性分析

在舰船管理工作中常常要知道如下一些情况：舰船在各种工作条件下，其航速 V_S 与螺旋桨（或主机）转速 n 及相应的主机功率之间的关系；在主机不超负荷、不超转速等条件下，舰船所能达到的最大航速，相应主机转速及马力。诸如舰船航速、转速、主机功率之间的关系之类的问题，统称为舰船的航速性问题。应用螺旋桨性能检查图线来研究、分析舰船的航速性问题是比较方便的。下面我们将举一些例子来说明问题。

7.4.1　舰船航速 V_S 与螺旋桨转速 n 及主机功率 N_e 之间关系的确定

舰船的某一稳定航行状态（直航向等速航行状态）是主机、螺旋桨、船体三方面协调工作的结果，其中船体是能量的需求者，主机是能量的提供者，螺旋桨则是能量的转换装置，而三者将各自按其自身的性能特点工作。为了便于弄清三者是怎样协调工作的，先简要回顾其各自的特性。

1. 船体的阻力特性

由第 6 章知道：船体在一定工作条件（指排水量及浮态、污底、水深、风浪等条件）下阻力 R 与航速 V_S 之间满足一定的关系。不同工作条件有不同的 R-V_S 关系曲线，其示意图如图 7-27 所示。

2. 船用主机的工作特性和工作范围

主机所能输出的功率 N_e（或转矩 M）随其转速 n 及燃油消耗率 ε 而变，表明 N_e（或 M）$= f(n, \varepsilon)$ 关系的曲线称为主机的外特性线。各类船用主机（目前常用的有柴油机、蒸汽轮机、燃气轮机及推进电动机等）各有其自身的特性。具体某一型号主机的外特性应由生产厂根据试验台试验结果给出。各类主机特性可近似表达如下。

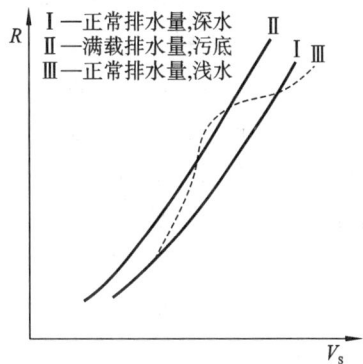

图 7-27　舰船 R-V_S 关系曲线示意图

柴油机（普通非增压机）：

$$\frac{M}{M_{max}} = a\left(\frac{\varepsilon}{\varepsilon_{max}}\right)^2 + b\left(\frac{\varepsilon}{\varepsilon_{max}}\right) + c \tag{7-50}$$

蒸汽轮机：

$$\frac{M}{M_{max}} = \frac{a\left(\dfrac{\varepsilon}{\varepsilon_{max}}\right) + b}{\dfrac{n}{n_{max}}} \tag{7-51}$$

燃气轮机：

$$\frac{M}{M_{max}} = \left[a\left(\frac{\varepsilon}{\varepsilon_{max}}\right) + b\right]\frac{n}{n_{max}} + c\left(\frac{\varepsilon}{\varepsilon_{max}}\right) + d \tag{7-52}$$

上述各式中：a、b、c、d——常数，由机型而定；

ε、ε_{max}——燃油消耗率及最大燃油消耗率；

n、n_{max}——转速及最大转速；

M、$M_{\max}$——转矩及最大转矩。

式(7-50)至式(7-52)表明,对于普通柴油机,在 ε 一定时,$M =$ 常数,则 N_e 与 n 成正比线性关系;对于蒸汽轮机,在 ε 一定时,$N_e =$ 常数,亦即 M 与 n 成反比;推进电动机的特性大致如燃气轮机。

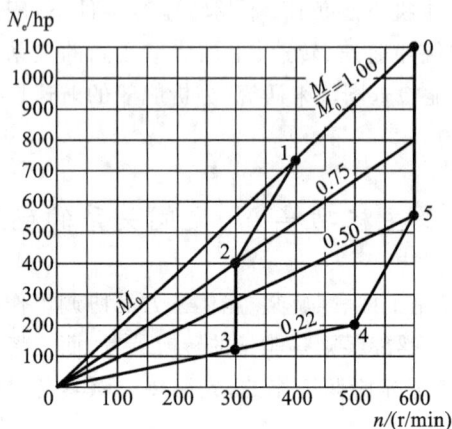

图 7-28　8-300 型增压柴油机的工作特性及工作范围

任何一部主机,其工作能力总是有限的,为了保证机器能安全可靠地工作并具有一定的寿命,生产厂均规定了机器的允许工作范围,图 7-28 所示为 8-300 型增压柴油机的工作特性及工作范围。图中点 0 为额定工作点,0～5 点限定了柴油机允许工作范围。最高负荷限制:中、高转速时,允许的最高负荷限制在额定工作点的等转矩线上,即图中的线段 0—1;低转速时,最高负荷受到排气冒烟的限制,此时柴油机的工作范围由图中线段 1—2 表示。最低负荷限制:中、低转速时,最低负荷由 22% 额定转矩线(线段 3—4)确定;高速时最低负荷由线段 4—5 确定。此外,最低稳定转速由线段 2—3 确定,最高允许转速由线段 0—5 确定。主机在允许的工作范围内的任一点上均可工作,以适应外部负载(螺旋桨)的要求。超出此允许工作范围工作时可统称为超负荷工作。

船后螺旋桨的性能如 7.3 节介绍,由螺旋桨性能检查图线表示。应当特别指出:船后螺旋桨的性能是以四个参数来说明的,即 n、V_S、P_e、N_e,若已知其中两个则其他两个参数就随之确定了。例如,已知 V_S、P_e 时就可唯一地确定一对 n、N_e 与之对应。

下面我们研究舰船达到某一稳定航行状态所必须满足的条件,即船体、螺旋桨、主机三者在这种工作状态下的协调工作关系。

(1)舰船航速等于螺旋桨航速:

$$V_{S舰} = V_{S桨} \tag{7-53}$$

(2)所有工作螺旋桨所产生的有效推力之和等于该航速下船体的总阻力,即

$$\sum P_e = Z_P \cdot P_e = R \tag{7-54}$$

或者,每一桨的有效推力应为

$$P_e = R/Z_P \tag{7-55}$$

式中:Z_P——工作螺旋桨的数目。

(3)主机转速 n_1 与螺旋桨的转速 n,应满足

$$n_1 = n/j$$

式中:j——减速器的减速比,若直接传动的动力装置无减速器,则

$$n_1 = n \tag{7-56}$$

(4)主机输出功率应等于螺旋桨所需吸收的主机功率:

$$N_{e机} = N_{e桨} \tag{7-57}$$

这样,根据上述条件,如果知道了舰船在某种工作条件下船体阻力 R 和航速 V_S 之间的关系,则根据式(7-55)可求出在各航速下要求每个桨产生的有效推力 $P_e(V_S)$,将这一关系曲线

画在螺旋桨性能检查图线的 P_e-V_S 图上,就能根据桨的特性确定各航速下主机尾轴的转速及相应功率。下面通过具体例题说明之。

例题 7-4　对于例题 7-3 中的护卫舰,在其排水量正常、船体清洁、深水条件下,其有效功率 $N_E = f(V_S)$ 曲线数据如表 7-3 所示。

表 7-3　有效功率 $N_E = f(V_S)$ 曲线数据

V_S/kn	14	16	18	22	26	28	30	32
N_E/ps	740	1157	1885	4060	9150	11530	13900	16400

试确定该舰在各航速时螺旋桨转速及主机功率。

解　(1) 计算 $P_e = f(V_S)$,如表 7-4 所示。

表 7-4　$P_e = f(V_S)$ 计算数值

V_S	14	16	18	22	26	28	30	32
$R = \dfrac{\mathrm{DHP} \times 735}{0.5144 V_S}$/N	75460	103292	149548	262640	501760	588000	662480	731080
$P_e = \dfrac{R}{Z_P}$/N	37730	51646	74774	131320	250880	294000	380240	365540

(2) 在螺旋桨性能检查图线的 P_e-V_S 图线(见图 7-26)上,按上述计算作出各航速下要求每个桨产生的有效推力 $P_e = f(V_S)$ 曲线,见图 7-29(a)中的线①。由此线即可确定螺旋桨的转速。

(3) 将图 7-29(a)的线①诸点对应(同 V_S 与 n)到 7-29(b)图上,得 7-29(b)图上的线①。它就是为保证螺旋桨在该航速下产生要求的有效推力而所需吸收的主机功率与航速的关系。

实际上,图 7-29(b)的线①已完全确定了航速 V_S、螺旋桨转速 n 及主机必须提供的功率 N_e 三者之间的关系。

有时,人们愿意将上述关系曲线转画成如图 7-30 所示的形式,即将 V_S-n-N_e 关系分别以 N_e-n 和 V_S-n 两条曲线的形式表示。

这样,不管是根据图 7-29(b)中的线①还是根据图 7-30 中的线①,只要给定一个航速,就都可以求出相应的螺旋桨转速及每轴主机的功率(如 $V_S = 30$ kn,则 $n = 420$ r/min,$N_e = 11200$ ps);或相反,由给定的螺旋桨转速就能确定相应的航速及每轴主机功率(如 $n = 300$ r/min,则 $V_3 = 23$ kn,$N_e = 3900$ ps)。

线①有时被称为舰船的航行特性曲线。舰船航行特性曲线具有如下规律:如果船体阻力 R 与航速 V_S 之间是二次方关系,那么螺旋桨转速 n 与航速 V_S 成正比,而主机功率 N_e 与转速 n^3 成正比。这是因为:如果 $R \propto V_S^2$,则要求每一桨所产生的 P_e 也与 V_S^2 成正比,这样在图 7-29(a)上的线①必与 $\lambda_P =$ 某常数曲线平行,或者说线①就相当于 $\lambda_P =$ 某常数曲线。即在线①上各点对应的 λ_P 相等,因而 n 与 V_S 成正比,此时相应的功率线(图 7-29(b)的线①)也与 $\lambda_P =$ 某常数曲线重合,则 $N_e \propto V_S^3$,也即 $N_e \propto n^3$。为此,在一些动力专业的教材中常常把过主机额定工作点的 $N_e = cn^3$(其中 c 为常数)曲线称为推进特性线,当然,这对一般舰船而言是近似的(因为实际舰船的阻力 R 未必与 V_S^2 成正比)。

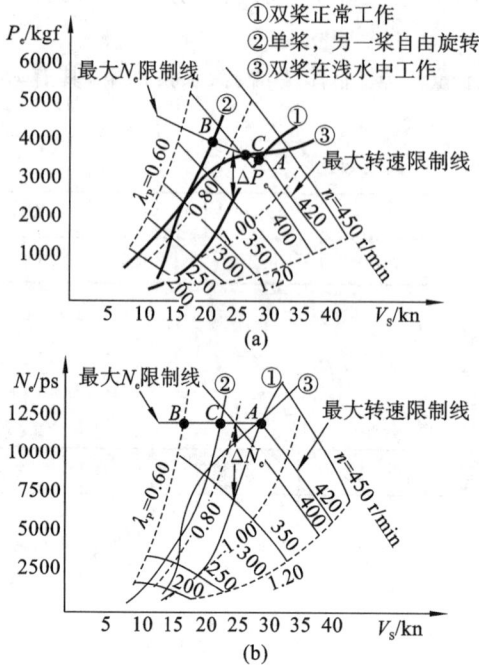

图 7-29 舰船航行特性分析

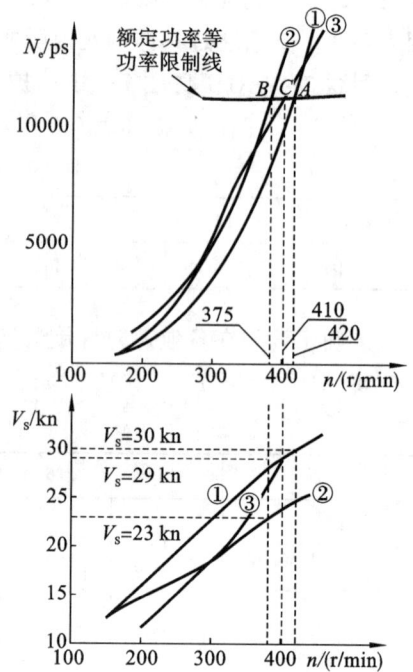

图 7-30 舰船航行特性曲线

7.4.2 舰船可能达到的最大航速 V_{Smax} 的确定

下面我们研究这样的问题:主机的限制特性线(工作范围)已知,舰船在主机允许工作范围内操作,此时舰船所能达到的最大航速 V_{Smax} 是多少?

要解答这类问题,最方便的是利用图 7-30,在 N_e-n 图上画出主机的允许工作范围,则推进特性线与主机允许工作范围上限的交点就是舰船所能达到的最大航速的工况点,相应于此点的航速 V_S 即 V_{Smax},以及相应的转速 n 和功率 N_e。

例如:例题 7-3 中的护卫舰具有两部蒸汽主机,尾轴额定转速 $n_0 = 420$ r/min,输出最大功率 $N_{e0} = 11200$ ps,若在额定转速附近主机最大负荷限制线为等功率线,则在图 7-30 的 N_e-n 图上表现为水平线 $N_e = 11200$ ps。图 7-30 中舰船的航行特性曲线(线①)与主机最大负荷限制线及最大转速限制线的交点在 A 点,该点正好是主机的额定工作点,由此点可得 $V_{Smax} = 30$ kn,相应的尾轴转速 $n = 420$ r/min,功率 $N_e = 11200$ ps。

这样的问题也可以直接由图 7-29 来解决。为此,先在图 7-29(b)上作出主机的限制特性线(最大负荷限制线及最大转速限制线),并可在图 7-29(a)上相应地作出主机限制特性线,再根据线①与主机限制特性线的交点 A 得到 V_{Smax} 及相应的转速与功率。此时仍有 $V_{Smax} = 30$ kn,$n = 420$ r/min,$N_e = 11200$ ps。

7.4.3 螺旋桨与主机匹配的概念

如图 7-31 所示,设 AEB 线为主机的最大负荷限制线,En_0 是最高转速限制线,E 点(相应

的转速为 n_0、功率为 N_{e0}）是主机的额定工作点。若螺旋桨
推进特性线为 CD，此时 CD 与主机限制特性线恰好交于 E
点，则称此螺旋桨与该主机是完全匹配的。如果螺旋桨的
推进特性线如 $C'D'$ 所示，它和主机的限制特性线交于 E' 点
（相应的 $n' < n_0$），则此时主机不可能达到额定转速 n_0，因为
如果达到 n_0，则螺旋桨要求的功率将大大超过主机所允许
的范围，称螺旋桨相对主机是重载的；相反，如果螺旋桨的
推进特性线如 $C''D''$ 所示，则其与主机的限制特性线交于 F
点（此时 $n = n_0$，但 $N_e < N_{e0}$），此时主机转速达到额定转速，
但功率达不到 N_{e0}，称螺旋桨相对主机是轻载的。无论是重

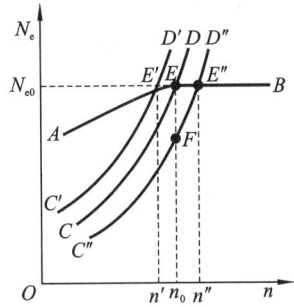

图 7-31　螺旋桨与主机匹配的概念

载还是轻载，主机的额定效能均不能充分发挥，从而降低了舰船可能达到的最大航速。一般希
望在舰船设计与试航工况（正常排水量、清洁船体、平静海面）下螺旋桨负荷稍轻一些。负荷过
轻当然是不可取的，但重载是应当避免的。

7.4.4　舰船在排水量及浮态改变等情况下的航行特性问题

舰船在排水量及浮态改变，以及在风浪、污底、浅水情况下工作时，其 R-V_S 有所变化。因
此要求螺旋桨的 P_e-V_S 关系相应变化。只要能估算出各种情况下 R 和航速 V_S 的关系，就可
按 7.4.1 节、7.4.2 节中介绍的方法，利用螺旋桨性能检查图线求出相应状态下的 V_S-n-N_e 关
系，并根据主机的限制特性曲线确定所能达到的 V_{Smax} 和相应的 n 及 N_e。图 7-29、图 7-30 中
作出了例题 7-3 中护卫舰在双桨浅水工作条件下的航行特性曲线③。

不难理解，当舰船遇到风浪、污底、排水量增大等情况时，舰船阻力均会增大，因此其推进
特性线必将上移，如果在设计（试航）工况下螺旋桨与主机是匹配的，那么遇到上述情况时螺旋桨
负荷必然变重，为了使舰船在上述情况下工作，把螺旋桨许用负荷设计得稍轻一些是有好处的。

7.4.5　部分螺旋桨工作时舰船的航速性

多轴多桨的舰船有时采用部分螺旋桨工作制，如三机三桨舰艇用单机单桨工作，而其余二
轴二桨不工作，四机四桨舰艇只用双机双桨工作等。对多轴多桨的舰艇往往也需要估计部分
螺旋桨工作时其航行特性，解决这个问题的方法原则上与 7.4.1 节、7.4.2 节所述是相同的，
只是在确定工作螺旋桨的 $P_e = f(V_S)$ 曲线时不仅要考虑原来船体的阻力，而且要考虑不工作
螺旋桨所带来的补加阻力与可能的舰船操舵所带来的补加阻力等。因此，要求每个工作螺旋
桨应产生的有效推力为

$$P_e = \frac{R + \Delta R}{Z'_P} \tag{7-58}$$

式中：R——船体总阻力；

　　　ΔR——各种补加阻力之和；

　　　Z'_P——工作螺旋桨的数目。

使螺旋桨不工作通常有两种方式：刹轴或脱轴。其中脱轴（即螺旋桨轴与主机脱开，螺旋
桨带尾轴自由旋转）方式很少使用，脱轴时螺旋桨产生的补加阻力较小；刹轴（将螺旋桨卡住不

转)时螺旋桨产生的补加阻力(即负推力)比较大。

螺旋桨刹轴或脱轴时其外加阻力可用如下近似公式估算。

刹轴($n=0$)补加阻力：

$$\Delta R_1 = 50V_P^2 \cdot \frac{A}{A_d} \cdot D^2 \tag{7-59}$$

刹轴力矩：

$$M = 0.05\rho V_P^2 \cdot \frac{A}{A_d} \cdot D^3 \tag{7-60}$$

脱轴补加阻力：

$$\Delta R = (0.25 \sim 0.5)\Delta R_1 \tag{7-61}$$

上述式中：ρ——水的密度，kg/m^3；

　　　　　V_P——螺旋桨进速，m/s；

　　　　　$\dfrac{A}{A_d}$——螺旋桨盘面比；

　　　　　D——螺旋桨直径，m。

例如，图 7-29、图 7-30 中曲线②为该双桨护卫舰在单桨工作(另一桨自由旋转)时的航行特性曲线，此时与额定功率等功率限制线交于 B 点，相应的最大航速 $V_{Smax} = 23$ kn，$n = 375$ r/min，功率 $N_e = 11200$ ps，显然此时阻力矩将大大超过额定工况下的阻力矩。

7.4.6　舰船拖带时的航速性问题

在很多情况下舰船都必须进行拖带作业，如拖带扫雷具、靶船，其他失事舰船和民船等。全面地研究和实施拖带作业必须考虑舰船的稳性、强度和有关的设备，涉及舱面及机电管理人员的密切协同配合，这里仅针对与航行特性有关的若干问题进行讨论，例如，舰船在某一规定航速下从主机和螺旋桨的性能来看，拖带能力多大？又如，舰船拖带某一已知的被拖物(其他舰艇或靶船、扫雷具等)时，最大能达到多大的航速？

(1) 已知被拖物，确定舰船的最大拖速及相应的转速和功率。

这一问题的解决原理和上述问题完全一样，即此时要求拖船的工作螺旋桨所产生的有效推力不仅要克服本船的阻力，而且还要克服被拖物的阻力。因此，解决这一问题的方法如下。

①求出拖船自身的阻力：$R_1 = f_1(V_S)$。

②求出被拖物的阻力：$R_2 = f_2(V_S)$。

③计算每一工作螺旋桨应产生的有效推力和航速的关系：

$$P_e = \frac{R_1 + R_2}{Z_P} = f(V_S) \tag{7-62}$$

④按 7.4.1 小节、7.4.2 小节的方法可求出舰船拖带作业时的 V_S-n-N_e 关系曲线，并求出可达到的最大航速及相应的转速与功率。

(2) 舰船在规定航速下的拖带能力。

舰船在规定航速下的拖带能力用剩余功率或剩余推力来表示。剩余功率，指在某一航速下主机所能提供的最大功率和为保证舰船自身在该航速航行时螺旋桨所需吸收的功率之差，如图 7-29(b)上主机功率限制线与线①在一定航速下的差值 ΔN_e；同理，剩余推力，指图 7-29(a)上相应的差值 ΔP_e。

　　显然，ΔP_e 和 ΔN_e 分别表示发挥主机的最大效能(在限制线上工作)时除保证舰船航速外，螺旋桨尚能提供的多余的有效推力和功率，因此 ΔP_e 和 ΔN_e 也就表示了在该航速下的舰船拖带能力。例如，已知被拖物(如靶船)在规定航速下的阻力 R_2，则将它与舰船在该航速时的总剩余推力 $(Z_P \Delta P_e)$ 相比较，只要 $R_2 \leqslant Z_P \Delta P_e$，舰船就能在规定航速下进行拖带作业。

7.4.7　潜艇航速性特点

　　潜艇通常有三种典型的航行状态：水下航行状态、水上航行状态及通气管航行状态。水上航行状态还分为正常燃油装载状态和超载燃油装载状态。在各种航行状态下，艇体排水体积、形状不同，阻力成分不同，阻力曲线存在较大的差别(见图 7-32)，艇体与螺旋桨的相互影响系数 $(\omega、t、\eta_R)$ 也不同。对于现代回转体线型的潜艇，螺旋桨常常用单桨、低转数、大直径，三种航行状态下桨的埋水深度不同，桨的水动力性能也有较大不同。再者，为了适应各种航行状态下不同的环境、航速、充电等方面的要求，主推进动力也不同。如采用常规动力(柴油机-电动机)直接传动系统的潜艇，在水上及通气管航行状态下以柴油机为主动力，柴油机提供潜艇航行所需的功率，同时可能拖动主电动机(作发电机用)对蓄电池组充电或向潜艇的电网供电；而在水下航行时则由蓄电池组向电动机供电，由电动机带动螺旋桨工作以推动潜艇前进，为了改善潜艇在水下低速航行时的经济性，还可能设置水下经航电动机以拖动螺旋桨工作。因此对潜艇的航行特性计算分析必须针对其不同航行状态，同时考虑到螺旋桨性能、船-桨影响系数、船体拖曳功率的变化，以及所使用的主推进动力的特性来进行。其计算原理与方法如前所述。

　　对于柴油机-电动机常规动力直接传动潜艇而言，常常需要研究水上或通气管航行状态下柴油机的"余功"。余功，指柴油机以某一转速 n 带动螺旋桨时，除提供给螺旋桨所需的功率之外尚能发出的潜在功率 ΔN_e，如图 7-33 所示。柴油机余功是柴油机在一定转速下除带动螺旋桨推进潜艇外，还能拖动主电动机(作发电机用)向艇上电网供电，或向蓄电池组充电，或给另一轴的主电动机供电以拖动螺旋桨(后一种情况可能在双轴双桨潜艇采用混合工作制时出现)的功率。

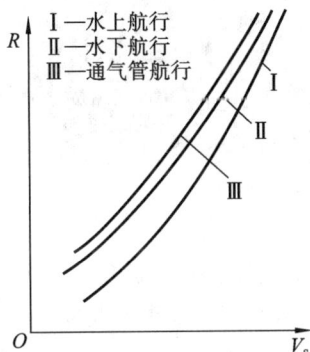

图 7-32　艇体阻力曲线　　　　　　　　图 7-33　柴油机的"余功"

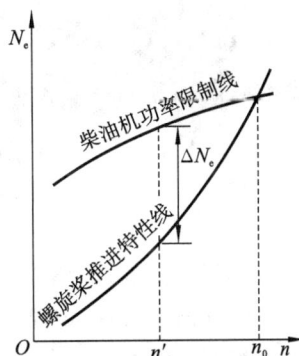

7.5　　螺旋桨的空泡现象

随着高速大功率机器的使用、舰船航速的提高,螺旋桨开始出现空泡现象(有时也称为空化现象)。这种现象有时会给螺旋桨的性能带来严重影响。如 1894 年英国驱逐舰"勇敢"号试航,原设计主机转速为 384 r/min、功率为 3840 ps 时航速为 29 kn,但试航结果只达到 24 kn。当时虽然提高了螺旋桨转速,但航速仍不能再提高。后来改用另一桨,直径、螺距大体相同,只是桨叶面积加大 45%,最高航速就达到了 29.25 kn。究其原因,就是原桨出现了严重的空泡现象,使桨的推力降低而影响了航速。有的螺旋桨则因空泡,其桨叶金属材料受到严重损坏甚至断裂。此外,螺旋桨空泡还会使舰船尾部激振加剧、水中辐射噪声明显提高等。因此,螺旋桨空泡研究是关系到如何进一步提高舰船航速、减振、降低潜艇噪声及防止螺旋桨金属材料受损等问题的重要课题。

空泡现象不仅会在螺旋桨上发生,而且在高速潜艇的指挥台围壳甚至潜体上均有可能发生,并将导致不良后果。

本节将简要介绍桨叶空泡的成因、影响及解决螺旋桨空泡问题的技术措施等。

7.5.1　桨叶空泡的成因

螺旋桨空泡现象,就是桨叶周围的水有一部分沸腾,形成了充满水汽和空气的空穴,也称空泡,如图 7-34 所示,从而破坏了螺旋桨周围的流线情况,影响螺旋桨的水动力性能及其他一些性能。

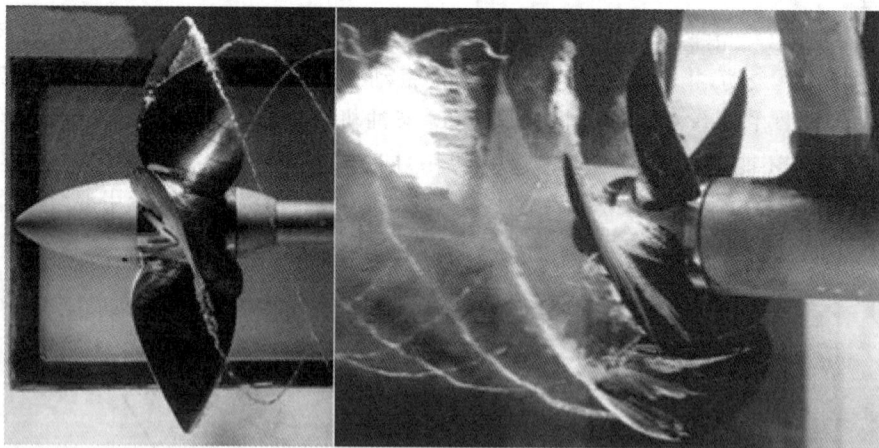

图 7-34　螺旋桨空泡

为了弄清空泡问题的实质,从"桨叶-水"作用的两个方面来进行研究。首先研究水的物理性质。由物理学知识可知,水在一定温度与压力下是会沸腾的,沸腾的温度称为沸点,而水的沸点是随其压力而变的。例如,通常在海平面上压力为一个标准大气压,此时水的沸点是 100 ℃;而在高原上压力小于一个标准大气压,此时沸点就低于 100 ℃。这说明使水沸腾有两种可能的物理途径:其一是在常压下加温使水达到沸点而汽化,这就是我们通常所说的沸腾;

另一种是在常温下极度地降低其压力,只要压力低到一定程度,水也是会沸腾的,这个压力称为水的汽化压力,也即饱和蒸汽压,以 p_d 表示,它随水的温度而变,如表 7-5 所示。

表 7-5　水的汽化压力

水温 $t/℃$	5	10	15	20	30	40	50	60	100
$p_d/(\mathrm{N/m^2})$	872.2	1225	1705.2	2332.4	4243.4	7369.6	12328.4	19903.8	101234

这就是说,水的物理性质决定了在一定温度下,其可以允许的压力降低是有限的,如果低到其汽化压力 p_d,则水就要开始汽化。例如,在常温 15 ℃ 条件下,只要把水的压力降低到约 0.017 个标准大气压(即 1705.2 N/m²),水就要汽化。在常温下,由于压力下降而引起水的沸腾现象,称为空泡现象或空化现象。

下面我们讨论桨叶工作时对水的作用。在 7.2 节中我们介绍过,螺旋桨工作时其桨叶打水犹如机翼,依靠叶背流速增大、压力降低,以及叶面流速下降、压力增大来产生升力。通常桨叶表面上压力增大和降低的情况如图 7-35 所示。上下阴影面积之和构成作用于叶片上的升力。其中主要部分是由叶背的压力降低产生的(占 70% ~ 80%),桨叶叶背压力降低的多少取决于螺旋桨的运动速度(主要是旋转速度)和攻角 α_K。显然,速度愈大、攻角愈大,则叶背压力降低愈大,而叶背上的绝对压力就愈小。若速度增加到一定程度,以致叶背上某处的绝对压力降低到等于水

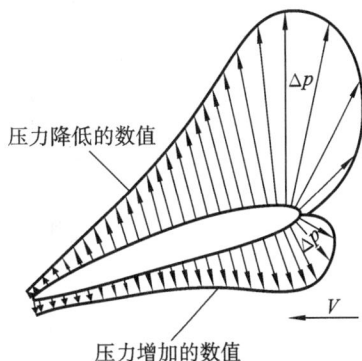

图 7-35　桨叶表面压力增减示意图

的汽化压力 p_d,那么该处的水流就要迅速汽化,而形成充满气体的空泡,这就是螺旋空泡现象的开始。若水流速度继续增大,则空泡的范围将会扩大,以致由局部空泡发展成为布满整个桨叶叶背甚至空泡区域超出叶背的全空泡(也称超空泡)流。

综上所述,螺旋桨工作时对周围的水流有扰动作用,使局部水流压力下降,当某处的绝对压力下降到一定程度(一般工程上认为是水的饱和蒸汽压 p_d)时水就会汽化,形成局部的或大面积的空泡,这就是螺旋桨的空泡现象。实际上螺旋桨空泡有各种类型。从发生的部位来说,可能在叶背最大厚度处,也可能发生在叶背导边;如果桨叶攻角过小也可能发生在叶面导边,称为面空泡;也可能发生在螺旋桨的尾流中,如梢涡空泡及毂涡空泡。从空泡的外观形状来说,有泡状、片状、云雾状空泡等。

7.5.2　空泡对螺旋桨水动力性能的影响

图 7-36 所示是根据螺旋桨模型在空泡水洞(一种专门研究螺旋桨空泡现象及影响的试验装置)中试验观察和测量所得的结果。它表示了某一螺旋桨在一定进速系数 λ_P 条件下,叶背上空泡区域的发展情况,以及其推力系数 K_1、阻力矩系数 K_2 和效率 η_P 随着螺旋桨的空泡数 σ 而变化的情况。其中螺旋桨空泡数 σ 定义为

$$\sigma = \frac{p_0 - p_d}{\frac{1}{2}\rho V_P^2} \tag{7-63}$$

式中：V_P——螺旋桨进速，m/s；

　　p_0——螺旋桨轴线处的静水压力，$p_0 = p_a + \rho h_s$，其中 p_a 是大气压，h_s 是轴线的埋水深度，m，如图 7-37 所示，ρ 是水的密度，kg/m³；

　　p_d——水的饱和蒸汽压，随水温而变。

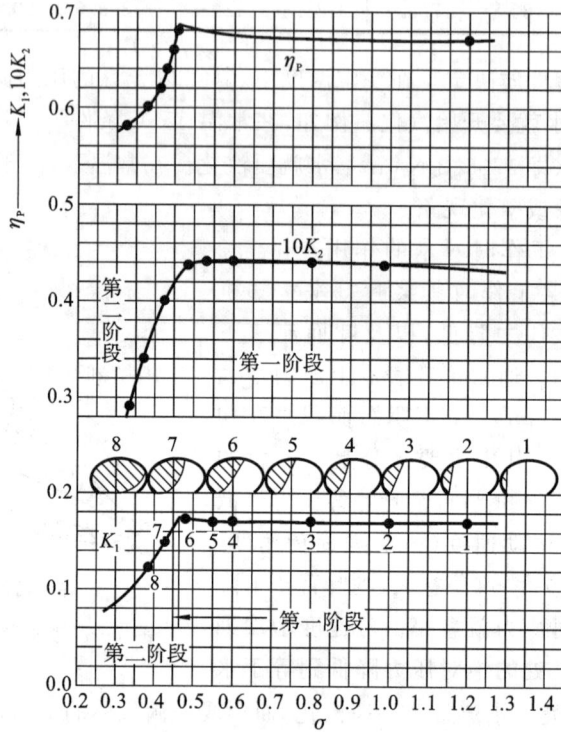

图 7-36　螺旋桨模型在空泡水洞中的试验

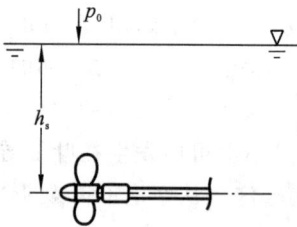

图 7-37　螺旋桨轴线的埋水深度

压力差 $p_0 - p_d$ 所表示的是不产生空泡条件下叶背压力降低的最大允许值。显然，如果此值大一些对不产生空泡是有利的；而如前所述，螺旋桨进速 V_P 大，则容易产生空泡。因此，综合起来，螺旋桨空泡数 σ 是衡量螺旋桨空泡现象的一个衡准数。σ 愈小螺旋桨愈易发生空泡现象；反之，σ 愈大螺旋桨愈不易发生空泡现象。

由图 7-36 可见，当 σ 由大变小时，桨叶叶背由无空泡到发生空泡现象，由少量空泡到空泡区扩大乃至布满整个叶背。相应的 K_1、K_2、η_P 的变化规律：当叶背产生局部空泡时，这些水动力性能基本不变（与无空泡一样）；但当空泡区域达到一定的面积时，K_1、K_2、η_P 就下降（比无空泡时下降）。K_1、K_2、η_P 开始下降时的空泡数称为临界空泡数，以 σ_K 记之。因此，我们常把空泡对螺旋桨性能的影响分为两个阶段来讨论。虽有空泡但仍不影响其水动力性能的阶段，称为空泡第一阶段或称局部空泡阶段，此阶段对螺旋桨性能也有重要影响，将留待稍后再予讨论（见 7.5.3 小节）；空泡已充分发展而使 K_1、K_2、η_P 下降的阶段，称为空泡第二阶段。图 7-38 所示为针对某既定螺旋桨以 σ 为参数而作的 K_1、K_2、η_P 随 λ_P 而变化的性征曲线，其中 $\sigma = \infty$ 的线相当于无空泡条件下的性征曲线（即 7.2 节中所说的敞水性征曲线），其他如 $\sigma = 0.4$、0.5、0.6 等各曲线表示空泡第二阶段的螺旋桨性征曲线。由该图可见：对既定螺旋桨来说，在一定的进速系数 λ_P 下，随着 σ 的下降，K_1、K_2、η_P 均明显下降。这样，如果原设计时认为螺旋桨无空泡（而实际上螺旋桨却工作在空泡第二阶段），那么该螺旋桨在相同转数、进速下将产生不了原定的推力，也吸收不了预定的主机功率。这就是前面提到的"勇敢"号试航中出现的现象。

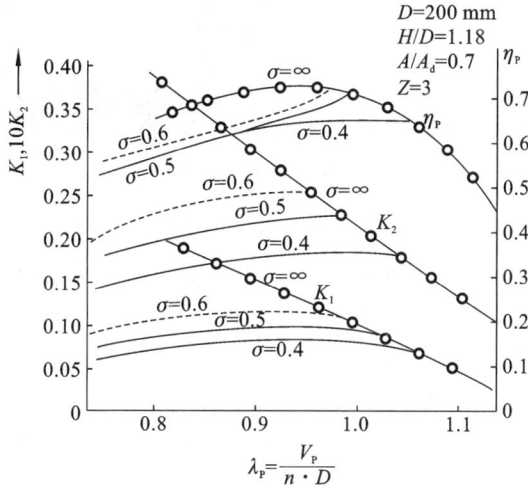

图 7-38　螺旋桨空泡性征曲线

对于螺旋桨工作在空泡第二阶段的舰船，其航速性分析（见 7.4 节）应当应用如图 7-38 所示的螺旋桨空泡性征曲线来进行。此时，按螺旋桨相似理论有如下结论：几何相似的螺旋桨，不论其绝对大小如何，在相同的 λ_P 和 σ 条件下，它们的 K_1、K_2、η_P 相等。

7.5.3　空泡对螺旋桨其他性能的影响

螺旋桨空泡实际上是一种不定常现象，其中存在空泡"产生 → 发展 → 溃灭 → 再生 → 再溃灭"的持续过程。特别对于工作在周向不均匀尾流场中的螺旋桨或处在斜流条件下的螺旋桨，所发生的空泡更是一种不定常的现象。空泡发生的部位、空泡的体积在螺旋桨旋转一周的过程中均可能发生变化，因此螺旋桨的空泡现象，不仅如前所述在发展严重时会使螺旋桨的推力、效率下降，而且即使不严重，如桨叶上局部空泡（或称第一阶段空泡）或仅在尾流中发生梢涡或毂涡空泡等现象，对螺旋桨的工作性能也会带来一些不利影响。

（1）螺旋桨空泡会造成桨叶、桨毂、桨后舵甚至船体的剥蚀。

经验证明，如果空泡在桨叶表面范围内溃灭（闭合），那么它将对桨叶表面造成很大的冲击压力，桨叶表面金属受到这种适当频率的冲击压力的作用，经一定时间就会剥落。这种由于空泡在金属表面溃灭而造成的金属材料损坏，通常称为空泡剥蚀。它和一般的化学腐蚀不一样。空泡剥蚀的作用，轻则使桨叶局部表面毛糙，导致螺旋桨效率下降；重则使螺旋桨在经数小时或数十小时工作后，桨叶卷边或桨叶根部形成很深的沟槽，甚至断裂，图 7-39 所示是桨叶表面产生了空泡剥蚀沟槽的照片。如果空泡在桨毂上溃灭，或在桨后舵面上溃灭，或在船体表面上溃灭，也可能使相应位置的金属材料遭到剥蚀。

（2）螺旋桨空泡可能引起船尾强烈振动。

螺旋桨的激振力（即螺旋桨的周期性作用力和力矩）是引起船体振动的主要原因之一。这

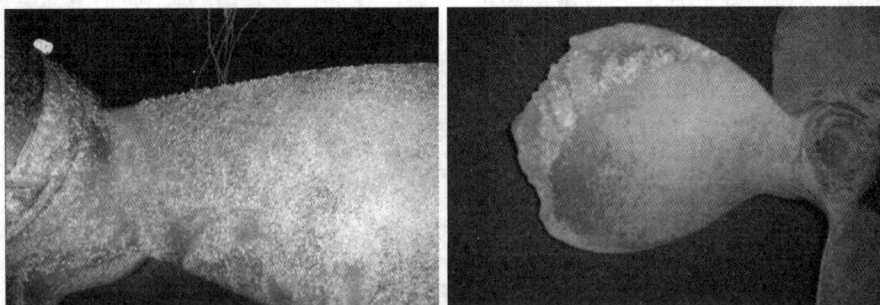

图 7-39　螺旋桨桨叶的空泡剥蚀

种激振力从力的传递途径来看,可分成轴承力与表面力两类。由于伴流场周向不均匀等原因,桨叶在旋转一周中将遇到不断变化的水流速度与攻角,因而桨叶上的推力、转矩会发生周期性变化,该力和力矩经桨轴、轴承座而作用到船体结构上,形成周期性不定常力和力矩,称之为轴承力。桨叶对水的扰动作用,使周围的流场压力发生周期性变化,而引起螺旋桨附近船体表面上的压力周期性变化,产生激振力,这种激振力即表面力。经验证明,通常在不发生空泡时,螺旋桨的激振力是不太大的,不致引起船尾强烈振动;但螺旋桨发生空泡后,特别是在非均匀流场中发生变体积空泡时,由于空泡时生时灭,体积变化大而迅速,表面激振力的幅值大大增大,而引起船尾的强烈振动。

(3)螺旋桨空泡使舰船的水中辐射噪声增大。

舰船向水中辐射噪声,其声源大致有如下三类:其一是机械噪声,即由各类机械的振动引起船体壳板的振动而向水中辐射的噪声;其二是边界层湍流噪声,由边界层中的湍流运动的压力脉动激发壳体振动而辐射的噪声;其三是螺旋桨噪声,由螺旋桨工作时产生的脉动力和空泡的发生与溃灭而激发的噪声。实践证明:在舰船低速航行,螺旋桨不发生任何空泡时,噪声水平是不高的;但随着航速增高,舰船总噪声水平就提高,其中螺旋桨噪声往往成为主要声源,特别是当螺旋桨产生空泡时,舰船的总噪声水平就大大提高。

螺旋桨的杀手——空泡现象

7.5.4　螺旋桨空泡的预报与防治

由于空泡对螺旋桨工作性能有害,所以一般在设计制造螺旋桨时力争避免空泡,为此在设计螺旋桨时要对其空泡情况进行预测。目前,比较可靠的办法是通过螺旋桨模型的空泡水洞试验进行观察预测;其次就是利用一些基于经验的近似方法进行估算,这类方法很多,下面介绍几种。

1. 临界空泡数 σ_K 或临界转速 n_K 法

临界空泡数 σ_K 指螺旋桨空泡第二阶段开始时的空泡数;临界转速 n_K 指螺旋桨空泡第二阶段开始时的螺旋桨的转速。巴布米尔建议按如下公式来分别近似计算 σ_K 和 n_K:

$$\sigma_K = \frac{0.5}{C_K^2 \lambda_P^2} \tag{7-64}$$

$$n_K = \frac{2C_K}{D} \sqrt{\frac{p_0 - p_d}{\rho}} \ (\text{r/s}) \tag{7-65}$$

式中:D——螺旋桨直径,m;

λ_P——进速系数，$\lambda_P = \dfrac{V_P}{nD}$；

p_0、p_d、ρ、V_P 的意义同前；

$C_K = \dfrac{1}{2\pi \overline{r_0} \sqrt{\dfrac{\overline{\xi}}{2}\left[1 + \left(\dfrac{\lambda_P}{\pi r_0}\right)^2\right]}}$，$\overline{r_0}$ 为桨叶面中心所在半径 R_0 与螺旋桨半径 R 之比，$\overline{r_0}$

$= \dfrac{R_0}{R}$；

$\overline{\xi}$——桨叶面中心所在剖面的叶背减压系数的平均值，可按下式近似估算：

$$\overline{\xi} = 0.5C_y(1 + 0.5C_y) + 2\delta \tag{7-66}$$

$$C_y = \frac{0.22K_1(1 + K_1)}{\overline{r_0}^2 \cdot A/A_d} \tag{7-67}$$

式中：δ——桨叶面中心处的剖面相对厚度；

K_1——螺旋桨在计算工况（λ_P）下的敞水推力系数。

根据螺旋桨的工作空泡数 σ（见式(7-65)）与临界空泡数 σ_K 的比值，或转速 n 与临界转速 n_K 的比值，可判断螺旋桨空泡是否处于第二阶段：当 $\dfrac{\sigma}{\sigma_K} = \left(\dfrac{n_K}{n}\right)^2 \leqslant 1.0$ 时，说明螺旋桨处于空泡第二阶段。

为了避免产生螺旋桨空泡，建议保留一定的裕度，使 $\dfrac{\sigma}{\sigma_K} = \left(\dfrac{n_K}{n}\right)^2 > 1.2 \sim 1.4$。

2. 凯勒尔(Keller)公式

荷兰试验水池推荐凯勒尔公式，即为了不产生空泡剥蚀，螺旋桨盘面比 A/A_d 应不小于下式：

$$(A/A_d)_{\min} = \frac{1.3 + 0.3Z}{(P_0 - P_d)D^2}P + K \tag{7-68}$$

式中：Z、P_0、P_d、D 的意义与前同；

P——螺旋桨的推力；

K——系数，对于高速双桨船 $K = 0$，对于一般双桨船 $K = 0.1$，对于单桨船 $K = 0.2$。

3. 按单位桨叶面积上的推力估算

根据经验，一般认为如果单位桨叶面积上的推力不大于 78400 N/m²（即 $\dfrac{P}{A} \leqslant 78400$ N/m²），则螺旋桨将不致发生空泡现象。据此，我们可求得为避免空泡所需的螺旋桨最小盘面比：

$$(A/A_d)_{\min} \geqslant \frac{1}{19600 \sim 22050} \cdot \frac{P}{\pi D^2} \tag{7-69}$$

以上三种空泡预报方法尽管简单实用，但第一种方法带有一定的经验性，而第二、三种则属于经验公式方法，故上述三种方法都要谨慎应用，它们多用于螺旋桨空泡初步预报场合。近年来螺旋桨空泡理论预报方法的研究颇受关注，以计算流体动力学(CFD)方法对螺旋桨空泡进行数值预报是有良好前景的研究方向。在工程实际中也常针对目标桨进行空泡试验以预报设计桨的抗空泡性能。

综合考虑空泡产生原因与影响因素、空泡类型与危害，以及空泡预报方法中的有关概念和机理，提出防治空泡(抗空化)及其危害的措施，概括如下：

（1）增大盘面比；

（2）采用弓形叶切面；

（3）减小叶厚；

（4）采用抗空化叶切面；

（5）减少叶数；

（6）增加螺旋桨轴数；

（7）降低转速；

（8）保持桨叶表面光洁；

（9）采用大侧斜桨；

（10）采用超空泡桨叶；

（11）加大潜深。

在上述抗空化措施中，有些与改进螺旋桨其他性能会产生冲突。其中最为有效、对提高螺旋桨其他性能影响最小、首选的抗空化措施是增大盘面比；另外，加大潜深是潜艇防治空泡的有效措施。

7.6　　特种推进器与潜艇螺旋桨特点

常用的特种推进器有导管螺旋桨、可调距螺旋桨、喷水推进器等。而潜艇水下航行的安静性十分重要，故潜艇螺旋桨的减振降噪性能较水面舰船更突出。

7.6.1　导管螺旋桨

导管螺旋桨是在一般意义的螺旋桨外加装一导管构成的，导管又分为加速型导管与减速型导管，其几何形状如图 7-40 所示。通常导管入口直径较螺旋桨盘面处直径大得多，出口直径大致与盘面处直径相等。加速型导管应用较多，其纵剖面为机翼型切面，如图 7-40(a)所示。其背线位于导管内部，由水流绕机翼流动的理论可知，水流流过加速型导管内部时流速增加，在螺旋桨盘面附近水流速度最大。加速型导管螺旋桨的工作特性曲线如图 7-41 所示，这组曲线反映出了加速型导管螺旋桨的主要优点，概括如下：

（1）重负荷条件下效率较普通螺旋桨高；

（2）螺旋桨的工作特性对舰船航速变化不太敏感，即螺旋桨盘面处水流速度受航速影响较小。

由加速型导管螺旋桨的优点可知，加速型导管螺旋桨适合在重负荷的条件下采用，如拖船、拖网渔船采用加速型导管桨较好；加速型导管螺旋桨还适用于多工况舰船，拖船与拖网渔船均属于多工况船，从这一角度考虑，这两种船型也适合采用导管螺旋桨。

减速型导管纵剖面如图 7-40(b)所示，由图可知水流流经减速型导管时流速减小，从而使导管内部压力增大。减速型导管的这一特性使其抗空化性能较好，这是减速型导管的主要优点，故军舰采用减速型导管螺旋桨对减振降噪有利。与加速型导管螺旋桨不同的是，减速型导管螺旋桨效率较普通螺旋桨低，在重负荷条件下也是如此。

潜艇有采用导管螺旋桨的，其原因之一是导管螺旋桨水噪声较小，对提高其隐蔽性有利。

除上述优点外，导管螺旋桨的导管还具有保护螺旋桨的作用。

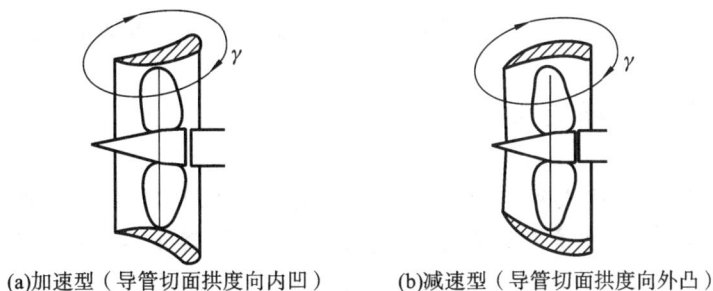

(a)加速型（导管切面拱度向内凹）　　(b)减速型（导管切面拱度向外凸）

图 7-40　加速型导管与减速型导管示意图

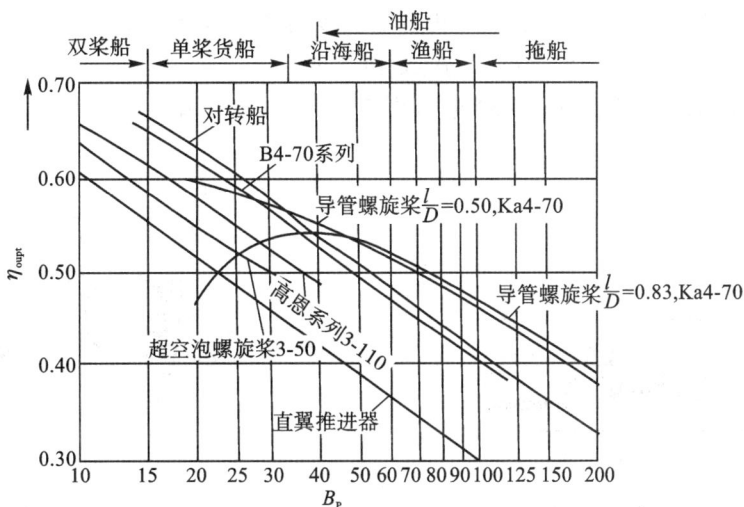

(a)各类推进器最佳效率的比较

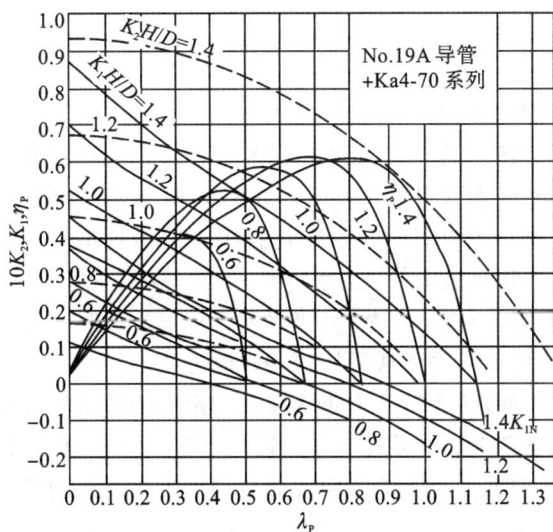

(b)No.19A导管+Ka4-70桨的敞水性征曲线

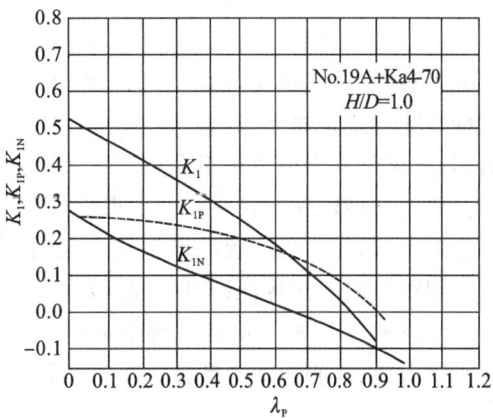

(c)K_1、K_{1P}、K_{1N}与λ_P的关系

图 7-41　加速型导管螺旋桨的工作特性曲线

（注：B_P 表示收到功率系数，具体定义请参考"船舶推进"相关教材；$\dfrac{l}{D}$ 表示导管长度与螺旋桨直径之比。）

导管螺旋桨存在的主要问题:倒车性能差,为此有专门设计的考虑倒车性能的导管;导管内壁与叶梢靠近处也有可能产生空化剥蚀;另外采用固定导管的螺旋桨回转性能变差。

7.6.2 可调距螺旋桨

可调距螺旋桨(调距桨)是叶片可转动,亦即螺距可以调节的螺旋桨,如图 7-42 所示。每调节一次螺距就相当于改变了一次螺旋桨的重要几何参数(螺距),螺旋桨的工作特性也发生相应的变化。可调距螺旋桨适用于多载荷工况舰船,在不同的载荷工况下采用不同的螺距以使得在各种载荷工况下船-机-桨匹配良好,充分发挥主机的功率与转速,这一要求是普通螺旋桨无法满足的。此外,近年来燃气轮机作为主动力装舰较多,这类舰船以螺旋桨作为推进器也要求采用可调距螺旋桨;由于燃气轮机不能倒转,故需调节叶片转角以实现正车情况下的倒退航行(倒航),显然正车-倒航工况下的螺距角为负的。

转动桨叶的调距机构位于桨毂内,如图 7-43 所示,分为齿条式和曲柄连杆式调距机构两种。

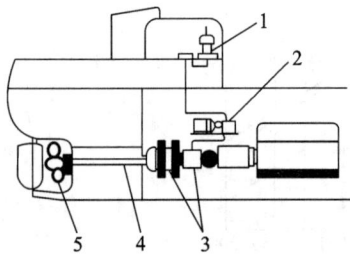

图 7-42　可调距螺旋桨操纵机构示意图

1—操纵台;2—调距机构动力部分;

3—调距机构;4—尾轴;5—调距桨

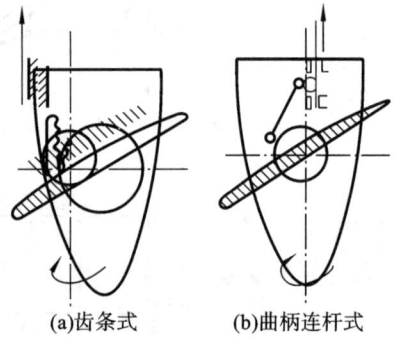

(a)齿条式　　(b)曲柄连杆式

图 7-43　转动桨叶的调距机构

目前大多数调距桨都采用曲柄连杆式调距机构,且采用调距液压系统传动,如图 7-44 所示。由正转前进到正转倒退的转叶方式,按桨叶转动的相位与角度范围可分为经 0 螺距和经无穷大螺距(经 0 顺流)两种。前一种方式下转角范围较小,为 45°～60°,如图 7-45(a)所示。这种转叶方式是通常采用的转叶方式,只是采用这种方式时在换向过程中可能出现负的转叶力矩,故对某些类型主机不合适。后一种方式下转角范围较大,为 110°～120°,如图 7-45(b)所示。采用这种转叶方式时不会出现负的转叶力矩,但机构复杂,且当桨叶至顺流位置时转叶力矩非常大,将使主机出现严重超载,一般的柴油机船几乎无法采用这种转叶方式。

调距桨的工作特性资料中,除敞水性征曲线外,还有转叶力矩资料。调距桨的敞水性征曲线通常以图 7-46 所示的各种螺距下性征曲线组成的图谱形式给出。转叶力矩由三部分组成,即水动力矩、离心力矩与摩擦力矩,前两项的确定方法及有关的曲线资料均作为螺旋桨的设计资料给出,如图 7-47 和图 7-48 所示。图 7-47 和图 7-48 中,$K_{SH}=\dfrac{M_{SH}}{\rho n^2 D^5}$,$K_{SC}=\dfrac{M_{SC}}{\rho n^2 D^5}$,其中,$M_{SH}$、$M_{SC}$ 分别为转叶水动力矩与转叶离心力矩。摩擦力矩按一般方法求得。

为使用方便,还采用如图 7-49 所示的调距桨特性曲线,图中给出了两组曲线:一组是 P_S-N_S 标架中各种螺距比下的 P_S-N_S 曲线组;另一组是 P_S-N_S 标架中的 V_S 等值线。由该图看

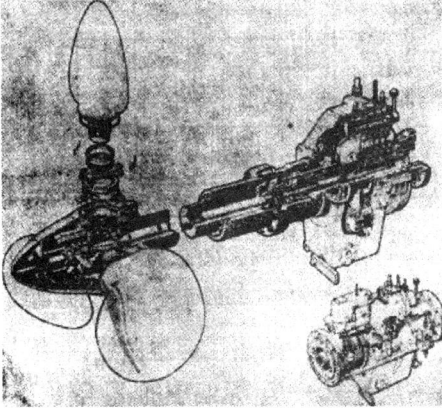

图 7-44　调距液压系统

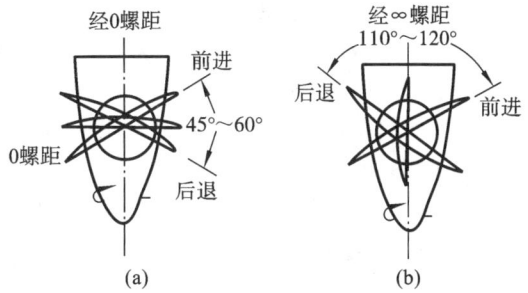

图 7-45　由正转前进到正转倒退的转叶方式

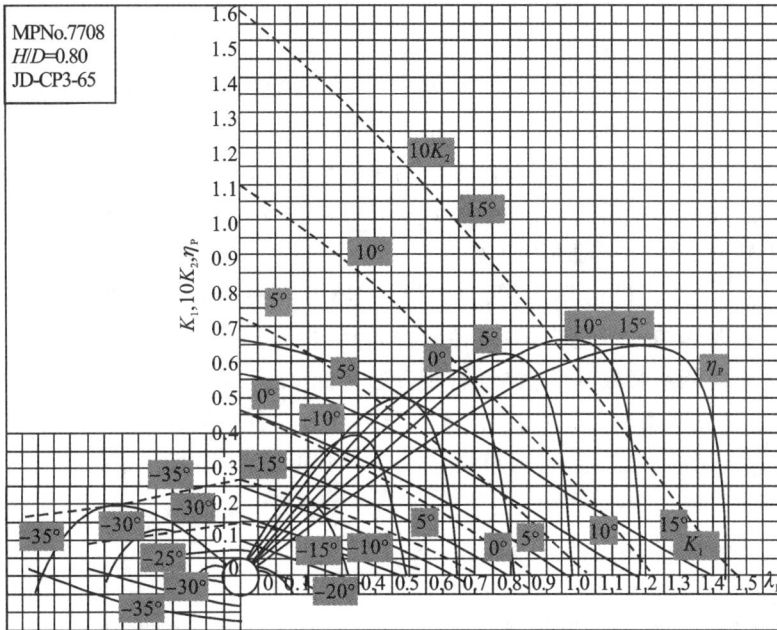

图 7-46　JDC3 系列调距桨中 MPNo. 7708 敞水性征曲线图谱

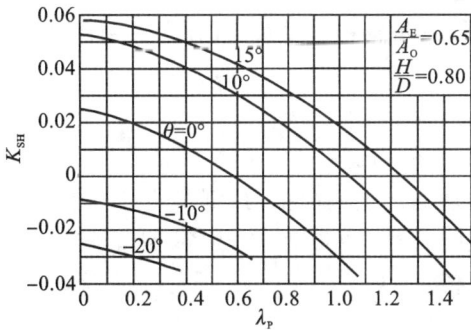

图 7-47　调距桨 MPNo. 7708 转叶水动力矩曲线

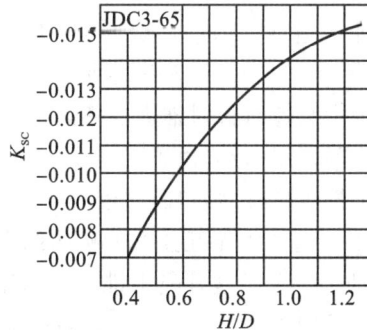

图 7-48　调距桨 MPNo. 7708 转叶离心力矩曲线

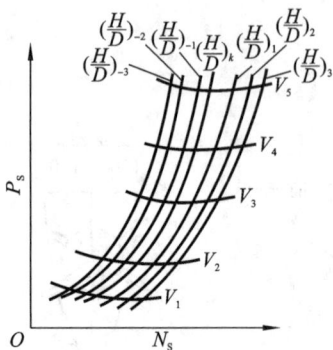

图 7-49　调距桨特性曲线

出,可以采用多种转速、螺距组合调节方式达到同一航速,如固定转速调节螺距、固定螺距调节转速、转速螺距联合调节,如此则可以通过转速、螺距组合调节方式提高螺旋桨效率、减小主机输出功率,使各种航速下主机输出功率最小。若进一步联系主机的"万有特性"曲线,还可以得出各航速下主机耗油量(耗能)最小的转速、螺距组合;另外,固定转速调节螺距以达到所需航速可减少主机变速频率,延长主机使用寿命。对柴燃联合或柴燃交替主动力舰船,可以通过调节螺距实现各种主动力工作方案下机桨良好的匹配,充分发挥主机的转速、功率,提高舰船航速。只需将各种主动力工作方案下的外特性曲线叠绘在如图 7-49 所示的调距桨特性曲线上,即可以查算出各种主动力工作方案下机桨匹配良好的螺距,以及舰船能达到的航速、功率等参数,其基本原理和计算过程与 7.4 节所述大致相同。以上几项也是调距桨的优点。由于调距桨的诸多优点,近年来调距桨装舰逐渐增加。

调距桨有一通过设计计算求出的基准螺距,称为初始螺距、设计螺距或结构螺距,相应的螺距比记作 H/D。在该螺距下,调距桨叶的几何形状与普通桨叶的几何形状基本特性相同,主要体现在桨叶叶面都位于等距螺旋面上。当桨叶转动时,调距螺旋桨的桨叶就不再位于同一等距螺旋面上,此时螺距沿弦向是变化的,读者可对转叶后叶切面几何形状畸变的原因进行分析说明,绘出转叶后的叶切面几何形状。

调距桨存在的问题是机构复杂,保养维修困难,可靠性不如普通螺旋桨好,且造价高昂。另外,调距桨桨毂要容纳调距机构,其毂径较普通桨大,d_K/D 为 0.24~0.29,普通桨 d_K/D 为 0.18~0.20,这会使调距桨效率略微降低,较普通桨低 2%~3%。

调距桨也是研究使用较多的特种螺旋桨,国内外有多种可调距桨系列,资料较为完整的调距桨有上海交通大学的 JDC3 系列调距桨、日本的 MAU-CP4 系列调距桨。

7.6.3　喷水推进器

喷水推进器是含义相当广泛的舰船推进器概念,且有着很长的发展历程。此处所述喷水推进器指现今高速舰船上使用的新型内藏式组合喷水推进器,由于其产生推力的基本水动力学原理仍然是向后喷出水流的反作用力构成推力,这一点与其他的喷水推进器是相同的,故仍称为喷水推进器。内藏式喷水推进器如图 7-50 所示,其机构精密复杂,可分为泵壳、叶轮与操控系统等三大部分。这种喷水推进器的主要优点如下。

(1) 中高速航行时推进效率高。

(2) 附体阻力小,由于附体少可使船体阻力减小 8%~12%。

(3) 操纵性好,喷口转向器可使出水喷口转向,从而产生侧向推力;倒车斗可使水流折回向前喷出。这两组相互独立的机构结合使用可实现舰船原位 360° 回转、侧移、倒车等复杂的操纵性运动——采用这种喷水推进器的船不需要舵设备。

(4) 适用于浅吃水船与浅水航行船。

(5) 噪声小。

(6) 不存在桨叶被水中杂物打坏的可能性。

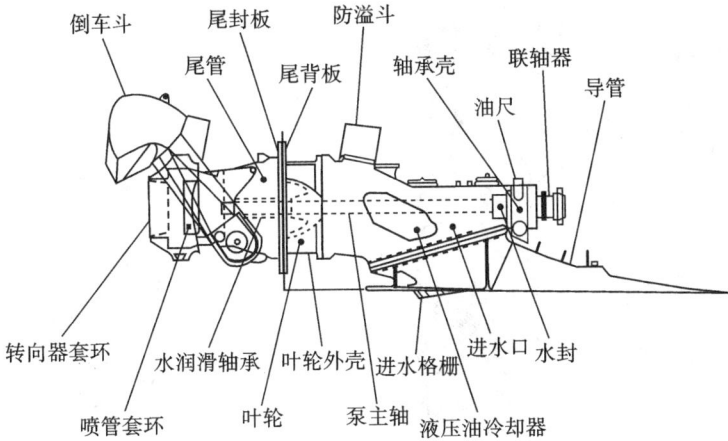

图 7-50　内藏式喷水推进器(侧视图)

其存在的问题:机构复杂,价钱十分高昂,低速时推进效率不高。目前这种喷水推进器多用于高性能舰艇,一般认为航速高于 27 kn 的高速舰艇才适合采用这种新型组合式喷水推进器。

在喷水推进器发展过程中,出现过各种类型的喷水推进器,早期的喷水推进器机构较为简单,一般认为以往的喷水推进器主要缺点是效率不高,且增加了水流管路中水的重量,主要优点是适用于浅吃水与浅水航行舰船。关于喷水推进器的水动力原理、发展过程,可参阅相关文献。

7.6.4　潜艇新型推进器

潜艇螺旋桨的水动力、空泡、噪声特性及航行特性的基本原理与水面舰船是类似的,由于艇尾形状的影响,潜艇大多数采用单桨,另外潜艇的空泡、噪声和振动特性更显重要,在螺旋桨的设计中更为关注这些方面的性能。出于抗空化、减振降噪方面的考虑,现代潜艇大都采用 5~7 叶大侧斜螺旋桨,7 叶大侧斜螺旋桨的外观如图 7-51 所示。桨叶的侧斜增加可使桨叶面积沿周向分布更为均匀,对减小螺旋桨的空泡、噪声和激振力都有利;在直径和叶数相同的条件下,侧斜增加还可以增加桨叶的盘面比,这对抗空化也是很有利的;而潜艇螺旋桨叶数较多,则是从增加叶面积沿周向分布均匀程度、减小振动和噪声的角度来考虑的。另外,潜艇采用导管螺旋桨对防空化、减振降噪也有利。泵喷推进器是导管螺旋桨的一种发展形式,它由转子、定子和导管组成,转子、定子安装在导管内,定子固定在导管上,整个泵喷推进器固定在艇尾上,如图 7-52 所示,转子、定子一般可由 7~15 个叶片组成。这种推进器不但效率高,而且可降低离散谱和宽带谱的噪声,推迟空泡发生而提高艇的临界航速,其导管出口处水流几乎没有绝对速度,可使艇后的航迹模糊,对潜艇的隐蔽性有利。

7.6.5　吊舱推进器

吊舱推进器是在传统的电力推进系统上改进发展而来的一种新型推进器,于 20 世纪 80 年代问世,如图 7-53 和图 7-54 所示。它由吊舱和螺旋桨组成,流线型吊舱悬在船下,由法兰

图 7-51　7 叶大侧斜螺旋桨

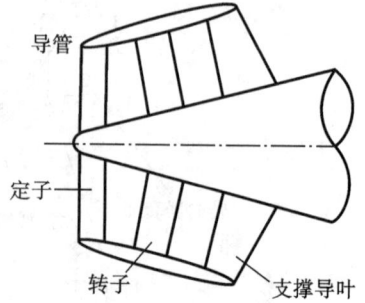

图 7-52　泵喷推进器

盘与船体相接,吊舱内安装电动机,直接驱动螺旋桨。柴油发电机组安装在船舱内,电力经电缆和滑环传送至吊舱内的电动机。吊舱可 360°回转,能起到舵的作用,有效提高舰艇的操纵性和机动性。吊舱推进器分为前桨(牵引式)、后桨(推动式)、双桨(串列式)等形式,也可以是导管螺旋桨、对转螺旋桨等形式的螺旋桨。吊舱推进器的主要优点:船外可省去轴支架、尾轴等附体,以及舱内尾轴、减速齿轮及传动轴系等机构,从而提高了舱容,且原动机(柴油机)与发电机组在船内布置较为灵活;此外不需要舵、侧推器等操纵装置。由于吊舱推进器在船舶设计、制造和维修等方面的诸多优点,这种推进器近年来发展迅速,使用日益广泛。

图 7-53　串列式吊舱推进器

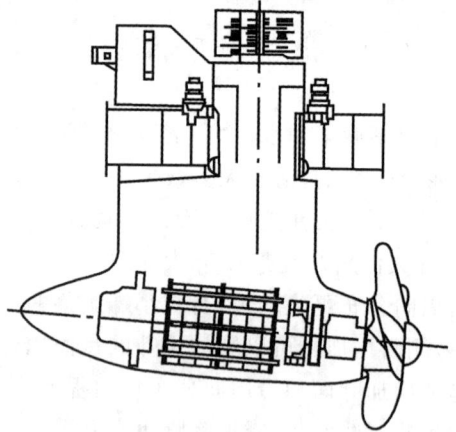

图 7-54　牵引式吊舱推进器

习　　题

7-1　试述等螺距螺旋面的螺旋角如何变化。等距桨叶片上两个叶切面的螺距角分别为 $\nu_1 = 15°, \nu_2 = 30°$,指出哪一个切面靠近叶根部。

7-2　指出图 7-55 所示螺旋桨旋向(左旋或右旋)。

7-3　用螺距仪测量螺距,当水平摇臂旋转角度 $\varphi = 30°$ 时,量针上下移动的高度 $h = 0.2$ m,求该等距螺旋桨的

图 7-55　螺旋桨

螺距 P。

7-4　绘出正车、前进状态时叶切面的速度三角形和受力分析图,标出各速度、力分量的方向,说明螺旋桨一边前进一边旋转会产生推力、消耗主机功率的原因。

7-5　利用叶元体速度三角形分析下列问题:

(1)某艇以等速航行时,当主机突然提高转速瞬时,螺旋桨的推力、力矩如何变化?

(2)某三轴艇以一定航速前进时,两舷桨提高转速,中间桨保持原转速不变,中间桨推力、力矩如何变化?

(3)系泊试验工况下,螺旋桨推力、转矩状态是怎样的?

7-6　试述进速系数的定义和意义,绘出有关图形。

7-7　绘出 $K_1 = 0$ 和 $K_2 = 0$ 时叶切面速度三角形和受力分析图,说明舰船航行中这两种工况出现的时机。

7-8　某螺旋桨制造时螺距做大了,试以叶切面上速度三角形和受力分析图说明进速、转速相同的正常工况下,螺旋桨的推力、转矩、收到功率、主机功率如何变化。

7-9　某舰航速 $V_S = 25$ km,螺旋桨转速 $n = 540$ r/min,轴数 $Z_P = 2$,螺旋桨直径 $D = 2.5$ m,伴流系数 $w = 0.07$,推力减额系数 $t = 0.08$,相对旋转效率 $\eta_R = 1.0$,轴系效率 $\eta_B = 0.98$,减速器效率 $\eta_G = 0.98$,敞水性征曲线如图 7-56 所示。试计算(计算时 ρ 取 1025 kg/m³):

(1)有效推力 P_e;

(2)船体阻力 R;

(3)推进效率 η 和螺旋桨收到功率 N_{DB};

(4)推进系数 PC 和主机功率 N_e;

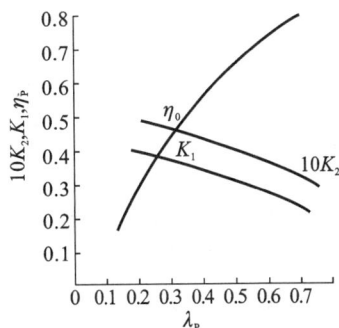

图 7-56　某舰敞水性征曲线

(5)若主机功率不得超过(4)的计算结果,系泊试验时螺旋桨的最大转速。

7-10　某双桨舰船航速为 15.5 kn,船体有效功率为 $N_E = 1921$ ps,设伴流系数 $w = 0.104$,推力减额系数 $t = 0.198$,相对旋转效率 $\eta_R = 1.044$,敞水效率 $\eta_P = 0.62$,求螺旋桨发出的推力及所需的船后收到功率。

7-11　试述空泡对螺旋桨性能的影响。

7-12　试分析防治螺旋桨空泡及其危害的各项措施的机理。

7-13　试述调距桨的主要优点。在什么情况下适于采用调距桨,在什么情况下必须采用调距桨?

7-14　试述导管螺旋桨的主要优点及其适用情况。

第8章　舰船操纵性

操纵性指舰船按驾驶者意图改变或保持其运动状态的性能，是舰船动力学研究的航行性能之一。操纵性包括航向稳定性和回转性。回转性又可细分为回转空间大小、应舵时间长短等。通常，前者就称为回转性，而后者称为应舵性。应舵性有时也以转首性、跟从性两个概念来表示。舰船的操纵性与航行安全性、经济性、军舰的战斗力和生命力密切相关。

本章目的

舰船一旦丧失了操纵性，就缺少了基本的航行安全保障；军舰良好的操纵性是保证战斗力的重要手段，因此其对操纵性有着更高的要求。了解、掌握舰船操纵性基本知识，对于舰船使用和设计都是十分重要和必需的。

本章内容

本章主要介绍水面舰船的操纵系统中船-舵系统开环特性基本知识，包括航向稳定性、回转性、跟从性和转首性概念，航向稳定性、稳定回转的条件，回转过程中的受力、运动分析，操纵性参数估算方法，以及舵系统和新型操纵装置系统的概况等内容。至于操纵系统闭环特性的内容，对于舰船使用和设计者也是十分重要的，按学科划分，这部分内容涉及船艺、舰船辅机、舰船控制等学科，故除必须提及的概念外，本书未展开讨论操纵系统闭环特性。潜艇操纵性的含义和内容较水面舰船操纵性更为广泛，主要体现在潜艇具有垂直面的操纵性运动及相应的操纵装置系统，按课程设置和学科划分，通常将潜艇操纵性自列为一门课程或学科分支，本章对潜艇操纵性的有关基本内容也作简单介绍。

本章核心内容可归结如下。

（1）舰船操纵性概述：水面舰船操纵性含义，船-舵开环系统与操纵性闭环系统的基本概念，舰船操纵性的研究方法。

（2）舰船操纵性运动方程：坐标系的定义，舰船操纵性线性运动方程的建立方法。

（3）航向稳定性：航向稳定性概念，直线稳定性概念和分析。

（4）回转运动：回转运动的基本概念、三个阶段、特征参数，回转运动分析。

（5）潜艇操纵性运动方程：潜艇操纵性运动方程的建立及操纵性运动。

本章重点与难点

（1）操纵性线性运动方程的建立；

（2）潜艇操纵性运动。

本章关键词

操纵性，船-舵开环系统，操纵性线性运动方程，直线稳定性，回转运动，潜艇操纵性运动。

8.1　舰船操纵性概述

8.1.1　水面舰船操纵性含义

舰船操纵性包括以下几方面的性能。

(1) 航向稳定性：使舰船在水平面内运动时偏离航向的扰动消除后，舰船能恢复原有航向运动的性能。

(2) 回转性：舰船应舵做圆弧或曲线运动的性能，即舰船转舵后的转向（回转运动）性能。

(3) 转首性：舰船能迅速应舵进行回转运动的性能。

回转性和转首性都能描述舰船回转能力，但两者的意义是有区别的：前者表达舰船能否应舵回转、应舵回转的程度；后者表达舰船应舵回转是否迅速，即在多长时间内能完成驾驶者期望的回转运动。

(4) 跟从性：舰船应舵能进入新的稳定运动状态的性能。例如，舰船能由直线航行状态进入稳定回转运动，能由一种稳定回转运动进入另一种稳定回转运动，能由稳定回转运动回到稳定的直线运动，都是舰船跟从性的表现。

(5) 停船性能：舰船对惯性停船、倒车停船的响应能力。

本章重点介绍前四种性能的实现条件、定量描述方法与衡准、规律与影响因素、估算方法、注意事项等。停船性能涉及主机的操作，情况较为复杂，本书不展开讨论。

8.1.2　操纵性闭环系统与船-舵开环系统

舵或其他操纵装置是实现对舰船操纵的关键环节。尽管有舵、侧推器、喷水推进器、全回转导管螺旋桨等多种操纵装置，但舵结构简单、工作可靠、造价低廉，是目前应用最广的操纵装置，如未特别指明，本章即以舵代表操纵装置。除了舵以外，舰船的操纵系统还有其他环节，图8-1 表示了舰船操纵系统的各个环节和操纵过程。

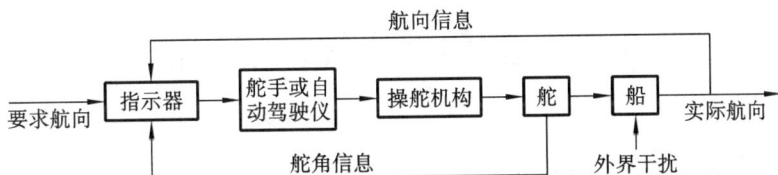

图 8-1　舰船操纵系统的各环节和操纵过程

如图 8-1 所示，当要求航向与实际航向存在偏差时，舵手或自动驾驶仪机构通过操舵机构转舵，从而在舵上产生水动力（舵力）并改变作用于船体的水动力（含推进器上的水动力），在各种水动力合力作用下迫使舰船改变航向；在新的航向航行时，指令航向与实际航向的偏差又会显示在指示器上，舵手再次操舵，如此反复，直到舰船按要求的航向航行，才停止操舵。在上述过程中，整个操纵系统由船体、舵、操舵机构、舵手或自动驾驶仪、指示器等多个环节组成，构成一个输入、输出信号的封闭回路，这种输出信号对控制作用有直接影响的系统称为闭环系统或反馈系统。操纵系统中的各个环节本身也自成独立的系统，这些系统的输出量对系统控制机制无直接影响,称为开环系统。操纵系统中的最后两个环节船、舵构成开环系统。本章主要讨论船-舵系统的开环特性,它主要取决于船、舵的水动力特性。如未指明,书中所述舰船操纵性可以理解为特指船-舵系统开环特性。

8.1.3 操纵性在舰船使用、航行安全性与设计中的地位

从使用者的观点来看,操船需实现各种操纵性运动,包括日常的操纵性运动,以及特殊情况下的操纵性运动,如靠离码头、在狭窄水道航行、在风浪中操纵、紧急避碰、拖带船舶与海上救助等。要正确驾驶船舶需合理地使用操船"六要素",即舵、车、锚、缆、风和流,其中舵是操船的关键设备。提供性能优良的船型和舵,了解掌握舰船操纵性的特性、规律,是提高驾驶水平的物质基础和知识基础。

随着舰船航行密度增大,航速提高,船舶大型化、专门化,操船的难度也在增大。在航行安全性方面,舰船操纵性也具有重要的地位。至今每年仍有大量船舶失事,其中碰撞和触礁等舰船操纵性方面原因引起的船舶失事占较大比例,改进舰船操纵性对提高航行安全性有重要意义。

舰船操纵性也是舰船设计者必须分析研究、核算预报的航行性能,有关的船舶设计制造标准、规范对舰船操纵性的指标提出了明确的要求。设计出优良的船型和舵是改进舰船操纵性的关键措施,也是最主动的措施。

8.1.4 舰船操纵性的研究方法

舰船操纵性属于舰船动力学研究的内容,其基本研究方法与舰船阻力、舰船推进器的类似,有理论分析、模型试验和数值模拟等方法。其中理论分析方法主要用于对操纵性的规律进行分析;模型试验和数值计算结果既可用于操纵性规律定性分析,也可用于操纵性定量预报。

实船操纵性试验所得结果也具有重要的意义,它直接反映了实船操纵性的规律,可供操船者使用;同时也给设计和研究者提供了资料,用于改进操纵性预报方法和设计方案,以及修正模型试验结果与实船试验结果的相关系数。另外,若从舰船驾驶或操纵系统闭环特性方面考虑,仿真模拟也是重要的操纵性研究与操船技能培训手段。

8.2 舰船操纵性运动方程

8.2.1 坐标系与运动方程

为了建立舰船操纵性运动方程,采用如图 8-2 所示的两个右手直角坐标系:固定坐标系 $O_0\text{-}x_0y_0z_0$,随船坐标系 $G\text{-}xyz$。

图中 $O_0\text{-}x_0y_0z_0$ 为固定于地球的坐标系,称为固定坐标系,原点 O_0 可任意选取,通常与 $t=0$ 时刻的舰船重心 G 重合,$x_0O_0y_0$ 平面与静水面重合。对于水面舰船的操纵性运动,任意时刻 t 舰船的运动状态均可用其重心 G 的坐标 x_{0G}、y_{0G},舰船对称面与 O_0x_0 轴的夹角 ψ,以及它们随时间变化的速率来表示,其中 ψ 称为首向角,以从 O_0x_0 到 Gx 轴顺时针旋转为正。将船体视作刚体,按刚体平面运动定理,在固定坐标系下船体的运动可用以下方程组描述:

$$\begin{cases} m\ddot{x}_0 = X_0 \\ m\ddot{y}_0 = Y_0 \\ I_z\ddot{\psi} = N \end{cases} \tag{8-1}$$

式中：m——船体质量；

$\quad$ I_z——绕通过重心的铅垂轴的惯性矩；

$\quad$ X_0——作用于船体的外力合力在 x_0 轴上的分量；

$\quad$ Y_0——作用于船体的外力合力在 y_0 轴上的分量；

$\quad$ N——作用于船体的外力合力绕通过重心的铅垂轴 z 的回转力矩。

注：在船舶操纵性中，通常会用小写英文字母表示坐标系的轴，用大写英文字母表示作用力。

式(8-1)即固定坐标系中船体运动方程，式中的 X_0、Y_0 是随首向角 ψ 变化的，这会给操纵性的分析、计算带来很大困难。为此引入随船坐标系 $G\text{-}xyz$，该坐标系固定于船体而随船运动，原点取船体重心 G，Gxy 平面与静水面重合，x 轴过船体对称面向首为正，y 轴向右舷为正。

以下推导随船坐标系中的船体运动方程。设外力合力在 x、y 方向的分量分别表示为 X、Y，则由坐标变换关系可得

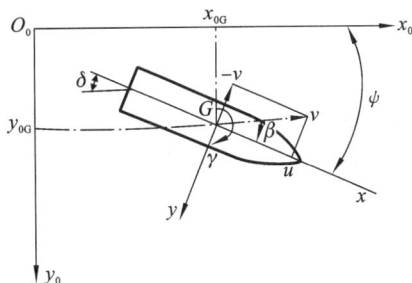

图 8-2　描述船舶运动的坐标系

$$\begin{cases} X = X_0\cos\psi + Y_0\sin\psi \\ Y = Y_0\cos\psi - X_0\sin\psi \end{cases} \tag{8-2}$$

重心 G 点速度矢量 V 与 x 轴正方向的夹角 β 称为漂角，规定由 V 到 x 轴顺时针旋转为正，记 $u = V\cos\beta$、$v = V\sin\beta$，则 V 在 x、y 方向的分量分别为 u、$-v$，仍由坐标变换关系有

$$\begin{cases} \dot{x}_{0G} = u\cos\psi - v\sin\psi \\ \dot{y}_{0G} = u\sin\psi + v\cos\psi \end{cases}$$

$$\begin{cases} \ddot{x}_{0G} = \dot{u}\cos\psi - \dot{v}\sin\psi - (u\sin\psi + v\cos\psi)\dot{\psi} \\ \ddot{y}_{0G} = \dot{u}\sin\psi + \dot{v}\cos\psi + (u\cos\psi - v\sin\psi)\dot{\psi} \end{cases} \tag{8-3}$$

综合式(8-1)前两式和式(8-2)、式(8-3)，整理后得随船坐标系中的力矩平衡方程：

$$\begin{cases} m(\dot{u} - v\dot{\psi}) = X \\ m(\dot{v} + u\dot{\psi}) = Y \end{cases}$$

随船坐标系中的力矩平衡方程与固定坐标系中的相同，记角速度中 $\dot{\psi} = \omega$，则 $\ddot{\psi} = \dot{\omega}$，综上所述可得随船坐标系中的运动方程：

$$\begin{cases} m(\dot{u} - v\omega) = X \\ m(\dot{v} + u\omega) = Y \\ I_z\dot{\omega} = N \end{cases} \tag{8-4}$$

在随船坐标系中建立运动方程，外力不再随首向角 ψ 变化，这就给表达带来很多方便。在舰船操纵性运动与受力分析时一般采用随船坐标系中的运动方程。

8.2.2　操纵性线性运动方程

若不对式(8-4)做近似处理,求解这组微分方程仍是十分困难的,其困难之一是右端项的外力难以确定。故有必要对这组方程做近似处理,这样一方面使随船坐标系中的运动方程求解成为可能,另一方面经近似处理的运动方程各项具有更为具体的物理意义,便于对舰船操纵性规律进行分析。以下对舰船运动方程式(8-4)进行近似处理,以得出操纵性线性运动方程。

现外力中只计入作用于舰船的水动力,并认为某一时刻 t 舰船运动引起的水动力由该时刻舰船的运动状态确定,于是式(8-4)中的外力 X、Y、N 可以表示为

$$\begin{cases} X(t) = X[u(t), v(t), \omega(t), \dot{u}(t), \dot{v}(t), \dot{\omega}(t), \delta(t)] \\ Y(t) = Y[u(t), v(t), \omega(t), \dot{u}(t), \dot{v}(t), \dot{\omega}(t), \delta(t)] \\ N(t) = N[u(t), v(t), \omega(t), \dot{u}(t), \dot{v}(t), \dot{\omega}(t), \delta(t)] \end{cases} \tag{8-5}$$

式中:$\delta(t)$——舵角。

现假设式(8-5)中各参数在小范围内变化,这一假设通常称为小扰动假设。在小扰动假设条件下,可以采用泰勒展开法对式(8-5)进行近似处理。对式(8-5)进行泰勒展开,只保留到线性项,则式(8-5)可以近似表示为

$$\begin{cases} X(t) = X[u_0,0,0,0,0,0,0] + \dfrac{\partial X}{\partial u}\Delta u + \dfrac{\partial X}{\partial v}\Delta v + \cdots + \dfrac{\partial X}{\partial \dot{\omega}}\Delta \omega + \dfrac{\partial X}{\partial \delta}\Delta \delta \\ Y(t) = Y[u_0,0,0,0,0,0,0] + \dfrac{\partial Y}{\partial u}\Delta u + \dfrac{\partial Y}{\partial v}\Delta v + \cdots + \dfrac{\partial Y}{\partial \dot{\omega}}\Delta \omega + \dfrac{\partial Y}{\partial \delta}\Delta \delta \\ N(t) = N[u_0,0,0,0,0,0,0] + \dfrac{\partial N}{\partial u}\Delta u + \dfrac{\partial N}{\partial v}\Delta v + \cdots + \dfrac{\partial N}{\partial \dot{\omega}}\Delta \omega + \dfrac{\partial N}{\partial \delta}\Delta \delta \end{cases} \tag{8-6}$$

式中:$X[u_0,0,0,0,0,0,0]$ 等表示舰船以 $u = u_0 = V$,而 v_0、ω_0 等皆为零的匀速直线运动为船舶的平衡状态的基准运动(并假设舵位于中间位置,即 $\delta_0 = 0$)。从数学上看,把作用于舰船的水动力看成多元函数,上述基准运动作为泰勒级数的展开点,再分析各运动参数相对于基准运动有改变时水动力的变化量,这样运动参数相对于初始状态的改变量可写成较简单的形式:

$$\begin{cases} \Delta u = u - u_0 = u - V \\ \Delta v = v - v_0 = v \\ \Delta \delta = \delta - \delta_0 = \delta \end{cases}$$

同样有:$\Delta \dot{u} = \dot{u}, \Delta \dot{v} = \dot{v}, \Delta \omega = \omega, \Delta \dot{\omega} = \dot{\omega}$。

由上可知,$X_0 = X(u_0)$ 为舰船直航时的纵向力,即阻力,而 $Y_0 = N_0 = 0$,这是因为船形左右对称(注:不计单桨影响时)。

偏导数 $\dfrac{\partial X}{\partial u}$、$\dfrac{\partial Y}{\partial v}$、$\dfrac{\partial N}{\partial \dot{\omega}}$ 等也是平衡状态下的数值,例如:

$$X_u = \frac{\partial X}{\partial u}\bigg|_{u=u_0, v=\dot{u}=\dot{v}=\omega=\dot{\omega}=\delta=0}$$

X_u 等称为水动力导数。当取非线性项时则有高阶项,例如:

$\dfrac{\partial^3 Y}{\partial v^3} = Y_{vvv}$,称 Y_{vvv} 为高阶导数;

$\dfrac{\partial^3 Y}{\partial v^2 \partial \omega} = Y_{vv\omega}$,称 $Y_{vv\omega}$ 为高阶耦合导数,是水动力(矩)对于两种或两种以上运动参数的高

阶偏导数,表示几种运动参数对水动力的相互干扰。

上述水动力导数统称为水动力系数。一阶水动力系数按其产生的原因分为

速度系数(或位置导数),如 Y_v、N_v;

角速度系数(或旋转导数),如 Y_ω、N_ω;

舵角系数(或控制导数),如 Y_δ、N_δ;

加速度系数,如 $X_{\dot{u}}$、$N_{\dot{\omega}}$ 等。

由于舰船对称于中纵剖面,v、ω、$\dot{v}$、$\dot{\omega}$、δ 向正方向变化和负方向变化引起的力 X 大小和方向的变化是相等的,即力 X 是 v、ω、$\dot{v}$、$\dot{\omega}$、δ 的偶函数,故力 X 的表示式中不含这些参数的奇次项,即 $X_v = X_{\dot{v}} = X_\omega = X_{\dot{\omega}} = X_\delta = 0$,同理,当 v、ω、$\dot{v}$、$\dot{\omega}$、δ 改变符号时,力 Y、N 的大小不变而符号改变,即 Y、N 是 v、ω、$\dot{v}$、$\dot{\omega}$、δ 的奇函数,故 Y、N 对 v、ω、δ 的偶次阶导数和偶次阶耦合导数皆为零。

此外,由流体力学势流理论得知,加速度引起的流体惯性力(这里用加速度系数表示)与线加速度或角加速度线性相关,因此,所有加速度系数只保留一阶项。

综上所述,式(8-6)中有多个初值和多个项为零,当取线性表示式时,该式可简化为

$$
\begin{cases}
X = X_u \Delta u + X_{\dot{u}} \dot{u} \\
Y = Y_v v + Y_\omega \omega + Y_{\dot{v}} \dot{v} + Y_{\dot{\omega}} \dot{\omega} + Y_\delta \delta \\
N = N_v v + N_\omega \omega + N_{\dot{v}} \dot{v} + N_{\dot{\omega}} \dot{\omega} + N_\delta \delta
\end{cases}
\tag{8-7}
$$

经线性化后的水动力可以表示为一系列常数系数(即水动力导数)与运动参数乘积之和的形式,使运动方程可用于研究操纵性规律或进行操纵性计算。为此,式(8-4)左端也需要进行线性化,Δu、v、ω 等运动参数是小量,故略去这些参数二阶以上的量(即仅保留到线性项)。按以上过程对式(8-4)左端进行线性化,且计入式(8-7)表示的线性化水动力,即可得舰船操纵性运动线性化方程如下:

$$
\begin{cases}
(m - X_{\dot{u}}) \dot{u} - X_u \Delta u = 0 \\
(m - Y_{\dot{v}}) \dot{v} - Y_v v - Y_{\dot{\omega}} \dot{\omega} + (mu - Y_\omega) \omega = Y_\delta \delta \\
- N_{\dot{v}} \dot{v} - N_v v + (I_z - N_{\dot{\omega}}) \dot{\omega} - N_\omega \omega = N_\delta \delta
\end{cases}
\tag{8-8}
$$

式(8-8)中第一式是独立的方程,后两式是 v、ω 的联立方程组。在小扰动条件下,前后方向的速度基本不变,故可以忽略第一式,而只研究后两式。这种将水动力作为外力,应用牛顿运动定律(刚体定轴转动定律)建立的操纵性线性化运动方程称为水动力模型。为研究问题方便,可进一步采用因次分析法将线性化的水动力模型写成无因次表达式,即

$$
\begin{cases}
(m' - X'_{\dot{u}}) \dot{u}' - X'_u \Delta u' = 0 \\
(m' - Y'_{\dot{v}}) \dot{v}' - Y'_v v' - Y'_{\dot{\omega}} \dot{\omega}' + (m' - Y'_\omega) \omega = Y'_\delta \delta \\
- N'_{\dot{v}} \dot{v}' - N'_v v' + (I'_z - N'_{\dot{\omega}}) \dot{\omega}' - N'_\omega \omega' = N'_\delta \delta'
\end{cases}
\tag{8-9}
$$

式中:

$$
m' = \frac{m}{\frac{1}{2} \rho L^3}, \quad I'_z = \frac{I_z}{\frac{1}{2} \rho L^5}
$$

$$
\Delta u' = \frac{\Delta u}{V}, \quad v' = \frac{u}{V}
$$

$$
\dot{u}' = \frac{\dot{u} L}{V^2}, \quad \dot{v}' = \frac{\dot{u} L}{V^2}
$$

$$\omega' = \frac{\omega L}{V}, \quad \dot{\omega}' = \frac{\dot{\omega}L^2}{V^2}$$

$$Y'_v = \frac{Y_v}{\frac{1}{2}\rho L^2 V}, \quad N'_v = \frac{N_v}{\frac{1}{2}\rho L^3 V}, \quad Y'_\omega = \frac{Y_\omega}{\frac{1}{2}\rho L^3 V}, \quad N'_\omega = \frac{N_\omega}{\frac{1}{2}\rho L^4 V}$$

$$Y'_{\dot{v}} = \frac{Y_{\dot{v}}}{\frac{1}{2}\rho L^3}, \quad N'_{\dot{v}} = \frac{N_{\dot{v}}}{\frac{1}{2}\rho L^4}, \quad Y'_{\dot{\omega}} = \frac{Y_{\dot{\omega}}}{\frac{1}{2}\rho L^4}, \quad N'_{\dot{\omega}} = \frac{N_{\dot{\omega}}}{\frac{1}{2}\rho L^5}$$

$$Y'_\delta = \frac{Y_\delta}{\frac{1}{2}\rho L^2 V^2}, \quad N'_\delta = \frac{N_\delta}{\frac{1}{2}\rho L^3 V^2}$$

在式(8-8)中，u 为舰船在各时刻前进方向的速度，在小扰动假设下，前进方向的速度近似为匀速，故式(8-9)中 $\frac{u}{V} \approx 1$，从而 u 没有出现。

下面分析式(8-8)中各水动力导数的物理意义，以便于进一步根据操纵性线性运动方程研究操纵性规律。

1. 水动力与力矩位置导数 Y_v、N_v

如图 8-3 所示，舰船以速度 u 前进的同时具有横向速度 v，合速度 V 与 x 轴构成漂角 β，采用运动转换的观点，相当于水流以攻角 β 向舰船流动。由流体动力学理论可知，此时在船体上将产生垂直于舰船对称面的水动力，对比式(8-7)第二式即知该水动力可用 Y_v 表示为 $Y_v v$，也称为横向力或侧向力。至于该横向力的产生机制，按不同的物理模型可以有不同的解释，其中较为直观的物理模型是小展弦比机翼模型，也就是将船体及其关于静水面的映像合成一体比拟为小展弦比机翼，水流相对船体的斜流运动比拟为入射水流以攻角 β 向小展弦比机翼流动。按这种物理模型，横向力主要来自于小展弦比机翼上的升力。$N_v v$ 则表示横向力对船体重心 G 的力矩。由 Y_v、N_v 的物理意义和符号规则可知，Y_v 是大的负值，N_v 为不大的负值，这是因为对一般的船形体来说，横向力作用点在重心之前，而重心前后的横向力分量对重心的力矩又是相消的。这时力矩 $N_v v$ 有使漂角增大的趋势。除非船体水线以下的侧面积集中到重心以后，像风标一样，此时 $N_v v$ 变为正值，有使漂角减小的趋势，这对通常的水面排水型舰船而言是不可能的。

水动力 $Y_v v$ 在对称面上的作用点 F 称为舰船的水动力中心，F 到重心 G 的距离用无因次水动力中心臂 l'_v 表示为 $l'_v = \frac{l_v}{L} = \frac{N'_v}{Y'_v}$，$l'_v$ 可用于表征舰船的直线稳定性。

2. 水动力与力矩的旋转导数 Y_ω、N_ω

如图 8-4 所示，在回转角速度 ω 的影响下，前半船体具有右舷攻角，后半船体具有左舷攻角，故前半船体、后半船体分别受到负的横向力和正的横向力，$Y_\omega \omega$ 为二者的合力；$N_\omega \omega$ 为 $Y_\omega \omega$ 对重心的力矩，这一力矩为负值，是阻止舰船回转的。由 Y_ω、N_ω 的物理意义可知，Y_ω 的绝对值不大，但正负不定；N_ω 为绝对值很大的负值，它对舰船的操纵性运动有重要影响。

3. 水动力与力矩的线加速度的导数 $Y_{\dot{v}}$、$N_{\dot{v}}$

如图 8-5 所示，舰船以加速度 $\dot{v}$ 运动时将受到一个与 $\dot{v}$ 方向相反的水动力，这个水动力即可表示为 $Y_{\dot{v}} \dot{v}$，其中 $Y_{\dot{v}}$ 称为线加速度导数。由理想流体中物体加速运动的概念可知这个力就是附加惯性力，$|Y_{\dot{v}}|$ 就是附加质量，附加质量常表示为 λ_{22}、m_{22}（沿 y 轴方向运动的附加质量）。$Y_{\dot{v}}$ 是一个大的负值，对于一般的舰船，其绝对值接近于舰船质量。$N_{\dot{v}} \dot{v}$ 则为相应的力

矩,由于首、尾船体对 G 点的力矩分量方向相反,故加速度导数 $N_{\dot{v}}$ 的绝对值不大,符号取决于船型,其绝对值也可表示为 λ_{62} 或 m_{62}。

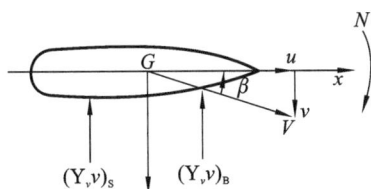

图 8-3　船舶运动中漂角引起的横向力(矩)示意图

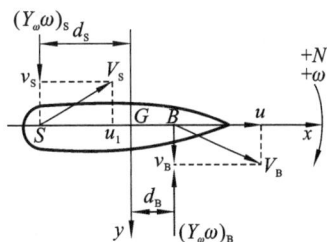

图 8-4　回转角速度影响下的横向力(矩)示意图

4. 水动力与力矩的角加速度导数 $Y_{\dot{\omega}}$、$N_{\dot{\omega}}$

从图 8-6 可见,旋转角加速度 $\dot{\omega}$ 在首、尾船体分别产生正、负线加速度 $+\dot{v}$、$-\dot{v}$,$Y_{\dot{\omega}}\dot{\omega}$ 为 $\dot{v}$ 分布引起的附加惯性力,由于其首、尾分量相消,故合力较小,$Y_{\dot{\omega}}$ 取值不大,符号取决于船型,其绝对值也记作 λ_{26} 或 m_{26}。$N_{\dot{\omega}}\dot{\omega}$ 是旋转角加速度引起的附加惯性力矩,由其物理意义知该力矩为负,其中 $N_{\dot{\omega}}$ 为绝对值很大的负值,绝对值与船体绕 z 轴的质量惯性矩 I_z 接近,实际上 $N_{\dot{\omega}}$ 的绝对值就是水动力学中的附加质量惯性矩 J_z,也常记作 λ_{66}(下标 66 表示绕 z 轴运动引起的绕 z 力矩)或 m_{66}(附加质量与附加质量惯性矩统一用 m 表示,下标指示轴名)。

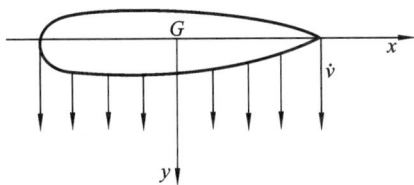

图 8-5　横向线加速度引起的横向力(矩)示意图

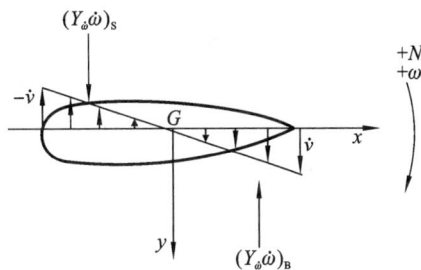

图 8-6　旋转角加速度引起的横向力(矩)示意图

5. 舵导数或控制导数 Y_{δ}、N_{δ}

按以上分析方法类推,可得知 Y_{δ}、N_{δ} 的物理意义、大小与正负。请读者自行分析 Y_{δ}、N_{δ} 的物理意义、大小与正负,并可绘图进行说明。

一旦确定了上述各水动力导数的数值,求解式(8-8)和式(8-9)所示的操纵性运动水动力方程而得出水面舰船操纵性运动规律就不困难了。水动力导数的确定,对军用舰船主要有模型试验法,在精度要求不高时也可采用经验公式以及母型资料来估算,此外还有数值计算等方法;通过实船试验测量积累各种舰船的水动力导数的资料也是很重要的。

8.2.3　舰船操纵性响应方程

在工程实用中,对水面舰船通常关注的是航向的保持和改变,所以往往更关注首向角 ψ 及其角速度 ω 随时间变化的规律,为此联立式(8-8)后两式消去 v 得到关于 ω 的运动方程:

$$T_1 T_2 \ddot{\omega} + (T_1 + T_2)\dot{\omega} + \omega = K T_3 \dot{\delta} + K\delta \qquad (8\text{-}10)$$

式中:

$$\begin{cases} T_1 T_2 = \dfrac{(m - Y_{\dot{v}})(I_z - N_{\dot{\omega}}) - Y_{\dot{\omega}} N_{\dot{v}}}{Y_v N_\omega + N_v(mu_0 - Y_\omega)} \\[3mm] T_1 + T_2 = \dfrac{-N_{\dot{\omega}}(m - Y_{\dot{v}}) - (I_z - N_{\dot{\omega}})Y_v - Y_{\dot{\omega}} N_{\dot{v}} + (mu_0 - Y_\omega)N_{\dot{v}}}{Y_v N_\omega + N_v(mu_0 - Y_\omega)} \\[3mm] T_3 = \dfrac{Y_\delta N_{\dot{v}} + N_\delta(m - Y_{\dot{v}})}{Y_\delta N_v - N_\delta Y_v} \\[3mm] K = \dfrac{Y_\delta N_v - N_\delta Y_v}{Y_v N_\omega + N_v(mu_0 - Y_\omega)} \end{cases} \tag{8-11}$$

式(8-10)也称为二阶线性 KT 方程,它描述了舰船运动对操舵的响应,也称为操纵性响应模型。舰船操纵性运动的线性方程模型与水动力模型是完全等价的,但方程中的参数可以通过实船或模型自航试验直接确定,可不通过水动力导数来计算。对于一般舰船,由于操舵速度是有限的,且舰船本身惯性很大,对舵的响应基本是一种缓慢运动,在操舵不是很频繁的情况下,式(8-10)可以近似写为

$$T\dot{\omega} + \omega = K\delta \tag{8-12}$$

式中:

$$T = T_1 + T_2 - T_3$$

式(8-12)是野本谦作(Nomoto)教授在 1957 年首先提出的,也称为一阶线性 KT 方程,其物理意义:舰船在惯性力矩、阻尼力矩和舵力矩作用下,产生缓慢转首运动。将式(8-12)表示为如下形式,可更为清晰地看出这种物理意义:

$$I\dot{\omega} + N\omega = M\delta \tag{8-13}$$

式中:I——舰船回转中的惯性力矩;

$\quad N$——阻尼力矩;

$\quad M$——舵产生的转首力矩(舵力矩)。K、T 与 I、N、M 的关系为

$$T = \frac{I}{N}, \quad K = \frac{M}{N}$$

式中:T——惯性力矩与阻尼力矩之比;

$\quad K$——舵力矩与阻尼力矩之比。T 大,则惯性力矩相对于阻尼力矩大;K 大,则舵力矩相对于阻尼力矩大。

需指出的是,操纵性线性运动方程尽管表达简洁、物理意义明了,但只适用于小扰动的情况,当船舶运动幅度较大时,操纵性线性运动方程不再适用,需应用操纵性非线性运动方程。

8.3 航向稳定性

8.3.1 航向稳定性概念

航向稳定性就是舰船保持直线航行的性能。舰船航行时会受到各种偶然因素的干扰作用,如风、浪、流等因素的影响,从而偏离原来的航行状态。如果这些外界干扰因素去除后,舰船能恢复到原来的航行状态,则舰船的航行状态是稳定的。如图 8-7 所示,航行状态稳定又有如下具体含义。

（1）直线稳定性：舰船受瞬时扰动后，最终能恢复直线航行状态，但航向发生变化。

（2）方向稳定性：舰船受瞬时扰动后，新的稳定航线为原航线的平行直线。

（3）位置稳定性：舰船受瞬时扰动后，最终仍按原航线延长线航行，也称为航线稳定性。

显然，具有位置稳定性必具有方向稳定性和直线稳定性，具有方向稳定性必具有直线稳定性。一般的舰船在不操舵的情况下，不能够实现位置稳定

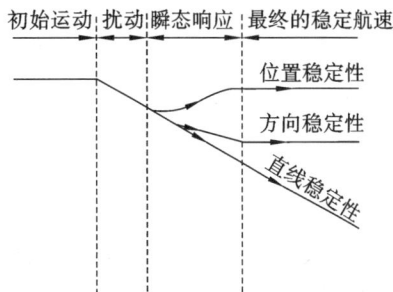

图 8-7　舰船运动稳定性分类

性和方向稳定性，最多只能具有直线稳定性。将不操舵条件下的稳定性称为自动稳定性，操舵条件下的稳定性称为控制稳定性。故舰船若能实现位置稳定性和方向稳定性，则只能是控制稳定性；直线稳定性是可以实现自动稳定性的，它取决于船体和舵的几何形状，是舰船的固有属性，以下若未指明，航行状态稳定性均特指自动稳定性。若舰船具有直线稳定性，则其方向、位置的偏离较小，可为操舵控制，实现舰船方向稳定性、位置稳定性奠定良好基础，故舰船的直线稳定性具有重要的意义。一般所说的航向稳定性，指的是舰船直线稳定性。下面讨论直线稳定性（航向稳定性）的条件。

8.3.2　直线稳定性条件

假设外界扰动为小量，则舰船操纵性运动可采用线性运动方程描述。当舰船以速度 $u = u_0$ 匀速直线航行，$\delta(t) = 0$ 时线性运动方程为

$$\begin{cases} (m - Y_{\dot{v}})\dot{v} - Y_v v - Y_{\dot{\omega}}\dot{\omega} + (mu_0 - Y_\omega)\omega = 0 \\ -N_{\dot{v}}\dot{v} - N_v v + (I_z - N_{\dot{\omega}})\dot{\omega} - N_\omega \omega = 0 \end{cases} \tag{8-14}$$

上述齐次方程的通解为

$$v = \tilde{v}e^{\sigma t}, \quad \omega = \tilde{\omega}e^{\sigma t}$$

式中：$\tilde{v}$、$\tilde{\omega}$——常数，由初始条件即 $t = 0$ 时的 v、ω 值确定。

将该通解代入式（8-14），则该式转化为代数方程组：

$$\begin{cases} [(m - Y_{\dot{v}})\sigma - Y_v]\tilde{v} - (Y_{\dot{\omega}}\sigma + Y_\omega - mu_0)\tilde{\omega} = 0 \\ (-N_{\dot{v}}\sigma - N_v)\tilde{v} + [(I_z - N_{\dot{\omega}})\sigma - N_\omega]\tilde{\omega} = 0 \end{cases} \tag{8-15}$$

要使式（8-15）有非零解，则 $\tilde{v}$、$\tilde{\omega}$ 的系数行列式必须为零，即

$$\begin{vmatrix} (m - Y_{\dot{v}})\sigma - Y_v & -(Y_{\dot{\omega}}\sigma + Y_\omega - mu_0) \\ -N_{\dot{v}}\sigma - N_v & (I_z - N_{\dot{\omega}})\sigma - N_\omega \end{vmatrix} = 0 \tag{8-16}$$

展开式（8-16）得关于 σ 的二次方程：

$$A\sigma^2 + B\sigma + C = 0 \tag{8-17}$$

式中：

$$A = (m - Y_{\dot{v}})(I_z - N_{\dot{\omega}}) - Y_{\dot{\omega}}N_{\dot{v}}$$
$$B = -(m - Y_{\dot{v}})N_\omega - Y_v(I_z - N_{\dot{\omega}}) - Y_{\dot{\omega}}N_v - (Y_\omega - mu_0)N_{\dot{v}}$$
$$C = Y_v N_\omega - N_v(Y_\omega - mu_0)$$

式（8-17）称为微分方程（8-14）的特征方程，其根为

$$\sigma = \begin{Bmatrix} \sigma_1 \\ \sigma_2 \end{Bmatrix} = \frac{-B \pm \sqrt{B^2 - 4AC}}{2A} \tag{8-18}$$

由此可得

$$\begin{cases} v = \tilde{v}_1 e^{\sigma_1 t} + \tilde{v}_2 e^{\sigma_2 t} \\ \omega = \tilde{\omega}_1 e^{\sigma_1 t} + \tilde{\omega}_2 e^{\sigma_2 t} \end{cases} \tag{8-19}$$

显然,只有当 σ_1、σ_2 都是负实数或者实部为负的复数时,随时间增加,v、ω 最终将趋于 0,此时舰船的运动是直线稳定的。由一元二次方程根与系数的关系,有

$$\begin{cases} \sigma_1 + \sigma_2 = -\dfrac{B}{A} \\ \sigma_1 \sigma_2 = \dfrac{C}{A} \end{cases} \tag{8-20}$$

由式(8-20)与舰船运动直线稳定性条件可得:$-\dfrac{B}{A} < 0, \dfrac{C}{A} > 0$。由各水动力导数的大小和正负知 $A > 0, B > 0$,故直线稳定性条件归结为 $C > 0$,即

$$C = Y_v N_\omega - N_v (Y_\omega - mu_0) > 0 \tag{8-21}$$

式(8-21)为直线稳定性的衡准。若只需判别舰船是否具有直线稳定性,计算出衡准数 C 即可,而不必求 σ_1、σ_2。在深水中 $Y_\omega \omega < mu_0 \omega$,即旋转阻尼力小于离心力,故直线稳定性衡准可以写成:

$$\frac{N_v}{Y_v} < \frac{N_\omega}{Y_\omega - mu_0} \tag{8-22}$$

令

$$l_v = \frac{N_v}{Y_v}, \quad l_\omega = \frac{N_\omega}{Y_\omega - mu_0}$$

则直线稳定性条件为

$$l_v < l_\omega \tag{8-23}$$

式中:l_v——斜流冲击产生的横向力对重心 G 的力臂;

l_ω——旋转阻尼力对重心 G 的力臂。

由以上直线稳定性概念和分析过程可看出,舰船受外界扰动偏离了航向,桨的推力、舰船的航速都将发生变化,具有直线稳定性的舰船虽然能恢复直线航行状态(见图 8-8(a)),但却不能自动改变推力方向,使舰船恢复原来的航向,更不能回到原来的航线上,这就是说通常的舰船是不具备自动的方向稳定性和位置稳定性的。不具有直线稳定性的舰船,受扰后则扰动量越来越大,航向偏离也越来越大,最终在非线性流体动力作用下将进入某种定常回转状态,如图 8-8(b)所示。

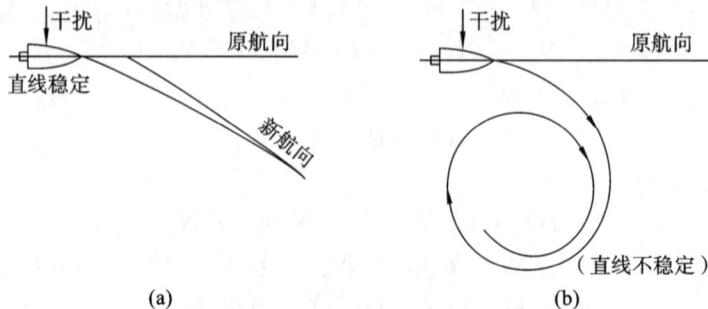

图 8-8　舰船受外界干扰后的运动状态

舰船通过不断操舵才能保持既定的航向,这种性能称为航向保持性或使用稳定性。根据航行经验,为保持航向,使用稳定性可用下列两个指标衡量:一个是平均操舵频率,不大于 4~6 次/min;另一个是平均转舵角,不超过 3°~5°。对不具有直线稳定性的船,要保持航向,通常需提前操舵,以补偿舰船运动响应的滞后。

8.4　回转运动

直线航行的舰船,将舵转到某一舵角并保持该舵角,舰船将做平面运动,其重心做曲线运动,最终重心运动将是匀速圆周运动。舰船转舵后的这种运动称为回转运动,重心运动轨迹称为回转圈,如图 8-9 所示。舰船是否易于回转的性能称为回转性,它是舰船机动性的重要部分。

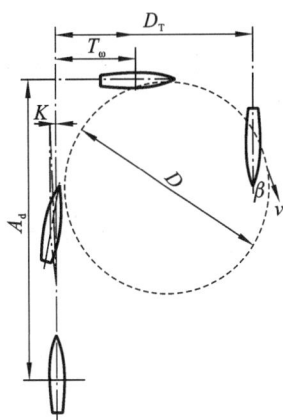

图 8-9　舰船回转时重心的运动轨迹

8.4.1　回转运动的三个阶段

1. 转舵阶段

从开始执行转舵命令到实现指令舵角的这个阶段称为转舵阶段,通常历时 8~15 s。舵角由 0°增大到指令舵角 δ,产生横向舵力 $Y_\delta \delta$ 和回转力矩 $N_\delta \delta$。如图 8-9 所示,设向右转一舵角 δ,由于舰船惯性很大,起初漂角 β 和回转角速度 ω 都很小,舰船几乎按原方向航行;然后向左舷的横向舵力 $Y_\delta \delta$ 使舰船向左舷方向横移,称为反向横移,舵上水动力在 x 方向上的分力使舰船阻力增加,航速开始减小,舵力 $N_\delta \delta$ 对重心 G 的力矩使舰船向右舷回转。

2. 过渡阶段

从转舵终止到进入定常回转运动的阶段称为过渡阶段。舰船在回转力矩 $N_\delta \delta$ 的作用下,漂角 β 和回转角速度 ω 不断增大,船体上的水动力迅速增大,船体横向水动力 $Y_v v$ 将超过舵力 $Y_\delta \delta$,反向横移加速度逐渐减小至 0 再改变方向,反向横移逐渐停止而产生向回转一侧的正向横移。船首一直保持向右回转。这一阶段作用在舰船上的水动力是随时间变化的,故舰船运动参数亦随时间变化,具有刚体平面运动的特性。

3. 定常阶段

在回转过程中,舰船上的各种力(矩)终将达到平衡,舰船运动参数稳定下来。从这时起,舰船的受力、运动均达到新的平衡阶段,舰船以一定的角速度做匀速回转运动,重心运动轨迹为圆形,这一阶段称为定常回转运动阶段,简称为定常阶段。

8.4.2　回转运动的特征参数

1. 定常回转直径 D

舰船进入定常回转阶段后,回转圈的直径称为定常回转直径。满舵条件下的定常回转直径称为最小回转直径。定常回转直径与船长之比称为相对回转直径。为保证舰船具有足够的回转能力,对各类舰船的回转直径都有一定要求。各类舰船的相对回转直径如表 8-1 所列。

表 8-1　各类舰船相对回转直径

舰船类型	相对回转直径/m	舰船类型	相对回转直径/m
巡洋舰	3.0～5.0	油船	3.5～7.5
驱逐舰	5.0～7.0	货船	4.0～6.5
护卫舰	4.0～6.0	客货船	4.0～7.0
潜艇(水上/水下)	(3.0～5.0)/(4.0～5.0)	拖轮	1.5～3.0
登陆舰	2.0～3.5		

若需近似估算舰船的回转直径,可以参考以下经验公式。

(1) 巴士裘宁公式:

$$D = \frac{L^2 T}{10 A_R} \tag{8-24}$$

(2) 蒂姆(Thieme)公式:

$$D = 0.25 L^{5/3} \tag{8-25}$$

式(8-24)和式(8-25)中:

D——最小回转直径,m;

L——水线长,m;

T——吃水,m;

A_R——舵的浸水侧面积,m^2。

另外,回转直径与回转初速度有关。一般认为当 $Fr \leqslant 0.25$(如低速民用船的 Fr)时,回转初速度对回转直径影响不大;但当 $Fr > 0.25$(如高速军舰的 Fr)时,回转初速度对回转直径影响较大。高速舰船的回转直径根据海军工程大学范尚雍等老师编制的舰船操纵性规范或江田公式确定,分别为

$$\frac{D}{D_0} = 1 + 0.712 Fr - 5.23 Fr^2 + 11.36 Fr^3 \tag{8-26}$$

$$\frac{D}{D_0} = (1 + 0.631 Fr - 2.632 Fr^2)^{-1} \tag{8-27}$$

式中:D_0——$Fr = 0.25$ 时的回转直径。

2. 战术直径 D_T

舰船首向角改变 180°时其重心距初始直线航线的横向距离称为战术直径,它是军舰回转性的重要指标,通常 $D_T = (0.9～1.2) D$。

3. 纵距 A_d

转舵开始的舰船重心沿初始直线航向到首向角改变 90°时舰船纵向对称轴延长线的距离称为纵距,它表示舰船的回转性和跟从性。纵距小表示舰船的回转性好、跟从性好;反之,回转性差、跟从性差,或其中一个特性差。回转性好、跟从性差的船可能与回转性差、跟从性好的船的纵距非常接近。各种舰船的纵距 $A_d = (0.6～1.2) D$。纵距可按下式估算:

$$A_d = V_0 + D/2$$

式中:V_0——回转初速度。

4. 正横距 T_ω

舰船转首 90°时其重心至初始直线航线的横向距离称为正横距,通常 $T_\omega = (0.25～0.5) D$。

5. 反横距 K_a

舰船离开初始直线航线向回转中心反侧横移的最大距离称为反横距,通常 $K_a = (0 \sim 0.1) \times D$,反横距是重要的操纵性特征参数。当两舰船相遇同时操舵避让时,一般都会向回转中心反侧横移而互相靠近,因此,舰船驾驶者应该清楚舰船的反横距,避免由于两船距离很近而可能发生的相撞。

此外,舰船回转中的航速 V、漂角 β、横倾角 φ_ω 等也都是重要的操纵性特征参数。在舰船回转运动中,某一时刻船体中纵剖面上各点速度大小和方向是不同的。如图 8-10 所示,对称面上存在一点 P,该点的横向速度为 0,合速度方向与中纵剖面一致,该点称为回转枢心。因舵船漂角通常较小,故可得

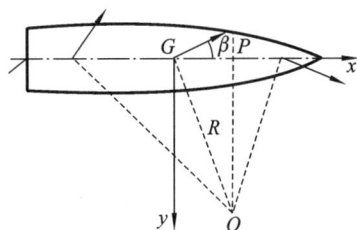

图 8-10　舰船回转枢心

$$\overline{GP} = R\sin\beta \approx R\beta \tag{8-28}$$

在定常阶段,R、β 保持不变。由式(8-28)可知,回转枢心的位置也保持不变,通常位于船首与距船首 $L/4$ 之间。另外,较大的回转半径 R 伴随着较小的漂角 β,较小的回转半径 R 伴随较大的漂角 β,故同样的舰船,甚至不同的舰船,在不同的回转半径下回转枢心位置变化不大。

6. 回转周期 T

从转舵起至回转 360° 所经历的时间,或以定常回转 360° 所需的时间来定义回转周期,表示为 T_{360}。于是回转周期 T 与定常回转角速度 ω_S 的关系可表示为 $\omega_S = 2\pi/T$。回转周期可用来衡量舰船大幅度转向的快慢程度,是舰船机动中的重要时间特征参数。

7. 初始转首时间 t_a

从转舵瞬时起,至首向角改变某一小角度所需的时间,称为舰船初始转首时间 t_a。一般指首向角改变 5°、操舵 10° 或 15° 时所经历的时间。t_a 表示船的首向角对于转舵的响应之快慢程度。

如上所述,回转直径和回转周期是舰船航行的重要空间特征和时间特征,是舰船机动、攻击和编队作战的重要操船参数。

8.4.3　回转运动分析

根据一阶运动响应方程对舰船回转运动进行分析,重点分析方程及其解函数中有关参数与回转运动特性之间的关系。一阶运动响应方程为

$$T\dot{\omega} + \omega = K\delta$$

该方程的齐次解为 $\omega = \omega_0 e^{-\frac{t}{T}}$,对应于舵角 δ 为 0° 时舰船的运动状态,其中 ω_0 为初始时刻的回转角速度。若 $T > 0$,则 ω 随时间 t 增加而迅速衰减,舰船受扰后迅速恢复直线航行,此时舰船是直线稳定的,且 T 越小衰减越快,直线稳定性越好。故可将 $T > 0$ 作为舰船具有直线稳定性的判据,而 T 的数值是衡量直线稳定性程度的指标。

若舰船原以舵角 0° 直线航行,将 $t = 0$ 作为初始时刻,此时舵瞬间转至某一舵角 δ,后保持该舵角不变,则原方程的解为

$$\omega = \omega_c(1 - e^{-t/T}) \tag{8-29}$$

$$\omega_c = K\delta \tag{8-30}$$

式中：ω_c——$t \to \infty$的回转角速度，即舰船定常回转角速度，由 K、δ 确定；

K——单位舵角引起的回转角速度，称为回转性指数。记 V_c 为舰船定常回转速度（重心处线速度），则 $\omega_c = \dfrac{V_c}{D/2}$，由此得

$$D = \frac{2V_c}{K\delta} \tag{8-31}$$

可见，在一定舵角下，K 越大，定常回转角速度越大，定常回转直径越小，舰船的回转性越好。前已推出 K 与水动力导数之间的关系为

$$K = \frac{Y_\delta N_v - N_\delta Y_v}{Y_v N_\omega + N_v(mu_0 - Y_\omega)} = \frac{Y_\delta N_v - N_\delta Y_v}{C} \tag{8-32}$$

式中：C——直线稳定性衡准数。

当 $C > 0$ 时，舰船具有直线稳定性，C 越大，K 越小，则舰船直线稳定性越好，而回转性越差。从 K、C 两个衡准数看，直线稳定性和回转性要求是相互矛盾的。对安装普通尾舵的舰船而言，增加舵面积可以增加 $Y_\delta N_v - N_\delta Y_v$ 的值，从而使 K 增加而又不影响 C 的取值，故增加舵面积可改进舰船回转性而不损害直线稳定性。

由式(8-29)可知，舰船进入定常回转状态的快慢是由 T 决定的，T 越小则进入定常回转状态的时间越短，表明操舵之后舰船很快转首而进入定常阶段，即跟从性好。故舰船的跟从性与直线稳定性是一致的，T 称为跟从性指数（或应舵指数）。

综上所述，K、T 恰当地表示了舰船的操纵性。回转性指数 K 大，舰船的回转性好，定常回转直径小；应舵指数 T 小，则舰船的直线稳定性和跟从性好，操舵后舰船很快改变首向而进入定常阶段。为应用方便，也常将 K、T 表示为如下无因次的形式：

$$K' = K\left(\frac{L}{V_0}\right) \tag{8-33}$$

$$T' = T\left(\frac{V_0}{L}\right) \tag{8-34}$$

式中：V_0——回转初速度。

对一般的船舶，K'、T' 数值如表 8-2 所列。

表 8-2　一般船舶的 K'、T' 数值

船舶类型	水线长/m	K'	T'
满载货船	100～150	1.0～2.0	1.5～2.5
满载油船	150～250	1.7～3.0	3.0～6.0
捕鲸船	57.0	1.3	0.8
巡逻船	51.5	1.7	1.6

现通过一实例说明 K'、T' 指数与舰船回转运动特性的关系。某 2 万吨级油轮姐妹船 A、D，船 A 的指数为 $K = 0.05\ \text{s}^{-1}$，$T = 30\ \text{s}$；船 D 的指数为 $K = 0.065\ \text{s}^{-1}$，$T = 50\ \text{s}$。前者回转直径较大，但却能较快进入定常回转状态；后者回转直径较小，但进入定常回转状态的时间却较长。两船的回转圈如图 8-11 所示，在回转初期，A 船的操纵性优于 D 船。由此看出，衡量舰船的回转能力需从回转性、跟从性和转首性等方面综合考虑。

对于不具有直线稳定性的舰船，转舵后随着回转运动的发展，非线性水动力的成分将占主

要地位,以上线性理论分析方法和所得结论均不适用。事实上,具有直线稳定性的舰船回转角速度随舵角变化的关系如图 8-12(a)所示,K 即图中原点附近曲线切线(或直线段)斜率。如图 8-12(b)所示,不具有直线稳定性的舰船在小舵角下回转初期回转方向是不确定的,最终在非线性水动力作用下进入定常阶段;操大舵角时舰船在非线性水动力作用下按右舵右转、左舵左转的规律回转,最终进入定常阶段。图 8-12(b)中的曲线在 a、b 间出现了一个回环,称为不稳定环或滞后环,其高度和宽度分别称为环高、环宽,可以表示舰船操纵性运动的不稳定程度。由此可进一步理解,不具有直线稳定性的舰船借助于舵可实现控制稳定性,即这种船还是可操的,只不过需频繁打舵。显然,当不稳定环的环宽 ab 较大(如达到 $\pm5°$ 舵角)时,在此舵角范围内,一个舵角对应两个回转角速度。图 8-12 所示曲线反映了舰船操纵性的诸多特性,通常也称为操纵性曲线,可由舰船操纵性螺旋试验得出。

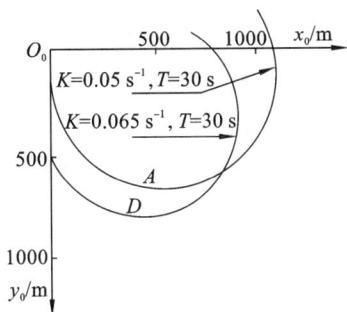

图 8-11　2 万吨级油轮姐妹船的回转圈

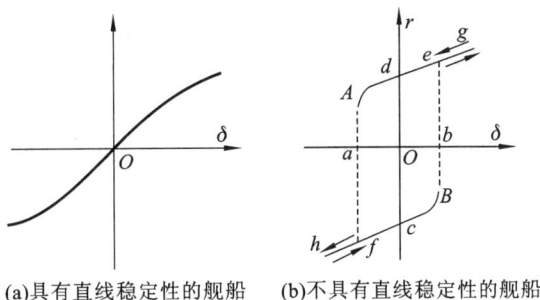

(a)具有直线稳定性的舰船　　(b)不具有直线稳定性的舰船

图 8-12　操纵性曲线

将 $\omega=\dfrac{\mathrm{d}\psi}{\mathrm{d}t}$ 代入一阶线性 KT 方程可得 ψ 的二阶方程:

$$T\frac{\mathrm{d}^2\psi}{\mathrm{d}t^2}+\frac{\mathrm{d}\psi}{\mathrm{d}t}=K\delta \tag{8-35}$$

计入初始条件 $\psi(0)=0$,可以解出:

$$\psi=K\delta t+K\delta T\mathrm{e}^{-t/T}-K\delta t \tag{8-36}$$

分析式(8-36)的物理意义,可以看出,若以转舵瞬间时刻为基准,则式(8-36)中的应舵指数 T 近似为舰船进入定常阶段的时间滞后。单位舵角下首向角随时间的变化可表示为

$$\frac{\psi}{\delta}=K(t+T\mathrm{e}^{-t/T}-T) \tag{8-37}$$

转舵初始航速变化较小,仍可认为舰船以回转初速度 V_0 航行,舰船航行一个船长所需时间 $t=\dfrac{L}{V_0}$,令相应的单位舵角首向角变化为 ψ_δ,则

$$\psi_\delta=\left(\frac{\psi}{\delta}\right)\Big|_{t=\frac{L}{V_0}}=K\left(\frac{L}{TV_0}+T\mathrm{e}^{-L/TV_0}-T\right) \tag{8-38}$$

式中:

$$L/TV_0=\frac{1}{T\dfrac{V_0}{L}}=\frac{1}{T'}$$

若 T' 足够大,对式(8-38)中指数项进行泰勒展开,忽略高阶项并整理后得 ψ_δ 的近似表达式:

$$\psi_\delta \approx \frac{1}{2}\frac{K'}{T'} = \frac{1}{2}\frac{K}{T}\left(\frac{L}{V_0}\right)^2 \tag{8-39}$$

ψ_δ 表示舰船操舵后移动一个船长时,单位舵角引起的首向角变化,称为转首指数。转首指数反映了舵效的高低以及舰船应舵的快慢,恰当地表示了舰船的转首性,是衡量舰船转首性的重要指标。对于具有直线稳定性的舰船,转首指数 ψ_δ 是一个很好的操纵性衡准数,但 ψ_δ 与舰船是否具有直线稳定性无直接关系,它需与直线稳定性指数结合应用才能全面地反映舰船的操纵性。一般认为 $\psi_\delta > 0.3$ 即可以保证舰船具有合理的转首性。

8.4.4　回转过程中的速降和横倾

1. 回转时的速降

舰船回转过程中具有漂角,将使舰船阻力增大;惯性离心力在推力方向的分量将抵消一部分推力;舵力也将使舰船阻力增大;此外,由于螺旋桨工作条件的变化,回转过程中主机转速也要降低。由于以上各种原因,舰船在满舵回转中航速会显著减小,减小量为回转初速度的 $20\% \sim 50\%$,称为回转速降。定常回转速度可根据图 8-13 所示的经验曲线或以下经验公式来估算:

$$\frac{V}{V_0} = \tanh\left(\frac{R}{2.45L}\right) \tag{8-40}$$

$$\frac{V}{V_0} = \frac{R^2}{R^2 + 1.9L^3} \tag{8-41}$$

从物理意义上说,回转直径小,则回转漂角大,回转速降也大。图 8-13 和式(8-40)、式(8-41)两个经验公式都反映了这一规律。

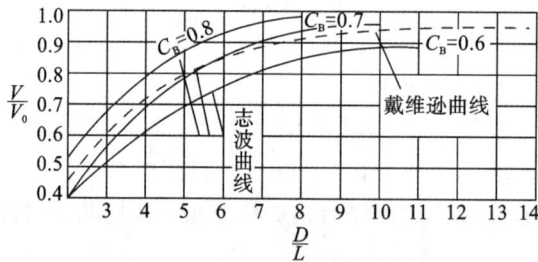

图 8-13　回转中航速变化经验曲线

2. 回转横倾角

舰船在回转中将出现绕 x 轴的横倾,严重时甚至可能引起翻船。水面舰船军用标准 GJB 4000—2000 规定,稳性校核中应计算舰船回转横倾角。

在转舵阶段,回转轨迹曲率中心在回转圈外侧,船体所受作用力主要是惯性力和舵力(见图 8-14),合力矩构成内倾(向回转方向一侧倾斜)力矩,使舰船产生内倾。由于舵力较小,这种内倾角通常不大。在过渡阶段漂角和回转角速度不断增加,作用于船体的水动力也不断增大,逐渐由次要作用转为主要作用,惯性离心力也由向内转为向外,舰船由内倾转为外倾(与回转方向相反的倾斜)。直到过渡阶段,如图 8-15 所示,起主要作用的力为向外的惯性离心力、向内的水动力,此时舵力相对较小,可忽略不计,这种近似处理的结果是偏于安全的。实际上水动力的增加是很快的,其产生的力矩有动倾斜力矩的特性,舰船外倾能达到的最大倾斜角应该

是动力倾角 θ_D。θ_D 大于稳定的回转外倾角 θ_R，且舰船在稳定于 θ_R 之前会以 θ_R 为基准摇摆 1 次或 2 次，最终稳定于 θ_R，如图 8-16 所示。θ_D 与 θ_R 的关系为

$$\theta_D = (1.3 \sim 2.2)\theta_R \tag{8-42}$$

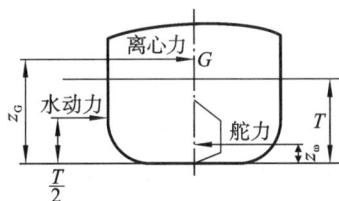

图 8-14　回转中横倾力矩分析(转舵阶段)　　　图 8-15　回转中横倾力矩分析(过渡阶段)

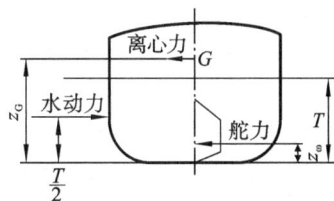

以半径 R 回转的舰船，作用于重心的惯性离心力矩为 $m\dfrac{V_c^2}{R}(z_G - z_H)$；舰船倾斜后复原力矩按初稳性计算中的复原力矩公式确定，即 $mgh\theta_R$。按复原力矩与倾斜力矩相等的条件解出稳定横倾角为

$$\theta_R = \frac{V_c^2}{ghR}(z_G - z_H) \tag{8-43}$$

式中：z_G、z_H——重心、水动力作用点距离基线的高度。

z_H 按图 8-16 曲线确定或近似取为 $\dfrac{T}{2}$。若取 $z_H = \dfrac{T}{2}$，则式(8-43)可写为

$$\theta_R = \frac{V_c^2}{ghR}\left(z_G - \frac{T}{2}\right) \tag{8-44}$$

按极值条件以及模型试验结果可知，对于一般的船型，大约在 $R = 2.6L$ 时 θ_R 达最大值。将 $R = 2.6L$ 以及 V_c 的近似表达式代入式(8-44)，得 θ_R(°)最大值表达式为

$$\theta_{Rmax} = 1.4V_0^2\,\frac{z_G - \dfrac{T}{2}}{hL} \tag{8-45}$$

图 8-17 所示为海军工程大学通过一护卫舰自航模试验测出的回转横倾角随舵角变化的关系曲线，曲线数据与式(8-45)计算结果大致相等。

对于舰船回转中的横倾现象，使用者和设计者都应高度重视。高速军舰回转横倾角比较大，有导致舰船倾覆的可能；若舰船在顺风顺浪时满舵掉头，横倾角叠加上风、浪作用，有可能使舰船处于危险状态；最后，回转中发现横倾角很大而突然将舵回中或打反舵，将使舵力突然改变方向而进一步加大横倾角，这也可能引起危险，正确的处理方法是降低航速或逐次减小舵角。对以上各种使舰船产生危险的情况，舰船使用者尤要加以重视。

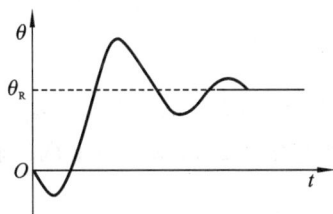

图 8-16　回转运动中横倾角的变化　　　图 8-17　护卫舰自航模试验回转横倾角

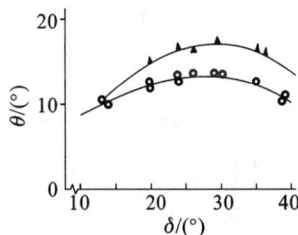

8.5　操纵性的影响因素与操纵装置

8.5.1　操纵性影响因素

为了保证舰船航行的安全性,减少海损事故,提高战斗力,舰船具有优良的操纵性是十分重要的。国际海事组织(IMO)和各国政府都十分注重舰船操纵性,制定出了若干操纵性标准,以保证舰船具有优良的操纵性。对舰船使用者和设计者而言,操纵性标准都有重要的意义,而对使用者来说,与操纵性标准相关的操船规程条例也是十分重要的。对开环操纵性而言,驾驶者谙熟操船规程条例,具有优良的操船技能,维护保养好操船设备等本身就是提高操纵性的措施。因此,舰船使用者掌握一定的开环操纵性知识,了解有关的开环操纵性影响因素则是必不可少的。以下主要从开环操纵性角度讨论操纵性影响因素。

1. 船形影响

船形对操纵性有显著影响。可依据各水动力导数以及 K、T、ψ_δ 各参数的物理意义,直线稳定性判断式(8-22)和式(8-23),操纵性运动一阶线性响应方程式(8-12)等,分析船形对操纵性各项性能的影响。当然若仅需粗略地定性分析,则从物理直观上直接分析也是必要和有效的方法。

(1)直线稳定性:对直线稳定性影响大的船形因素是中纵剖面侧投影面积沿纵向的分布、船体细长度以及方形系数等。船形细长、方形系数减小对改善直线稳定性都是有利的;增加艉部侧投影面积(如增大艉倾,安装艉鳍,加大呆木),以及减小首部侧投影面积(如削减艏踵)等均可改善直线稳定性。以上船形因素对直线稳定性影响的基本原理是减小了直线稳定性条件式(8-22)中的 $|N_v|$,增大了其中的 $|N_\omega|$,即调整了水动力在船长方向的分布,增大了稳定性指数 C。还需指出,直线稳定性应该适当,而不要过度,否则舰船的回转直径较大。采取削减呆木、呆木开孔、增加艏踵等措施可减弱直线稳定性,如图8-18所示。

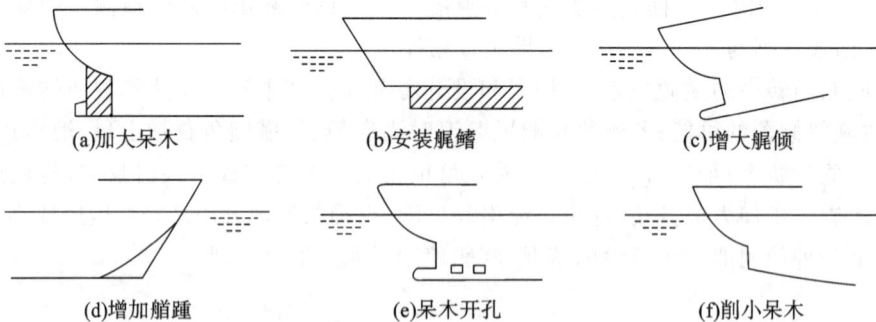

图 8-18　改变直线稳定性的措施

(2)回转性:回转性指数 K 越大回转性越好。由 K、C 的表达式可知,C 越大则 K 越小,即回转性与直线稳定性要求是相互矛盾的,故加强直线稳定性的措施都将削弱回转性,反之,适当削弱直线稳定性则可改善回转性。

(3)跟从性:如8.4.3小节所述,跟从性与直线稳定性是一致的,故改进直线稳定性的措施都将改进跟从性。

（4）转首性：转首指数 ψ_δ 恰当地表征了转首性的优劣，由 ψ_δ 的表达式即知，要同时增加 K、减小 T 才能使 ψ_δ 增加，也就是说要同时加强回转性和直线稳定性才能提高转首性。但稳定性和回转性对船形的要求是冲突的，即大 K 小 T 难以实现，往往是大 K 对应大 T、小 K 对应小 T，实际数据表明船形变化引起的 K、T 变化率差不多，故 ψ_δ 值比较稳定。由此可粗略推知，船形变化对转首性影响不会大。

以往通常认为船形主要是由舰船总布置、静力性能、阻力性能、耐波性等确定，留给操纵性调整的余地并不太多，这种看法有一定道理。作者认为并非船形对操纵性影响不大，而是船形对操纵性各项指标的影响有冲突，难以通过船形优化的途径全面改善操纵性，更何况舵对操纵性的影响很大，并且对操纵性各项指标的影响是一致的，可全面改善舰船的操纵性。故对操纵性而言，改进舵似乎比改进船形更有效、成本更低。近年来，随着计算流体力学在舰船设计领域的广泛应用，有人认为在船形设计阶段应更多地考虑船形对操纵性的影响，通过数值模拟分析比较船形对操纵性的影响。

2. 舵的影响

舵是目前最常用的操纵装置，通过加装舵使不具有方向稳定性（甚至不具有直线稳定性）的舰船实现航向保持性，改进舵的设计可以同时提高操纵性的各项性能。如式（8-30）所示，加大舵面可有效地提高 $Y_\delta N_v - N_\delta Y_v$，从而增大回转性指数 K，改善舰船回转性；而舵对直线稳定性指数 C 又不产生影响，若舵固定置于 $0°$ 舵角的位置，则所产生的效果相当于艉呆木的效果，对提高直线稳定性是有利的。可见，舵在保证舰船操纵性、航行安全性上具有重要的地位，进而也可以理解驾驶者合理操舵的重要性。此外，提高舵数也是改进操纵性的措施，提高舵效就是提高定舵角下舵叶的开力，从机理上说，增加舵效的作用与增加舵面积是相当的。

3. 船、桨、舵的配合

实际的舵一般是安装在船-桨系统之后的，舰船航行时舵处于船-桨系统扰动之后的水流中，舵叶上的水流运动与受力会受到船体、螺旋桨的影响，类似于船后螺旋桨上水流运动、受力遭受船体影响。如同处理船对桨的影响问题，可将单独的舵称为敞水舵。实际的舵有船后舵、桨后舵、船-桨系统后舵。船后舵的水流速度受伴流影响，工程中通常按伴流系数推算舵上 x 方向的水流速度；至于桨后舵，螺旋桨运转时不但会改变舵叶上的水流速度而且会改变水流运动方向，工程中可采用经验公式推算桨后舵上的水流运动和受力，必要时还需通过模型试验确定。定性地说，船、桨、舵的配合也是影响操纵性的因素，一个明显的例子便是单桨单舵船操 $0°$ 舵角时往往会产生略微的回转运动，这是因为螺旋桨工作时舵叶上的水流运动方向出现偏斜所致，在实际的操舵中此时要视螺旋桨的旋向转一小的舵角，即用压舵角来抵消水流偏斜的影响，以使舰船保持直线航行。船、桨、舵的水动力的相互影响是非常复杂的，其特性和规律目前尚未研究清楚，一般需通过模型试验来预测船、桨、舵的配合效果；近年来也有人采用流体动力学方法进行这方面的研究。

8.5.2　操纵装置

1. 舵

舵是使用最为广泛的操纵装置。有人把舵的主要功能概括为"实现稳定运动中的回转，保证回转运动中的稳定"，联系以上各节所述舵在舰船操纵性运动中扮演的角色以及舵上水动力对舰船操纵性运动的贡献，即可知这样概括舵的功能是准确的。

　　普通的舵按舵轴支承情况分为多支承舵、双支承舵、半悬挂舵和悬挂舵四种(见图 8-19)；按舵的剖面形状分为平板舵和流线型舵；按舵杆轴线在舵宽上的位置分为平衡舵、半平衡舵和不平衡舵。各种形式的舵有其优点和缺点，舵形式的选择与船尾形式、航行条件与设备条件有关。有尾框架及舵柱的船采用多支承的不平衡舵，转舵时舵杆扭矩较大，需要较大功率的舵机；而不平衡舵在风浪中容易出现应舵不灵的现象；对于有尾框架的船通常采用双支承平衡舵，借以减小舵杆扭矩和舵机功率；对于无尾框架的敞式船尾，采用半悬挂平衡舵，可得到很好的配合；双桨舰船常采用悬挂平衡舵。

　　普通舵可看作沿舵轴线垂直放置的有限翼展机翼，产生舵力的机理由机翼理论可得到明确的解释：转动舵角 δ 的舵随舰船向前运动时相当于水流以攻角 $\alpha_K = \delta$ 向舵流动，此时舵上产生升力并遭受翼型阻力，舵上的合力在垂直船体对称面方向(横向)的分量就是舵力，在舵角不大时舵力与舵上升力近似相等。由此可知，普通的舵只有当舰船航行时才会产生舵力，所以它是被动式操纵装置。

　　舵力的特性与舵的几何要素密切相关。如图 8-20 所示，舵的主要几何要素有舵面积、舵高、舵宽、展弦比、平衡比、舵剖面几何形状等。

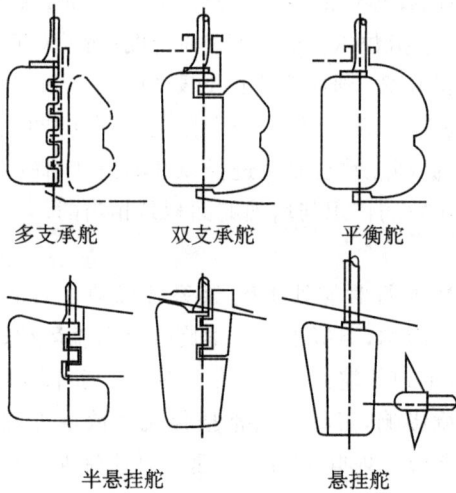

图 8-19　普通舵的类型

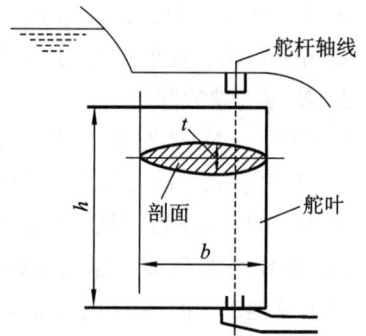

图 8-20　舵的几何要素

　　(1) 舵面积 A_R：舵的侧投影面积，即舵叶轮廓在舵剖面对称面上的投影面积。

　　(2) 舵高 h：沿舵杆方向舵叶上缘到下缘的垂直距离，相当于机翼的展长。

　　(3) 舵宽 b：舵叶前后缘之间的水平距离，相当于机翼的弦长。

　　(4) 展弦比 λ：舵高与舵宽之比，相当于机翼的展弦比。

　　(5) 平衡比 e：舵杆轴线前的面积与整个舵叶面积之比，也称平衡系数。

　　(6) 舵剖面：与舵杆垂直的舵叶剖面。

　　舵角 δ 是舵的重要水动力参数，在数值上等于水流对舵叶的攻角 α_K，其变化范围通常不超过 $\pm 35°$。敞水舵的水动力特性与有限翼展机翼水动力特性基本一致，参见流体力学中的机翼理论，其中失速角(或称临界攻角)是十分重要的水动力参数，一般要求其大于 $35°$。如前所述，实际的舵通常安装于船-桨系统之后，实际舵的水动力特性应计入船-桨系统对舵叶上水流运动的影响。

2. 特种操纵装置

长期以来为了提高推进效率,改善操纵性能,人们曾在各种不同类型的舰船上广泛采用各种操纵装置。不同于普通舵的操纵装置称为特种操纵装置,按其工作特点可分为以下三类。

(1)推进操纵合一装置:如转动式导管桨、全方位推进器(Z型推进器)、喷水推进器等。这类特种操纵装置也是特种推进器,其具有操纵功能的基本原理是可以在水平面内 360°或较大角度范围改变推力方向,从而兼有舵的功能。推进操纵合一装置是主动式操纵装置,其回转功能比普通舵强,可实现各种复杂的操纵性运动,甚至可实现原地回转,但其机构十分复杂,造价高昂。这类操纵装置用于渡船、港作船等对操纵性有特殊要求的舰船较为合适。图 8-21 所示为转动式导管桨,导管可以在一定角度范围内转动,从而改变推力方向实现操作,其回转功能比普通舵更强。

(2)主动式转向装置:如转柱舵、主动舵、侧推器等,这类操纵机构自带附属的能源装置,能使船处于系泊或低速航行状态时具有良好的回转功能。图 8-22 所示为两种侧推器结构,当螺旋桨工作时水流通过隧道从侧向流入、流出,从而产生侧向推力,实现回转功能。侧推装置在零速或低速时具有很强的回转功能,随航速提高其回转功能逐渐减弱。

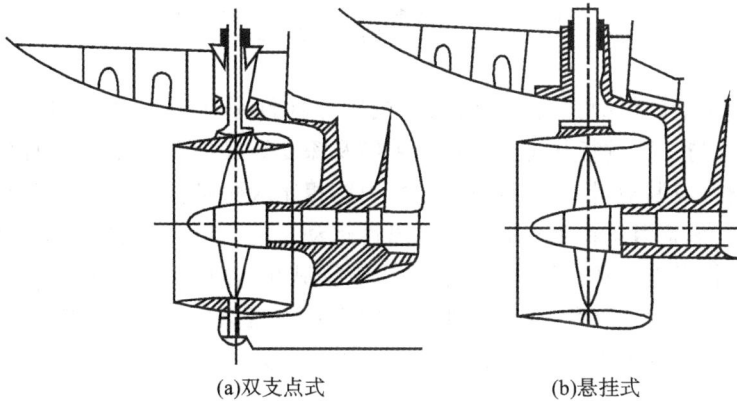

(a)双支点式　　　　　　　　(b)悬挂式

图 8-21　转动式导管桨

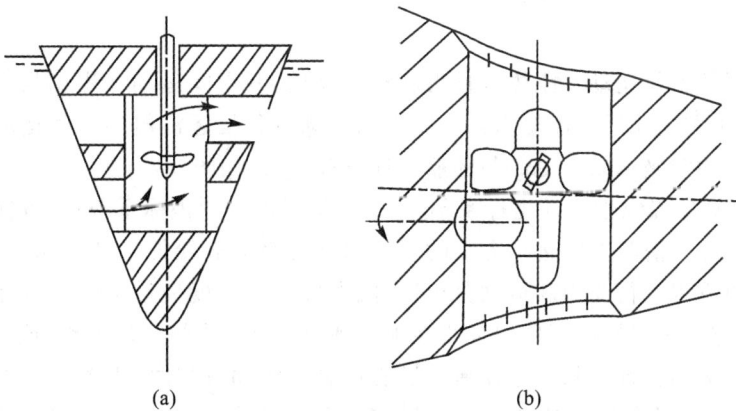

(a)　　　　　　　　　　(b)

图 8-22　侧推器结构

(3)潜艇侧推装置:潜艇侧推装置安装在船尾,如图 8-23 所示,通常采用槽道(隧道)式对转螺旋桨。侧推装置工作时,螺旋桨产生的推力对于潜艇的重心产生一转首力矩,从而改变潜艇的航向。尖尾单桨潜艇仅靠主推进螺旋桨无法自行离靠码头,因为缺少必要的侧向推力和转首力矩,因此必须安装侧推装置。一般潜艇采用侧推装置的主要目的是解决在定风、定流条件下自行离靠码头的问题。潜艇侧推装置还可以兼作应急方向舵使用,以及在进出港口和通过狭窄航道、进出船坞、水下悬停等情况下使用。

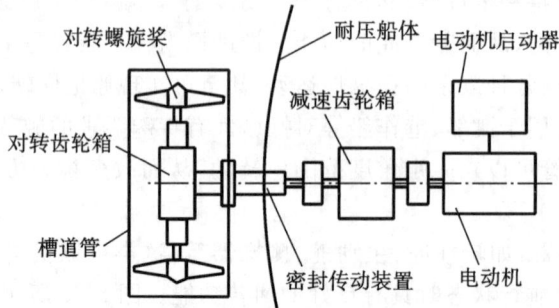

图 8-23　潜艇侧推装置

8.6　潜艇操纵性简介

潜艇操纵性是潜艇借助其操纵装置改变或保持艇的运动方向、姿态和深度的性能,包括:运动稳定性,即保持一定航行状态(如航向、纵倾及深度等)的性能;机动性,即潜艇改变航行状态等的性能;惯性(或制动)特性。潜艇操纵性内容相比水面舰船操纵性内容更为广泛,主要体现为潜艇操纵性,包括潜艇在垂直面内的操纵性运动性能、空间操纵性运动(螺旋形操纵性运动)性能,且水平操纵性运动性能分为水面与水下操纵性运动性能。潜艇水平面操纵性的概念与水面舰船的基本一致,而垂直面操纵性运动中有一些概念在水面舰船中不曾涉及或含义不同。潜艇操纵性是内容丰富、自成系统的一个学科,本节对潜艇操纵性作简单介绍,重点是垂直面的操纵性。

8.6.1　潜艇操纵性运动方程

最广含义下的潜艇运动是刚体六自由度空间运动,其空间运动方程相当复杂。在很多情况下,我们可以采用简化后的潜艇六自由度空间运动方程描述潜艇的空间运动。为此需建立两套坐标系——固定坐标系 $E\text{-}\xi\eta\zeta$ 与随艇坐标系 $G\text{-}xyz$,如图 8-24 所示。尽管坐标系符号与图 8-2 所示水面舰船操纵性运动坐标系不尽相同,但两图中的坐标系形式、方向规定和含义都是相同的。而且建立潜艇空间运动方程的基本原理与水面舰船的也是相同的,即列出刚体运动动量和动量矩方程进行受力和运动分析,完成力矢量与速度矢量由固定坐标到随船坐标的变换,对有关的方程做泰勒展开保留到线性项得到线性化操纵性运动方程,或保留到某高阶项得到高阶操纵性运动方程。只不过在建立潜艇操纵性运动方程时,需考虑垂直面的运动和受力分量,需将平面运动问题分析处理方法推广到空间运动问题,所得空间运动方程自由度更多,表达形式也更复杂。

按以上坐标系和处理方法,可得六个相互耦合的空间操纵性运动方程如下:

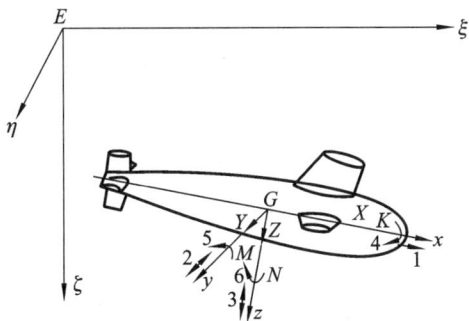

图 8-24　潜艇操纵性中所取坐标系

$$
\begin{cases}
m(\dot{u} + qw - \omega v) = X \\
m(\dot{v} + \omega u - pw) = Y \\
m(\dot{w} + pv - qu) = Z \\
I_x\dot{p} + (I_z - I_y)q\omega = K \\
I_y\dot{q} + (I_x - I_z)\omega p = M \\
I_z\dot{\omega} + (I_y - I_x)pq = N
\end{cases}
\tag{8-46a}
$$

其中，作用于潜艇的外力与水面舰船的类似，只具有空间运动和潜艇操纵的特征，可用下列多元函数表示：

$$
\begin{cases}
X = X[u,v,w,p,q,\omega,\dot{u},\dot{v},\dot{w},\dot{p},\dot{q},\dot{\omega},\delta_\omega,\delta_B,\delta_S] \\
Y = Y[u,v,w,p,q,\omega,\dot{u},\dot{v},\dot{w},\dot{p},\dot{q},\dot{\omega},\delta_\omega,\delta_B,\delta_S] \\
Z = Z[u,v,w,p,q,\omega,\dot{u},\dot{v},\dot{w},\dot{p},\dot{q},\dot{\omega},\delta_\omega,\delta_B,\delta_S] \\
K = K[u,v,w,p,q,\omega,\dot{u},\dot{v},\dot{w},\dot{p},\dot{q},\dot{\omega},\delta_\omega,\delta_B,\delta_S] \\
M = M[u,v,w,p,q,\omega,\dot{u},\dot{v},\dot{w},\dot{p},\dot{q},\dot{\omega},\delta_\omega,\delta_B,\delta_S] \\
N = N[u,v,w,p,q,\omega,\dot{u},\dot{v},\dot{w},\dot{p},\dot{q},\dot{\omega},\delta_\omega,\delta_B,\delta_S]
\end{cases}
\tag{8-46b}
$$

式中：X、Y、Z、K、M、N——随船坐标系中的轴向力、横向力、升降力、横倾力矩、纵倾力矩、转首力矩；

　　u、v、w——轴向、横向、垂向速度；

　　p、q、ω——横倾、纵倾、转首角速度；

　　$\dot{u}$、$\dot{v}$、$\dot{w}$——轴向、横向、垂向加速度；

　　$\dot{p}$、$\dot{q}$、$\dot{\omega}$——横倾、纵倾、转首角加速度；

　　δ_ω，δ_B，δ_S——方向舵、首升降舵、尾升降舵舵角。

　　研究表明潜艇的空间机动比单一变深机动能更有效地回避深弹等的攻击，故国外早已将空间机动列入使用条例；另外，潜艇高速、强机动性能也被认为具有重要的战术意义。在这些情况下，需采用潜艇空间运动方程描述潜艇的操纵性运动。

　　在某些情况下，如弱机动时，潜艇的运动可以简化为水平面运动和垂直面运动。对水平面运动，只涉及潜艇航向的保持与改变，而不涉及深度的改变；对垂直面运动，只涉及纵倾和深度改变，而不涉及航向的改变。此时，可不计水平面运动和垂直面运动、受力的耦合，式(8-46a)将简化为两组相互独立的三自由度运动方程组，即垂直面运动方程与水平面运动方程，分别如下。

垂直面运动方程：

$$\begin{cases} m(\dot{u}+qw)=X \\ m(\dot{w}-qu)=Z \\ I_y\dot{q}=M \end{cases} \tag{8-47a}$$

水平面运动方程与(8-4)式相同。

此时，水平面的水动力可表示为

$$\begin{cases} X=X[u,v,\omega,\dot{u},\dot{v},\dot{q},\dot{\omega},\delta_\omega] \\ Y=Y[u,v,\omega,\dot{u},\dot{v},\dot{q},\dot{\omega},\delta_\omega] \\ N=N[u,v,\omega,\dot{u},\dot{v},\dot{q},\dot{\omega},\delta_\omega] \end{cases} \tag{8-47b}$$

垂直面的水动力可表示为

$$\begin{cases} X=X[u,w,q,\dot{u},\dot{v},\dot{q},\delta_\omega,\delta_B,\delta_S] \\ Z=Z[u,w,q,\dot{u},\dot{v},\dot{q},\delta_\omega,\delta_B,\delta_S] \\ M=N[u,w,q,\dot{u},\dot{v},\dot{q},\delta_\omega,\delta_B,\delta_S] \end{cases} \tag{8-47c}$$

也可从另一个角度对空间方程式(8-46b)进行简化，根据多元函数泰勒展开的原理，将式中的多元函数展开为泰勒级数，保留泰勒级数项到所需阶次，得到潜艇操纵性运动线性方程或二阶方程、三阶方程等。当然，也可基于解耦后的水平面操纵性运动方程和垂直面操纵性运动方程进行泰勒展开，分别得到水平面、垂直面的操纵性运动线性方程、二阶方程、三阶方程等。作为示例，现给出由式(8-46b)做泰勒展开并简化而未完全解耦的潜艇六自由度空间运动方程——潜艇标准六自由度空间运动方程的第1式，即轴向力平衡方程：

$$\begin{aligned} m(\dot{u}-v\omega+wq)=&\frac{\rho}{2}L^4(X'_{qq}q^2+X'_{\omega\omega}\omega^2+X'_{\omega p}\omega p)+\frac{\rho}{2}L^3(X'_{\dot{u}}\dot{u}+X_{v\omega}v\omega+X'_{wq}wq) \\ &+\frac{\rho}{2}L^2(X'_{uu}u^2+X'_{vv}v^2+X'_{ww}w^2) \\ &+\frac{\rho}{2}L^2(X'_{\delta_\omega\delta_\omega}u^2\delta_\omega^2+X'_{\delta_S\delta_S}u^2\delta_S^2+X'_{\delta_B\delta_B}u^2\delta_B^2) \\ &-(P-B)\sin\varphi+\frac{\rho}{2}L^2(a_Tu^2+b_Tuu_C+c_Tu_C^2) \end{aligned} \tag{8-48}$$

式中：上标"'"表示无因次量，无因次化的方法与式(8-9)类似；最后一项为螺旋桨的推力 X_T，$X_T=\dfrac{\rho}{2}L^2(a_Tu^2+b_Tuu_C+c_Tu_C^2)$，详见相关参考文献。

进一步经解耦、线性化处理可得水平面、垂直面操纵性运动线性方程。其中水平面操纵性运动线性方程形式和含义都与式(8-8)完全相同，垂直面操纵性运动线性方程如下：

$$\begin{cases} (m-Z_{\dot{w}})\dot{w}-Z_w w-Z_{\dot{q}}\dot{q}-(mu_0-Z_q)q=Z_0+Z_{\delta_B}\delta_B+Z_{\delta_S}\delta_S+P-B \\ (I_y-M_{\dot{q}})\dot{q}-M_q q-M_{\dot{w}}\dot{w}-M_w w=M_0+M_{\delta_B}\delta_B+M_{\delta_S}\delta_S+X_T z_T+M_P+M_\theta \end{cases} \tag{8-49}$$

式中：Z_0——在垂直面操纵性运动中，当攻角 $\alpha_K=0°$ 时，艇形上下不对称引起的升降力；

　　　M_0——Z_0 对重心的力矩；

　　　$P-B$——潜艇实际的重力 P 与浮力 B 之差，谓之剩余静载；

z_T——螺旋桨轴线的垂向坐标；

M_P——剩余静载对重心的力矩，$M_P \approx -(P-B)x_G$；

M_θ——潜艇水下复原力矩，详见潜艇静力学有关章节。

8.6.2 潜艇水平面操纵性运动

无论是从操纵性运动方程还是从其物理意义上看，潜艇水平面的操纵性运动与水面舰船的操纵性运动都是类似的，故水面舰船操纵性运动的有关概念、处理方法，以及定性规律可推及潜艇水平面操纵性运动。需补充说明的是，首先，潜艇水平面操纵性运动包括水面状态与水下状态操纵性运动，两种情况下的操纵性运动有关指数是不同的，且潜艇操纵性的标准、规程与水面舰船也是不同的；特别要指出，潜艇做水下回转运动时的横倾与潜艇做水面回转运动或水面舰船做回转运动时的横倾产生原因是类似的，但潜艇做水下回转运动时的横倾规律是先外倾后内倾（与水面舰船刚好相反）。潜艇做水下回转运动时，还将产生纵倾，引起深度的变化。当要求定深回转时，在操纵方向舵的同时，尚需操纵升降舵。其次，潜艇水下状态的操纵性运动又有深潜下的操纵性运动与近水面操纵性运动之分，在近水面状态下，要考虑海况对潜艇操纵性的影响。水面的影响可从以下几方面进行分析处理：静水面的影响，潜艇自身兴波作用的影响，海浪作用力的影响等。航海实践表明要考虑二阶波吸力对定深运动的影响，通常按海况的级别在浮力调整水舱内注入一定压载水来平衡。最后，潜艇水平面操纵性运动稳定性保持和回转性实现的主要操纵装置是方向舵，方向舵与水面舰船舵的布置、参数也有所不同。

8.6.3 潜艇垂直面操纵性运动

如图 8-25 所示，潜艇垂直面的运动参数如下所述。

（1）重心 G 的坐标：记作 (ξ_G, ζ_G)。

（2）纵倾角 θ：又称姿态角，为 $E\xi$ 轴与 Gx 轴的夹角，尾倾时为正。在实艇操纵中，θ 可达 $20° \sim 30°$ 甚至更大，在大陆架沿海地区，受深度限制，常用的纵倾角规定不超过 $5°$。许用纵倾角主要取决于海区深度、航行深度、操艇熟练程度，以及动力装置的工作特性。

（3）航速 V：在随船坐标系上的分量记作 u、v。

（4）水动力冲角 α：潜艇航速矢量 V 与 Gx 轴的夹角，V 到 Gx 逆时针旋转为正。

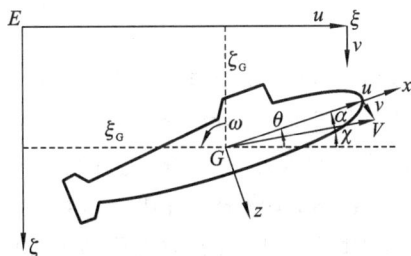

图 8-25 潜艇垂直面运动参数定义

（5）潜艇纵倾转动角速度 ω：$\omega = \dfrac{\mathrm{d}\theta}{\mathrm{d}t}$，在垂直面内逆时针旋转为正。

（6）潜浮角 χ：速度矢量在垂直面的投影与 $E\xi$ 轴（即水平面 $E\xi\zeta$）的夹角。规定自 $E\xi$ 到 V 逆时针方向旋转为正，故 $\chi > 0$，艇上浮；反之，艇下潜。

（7）首升降舵角 δ_B 和尾升降舵角 δ_S：以逆时针旋转为正。按升降舵舵力矩的潜浮作用分为上浮舵角、下潜舵角，如表 8-3 所列。

表 8-3　舵角的正、负号

升降舵角	上浮舵角	下潜舵角
首升降舵角 δ_B	+	—
尾升降舵角 δ_S	—	+

1. 潜艇垂直面操纵性运动基本概念

潜艇垂直面操纵性运动是只改变或保持纵倾角和深度而不改变航向的运动,有两种基本形态:定深运动和变深潜浮运动。

定深运动是潜艇下潜深度一定的定常直线运动,分为无纵倾和有纵倾定深等速直线运动两种。定深等速直线运动虽然是最简单的运动形式,但却是潜艇最基本的、长时间的运动状态。实际上潜艇垂直面操纵性运动大致都是定常运动与非定常运动相互交替的过程;另外垂直面的定常运动(含定深运动)比较集中、直观地反映了潜艇操纵性的特点,垂直面定常运动研究是潜艇操纵性研究的重要内容之一。

变深潜浮运动包括定常直线潜浮运动和非定常潜浮运动,有时潜浮运动过程包括定常直线潜浮和非定常潜浮两个阶段,如因海域深度、战术需要或其他原因潜艇变深幅度不大,有可能不出现定常潜浮阶段,即整个潜浮过程为非定常潜浮运动过程。

潜艇在垂直面内的运动与在水平面内的运动特点是显著不同的。例如,运动的潜艇在一定条件下,浮力大于重力,艇未必上浮,重力大于浮力,艇也未必下潜;操下潜升降舵的潜艇不都是下潜的,可能反而上浮或不能变深(当然这属于反常操舵的情况,与正常操舵产生的结果相反);此外,操升降舵不会引起类似于水平面回转运动的 360° 翻筋斗运动,实际上,一般情况下潜艇垂直面运动的冲角仅 2°～3°,纵倾角因安全性的要求通常为 7°～10°。定深直航中的潜艇,若将升降舵转到一定角度,潜艇经历非定常运动后,当海区足够深、潜艇的工作深度允许,潜艇最终将进入定常直线潜浮运动状态。可以认为,使潜艇垂直面运动特点不同于水平面运动的根本原因是,在垂直面内潜艇存在纵倾复原力矩,而在水平面内运动的舰艇是不存在偏航(转首)复原力矩的。正是由于垂直面运动与水平面运动具有显著不同的特点,潜艇垂直面运动直线稳定性和机动性的概念与水面运动舰船是有区别的。对于在垂直面运动的潜艇,也有位置稳定性、方向稳定性和直线稳定性的概念,其定义与水平面运动舰船大致相同,但垂直面直线稳定性与方向稳定性是互为充要条件的,这与水面运动舰船是很不同的。而潜艇垂直面机动性是潜艇对操纵的响应特性,包括深度机动性和转首性,而且定深定常运动性能也是机动性的一部分,是潜艇对操纵响应特性的最终结果,其中深度机动性的概念与水平面运动舰船的应舵性概念是相当的,故也称为垂直面应舵性;潜艇垂直面转首性的定义和概念则都是与水平面运动舰船相当的;另需注意的是,对垂直面的机动性一般不采用回转性的提法。

2. 等速直线定深运动

1) 无纵倾等速直线定深运动

潜艇在水下时大多数情况下都处于或接近于无纵倾等速直线定深运动,此时 $u=u_0$ 为常数,α、θ、χ、w 均为 0,其他 $\dot{u}$、$\dot{w}$、$\dot{q}$、q 均为 0,设 P 为静载,作用点随船横坐标为 x_P,静载力矩 $M_P=Px_P$,螺旋桨推力为 X_T,桨轴线到 x 轴的距离为 z_T,则垂直面操纵性运动线性化方程(8-47c)退化为力和力矩平衡方程,由此得无纵倾等速直线定深运动平衡方程:

$$\begin{cases} Z_0' + Z_{\delta_B}'\delta_B + Z_{\delta_S}'\delta_S + P' = 0 \\ M_0' + M_{\delta_B}'\delta_B + M_{\delta_S}'\delta_S + M_P' + X_T'z_T' = 0 \end{cases} \tag{8-50}$$

式中:上标"′"表示无因次量。

由于艇形上、下不对称,存在水动力(矩)Z_0、M_0。即使艇已静平衡,M_P、P 为 0,航速变化时也不能自动保持定深运动,这是因为潜艇不具有自动恢复深度的作用力。故为了实现定深运动,需对潜艇实施操纵,通常控制垂直面平衡的方法有操升降舵、调节静载(水量)或舵水并用。在实艇操纵中指导实现无纵倾等速直线定深运动的平衡措施称为"均衡"。

(1) 调节水量控制平衡。潜艇低速航行时可通过浮力调整水舱注、排水,首尾纵倾平衡水舱间调水来实现无纵倾等速定深直航运动,此时可将平衡方程(8-49)改写为

$$\begin{cases} Z_0' + P' = 0 \\ M_0' + M_P' + X_T' z_T' = 0 \end{cases} \tag{8-51}$$

由式(8-50)解出:

$$P = -\frac{1}{2}\rho L^2 V^2 Z_0', \quad M_P = -\frac{1}{2}\rho L^3 V^2 (M_0' + X_T' z_T')$$

当螺旋桨轴线在潜艇首、尾轴线上时,则其 $z_T = 0$。由此得浮力调整水舱的水量 ΔP_1 以及首尾纵倾平衡水舱的调水量 ΔP_2 为

$$\begin{cases} \Delta P_1 = P \\ \Delta P_2 = \dfrac{M_P + \Delta P_1 x_v}{L_{BS}} \end{cases} \tag{8-52}$$

式中:x_v——使用的浮力调整水舱容积中心到艇重心的距离;

L_{BS}——首尾纵倾平衡水舱容积中心间的距离。

$\Delta P_1 > 0$ 表示艇轻,需由舷外向舱内注水;$\Delta P_1 < 0$ 表示艇重,需由舱内向舷外排水。$\Delta P_2 > 0$ 表示首重,需由首舱向尾舱调水;$\Delta P_2 < 0$ 表示尾重,需由尾舱向首舱调水。为使表达式简洁,将式(8-51)中 $X_T' z_T'$ 的影响计入了 M_P 中,在以下讨论中 $X_T' z_T'$ 都如此处理。

(2) 操升降舵控制平衡。为使潜艇处于动力平衡状态,实现无纵倾定深航行,最常用、最有效的简便方法是操升降舵,考虑静平衡的潜艇,仅存在水动力 Z_0、M_0 使艇不平衡,需同时操首、尾升降舵以保持等速直线定深运动。此时可将动力平衡方程(8-51)改写为

$$\begin{cases} Z_0' + Z_{\delta_B}' \delta_B + Z_{\delta_S}' \delta_S = 0 \\ M_0' + M_{\delta_B}' \delta_B + M_{\delta_S}' \delta_S = 0 \end{cases} \tag{8-53}$$

由此可解出,定深航行应操的平衡舵角为

$$\begin{cases} \delta_S = \dfrac{-M_0' z_{\delta_B}' + M_{\delta_B}' z_0'}{M_{\delta_S}' z_{\delta_B}' - M_{\delta_B}' z_{\delta_S}'} \\ \delta_B = \dfrac{M_0' z_{\delta_S}' - M_{\delta_S}' z_0'}{M_{\delta_S}' z_{\delta_B}' - M_{\delta_B}' z_{\delta_S}'} \end{cases} \tag{8-54}$$

由式(8-54)可见,已静平衡的潜艇,定深航行的平衡舵角 δ_B、δ_S 与航速无关,故在变航速的情况下,通过操升降舵消除 Z_0、M_0 的影响来控制艇的平衡,比调节水量简便多了,但必须首、尾舵并用,否则不能同时平衡 Z_0、M_0。

(3) 操舵加调节水量控制平衡。用舵控制平衡尽管在操作上较为方便,但有了压舵角,增大了航行阻力,减小了升降舵在可操舵角范围的摆幅,不利于操舵机动,而且实际潜艇还不一定是静平衡的,这样压舵角就更大了,所以在实艇操纵中可舵水并用。在某一低航速下,通常是采用舵水并用的方法来达到平衡,此时平衡方程就是式(8-50)。式中有四个未知参数,即 P、M_P、δ_B、δ_S,若能给定 P、M_P,则可求得 δ_B、δ_S,为此将(8-50)改写为以下标准式:

$$
\begin{cases}
Z'_{\delta_B}\delta_B + Z'_{\delta_S}\delta_S = -(Z'_0 + P') \\
M'_{\delta_B}\delta_B + M'_{\delta_S}\delta_S = -(M'_0 + M'_P)
\end{cases}
\tag{8-55}
$$

其解为

$$
\begin{cases}
\delta_S = \dfrac{-(M'_0 + M'_P)z_{\delta_B} + (Z'_0 + P')M'_{\delta_B}}{M'_{\delta_S}z'_{\delta_B} - M'_{\delta_B}z'_{\delta_S}} \\[2mm]
\delta_B = \dfrac{-(Z'_0 + P')M'_{\delta_S} + (M'_0 + M'_P)z'_{\delta_S}}{M'_{\delta_S}z'_{\delta_B} - M'_{\delta_B}z'_{\delta_S}}
\end{cases}
\tag{8-56}
$$

式中：P'、M'_P是速度的函数，故这时的平衡舵角也是随航速而变化的，将保持潜艇动力平衡的舵角冲角、纵倾角称为平衡角，记为δ_{B_0}、δ_{S_0}、α_0、θ_0，为简便起见有时也省略下标"0"。

综合以上讨论，可以得出以下结论：

（1）为便于保持潜艇的无纵倾定深直线运动，应尽量使艇处于静平衡状态，即要及时消除剩余静载并准确均衡。

（2）小量剩余静载对潜艇运动的影响随航速增大而减小，一般而言，低速时静载起主要作用。当艇由高速转到低速时往往表现为艇重，特别是微速航行时，需及时补充均衡，仅靠舵控制深度是困难的，甚至是不可能的。当艇损失浮力时，应及时增速并形成适度的尾纵倾，作为动力抗沉的措施之一。此外，在水下航行中均衡，宜选用较低的航速，以便发现并消除存在的剩余静载。

（3）Z'_0、M'_0越小越好。Z_0、M_0是造成潜艇无纵倾直线定深运动不平衡的根本原因，为平衡它们，需占用耐压艇体内容积设置较大的浮力调整水舱，或使升降舵压一舵角，从而限制舵的有效使用范围并增加航行阻力。一般要求在航速$V \geqslant 10 \text{ kn}$时，$|\delta_{S_0}| \leqslant 3°$。

2）有纵倾等速直线定深运动

正常定深航行应是无纵倾的。但当损失浮力、条件又允许时，则可主动造成尾纵倾以产生较大的动浮力。当升降舵发生故障只能用一对升降舵时，也需做有纵倾的定深航行。此外，潜艇水下航行均衡时，定深航行往往也是有纵倾的。有纵倾定深航行时，$\alpha = \theta$，且为不等于0的常数，此时平衡方程为

$$
\begin{cases}
Z'_w w' + Z'_{\delta_B}\delta_B + Z'_{\delta_S}\delta_S + Z'_0 + P' = 0 \\
M'_w w' + M'_{\delta_B}\delta_B + M'_{\delta_S}\delta_S + M'_0 + M'_P + M'_\theta\theta = 0
\end{cases}
\tag{8-57}
$$

式（8-57）中有δ_B、δ_S、θ、P、M这五个变量，可以给定静载或取静平衡，单操首升降舵或尾升降舵，或操双舵给定其中一对舵的舵角，使艇实现有纵倾的定深航行。现假设操一对升降舵实现有纵倾的定深航行，以δ表示δ_B或δ_S，由于$w' = \alpha = C$（C是常数），则平衡方程（8-57）可改写为

$$
\begin{cases}
Z'_\delta\delta + Z'_w\theta = -(Z'_0 + P') \\
M'_\delta\delta + (M'_w + M'_\theta)\theta = -(M'_0 + M'_P)
\end{cases}
\tag{8-58}
$$

解之，得平衡角为

$$
\begin{cases}
\delta = \dfrac{-(M'_w + M'_\theta)(Z'_0 + P') + (M'_0 + M'_P)Z'_w}{(M'_w + M'_\theta)Z'_\delta - M'_\delta Z'_w} \\[2mm]
\theta = \dfrac{-(M'_0 + M'_P)Z'_\delta + M'_\delta(Z'_0 + P')}{(M'_w + M'_\theta)Z'_\delta - M'_\delta Z'_w}
\end{cases}
\tag{8-59}
$$

式中：P'、M'_P、M'_θ等都是航速的函数，故平衡角δ、θ也是随航速而变化的。

3. 直线潜浮运动

潜艇在水下航行时经常需要变深，一般方法为操纵升降舵，实现有纵倾、无纵倾变深。由于操舵变深简便迅速，又易于控制，所以它是最基本的变深方式。

1）潜浮运动过程

在潜艇定深航行中，将升降舵设置一固定舵角，潜艇将进入定常直线潜浮运动。如果将升降舵回舵到原位置，潜艇在新的深度上定深航行。就升降舵操作而言：可单操尾舵（如尾下潜舵）；快速潜浮时可操相对舵（如首尾同时操下潜舵）；需无纵倾变深时可操平行舵（如由首下潜舵和尾上浮舵组成的平行下潜舵），从而灵活地实现下潜或上浮，如图 8-26 所示。

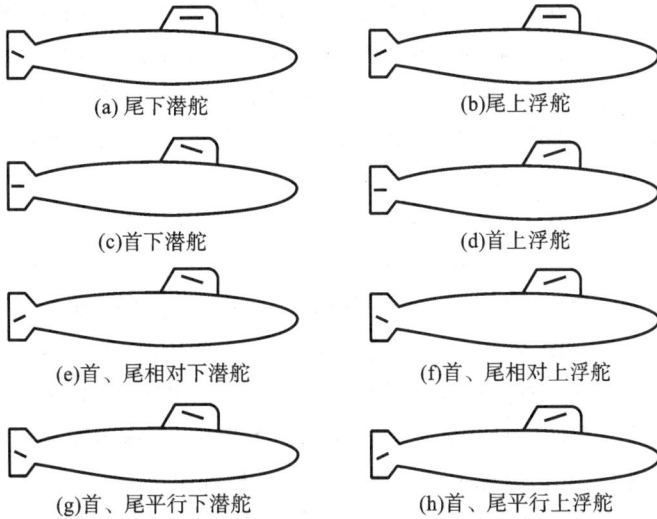

(a) 尾下潜舵	(b) 尾上浮舵
(c) 首下潜舵	(d) 首上浮舵
(e) 首、尾相对下潜舵	(f) 首、尾相对上浮舵
(g) 首、尾平行下潜舵	(h) 首、尾平行上浮舵

图 8-26　升降舵的操舵方式

现以单操尾舵上浮为例分析潜艇的受力和运动过程，以无纵倾等速直线定深运动为基准运动，此时变深机动可能经过以下三个阶段，如图 8-27(a)所示。

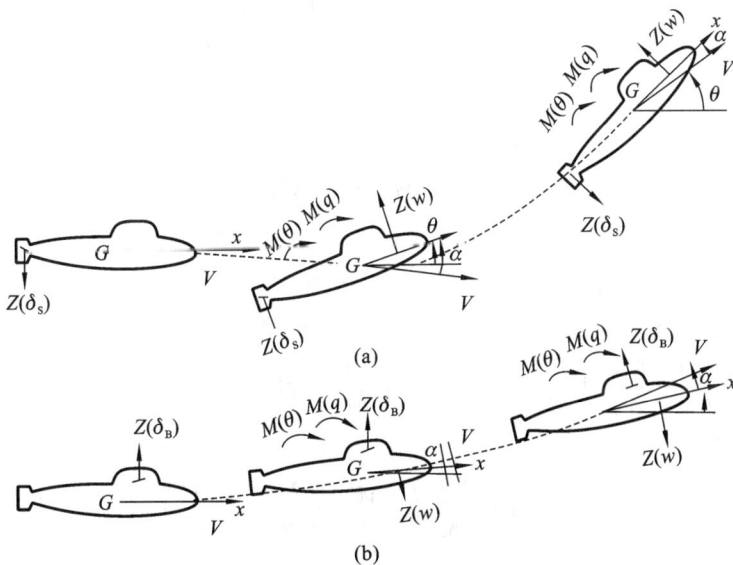

图 8-27　潜艇操升降舵的上浮运动

（1）进入阶段：从转舵开始到进入定常直线潜浮运动这一阶段为进入阶段。当尾舵转动角度 δ_S 时，舵叶上将产生水动力，可将其分解为 $X(\delta_S)$、$Z(\delta_S)$，其中纵向分力 $X(\delta_S)$ 将使艇阻力增加，垂直分力 $Z(\delta_S)$ 将使艇产生向下的加速度，逐渐形成反向位移；力矩 $M(\delta_S)$ 将使艇产生绕重心逆时针方向的旋转，从而产生抬首加速度。由于艇的惯性大，转舵初期舵力引起的加速度和角加速度很小，艇实际上几乎按原航线运动。

随着时间增长，艇在 $Z(\delta_S)$、$M(\delta_S)$ 作用下，航速 V 逐渐偏离艇体 Gx 轴，形成夹角 α，α 即冲角。冲角 α 又在艇体引起新的水动力，也可分解为 $X(w)$、$Z(w)$ 分量，$Z(w)$ 向上且产生抬首力矩 $M(w)$。$Z(w)$ 比 $Z(\delta_S)$ 大得多，将阻止艇反向下潜，等到艇停止下潜后，再使艇上浮；在同向力矩 $M(\delta_S)$、$M(w)$ 作用下，艇加速绕重心旋转，冲角增大，引起纵倾角 θ，产生阻尼力矩 $M(q)$、复原力矩 $M(\theta)$，抑制艇的旋转，并在推力作用下，潜艇迅速变深上浮。

（2）定常阶段：若舵角 δ_S 保持不变，且潜浮深度足够，艇的工作深度允许，艇最终进入定常直线潜浮运动。如果潜浮深度不够，则潜浮过程只能是非定常的过渡过程。在定常直线潜浮阶段，$M(\theta)$、$M(q)$ 与 $M(\delta_S)$、$M(w)$ 反向并平衡，$Z(w)$ 与 $Z(\delta_S)$ 平衡。

（3）拉平阶段：在接近预定深度之前，视所用航速的大小适时提前回舵，使纵倾恢复到零，此时，潜艇因惯性作用缓慢地潜浮到预定深度。当潜艇惯性过大，有超过预定深度趋势时，应立即操相反舵，造成相反的纵倾以控制艇的惯性运动，并保证达到准确的预定深度。

如上所述，操升降舵的作用是利用舵力矩 $M(\delta_S)$ 转动艇体形成纵倾、产生冲角，艇体的水动力 $Z(w)$ 改变其速度方向，使潜艇速度偏向变深方向。尾舵舵力 $Z(\delta_S)$ 对改变速度方向而言是一个不利因素，故艇在转舵后的初始阶段出现了反向位移，这与水面舰船回转运动初始阶段出现反横距有些类似。而操首舵上浮却不会出现这种现象，如图 8-27（b）所示。可见，当舵布置在重心后部时，其舵力与舵力矩的作用效果是不同的，但在重心前面的首升降舵的舵力与舵力矩的作用效果是相同的。

2）定常直线潜浮运动方程及其解

假设转舵前艇已实现静力平衡，做无纵倾定深等速直线航行，Z_0、M_0、M_T（推力纵倾力矩）等已平衡，以此初始状态为基准运动。为不失一般性，以操作尾舵舵角到 $\delta_{S0}+\delta_S$ 为例。为表达方便且不妨碍揭示问题本质，可令 $\delta_{S0}=0$，$\delta_{B0}=0$，则潜艇定常直线潜浮运动方程可由（8-51）导出，即

$$\begin{cases} Z'_w w' + Z'_{\delta_S}\delta_S = 0 \\ M'_w w' + M'_{\delta_S}\delta_S + M'_\theta\theta = 0 \end{cases} \tag{8-60}$$

由此可解出：

$$w = \alpha = -\frac{Z'_{\delta_S}\delta_S}{Z'_w} \tag{8-61}$$

$$\theta = -\frac{1}{M'_\theta}\left(-\frac{M'_w}{Z'_w}+\frac{M'_{\delta_S}}{Z'_{\delta_S}}\right)Z'_{\delta_S}\delta_S = -\frac{1}{M'_\theta}(l'_\alpha+l'_{\delta_S})z'_{\delta_S}\delta_S = -\frac{1}{M'_\theta}l'_{FS}Z'_{\delta_S}\delta_S \tag{8-62}$$

进一步可得潜浮角：

$$\chi = \theta - \alpha = -\frac{1}{M'}\left(-\frac{M'_w}{Z_w}+\frac{M'_{\delta_S}}{Z'_{\delta_S}}-\frac{M'_\theta}{Z'_w}\right)Z'_{\delta_S}\delta_S$$

$$= -\frac{1}{M'_\theta}(l'_\alpha+l'_{\delta_S}-l'_{CF})Z'_{\delta_S}\delta_S = -\frac{1}{M'_\theta}l'_{CS}Z'_{\delta_S}\delta_S \tag{8-63}$$

式(8-63)中 l'_α、l'_{δ_S}、l'_{FS}、l'_{CF}、l'_{CS} 等为各种无因次的相当力臂(见图 8-28),它们具有明确的物理意义,且相互之间有一定关系,各自的表达式、物理意义及相互之间的关系如下:

$l'_\alpha = -\dfrac{M'_w}{Z'_w}$,代表艇体水动力中心 F 到艇体重心 G 的水平距离,即艇体水动力矩的力臂。

$l'_{\delta_S} = \dfrac{M'_{\delta_S}}{Z'_{\delta_S}}$,代表舵力作用点 S 到重心 G 的水平距离,即舵力矩的力臂。

$l'_{FS} = l'_\alpha + l'_{\delta_S}$,代表点 S 到点 F(F 也称为中性点,若点 S 与点 F 重合,则艇平行潜浮,故点 F 的含义与水面舰船的漂心类似)的水平距离,是平衡时舵力、水动力的合力矩基于舵力的纵倾有效力臂。

$l'_{CF} = \dfrac{M'_\theta}{Z'_w}$,代表点 C 到点 F 的水平距离,是与 $M_\theta\theta$(复原力矩)数值相等的水动力矩相当力臂,即引起倾斜角为 θ 的纵倾的水动力矩相当力臂。航速减小,点 C 到点 F 的距离增大;航速增大,点 C 到点 F 的距离减小,l'_{CF} 减小,极限状态为 $l'_{CF} = 0$。

$l'_{CS} = l'_{FS} - l'_{CF}$,代表点 S 到点 C 的水平距离,是与 $M_{\theta\chi}$ 数值相等的舵力矩相当力臂,即引起潜浮角为 χ 的下潜舵力矩相当力臂,设点 S 与点 C 重合,则舵力不产生 χ,或者说舵力引起 χ 的力矩(力臂)为 0,此时操尾舵只引起艇纵倾,不改变艇速度方向,原定深等速直线航行的艇潜深不能改变,点 C 称为临界点、逆速点或潜浮点。

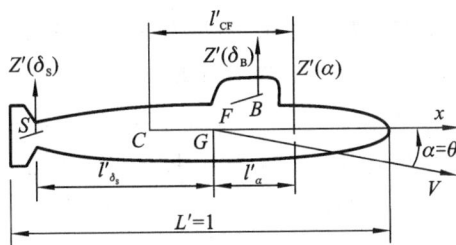

图 8-28　垂直面无因次力臂定义图

3) 升速率与逆速

当潜艇以速度 V 按某一潜浮角做定常直线潜浮运动时,潜艇在定系 $E\xi\zeta$(垂直面)中铅垂方向上的分量 V_ζ 为潜浮速度,也称升速(见图 8-29),升速 $V_\zeta = -V\sin\chi \approx -V\chi$,当操尾舵时的升速为

$$V_\zeta = \frac{V^3}{m'gh}\left(\frac{M'_w}{z'_w} - \frac{M'_{\delta_S}}{Z'_{\delta_S}} + \frac{M'_\theta}{Z'_w}\right)Z'_{\delta_S}\delta_S \tag{8-64}$$

V_ζ 对舵角的导数称为升速率,升速率为

$$\frac{\partial V_\zeta}{\partial \delta_S} = \frac{V^3}{57.3m'gh}\left(\frac{M'_w}{z'_w} - \frac{M'_{\delta_S}}{Z'_{\delta_S}} + \frac{M'_\theta}{Z'_w}\right)Z'_{\delta_S} \tag{8-65}$$

升速率单位是 m/(s·(°)),1°舵角下产生的升速变化量,是潜艇垂直面机动性的一项指标,与艇速有关,一般要求中型艇航速为 10 kn 时的升速率 $\dfrac{\partial V_\zeta}{\partial \delta_S} \geqslant 0.3$ m/(s·(°))。图 8-30 所示为升速率曲线一般变化规律。

当潜艇做定深等速直线航行时,升降舵的任何转舵都不能改变潜浮角(即不能变深)的航速称为逆速,按定义令式(8-65)为零,可解出操尾舵逆速:

$$V_{\mathrm{iS}}=\sqrt{\frac{m'ghZ'_{\delta_{\mathrm{S}}}}{Z'_{\delta_{\mathrm{S}}}M'_w-Z'_wM'_{\delta_{\mathrm{S}}}}}=\sqrt{\frac{-m'gh/Z'_w}{l'_\alpha+l'_{\delta_{\mathrm{S}}}}} \tag{8-66}$$

当 $V>V_{\mathrm{iS}}$ 时,操尾下潜舵($\delta_{\mathrm{S}}>0$),艇下潜($\chi<0$);反之,操尾上浮舵,艇上浮。此时,属于正常操舵,点 C 在点 S 之前。

当 $V=V_{\mathrm{iS}}$ 时,操尾舵后虽有纵倾角改变,当其与冲角改变量相等时,$\Delta\chi=\Delta\varphi-\Delta\alpha=0$,即潜浮角不变。若初始状态为定深航行,则在这一航速下不能操尾舵变深,也不能操尾舵保持定深等速直线航行,这时操尾舵失效,点 C 与点 S 重合,故潜浮有效力臂 $l'_{\mathrm{CS}}=0$。

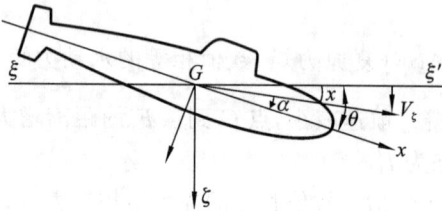

图 8-29 升速

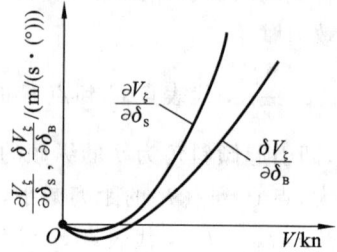

图 8-30 升速率曲线

当 $V<V_{\mathrm{iS}}$ 时,操尾下潜舵($\delta_{\mathrm{S}}>0$),艇上浮($\chi>0$);反之,操尾上浮舵,艇反而下潜。此时,属于反常操舵,点 C 在点 S 之后。

由逆速公式可知,影响 V_{iS} 的主要因素是水动力中心 F 位置、尾升降舵舵力作用点 S 的位置,以及水下全排水量的稳定中心高 h。设计经验表明,主艇体的主尺度、几何形状一经确定,除 $\sqrt{h}$ 外的其他因素也随之确定,$\sqrt{h}$ 虽与 V_{iS} 成正比,但变化范围甚小。工程设计实践表明,h 的变化对逆速值的影响是显著的,V_{iS} 主要取决于主艇体几何形状。一般尾升降舵的逆速为 $2.0\sim3.5$ kn。此外,将式(8-66)代入式(8-65),可得升速率的另一种表达式:

$$\frac{\partial V_\zeta}{\partial\delta_{\mathrm{S}}}=-V\left(1-\frac{V^2}{V_{\mathrm{iS}}^2}\right)\frac{Z'_{\delta_{\mathrm{S}}}}{Z'_w}=\left(1-\frac{V}{V_{\mathrm{iS}}}\right)\frac{Z_{\delta_{\mathrm{S}}}}{Z_w} \tag{8-67}$$

类似地,可推导出操首升降舵的升速率和逆速表达式,即

$$\frac{\partial V_\zeta}{\partial\delta_{\mathrm{B}}}=\frac{V^3}{m'gh}\left(\frac{M'_w}{z'_w}-\frac{M'_{\delta_{\mathrm{B}}}}{Z'_{\delta_{\mathrm{B}}}}+\frac{M'_\theta}{Z'_w}\right)Z'_{\delta_{\mathrm{B}}} \tag{8-68}$$

$$V_{\mathrm{iB}}=\sqrt{\frac{m'gh/Z'_w}{l'_\alpha+l'_{\delta_{\mathrm{B}}}}} \tag{8-69}$$

首端首升降舵不会遭遇逆速,这是因为 $l_{\delta_{\mathrm{B}}}>l_\alpha$(点 C 在点 F 之前),$Z'_w<0$,故式(8-69)根号内的数为负,从物理意义上说就是点 C 不会在点 F 之前,故不会出现点 C 与点 F 重合的情况。但现代潜艇有采用围壳舵的,围壳舵力作用点可能在点 F 附近,艇速较高时可能出现围壳舵逆速。一般发射弹道导弹时潜艇航速约为 3 kn,发射鱼雷和飞航式导弹时潜艇航速约为 10 kn,前者在尾舵逆速区,后者可能在围壳舵逆速区,故操纵性设计规范要求尾舵逆速小于艇的水下经航电动机最小航速,围壳舵逆速大于最高艇速。

4. 潜艇垂直面机动性

垂直面机动性是潜艇对升降舵或静载操纵的响应特性,包括应舵性和转首性。前者指艇对操纵的运动响应具有足够幅度的特性,如升速率足够大一类特性;后者指艇对操纵的运动响应幅度时间短、初始响应快的特性。垂直面机动性包括两方面的问题:一是给定操纵规律求艇

的运动;二是给定艇的运动求操艇措施。上述问题实际上是一个问题的两个方面,前者为正命题,后者为逆命题,以下主要讨论前一个问题。

经推导,垂直面运动无因次线性化方程为

$$
\begin{cases}
(m' - Z'_{\dot{w}})\dot{w}' - Z'_w w' - Z'_{\dot{q}}\dot{q}' - (m' + Z'_q)q' = Z'_{\delta_S}\delta_S + Z'_{\delta_B}\delta_B + P' \\
(I'_y - M'_{\dot{q}})\dot{q}' - M'_q q' - M'_{\dot{w}}\dot{w}' - M'_w w' - M'_\theta \theta = M'_{\delta_S}\delta_S + M'_{\delta_B}\delta_B + M'
\end{cases}
\tag{8-70}
$$

方程中右端干扰力项中计入了升降舵力和静力,实际上还有其他随机的、复杂的干扰力,如发射鱼雷、导弹,速潜等时产生的干扰力,必要时可将这类干扰力叠加在方程中。

作为示例,考虑操尾升降舵引起的干扰力,去除未加考虑的干扰力后方程(8-70)可以写成如下标准形式:

$$
\begin{cases}
(m' - Z'_{\dot{w}})\dot{w}' - Z'_w w' - Z'_{\dot{q}}\dot{q}' - (m' + Z'_q)q' = Z'_{\delta_S}\delta_S \\
(I'_y - M'_{\dot{q}})\dot{q}' - M'_q q' - M'_{\dot{w}}\dot{w}' - M'_w w' - M'_\theta \theta = M'_{\delta_S}\delta_S
\end{cases}
\tag{8-71}
$$

且

$$
\begin{cases}
q' = \dot{\theta} \\
w' = \alpha
\end{cases}
\tag{8-72}
$$

垂直面潜艇重心轨迹积分表达式为

$$
\zeta_G(t) = V\int_0^t [\alpha(t) - \theta(t)]\mathrm{d}t + \zeta_{G0}
\tag{8-73}
$$

结合以上方程和关系式,通过数值求解,即可求出潜艇在各种干扰下的运动响应特性。升降舵产生的干扰力可以简化为以下几种基本形式:阶跃操舵、线性操舵、坡形操舵、指数操舵、梯形操舵和正弦操舵。现以阶跃操舵、梯形操舵为例,简要介绍潜艇垂直面机动性的若干特性和有关概念;最后简要说明静载作用下艇的垂直面运动响应。

1) 阶跃操舵响应

以某艇为例,其在不同航速下的阶跃舵的纵倾角 θ、深度 ζ_G 时间特性曲线如图 8-31 所示。由图可见:航速越高,单位阶跃舵角所引起的机动幅度越大,而达到最终稳态值所经历的时间也越长。在当前的工程计算中,计算航速通常有低、中、高速和使用武器航速等。对于舵角的范围计算,通常需完成如下计算和分析:

(1) 分别操首、尾升降舵,且单位阶跃舵角下的 α、θ、$\zeta_G(t)$ 时间特性;

(2) 分别操首、尾升降舵,且阶跃舵角 $\delta_S = 10° \sim 15°$、$\delta_B = 10° \sim 15°$ 时的 α、θ、$\zeta_G(t)$ 时间特性。

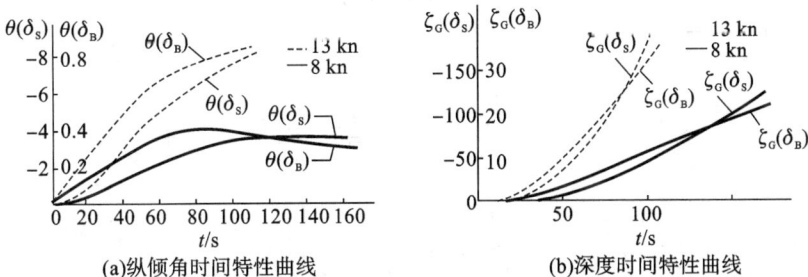

(a)纵倾角时间特性曲线　　　　　(b)深度时间特性曲线

图 8-31　阶跃操舵的响应

图 8-31 所示曲线的变化是平稳的,未显示出振荡现象。有研究表明,低速时由于复原力矩影响较大,曲线可能出现振荡,如图 8-32 所示,只有阻尼比恰当,θ 趋于稳定纵倾角 $\bar{\theta}$ 的过程

才是平稳的,不会出现振荡;否则,曲线将出现振荡,此时则需给出振荡衰减特性指数,如衰减时间 t_a、最大过调量 $\dfrac{\theta_m}{\theta}$ 等。

2)梯形操舵响应

潜艇航行时从一个深度变换到另一个深度,常采用梯形操舵。假设潜艇在无纵倾定深直线航行中操尾舵,依线性规律转动舵角 δ_0,艇产生首倾而下潜,到达一定纵倾角和深度后再回舵,使尾舵回到初始舵角(这里为 0°),纵倾角逐渐变为 0°,艇进入另一个深度无纵倾航行。由于惯性,开始回舵时,纵倾角和深度继续增大,梯形操舵的舵角变化曲线与运动响应曲线如图 8-33 所示。图中表示运动响应的主要参数有 t_e、θ_{ov}、ζ_{ov}。

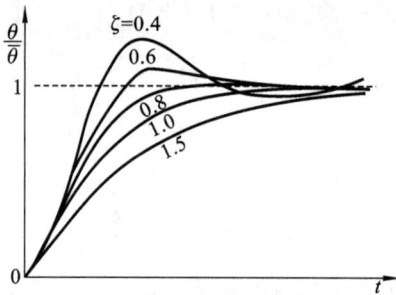

图 8-32　同阻尼比的纵倾响应曲线簇

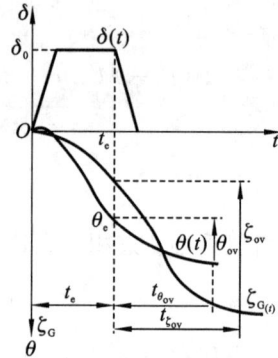

图 8-33　梯形操舵响应

(1)执行时间 t_e:从转舵开始到纵倾角达到执行舵角 θ_e 所经历的时间。其中执行舵角 θ_e 一般为 3°~7°,通常根据变深机动时要求的变深快慢、海区深度、安全性等因素规定。当潜艇的纵倾角达到 θ_e 时立即回舵,t_e 即 θ_e 对应的时间。t_e 表示潜艇的纵倾角对操升降舵应舵的时间,是潜艇转首性的指标。顺便指出,另有两个相关的参数也可作为潜艇转首性的指标,即初始转首角加速度参数 $C_{P\theta}$ 和初转期 t_a。前者表示潜艇等速直线运动中,单位阶跃潜浮舵角在转舵瞬间所能产生的纵倾角加速度:

$$C_{P\theta} = \frac{\dot{q}}{\delta_S} \Big|_{t \to 0} \tag{8-74}$$

对式(8-74)积分两次得

$$\theta = \frac{1}{2} C_{P\theta} t^2 \delta_S$$

则

$$t = \sqrt{\frac{2\theta}{\delta_S}} \frac{1}{\sqrt{C_{P\theta}}} \tag{8-75}$$

令

$$t_a = \frac{1}{\sqrt{C_{P\theta}}} \tag{8-76}$$

t_a 即初转期,其物理意义为纵倾角 θ 变化 $0.5\delta_S$,艇所经历的时间。实际操舵速度是有限的,通常规定操尾舵的初转期 $\delta_S = 15°$、$\theta = 5°$ 所经历的时间;或操首舵或围壳舵 $\delta_S = 15°$、$\theta = 3°$ 所经历的时间。$C_{P\theta}$ 越大,$C_{P\theta}$、t_a 可以近似表示为

$$C_{P\theta} = \left(\frac{V}{L}\right)^2 \frac{M_{\delta_S}}{I'_y - \overline{M'_{\dot{q}}}} \tag{8-77}$$

$$t_a = \left(\frac{L}{V}\right)\sqrt{\frac{I'_y - M'_{\dot{q}}}{M_{\delta_S}}} \tag{8-78}$$

由式(8-77)和式(8-78)可知,提高舵力和航速、减小船长和绕 y 轴惯性矩可改善艇的初始应舵性。

(2) 超越纵倾角 θ_{ov} 和超越深度 ζ_{ov}:分别表示反舵后纵倾角、深度继续增大的幅度,如图 8-33 所示,θ_{ov}、ζ_{ov} 可写为

$$\begin{cases} \theta_{ov} = \theta_{max} - \theta_e \\ \zeta_{ov} = \zeta_{max} - \zeta_{Ge} \end{cases} \tag{8-79}$$

理论分析和经验表明,稳定中心高 h 大、舵效高、舵角大、转舵速率小、航速高等因素将使 θ_{ov} 等增大。此外,深度变化与纵倾角变化的关系为

$$\zeta_G(t) = V\int_0^t [\alpha(t) - \theta(t)]\mathrm{d}t \approx -V\int_0^t \theta(t)\mathrm{d}t \tag{8-80}$$

由此可知,ζ_G 变化滞后于 θ 变换,ζ_G 在数值上正比于 θ 曲线与 t 轴围成的面积,故 ζ_{ov} 与 θ_{ov} 有类似的变化规律,且存在依从关系。即使 θ_{ov} 不甚大,θ 持续时间较长也会导致较大的深度超越。这一结论对于变深机动或保持深度的实际操纵具有重要的应用价值,操艇人员回舵定深不是按照深度变化来操舵的,应按照纵倾角速度 $\dot{\theta}$ 及纵倾角 θ 来操舵,否则势必造成较大超深,难以确保指令深度。与此类似的是,对水平面航向而言,应按 $\dot{\omega}$、ω 的变化规律来操舵,若按偏航角 $\Delta\psi$ 操舵难以良好地保持指令航向。

3) 静载作用的响应

设有小量阶跃静载 P 和力矩 M_P 作用于艇上,则垂直面线性运动方程可转化为

$$\begin{cases} (m' - Z'_{\dot{w}})\dot{w}' - Z'_w w' - Z'_{\dot{q}}\dot{q}' - (m' + Z'_q)q' = P' \\ (I'_y - M'_{\dot{q}})\dot{q}' - M'_q q' - M'_{\dot{w}}\dot{w}' - M'_w w' - M'_\theta\theta = M'_P \end{cases} \tag{8-81}$$

对式(8-81)进行数值求解可得潜艇对静载的运动响应 $\theta(t)$、$\alpha(t)$、$\zeta_G(t)$。典型的静载是在要求艇速潜时,利用传统的方法向速潜水舱注水产生 $P(t)$、$M(t)$,此时可解得速潜过程中的运动响应曲线,典型样式如图 8-34 所示。由图 8-34 可以归纳出如下规律:

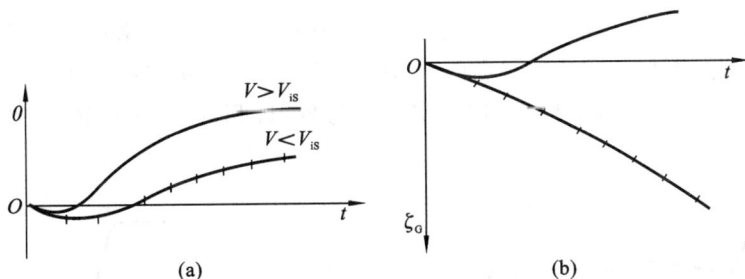

图 8-34 速潜过程中的静载效应(纵倾角 $\varphi \to \theta$)

(1) 在各不同航速下,纵倾开始都是首倾,然后逐渐转为尾倾,航速越高,初始首倾越小,过渡时间越短,最终尾倾角与航速的平方成正比。

(2) 深度的变化在不同航速下有本质的区别。低速时,艇一直下潜;高速时,艇先下潜一段时间,然后上浮。航速越高,初始下潜的深度越小,转变为上浮的时间点越早。

对以上现象的解释可参考相关文献。

8.6.4 潜艇操纵面与操纵设备

类潜艇操纵面是舵和稳定翼的总称。按控制潜艇运动的功能,舵分为升降舵(水平舵,包括首水平舵和尾水平舵)和方向舵(垂直舵),舵是潜艇最重要又最方便的操纵装置。稳定翼是固定不动的操纵面,通常只布置在艇尾,分为水平稳定翼和垂直稳定翼。稳定翼具有加强潜艇直线稳定性的作用。舵在舵角为零时也起稳定翼的作用;也有垂直稳定翼和垂直舵合一的全动舵。若把控制航向和控制深度舵合二为一,则形成了 20 世纪 70 年代末出现的 X 形舵。操纵面按纵向位置分为首操纵面和尾操纵面。

1. 首操纵面

一般把位于潜艇中横剖面以前的各类水平舵称为首操纵面,包括首端首舵、围壳舵和中舵。

首操纵面的基本功能可概括如下:

(1)用于低速操纵(尾水平舵的逆速区为 2～3.5 kn)。

(2)与尾水平舵联合作用加速潜浮,或做无纵倾变深或定深直航,或做定深回转运动。

(3)用于平衡近水面航行时的波浪力,使艇能在规定的低速下以潜望深度保持定深航行。

其中前两项功能是主要的,后一项功能到近十几年才提出。首水平舵按传统方式应布置在巡航水线以上。第二次世界大战期间,德国潜艇曾采用了垂向位置低到龙骨线附近的首水平舵。有的艇采用了贝壳状翼型舵,左右舷舵叶凹凸向相反,各具下潜上浮的独立功能。

围壳舵作为首水平舵的主要特点如下:

(1)具有较大的面积和展弦比,通常与尾水平舵面积相近或更大,可安置固定鳍,位置靠近艇水动力中心,故其升力大、力矩小。围壳舵与中舵的水动力特性有利于保持定深。

(2)有利于改善艇首水声站的工作环境。

(3)围壳舵布置受指挥台围壳大小、纵向位置的限制。

首舵有收放装置,中高速时可收回;而围壳舵无此装置,但为了适应在北极冰下航行,需设置专门的转舵机构。因此,有些国家弃用围壳舵,改用首舵装置。

2. 尾操纵面

实践表明,对一定的主艇体和指挥台围壳,合理的尾操纵面是潜艇具有良好操纵性的关键。现代潜艇的尾型、螺旋桨和尾操纵面二者间的基本形式是尖尾单桨前十字形尾操纵面,如图 8-35 和图 8-36 所示;此外,还有尖尾单桨前 X 形舵、H 形舵、木字形舵等,其中 X 形舵如图 8-37 所示。

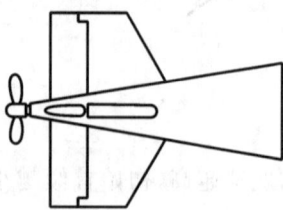

图 8-35　尖尾单桨前十字形尾操纵面(对称型)

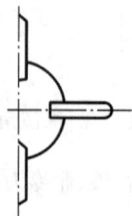

图 8-36　尖尾单桨前十字形尾操纵面(非对称型,上部全为可转动方向舵)

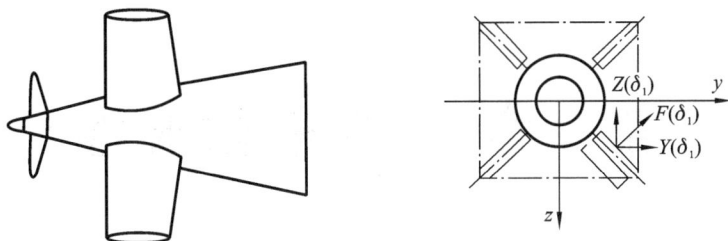

图 8-37　尖尾单桨前 X 形舵

十字形尾操纵面的尾水平舵和水平稳定翼组成水平操纵面,上下垂直舵和上下垂直稳定翼组成垂直操纵面;两者正交成十字形,位于螺旋桨前。这种尾型成为现代潜艇尾型的基本形式。十字形尾操纵面的水平操纵面水平宽度可能不同程度地超过最大艇宽,这是保证良好操纵性所必需的,也是十字形尾操纵面的重要特征。

为了有效地保护尾附体,使艇适应沿海水下环境、多礁岛海区环境,瑞典人首先采用了 X 形舵。这种尾操纵面的四个尾鳍呈 X 形布置,舵轴中心线与对称面成 45°夹角,采用 X 形舵的潜艇稳定翼小到几近于无,成为名副其实的 X 形舵;X 形舵大都采用四舵各具传动装置、可独立转动的传动方式。X 形舵也有利于减轻或消除舵卡给艇安全造成的严重后果;同时也避免了十字形尾舵超宽带来的对离靠码头的不利影响;此外,X 形舵也有较高的舵效。X 形舵未能在核潜艇上使用,也未被主要潜艇大国所采纳,根本原因是 X 形舵要依赖计算机辅助保障的可靠的成熟的自动操纵控制系统。不如十字形舵对潜浮和转向具有独立功能、便于手动操纵或自动操纵或相互转换。另外,X 形舵的四个舵叶是对称布置的,难以适应同时调节垂直面操纵性和水平面操纵性的不同要求。操艇系统的安全性是潜艇生命力重要条件之一。

习　　题

8-1　试分析说明 $Y_{\dot{v}}$、$N_{\dot{v}}$、$Y_{\dot{\omega}}$、$N_{\dot{\omega}}$、Y_{v}、N_{v}、Y_{ω}、N_{ω} 的正、负大小量级。

8-2　试说明 $Y_{\dot{v}}$、$N_{\dot{v}}$、$Y_{\dot{\omega}}$、$N_{\dot{\omega}}$、Y_{v}、N_{v}、Y_{ω}、N_{ω} 的量纲,并分别写出其无因次表达式。

8-3　试说明舵导数的 Y_{δ}、N_{δ} 的意义,正、负以及相应的舵力、舵力矩的方向。

8-4　某舰 $L=120$ m,$T=3.8$ m,$z_g=4.78$ m,$h=1.2$ m,直航速度 V 为 18 kn、30 kn,以此为回转前的初速,求回转过程中的最大稳定横倾角。

8-5　潜艇处于水下状态时,重心位于浮心下部,试分析说明其在水下做水平面回转过程中横倾角的变化规律。

第9章 舰船耐波性

舰船耐波性指舰船在一定的风浪（海况）条件下，具有适当的船体运动状态，以保证人员和各种武器能正常工作的能力。它是舰船重要的战术技术性能。本章主要介绍舰船在海浪中的摇荡运动及其动态效应，它是研究耐波性的基础。

本章目的

主要介绍舰船在海浪中的摇荡运动及其动态效应。

本章内容

由于本章主要讨论舰船在海浪中的摇荡运动，因此，学习本章时先了解了海浪的相关知识，再学习舰船在规则波以及不规则波中的摇荡运动，最后以舰船摇荡运动特性为基础，了解几种减摇装置的减摇原理及特点。

本章核心内容归结如下。

（1）海浪规则波、不规则波的描述方法。

（2）舰船在静水中的摇荡特点和简单规律。

（3）舰船在规则波中的摇荡特点。

（4）舰船在不规则波中的摇荡特点。

（5）典型减摇装置的工作原理及特性。

本章重点与难点

（1）舰船在规则波中的摇荡；

（2）舰船在不规则波中的摇荡。

本章关键词

耐波性，摇荡，海浪，规则波，不规则波，舰船固有周期，自由摇荡，谱密度函数，遭遇频率，减摇装置。

9.1 舰船摇荡运动的形式

在海面上停泊或航行的舰船，由于风浪的扰动会产生摇荡运动，如图9-1所示。舰船的摇荡运动可以用刚体在空间的六个自由度上的运动来描述，即绕过重心的坐标轴的三种回转摇荡和沿坐标轴的三种平移摇荡。

三种回转摇荡：

（1）横摇——绕纵轴回转摇荡；

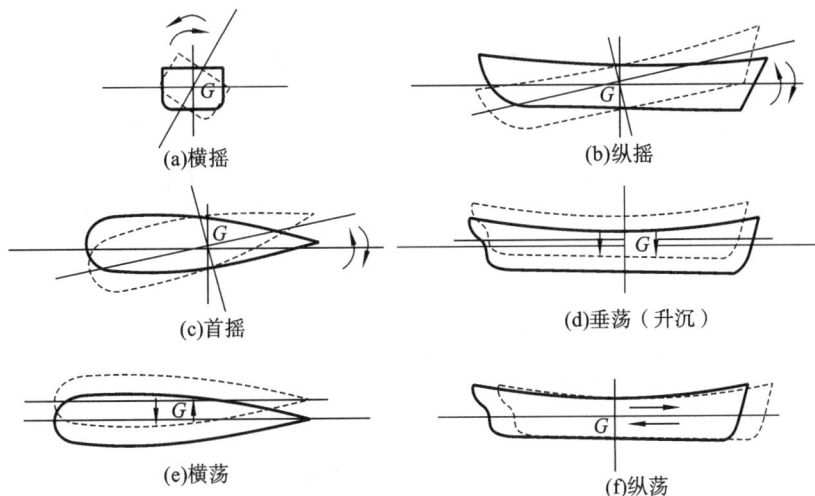

(a)横摇　　　　　　　(b)纵摇

(c)首摇　　　　　　　(d)垂荡（升沉）

(e)横荡　　　　　　　(f)纵荡

图 9-1　舰船摇荡运动

（2）纵摇——绕横轴回转摇荡；

（3）首摇——绕竖轴回转摇荡。

三种平移摇荡：

（1）垂荡（升沉）——沿竖轴平移摇荡；

（2）横荡——沿横轴平移摇荡；

（3）纵荡——沿纵轴平移摇荡。

实际上海浪中的舰船通常同时具有这六种摇荡运动，比较复杂。为了方便研究，根据关联程度，我们把这六种摇荡运动简化成互不影响的两组，一组是垂荡、纵摇和纵荡的耦合运动，称为纵向运动，其中垂荡和纵摇的耦合是主要的；另一组是横摇、横荡和首摇的耦合运动，称为横向运动，其中横摇是主要的。

舰船在风浪作用下究竟哪一种摇荡是主要的，取决于船首方向及海浪的传播方向。定义船首方向与海浪传播的负方向之间的夹角为浪向角 μ，则可将风浪状态分为如下五种（左右舷对称），如图 9-2 所示：

当 $\mu=0°\sim15°$ 时，为顶浪或迎浪；当 $\mu=15°\sim75°$ 时，为首斜浪；当 $\mu=75°\sim105°$ 时，为横浪；当 $\mu=105°\sim165°$ 时，为尾斜浪；当 $\mu=165°\sim180°$ 时，为顺浪。

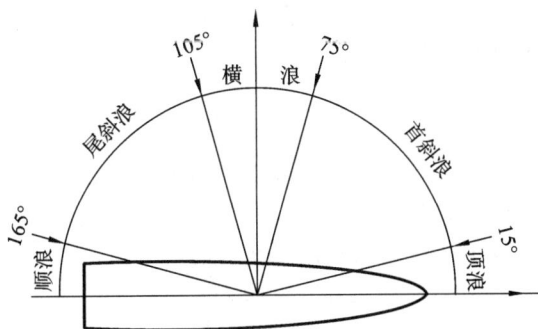

图 9-2　船的遭遇浪向

显然，顶浪或顺浪状态下的纵向运动是主要的，而横浪状态下的横向运动是主要的。

9.2　海浪简介

海浪是舰船摇荡的干扰源,是一种波动现象,形成海浪的常见原因是风。从微观角度看,海浪是流体质点在其平衡位置附近的空间做振荡运动而形成的;从宏观角度看,海浪是波形以相当快的速度在海面上传播(例如波长为 20 余米的波浪,可以"日行千里")。海浪的周期为 1~20 s。

海浪大致有以下三种。

(1) 风浪:在风直接作用下,在风区出现的波浪,是一种随机变化的不规则波浪,其形状如起伏不均、长短不一的沙丘,其大小取决于风的速度(风速)、风力作用的时间(风时)和风区长度(风程)。

(2) 涌浪:风作用停止后所余下的波或者是风浪传播到风区以外的波,一般可用规则波来近似描述它。

(3) 混合浪:风浪和涌浪同时存在的浪。

海浪的形成有一个发生、发展、成熟和消亡的过程,我们所关注的是成熟阶段的海浪。

9.2.1　涌浪和规则波

涌浪是比较规则的海浪,波长较长,峰谷较平坦,波峰、波谷线较长,非常接近微幅平面进行波(下称规则波)。

这里介绍的规则波又叫余弦波,它一方面可以近似描述涌浪,另一方面,随机海浪(造船界称之为不规则波)可以看作是无数不同频率的规则波叠加的结果,因此,掌握了舰船在规则波中的一些耐波性能,就可以推断其在不规则波中的耐波性能。故规则波是研究海浪(不规则波)的基础。

1. 规则波的波面方程

规则波的波面方程可以用波面升高(波升)ζ 来表示。它是空间坐标 ξ 和时间 t 的简谐函数,即

$$\zeta(\xi,t) = \frac{h_w}{2}\cos 2\pi\left(\frac{\xi}{\lambda} - \frac{t}{\tau}\right) \tag{9-1}$$
$$= \zeta_a\cos(k\xi - \omega t)$$

规则波也可以用波倾角方程来表示:

$$\alpha = \frac{\partial\zeta}{\partial\xi} = -k\zeta_a\sin(k\xi - \omega t) \tag{9-2}$$
$$= -\alpha_0\sin(k\xi - \omega t)$$

若定时(如 $t=0$)考察波面,则

$$\zeta(\xi,t) = \zeta_a\cos k\xi \tag{9-3}$$
$$\alpha = -\alpha_0\sin k\xi \tag{9-4}$$

此时的波形曲线如图 9-3(a)所示。

若定点(如 $\xi=0$)考察波面,则

$$\zeta(\xi,t) = \zeta_a\cos\omega t \tag{9-5}$$

$$\alpha = -\alpha_0 \sin\omega t \tag{9-6}$$

此时的波形曲线如图 9-3(b)所示。

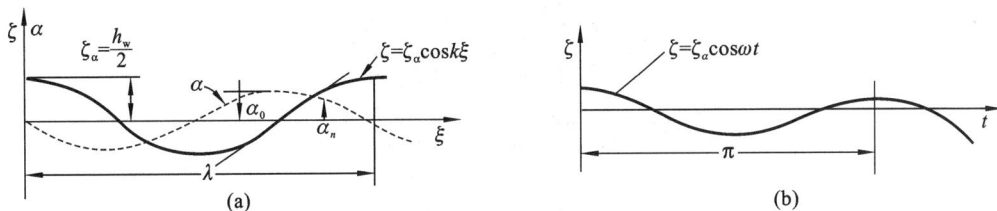

图 9-3　波形曲线

上面各式中,波高 h_w、波长 λ、周期 τ、波幅 ζ_a、波数 k、圆频率 ω、最大波倾角 α_0 均为波浪特征参数,部分参数定义如下:

$$\zeta_a = \frac{1}{2} h_w \tag{9-7}$$

$$k = 2\pi/\lambda \tag{9-8}$$

$$\omega = 2\pi/\tau \tag{9-9}$$

$$\alpha_0 = k\zeta_a \tag{9-10}$$

$$c = \lambda/\tau = \omega/k \quad (\text{波传播的速度}) \tag{9-11}$$

在深水条件下,还有如下关系式:

$$\tau = \sqrt{2\pi\lambda/g} = 0.8\sqrt{\lambda} \quad (g \text{ 为重力加速度}) \tag{9-12}$$

或

$$\lambda = 1.56\tau^2$$

$$c = \sqrt{g\lambda/2\pi} = 1.25\sqrt{\lambda} \tag{9-13}$$

$$k = \omega^2/g \tag{9-14}$$

$$h_w = 0.17\lambda^{3/4} \tag{9-15}$$

其中,式(9-15)为经验公式。

2. 次波面方程

值得注意的是,海面兴起波浪之后看到的是波形以相当快的速度 c 传播出去,但水的质点并不流走,而是围绕其原来的静止位置以角速度 ω 做圆周运动,圆周运动的半径就是波幅。并且水面上的水质点在做圆周运动的同时,也带动水面以下的水质点以相同的 ω 做圆周运动,但圆周的半径随水深而迅速减小(见图 9-4)。水中质点波动形成的波形称为次波面,水深 $|z|$ 处的次波面方程为

$$\zeta_{|z|} = \zeta_a \mathrm{e}^{-k|z|} \cos(k\xi - \omega t) \tag{9-16}$$

与式(9-1)比较,可知次波面的波幅与表面波的波幅的关系式为

$$\zeta_{|z|} = \zeta_a \mathrm{e}^{-k|z|} \tag{9-17}$$

若 $|z|$ 很大,则次波面的波幅会较小,例如 $|z| = \lambda/2$ 时,次波面的波幅就很小了,也就是说 $\lambda/2$ 以下深度的水质点基本不波动了。

正是因为次波面的存在,潜艇在近水面(例如潜望深度)时会仍有摇荡运动,只有深潜时才不会发生摇荡。

3. 波动压力

由于次波面的存在,波浪中水的压力不能完全按水深来计算,如图 9-4 中水深 $|z|$ 处水的

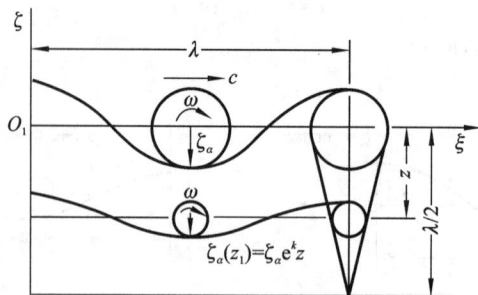

图 9-4　次波面

压力为

$$p_{|z|} = p_0 + \rho g \mid z \mid + \rho g \zeta_a e^{-k|z|} \cos(k\xi - \omega t) \tag{9-18}$$

式中：ρ——水的密度；

　　g——重力加速度。

式(9-18)等号右边最后一项为兴波之后出现的波动压力，它也是位置 ξ 和时间 t 的函数。从本质上讲，正是因为这种波动压力作用于船体，才产生了波浪扰动力（矩），强迫船做摇荡运动。

4. 规则波的波能

$$E = \frac{1}{2} \rho g \zeta_a^2 \tag{9-19}$$

式中：E——海面单位面积中的波能；

　　ρ、g 定义同式(9-18)。

浅谈海浪

9.2.2　风浪、不规则波

大家都知道，风一阵一阵吹时，强弱和方向都是很不规律的。由风的作用而产生的风浪，自然也是极不规则的，称为不规则波。它不能像规则波那样用一些确定的数学式子来描述。但这些看来是极不规则的、随机变化的现象，通过大量的试验仍然可以找出其中一些基本规律（或可称为统计规律），并且把它上升为理论（就是数学中的随机过程理论）。下面我们将从试验和理论两方面，对不规则波的统计规律做简单引述。

1. 波高的统计平均值及浪级的划分

把一个测量波高的仪器（浪高仪）置于海面上一定点，就可以记录到这一点的波面升高随时间的变化曲线，如图 9-5 所示。

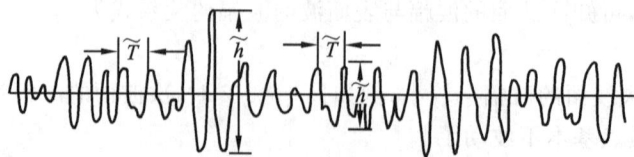

图 9-5　不规则波定点记录曲线

在图 9-5 中，$\tilde{h}$ 为表观波高，是相邻波峰与波谷之间的垂直距离；$\tilde{T}$ 为表观跨零周期，是曲线相邻两次向上穿越零线的时间间隔。

由图 9-5 可见,表观波高的大小不一,表观周期也极无规律。我们把记录曲线上的表观波高都量取下来,并按由小到大的次序加以排列:$\tilde{h}_1, \tilde{h}_2, \cdots, \tilde{h}_i, \cdots, \tilde{h}_n$。若记录的时间足够长(例如 20 min 左右),所取得的波高子样比较多(例如 $n = 200$),则可以得到如下三种波高的统计平均值。

(1) 平均波高 $\bar{h}$:

$$\bar{h} = \frac{1}{n} \sum_{i=1}^{n} \tilde{h}_i \tag{9-20}$$

(2) 有义波高 $\bar{h}_{1/3}$,它是取三分之一大表观波高的平均值而得到的,即

$$\bar{h}_{1/3} = \frac{1}{(n/3)} \sum_{i=\frac{2}{3}n+1}^{n} \tilde{h}_i \tag{9-21}$$

(3) 十分之一大波平均波高 $\bar{h}_{1/10}$,它是取十分之一大表观波高的平均值而得到的,即

$$\bar{h}_{1/10} = \frac{1}{(n/10)} \sum_{i=\frac{9}{10}n+1}^{n} \tilde{h}_i \tag{9-22}$$

试验表明,同一海区同一时间里,不同点的记录曲线是完全不一样的,但这些统计平均波高是基本一样的。也就是说,可以用这些统计平均值来表示海面不规则波的强弱程度。特别是其中 $\bar{h}_{1/3}$ 与有经验的航海人员目测的平均波高相近,通常就以它的大小来划分浪级。表 9-1 是我国现行的浪级表。

表 9-1　我国现行的浪级表

浪级	名称	有义浪高 $\bar{h}_{1/3}$/m	浪级	名称	有义浪高 $\bar{h}_{1/3}$/m
0	无浪	0	5	大浪	$2.50 \leqslant \bar{h}_{1/3} < 4.00$
1	微浪	$0.00 \leqslant \bar{h}_{1/3} < 0.10$	6	巨浪	$4.00 \leqslant \bar{h}_{1/3} < 6.00$
2	小浪	$0.10 \leqslant \bar{h}_{1/3} < 0.50$	7	狂浪	$6.00 \leqslant \bar{h}_{1/3} < 9.00$
3	轻浪	$0.50 \leqslant \bar{h}_{1/3} < 1.25$	8	狂涛	$9.00 \leqslant \bar{h}_{1/3} < 14.0$
4	中浪	$1.25 \leqslant \bar{h}_{1/3} < 2.50$	9	怒涛	$\bar{h}_{1/3} \geqslant 14.0$

2. 波谱、方差和波高的计算

理论研究表明,极不规则的海浪,可由无数个不同频率的、小波幅的规则波叠加而成,记为

$$\zeta(t) = \sum_{i=1}^{\infty} \zeta_{ai} \cos(\omega_i t + \varepsilon_i) \tag{9-23}$$

其中的每一个被加项都是一个规则的随机相位正弦波,称为子波。由式(9-19)知,每一个子波在单位海面面积中的波能为

$$E_i = \frac{1}{2} \rho g \zeta_{ai}^2 \tag{9-24}$$

由于相位是随机的,这些子波波能的总和是不规则波的波能,并且,对于一定的浪级,波能是确定的。

波谱或称波能谱,就是不规则波的波能在各频度范围的子波中的分布,如图 9-6 所示。图中横坐标是频率 ω,纵坐标是波谱或称波谱密度函数 $S_{\zeta\zeta}(\omega)$,阴影部分的面积 $S_{\zeta\zeta}(\omega)\mathrm{d}\omega$ 表示 $\omega \sim \omega + \mathrm{d}\omega$ 内子波的波能。于是曲线下面的面积

$$m_0 = \int_0^{\infty} S_{\zeta\zeta}(\omega)\mathrm{d}\omega \tag{9-25}$$

就表示不规则波的总波能。

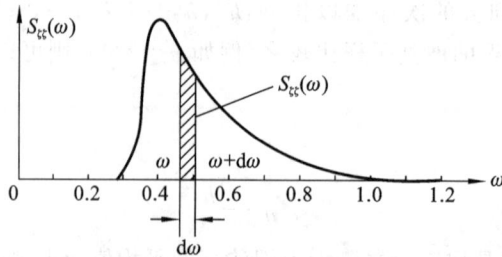

图 9-6　方差谱密度函数

从概率论的角度来说,式(9-23)中的 $\zeta(t)$ 是一随机过程,相应地,图 9-6 是此随机过程的方差谱密度函数,式(9-25)中的 m_0 称为该过程的方差,它表示波面偏离静水平面距离的平方的平均值。

显然,曲线 $S_{\zeta\zeta}(\omega)$ 下面的面积大,即方差 m_0 大,表明海浪偏离静水平面距离大,即浪级高。由此可知波高的统计平均值与方差 m_0 是相关的,理论表明:

平均波高为

$$\overline{h} = 2\overline{\zeta}_a = 2.5\sqrt{m_0} \tag{9-26}$$

有义波高为

$$\overline{h}_{1/3} = 2\overline{\zeta}_{a1/3} = 4.0\sqrt{m_0} \tag{9-27}$$

十分之一波高为

$$\overline{h}_{1/10} = 2\overline{\zeta}_{a1/10} = 5.1\sqrt{m_0} \tag{9-28}$$

以上各式中:$\overline{\zeta}_a$——平均波幅;

$\overline{\zeta}_{a1/3}$——有义波幅;

$\overline{\zeta}_{a1/10}$——十分之一大波平均波幅,并且有平均周期:

$$\overline{\tau} = 2\pi\sqrt{\frac{m_0}{m_2}} \tag{9-29}$$

其中,m_2 称为谱的二阶矩,有

$$m_2 = \int_0^\infty \omega^2 S_{\zeta\zeta}(\omega)\,d\omega \tag{9-30}$$

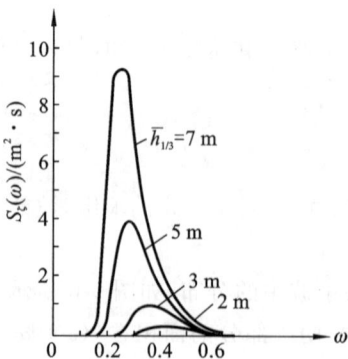

图 9-7　ITTC 推荐的单参数谱

此外,若波谱的形状陡而窄,则表明波能集中在小的子波范围内,海浪比较规则,称为窄带谱;若波谱的形状宽而平坦,则表明波能分布在宽的频率范围中,海浪很不规则,称为宽带谱。

可见,一旦有了海浪的波谱,就基本掌握了该海浪的基本特性。波谱可以通过实测的海浪记录而计算取得,但这种方法实现起来较困难。这里介绍两种半经验半理论的海浪波谱计算公式。

(1)国际拖曳水池会议(ITTC)推荐的单参数谱(见图 9-7):

$$S_{\zeta\zeta}(\omega) = \frac{A}{\omega^5} e^{-\frac{B}{\omega^4}} \quad (m^2 \cdot s) \tag{9-31}$$

式中：$A = 0.78$；$B = 3.11/\overline{h}_{1/3}^2$。

（2）我国海区波谱：

$$S_{\zeta\zeta}(\omega) = \frac{0.74}{\omega^5} e^{\frac{96.2}{U^2\omega^2}} \quad (m^2 \cdot s) \tag{9-32}$$

式中：U——风速，与 $\overline{h}_{1/3}$ 的关系为

$$U = 6.28\sqrt{\overline{h}_{1/3}} \quad (m/s) \tag{9-33}$$

9.3　舰船在静水中的摇荡

　　舰船在静水中的摇荡，指舰船在静水中的自由摇荡。即处于平衡状态的舰船，在外力作用下会偏离平衡状态，去除外力后，任其自然，则舰船将在恢复力（或力矩）作用下绕平衡位置往复振荡，称之为自由摇荡，如自由横摇。

　　静水摇荡很少发生，发生了也无危险，我们首先研究它产生的主要原因，初步了解舰船摇荡特点和简单规律；同时，静水摇荡的固有特性（主要是周期和阻尼特性）和波浪中摇荡关系密切，因此也具有实际意义。

　　下面我们分别介绍静水横摇（包括无阻尼自由横摇和有阻尼静水横摇）、自由纵摇和自由垂荡（升沉）。

9.3.1　静水横摇

1. 无阻尼自由横摇

　　静水中无阻尼自由横摇本质上和单摆振荡类似，在这种状态下舰船只受两种外力矩作用，如图9-8 所示。其一为复原力矩 $M(\theta)$，当横摇角度不大时，可利用初稳性计算中的相关公式计算，即

$$M(\theta) = -Dh\theta \tag{9-34}$$

式中负号表示复原力矩和运动方向相反。其二为附加惯性力矩，由于横摇运动是角加速度运动，必然使周围的水产生加速运动，根据作用与反作用原理，水反作用于船体的力矩即附加惯性力矩，其方向与横摇角的速度方向相反，大小正比于横摇角加速度，即

$$\Delta M(\ddot{\theta}) = -\Delta J_\theta \frac{d^2\theta}{dt^2} = -\Delta J_\theta \ddot{\theta} \tag{9-35}$$

式中：比例系数 ΔJ_θ 称为横摇附加惯性矩，它是横摇时附连水质量对纵轴（x 轴）的惯性矩。

　　若将舰船自身对纵轴（x 轴）的惯性矩记作 J_θ（称为横摇惯性矩），则根据角加速运动的牛顿第二定律，应有

$$-\Delta J_\theta \ddot{\theta} - Dh\theta = J_\theta \ddot{\theta} \tag{9-36}$$

式（9-36）又可改写成

$$(J_\theta + \Delta J_\theta)\ddot{\theta} + Dh\theta = 0 \tag{9-37}$$

式（9-37）即无阻尼自由横摇的微分方程，式中的附加惯性矩通常为

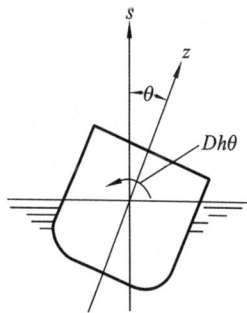

图 9-8　无阻尼自由横摇时的舰船受力分析

$$\Delta J_\theta = (0.2 \sim 0.3) J_\theta \qquad (9\text{-}38)$$

以 $(J_\theta + \Delta J_\theta)$ 遍除式(9-37)各项,则得

$$\ddot{\theta} + n_\theta^2 \theta = 0 \qquad (9\text{-}39)$$

式中:n_θ——舰船自由横摇频率,计算式为

$$n_\theta = \sqrt{Dh/(J_\theta + \Delta J_\theta)} \qquad (9\text{-}40)$$

显然,式(9-39)为二阶常系数线性齐次微分方程,其解为

$$\theta = \theta_a \cos n_\theta t \qquad (9\text{-}41)$$

式中:θ_a——横摇角幅值,取决于初始条件。

由式(9-40)又可求得自由横摇的周期 T_θ 为

$$T_\theta = \frac{2\pi}{n_\theta} = 2\pi \sqrt{\frac{J_\theta + \Delta J_\theta}{Dh}} \qquad (9\text{-}42)$$

由于 n_θ、T_θ 仅取决于舰船自身的特性 J_θ、ΔJ_θ、D 和 h,而与初始条件无关,因此,n_θ 称为舰船横摇的固有频率,T_θ 称为舰船横摇的固有周期。通常以 T_θ 作为表征舰船横摇性能的重要指标,它与舰船在波浪中的横摇运动有密切关系。

从 T_θ 的计算公式可知,计算 T_θ 的关键在于计算 $J_\theta + \Delta J_\theta$,但计算过程较为繁杂,在实用中也可用经验公式估算,如霍夫哥阿德公式:

$$J_\theta + \Delta J_\theta = \frac{D}{g}(BC)^2 \qquad (9\text{-}43)$$

式中:B——船宽;

C——比例系数,一般范围为 $0.33 \sim 0.45$,对于驱逐舰等轻型舰艇则可取 $C = 0.35 \sim 0.40$。

将式(9-43)代入式(9-42),则得

$$T_\theta = 2\pi \sqrt{\frac{\frac{D}{g}B^2 C^2}{Dh}} = 2BC\sqrt{\frac{\pi^2}{gh}} = 2\frac{BC}{\sqrt{h}} \qquad (9\text{-}44)$$

故若取 $C = 0.40$,则可得

$$T_\theta = 0.8\frac{B}{\sqrt{h}} \qquad (9\text{-}45)$$

因此,对于船宽 B 已确定的舰船,我们便可根据其自由横摇的周期 T_θ 来估算其横稳定中心高 h。

2. 有阻尼静水横摇

这种状态下要计及阻尼,相应的运动方程在无阻尼自由横摇运动方程的基础上要增加一项阻尼力矩 $M(\dot{\theta})$,且 $M(\dot{\theta})$ 是横摇角速度 $\dot{\theta}$ 的函数。我们只考虑线性阻尼,即

$$M(\dot{\theta}) = -2N_\theta \dot{\theta} \qquad (9\text{-}46)$$

式中:$2N_\theta$——横摇阻尼力矩系数,tf·m·s,负号表示 $M(\dot{\theta})$ 与 $\dot{\theta}$ 的方向相反。

因此,有阻尼静水横摇运动方程为二阶常系数线性齐次方程:

$$(J_\theta + \Delta J_\theta)\ddot{\theta} + 2N_\theta \dot{\theta} + Dh\theta = 0 \qquad (9\text{-}47)$$

整理后,得

$$\ddot{\theta} + 2\gamma_\theta \dot{\theta} + n_\theta^2 \theta = 0 \qquad (9\text{-}48)$$

式中:γ_θ——横摇衰减系数,s^{-1},$\gamma_\theta = N_\theta/(J_\theta + \Delta J_\theta)$。

方程(9-48)的解为

$$\theta = e^{-\gamma_\theta t} \theta_m \cos(n_\gamma t - \beta) \tag{9-49}$$

式中：

$$\theta_m = \theta_a \sqrt{1 + \left(\frac{\gamma_\theta}{n_\gamma}\right)} \tag{9-50}$$

$$n_\gamma = \sqrt{n_\theta^2 - \gamma_\theta^2}, \quad \beta = \arctan\frac{\gamma_\theta}{n_\gamma} \tag{9-51}$$

可见，有阻尼横摇角的幅值 $\theta_m e^{-\gamma_\theta t}$ 随时间呈指数规律衰减，这就是水阻尼的作用结果。此时的横摇周期 T_γ 为

$$T_\gamma = \frac{2\pi}{n_\gamma} = \frac{2\pi}{\sqrt{n_\theta^2 - \gamma_\theta^2}} = \frac{2\pi}{n_\theta}\frac{1}{\sqrt{1 - \left(\frac{\gamma_\theta}{n_\theta}\right)^2}} = T_\theta\frac{1}{\sqrt{1 - \mu_\theta^2}} \tag{9-52}$$

式中：μ_θ——无因次阻尼系数，$\mu_\theta = \dfrac{\gamma_\theta}{n_\theta}$。$\mu_\theta$ 通常比较小（$\mu_\theta = 0.05 \sim 0.10$），可见 $T_\gamma \approx T_\theta$。

9.3.2　自由纵摇

用与上述类似的方法，可得出舰船自由纵摇的微分方程：

$$\ddot{\psi} + \frac{DH}{J_\psi + \Delta J_\psi}\psi = 0 \tag{9-53}$$

或

$$\ddot{\psi} + n_\psi^2 \psi = 0 \tag{9-54}$$

式中：$\ddot{\psi}$——纵摇角加速度；

　　　ψ——纵摇角；

　　　H——纵稳定中心高；

　　　J_ψ——舰船自身质量的纵摇惯性矩；

　　　ΔJ_ψ——附连水的纵摇惯性矩，与 J_ψ 同一量级；

　　　n_ψ——自由纵摇频率。

方程的解为

$$\psi = \psi_a \cos n_\psi t \tag{9-55}$$

式中：ψ_a——纵摇幅值，取决于初始条件。

　　　纵摇固有周期为

$$T_\psi = \frac{2\pi}{n_\psi} = 2\pi\sqrt{\frac{J_\psi + \Delta J_\psi}{DH}} \tag{9-56}$$

T_ψ 比 T_θ 小得多，其值约为 T_θ 的一半，可用下列近似公式计算：

$$T_\psi = 2.4\sqrt{d} \quad (\text{s}) \tag{9-57}$$

式中：d——舰船在平衡位置时的吃水，m。

实际上由于纵摇的阻尼力矩较大，故发生自由振荡后将急速消失，即纵摇幅值 ψ_a 趋于零。

9.3.3　自由垂荡（升沉）

自由垂荡（升沉）运动微分方程仍然用前述方法求得，此时假设升沉是微幅的，则在吃水变

化范围内可近似地认为舰船是直舷的,且暂不考虑阻尼力。

因此,升沉摇荡的回复力和附加惯性力分别为

$$F(z) = -\rho g S_w z \tag{9-58}$$

$$\Delta F(\ddot{z}) = -\Delta m \ddot{z} \tag{9-59}$$

式中:z——升沉位移;

$\ddot{z}$——升沉加速度;

S_w——水线面面积;

Δm——升沉时的附连水质量,约与舰船自身的质量为同一量级。

由牛顿第二定律得

$$\frac{D}{g}\ddot{z} = -\Delta m \ddot{z} - \rho g S_w z \tag{9-60}$$

$$\left(\frac{D}{g} + \Delta m\right)\ddot{z} + \rho g S_w z = 0 \tag{9-61}$$

整理后,得

$$\ddot{z} + n_z^2 z = 0 \tag{9-62}$$

式中:

$$n_z = \sqrt{\frac{\rho g S_w}{\dfrac{D}{g} + \Delta m}} \tag{9-63}$$

其余符号的意义与前同。

由此得升沉固有周期为

$$T_z = \frac{2\pi}{n_z} = \sqrt{\frac{D/g + \Delta m}{\rho g S_w}} \tag{9-64}$$

通常 $T_z = T_\psi = \dfrac{1}{2}T_\theta$。

9.4　舰船在规则波中的横摇

我们在这里所讨论的横摇,是舰船在零速和正横于余弦波的状态(即 $V=0, \mu=90°$)下,在周期性变化的波面倾角的干扰作用下所产生的强迫线性横摇,如图 9-9 所示。

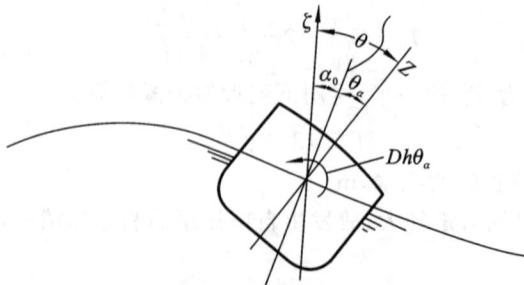

图 9-9　舰船相对波面的横倾

9.4.1　运动微分方程

由受力分析可知,舰船在规则波中的单纯横摇运动微分方程,相当于在有阻尼静水横摇的齐次方程的基础上增加一非齐次项 M_T,即

$$(J_\theta + \Delta J_\theta)\ddot{\theta} + 2N_\theta \dot{\theta} + Dh\theta = M_T \tag{9-65}$$

式中:M_T——波浪干扰力矩,其大小为

$$M_T = Dh\alpha_0 \sin\omega t \tag{9-66}$$

式中:α_0——波倾角幅;

ω——干扰波的频率。

考虑到波面在船宽 B 范围内不是平面,因而有曲度影响,同时波倾角在舰船吃水范围内随深度增加而减少,需进行水深修正,为此引入有效波倾角幅(用 α_{e0} 表示)的概念,即将波倾角幅 α_0 乘以修正数 χ_θ:

$$\alpha_{e0} = \chi_\theta \cdot \alpha_0 \tag{9-67}$$

于是运动方程为

$$(J_\theta + \Delta J_\theta)\ddot{\theta} + 2N_\theta \dot{\theta} + Dh\theta = Dh\alpha_{e0}\sin\omega t \tag{9-68}$$

$$\ddot{\theta} + 2v_\theta \dot{\theta} + n_\theta^2 \theta = n_\theta^2 \alpha_{e0} \sin\omega t \tag{9-69}$$

显然,式(9-69)为二阶常系数线性非齐次微分方程,其解由齐次通解和非齐次特解叠加而成,稳定解为

$$\theta = \theta_a \sin(\omega t - \varepsilon_{\theta-a}) \tag{9-70}$$

式中:θ_a——横摇角幅值;

$\varepsilon_{\theta-a}$——横摇角与波倾角的相位差。θ_a、$\varepsilon_{\theta-a}$ 的表达式分别为

$$\theta_a = \frac{n_\theta^2 \alpha_{e0}}{\sqrt{(n_\theta^2 - \omega^2)^2 + 4\gamma_\theta^2 \omega^2}} \tag{9-71}$$

$$\varepsilon_{\theta-a} = \arctan\frac{2\gamma_\theta \omega}{n_\theta^2 - \omega^2} \tag{9-72}$$

若将式(9-71)等号两边同除以 α_{e0},则得到 θ_a / α_{e0} 的表达式:

$$\frac{\theta_a}{\alpha_{e0}} = \frac{n_\theta^2}{\sqrt{(n_\theta^2 - \omega^2)^2 + 4\gamma_\theta^2 \omega^2}} \tag{9-73}$$

$$= \frac{1}{\sqrt{(1 - \Lambda^2)^2 + 4\mu_\theta^2 \Lambda^2}}$$

式中:$\dfrac{\theta_a}{\alpha_{e0}}$——横摇角幅值放大系数或放大因子,它是横摇角幅值与有效波倾角幅值之比,直接反映了既定的舰船在规则波中横摇的响应程度;

Λ——调谐因子,$\Lambda = \dfrac{\omega}{n_\theta}$。

9.4.2　舰船在规则波中的横摇分析

若以放大因子 $\dfrac{\theta_a}{\alpha_{e0}}$ 为纵坐标,调谐因子为横坐标,以无因次阻尼系数 $2\mu_\theta$ 为参数,绘成一组

曲线,这样就能很清楚地反映舰船在各种频率的规则波中横摇程度的全貌,如图 9-10 所示。该组曲线称为放大因子的频率曲线。

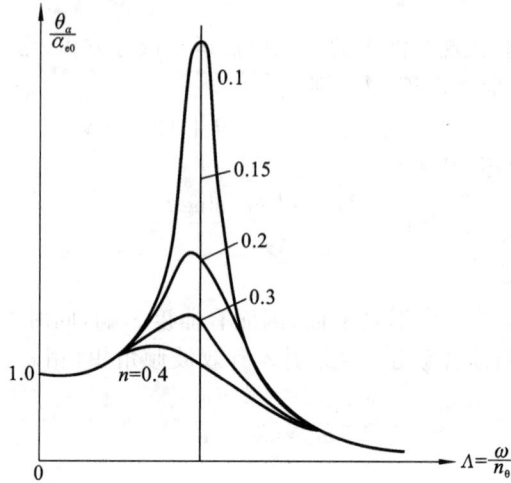

图 9-10 放大因子的频率曲线

1. 调谐因子 Λ 对横摇的影响

由图 9-10 可知,对于确定的舰船,有确定的 T_θ 和 μ_θ,则 $\dfrac{\theta_a}{\alpha_{e0}}$-$\Lambda$ 曲线也是确定的,这条曲线反映了舰船横摇随 Λ 的变化规律。

(1) 若 $\Lambda \to 0$,则由式(9-73)可知 $\theta_a \approx \alpha_{e0}$,相当于 $T_\theta \ll \tau$(τ 为波浪周期)。例如,平底船、救生筏等类型的船,处于长波上就类似于这种情况,此时船随波逐流。

(2) 若 $\Lambda \to \infty$,则 $\theta_a \to 0$,相当于 $T_\theta \gg \tau$。在这种情况下波浪频率远高于舰船横摇固有频率,相当于大船处于短周期波上,此时舰船几乎不发生横摇。

(3) 若 $\Lambda = 1$,即 $T_\theta = \tau$,$\dfrac{\theta_a}{\alpha_{e0}} = \dfrac{1}{2\mu_\theta}$,由于(阻尼系数)$2\mu_\theta$ 一般很小,所以 θ_a 较大,易发生共振。有

$$\theta_a \mid_{共振} = \frac{\alpha_{e0}}{2\mu_\theta} \tag{9-74}$$

一般规定 $\Lambda = 0.7 \sim 1.3$ 为共振区,所以希望舰船要避开共振区,不致出现过大的横摇角辐值。由于一年四季中小波浪出现的次数较多,大波浪出现的次数少,所以横摇固有周期 T_θ 大的舰船进入共振区的机会少,甚至没有,也就很少发生过激的横摇,并且摇得比较缓和。

由此可见,舰船固有横摇周期 T_θ 对其在波浪中的横摇角影响很大。从改善摇荡性能的角度看,适当增大 T_θ 是有利的。

2. 横摇阻尼对横摇幅值的影响

由图 9-10 可知,当无因次阻尼系数 $2\mu_\theta$ 增大时,$\dfrac{\theta_a}{\alpha_{e0}}$ 的值下降显著,特别是在共振区内,曲线共振峰明显变得平坦,而共振区以外,阻尼影响就比较小。

由以上分析,可得出如下结论。

(1) 防止产生过激横摇必须避开共振区。避开共振区必须改变 $T_\theta / \tau (= \Lambda)$,改变 Λ 必须改变 τ(或 T_θ),改变 τ 的常用措施是改变舰船的航向、航速。

（2）在确保稳性、不沉性要求的基础上，应适当降低横稳定中心高 h，以增大固有横摇周期 $T_\theta\left(T_\theta = 2\dfrac{BC}{\sqrt{h}}\right)$。为此，在论证、设计过程中要妥善处理 T_θ、h 这一对矛盾。

（3）增大横摇阻尼。主要通过安装合理的舭龙骨、使用有效的减摇装置并合理选择船体横剖面的形状（接近方形横剖面的横摇阻尼比接近圆形横剖面的横摇阻尼要大）来实现。

9.4.3　舰船航向、航速对横摇的影响

以上内容的讨论前提是航速为零，浪向角为 90°，即舰船处于横浪状态下。实际上舰船有航速且可采取不同的浪向角航行，这自然会影响舰船的横摇运动。

由于舰船航行时，波浪和舰船的相对运动会发生变化，因此可以把航向、航速的改变当作波浪性能的改变来处理。零速正横浪时，相邻两波峰通过船上某一定点所经历的时间就是波浪的周期；有航向、航速，波与船有相对速度，则相邻波峰通过船上某一定点所经历的时间将不是原来的周期，而是表观周期，或称遭遇周期，记作 τ_e，相应的频率称为遭遇频率 ω_e。

（1）横浪下 $\mu = 90°$，航向与波浪前进方向垂直，此时，无论航速是多少，对横摇均无影响。

（2）舰船迎浪航行时，相对速度 C_e 增大，而遭遇周期 τ_e 减小：

$$C_e = C + V \tag{9-75}$$

$$\tau_e = \frac{\lambda}{C + V} \tag{9-76}$$

（3）舰船随浪航行时，相对速度 C_e 减小，而遭遇周期 τ_e 增大：

$$C_e = C - V \tag{9-77}$$

$$\tau_e = \frac{\lambda}{C - V} \tag{9-78}$$

（4）舰船斜浪航行时（见图 9-11）：

$$C_e = C + V\cos\mu \tag{9-79}$$

$$\tau_e = \frac{\lambda}{C + V\cos\mu} \tag{9-80}$$

相应的遭遇频率 ω_e 为

$$\omega_e = \frac{2\pi}{\tau_e} = \omega\left(1 + \frac{\omega V}{g}\cos\mu\right) \tag{9-81}$$

在这种情况下，波高 h_w 不受影响，波倾角幅值（最人波倾角）改变。此时，从船的正横方向看，两波峰间的距离变为 $\lambda/\sin\mu$，因此按式（9-7）、式（9-8）和式（9-10），此时的波倾角幅值应为

$$\alpha'_0 = \frac{\pi h_w}{\lambda/\sin\mu} = \frac{\pi h_w}{\lambda}\sin\mu = \alpha_0\sin\mu \tag{9-82}$$

可见，航向、航速对横摇影响很大，相当于改变了波浪周期 τ，使之变为遭遇周期 τ_e，也改变了波倾角幅值。或者说相当于改变了波浪干扰力矩的周期和大小，这就直接影响到是否会发生共振的问题。所以同一条船在同一波浪中，适当改变航向、航速，就可以避开共振区，以减小横摇。当

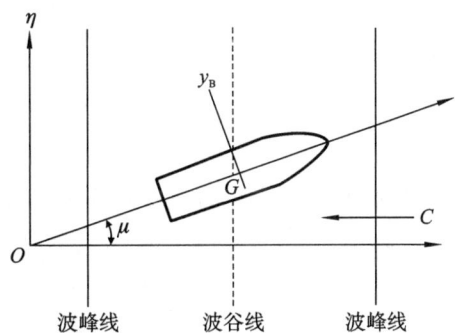

图 9-11　斜浪航行

然,减小横摇的同时,必然会带来别的问题(例如纵摇会变得严重起来),故在确定船长时应分清主次,全面权衡,同时不能片面地、任意地改变航向、航速。

<u>9.5</u>　　舰船在不规则波中的摇荡

本节主要介绍舰船在(长峰)不规则海浪中的摇荡问题,如图 9-12 所示。

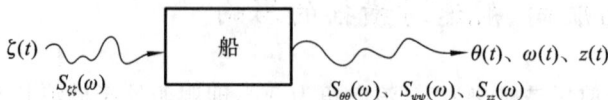

$$\zeta(t) \rightsquigarrow \boxed{\text{船}} \rightsquigarrow \theta(t)、\omega(t)、z(t)$$
$$S_{\zeta\zeta}(\omega) \qquad\qquad\qquad S_{\theta\theta}(\omega)、S_{\psi\psi}(\omega)、S_{zz}(\omega)$$

图 9-12　舰船与波浪组成的系统

图 9-12 中,作用在船上的海浪的运动 $\zeta(t)$ 称为输入,船体所发生的横摇角 $\theta(t)$、纵摇角 $\psi(t)$、升沉 $z(t)$ 称为响应(即输出)。船体相当于一个变换系统(我们只讨论线性变换系统)。

对于此线性系统,输入函数是不规则海浪的运动,是随机的;输出函数也必然是不规则的,随机的。它们的统计特征都是对应的。我们已经知道,不规则海浪的运动 $\zeta(t)$ 可以用其波谱密度函数 $S_{\zeta\zeta}(\omega)$ 来描述,同样,舰船在不规则海浪作用下产生的横摇角 $\theta(t)$、纵摇角 $\psi(t)$、升沉 $z(t)$ 也可以用相应的波谱密度函数 $S_{\theta\theta}(\omega)$、$S_{\psi\psi}(\omega)$、$S_{zz}(\omega)$ 来描述。

$S_{\zeta\zeta}(\omega)$、$S_{\theta\theta}(\omega)$、$S_{\psi\psi}(\omega)$ 和 $S_{zz}(\omega)$ 都是频率的函数,用它们来分析研究随机问题,称为频谱分析。统计学理论证明,应用频谱分析法,可以得到 $S_{\zeta\zeta}(\omega)$ 和 $S_{\theta\theta}(\omega)$、$S_{\psi\psi}(\omega)$、$S_{zz}(\omega)$ 之间最简单、实用的关系式,即

$$S_{\theta\theta}(\omega) = \left(\frac{\theta_\alpha}{\zeta_\alpha}\right)^2 S_{\zeta\zeta}(\omega), \quad S_{\psi\psi}(\omega) = \left(\frac{\psi_\alpha}{\zeta_\alpha}\right)^2 S_{\zeta\zeta}(\omega), \quad S_{zz}(\omega) = \left(\frac{z_\alpha}{\zeta_\alpha}\right)^2 S_{\zeta\zeta}(\omega)$$

如果舰船在不规则波中以航速 V、波向角 μ 航行,这时频率响应函数和波谱密度函数中的频率都要以遭遇频率 ω_e 代替,但遭遇频率为自变量的风浪谱蕴含的波能应与自然频率为自变量的风浪谱相同,据此有

$$S_{\zeta\zeta}(\omega_e)\mathrm{d}\omega_e = S_{\zeta\zeta}(\omega)\mathrm{d}\omega$$

即

$$S_{\zeta\zeta}(\omega_e) = \frac{\mathrm{d}\omega}{\mathrm{d}\omega_e} S_{\zeta\zeta}(\omega)$$

自然频率与遭遇频率变换的雅可比系数为

$$\frac{\mathrm{d}\omega_e}{\mathrm{d}\omega} = 1 + \frac{2\omega}{g}V\cos\mu$$

于是

$$S_{\zeta\zeta}(\omega_e) = \frac{S_{\zeta\zeta}(\omega)}{\left(1 + \dfrac{2\omega}{g}V\cos\mu\right)}$$

则以遭遇频率 ω_e 表示的舰船在不规则波中摇荡的能谱函数为

$$S_{\theta\theta}(\omega_e) = \left(\frac{\theta_\alpha}{\zeta_\alpha}\right)^2 S_{\zeta\zeta}(\omega_e) \tag{9-83}$$

$$S_{\psi\psi}(\omega_e) = \left(\frac{\psi_\alpha}{\zeta_\alpha}\right)^2 S_{\zeta\zeta}(\omega_e) \tag{9-84}$$

$$S_{zz}(\omega_e) = \left(\frac{z_\alpha}{\zeta_\alpha}\right)^2 S_{\zeta\zeta}(\omega_e) \tag{9-85}$$

一旦确定了舰船在不规则波中的摇荡能谱,就可据此分析舰船在不规则波中的摇荡特性。图 9-13 和图 9-14 所示为舰船在不规则波中横摇、纵摇能谱曲线的样式,摇荡能谱曲线可用于直观地考察舰船在不规则波中的摇荡特性。通常还要对舰船摇荡能谱曲线做进一步的分析处理,求出不规则波中摇荡的统计特征量。由摇荡能谱曲线可求出舰船摇荡的有义摇幅$\overline{\theta}_{a1/3}$、$\overline{\psi}_{a1/3}$,平均摇荡周期 $\overline{T}$,频率 $\overline{\omega}$ 等,这些统计特征量反映了舰船在不规则海浪中摇荡的特性。

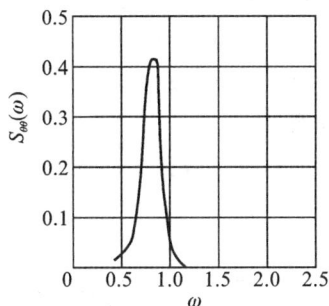

图 9-13 舰船在不规则波中横摇能谱曲线

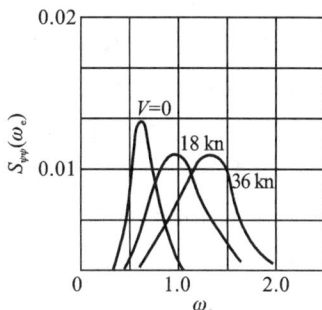

图 9-14 舰船在不规则波中纵摇能谱曲线

与规则波中的横摇不同,舰船在不规则波中摇荡的"共振"现象不明显。图 9-15 给出了某船在规则波与不规则波中的横摇角幅值随 ω/n_θ 变化的曲线。可见,在共振区,不规则横摇角幅值小于规则横摇角幅值,在远离共振区的区域则相反。读者试着从海浪的频谱分析和线性叠加角度对这一现象加以解释。

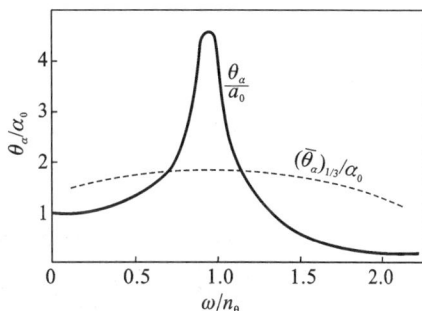

另外,舰船在不规则波中的摇荡与舰船的航速、浪向是有关的。有研究表明,对不规则波中的纵摇来说有一最佳航速范围,可使纵摇最小。这可从遭遇频率概念、海浪的频谱分析与线性叠加原理等方面得到定性的解释,请读者自行对这一现象进行分析。

图 9-15 某船在规则波与不规则波中的横摇相应曲线

9.6 减摇措施与风浪中行船注意事项

舰船在风浪中的摇荡过大,会对舰船的使用性能和战斗性能造成一系列危害,如影响人员的正常工作、生活和战斗力,影响武器的正常使用;使甲板上浪,螺旋桨出水(也称飞车);也有可能破坏舰船结构而使舰船破损进水,甚至使大角稳度不足的舰船面临倾覆的危险;也会使舰船的阻力增加,航速降低。

舰船摇荡幅度不大,不利影响自然就小,甚至感受不到其影响。减小舰船在风浪中的摇荡是十分重要的,它与舰船设计者和使用者都有关。从船体方面来说,有以下主要的减摇措施。

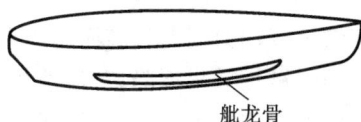

1. 加装舭龙骨

舭龙骨沿船长安装于舰船舭部,如图 9-16 所示,它是一条占船长 $\frac{1}{4}\sim\frac{1}{2}$、宽度为 $0.3\sim1.2$ m 的钢板,总面积 $A_B=(2\%\sim4\%)LB$。舭龙骨是通过增加横摇

图 9-16 舭龙骨

舭龙骨

阻尼来实现减摇的被动式减摇装置,几乎每艘舰船都装有舭龙骨。舭龙骨是最简单而又有效的减摇装置,一般可减小横摇角幅值30%左右。舭龙骨应顺流线安装,否则将增加舰船的附体阻力。

2. 加装减摇鳍

减摇鳍是主动式减摇装置,主要构造包括机翼型的鳍、转鳍传动机构、控制系统等部分,如图9-17和图9-18所示。减摇鳍减摇机理:通过调控鳍的纵向角度(水流相对于鳍的攻角)在鳍上产生升力矩,该力矩与舰船横摇力矩方向相反,相当于增加了舰船的横摇阻尼,从而达到减摇的目的。减摇鳍是各种减摇装置中减摇效果最好的一种,性能最好的减摇鳍可减摇90%以上。好的减摇鳍可以保证在任何情况下使横摇角幅值都能保持在3°～5°。减摇鳍工作时舰船的横摇角通常称为剩余横摇角,是表达舰船耐波性和减摇鳍减摇效果的重要指标。减摇鳍的不利影响是使舰船航行阻力增加,同时还需要一套复杂的传动机构。

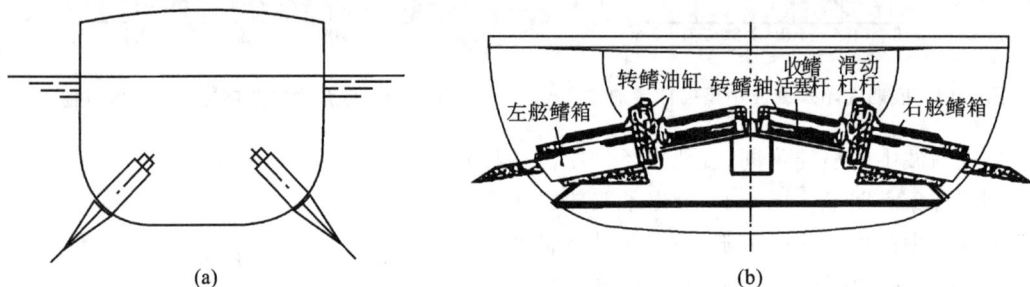

(a)

(b)

图 9-17 减摇装置

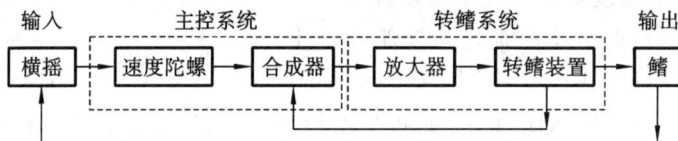

图 9-18 自控示意框图

减摇鳍工作原理

3. 采用减摇水舱

至今已付诸实用的减摇水舱为被动式减摇水舱。图9-19所示为U形减摇水舱,水舱横剖面为U形;图9-20所示为自由液面减摇水舱,是平面型水舱,对称置于舰船两舷,有深槽横向连通,也称槽形减摇水舱。

减摇水舱的减摇机理是舰船横摇时减摇水舱内的水产生运动,在一定的扰动力周期范围内形成与横摇力矩反向的稳定力矩。减摇水舱内水的振荡周期应等于舰船横摇固有周期,从而在共振横摇时减摇水舱内水的摇荡也发生共振,此时舰船横摇角相位较波倾角相位滞后90°,减摇水舱内水的运动相位滞后舰船横摇角相位90°,故减摇水舱内水的运动相位滞后波倾角相位180°,即减摇水舱内水运动形成的力矩与波浪扰动力矩方向刚好相反,故产生减摇作用。

由此可知,在共振横摇时减摇水舱的减摇效果最好。若波浪扰动力周期偏离固有周期,则减摇水舱内水运动的力矩相位与波倾角的相位之差不再是180°,减摇效果下降;若波浪扰动力周期远离固有周期,则减摇水舱内的水运动动力矩不但不能抵消波浪作用力矩,反而可能叠加在波浪作用力矩之上,此时减摇水舱会产生增摇的不利影响,这正是被动式减摇水舱的主要缺

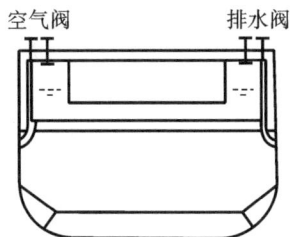

图 9-19　U 形减摇水舱

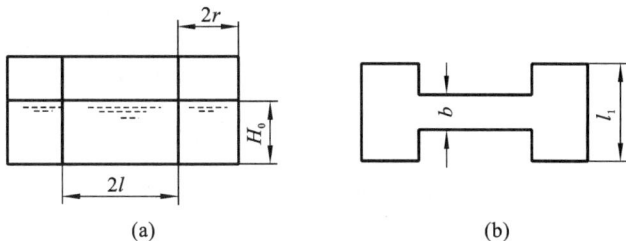

图 9-20　自由液面(平面型)减摇水舱

点。图 9-21 所示的采用减摇水舱前后的横摇运动响应曲线也反映出减摇水舱的这种特性。

　　减摇水舱内水流运动的周期显然是减摇水舱的重要参数,由于减摇水舱内水流运动的复杂性,目前还难以据理论方法精确计算减摇水舱的周期,可采用近似公式对减摇水舱的周期进行估算。图 9-22 所示 U 形减摇水舱的周期为

$$T_w = 2\pi \sqrt{\dfrac{l_2 + l_1 \dfrac{A_2}{A_1}}{g}} \qquad (9\text{-}86)$$

式中:A_1——连通水道的断面面积;

　　　 A_2——边水舱的断面面积;

　　　 l_1、l_2——图 9-22 所示的两个尺度参数。

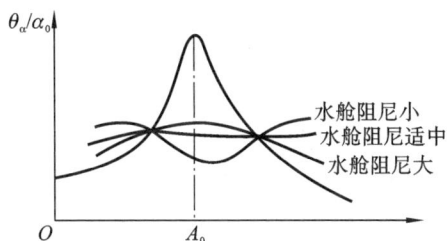

图 9-21　采用减摇水舱前后的横摇运动响应曲线

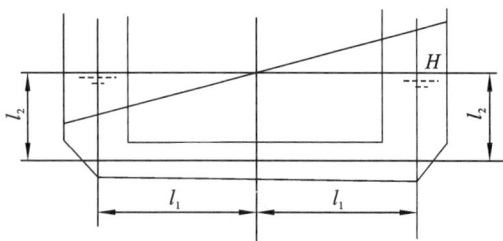

图 9-22　U 形减摇水舱参数

　　一般 $l_1 \dfrac{A_2}{A_1}$ 比 l_2 大多了,故水量对减摇水舱的周期影响很小,当减摇水舱的尺度确定之后,减摇水舱的周期即基本确定,这是 U 形减摇水舱的一个主要缺点。图 9-20 所示的自由液面减摇水舱的周期为

$$T_w = \dfrac{2\pi}{0.88} \dfrac{l}{\sqrt{gH_0}} \qquad (9\text{-}87)$$

式中:H_0——水深;

　　　 l——图 9-20 所示的自由液面减摇水舱尺度参数。

　　由此可见,自由液面减摇水舱的周期主要取决于 l 和 H_0,且与水深的平方根成反比,故调节水量能在很大的范围内改变周期,这是自由液面减摇水舱比 U 形减摇水舱优越之处。

　　由图 9-21 可见,影响减摇水舱减摇效果的还有水舱的阻尼。阻尼小,虽然在共振时有较高的减摇效果,但在共振区外的横摇角幅值增加较多;随着阻尼增大,横摇运动响应曲线趋于平缓。所以减摇水舱的阻尼应该适当大一些。为了增加水舱阻尼,可以在连通道中设阻尼栅、阻尼阀。

　　在中等风浪条件下,减摇水舱的减摇百分比一般为 30％～35％。减摇百分比是用于表示减摇效果的常用参数,按有义横摇幅值定义如下:

$$K = \frac{(\overline{\theta}_{a\frac{1}{3}})_1 - (\overline{\theta}_{a\frac{1}{3}})_2}{(\overline{\theta}_{a\frac{1}{3}})_1} \times 100\% \tag{9-88}$$

式中:$(\overline{\theta}_{a\frac{1}{3}})_1$——未采用减摇装置的有义横摇幅值;

　　　$(\overline{\theta}_{a\frac{1}{3}})_2$——采用减摇装置后的有义横摇幅值。

4. 采用合理的船型

船型和主尺度对耐波性的影响很复杂。舰船耐波性有多个方面的指标,横摇、纵摇、垂荡、首垂向加速度、甲板上浪、砰击和失速都是耐波性的指标。船型和主尺度对耐波性各个方面的影响并不一致,有时甚至是矛盾的。通常认为应根据可靠的耐波性预报方法和统一的衡准对具体船型的耐波性进行评估,但目前耐波性预报和耐波性衡准两方面都还存在未完全解决的问题。尽管如此,关于船型对耐波性的影响还是可归纳出一些基本上得到公认的规律:

(1)增加方形系数、吃水和船的纵向质量惯性半径对减小纵摇和垂荡是不利的;

(2)增加船长、水线面系数和船宽能使纵摇和垂荡都得到改善;

(3)垂荡随航速增加而增大,低速船纵摇随航速增加而增大,高速船则相反;

(4)与采用 U 形剖面相比,首部采用 V 形剖面时舰船在波浪中的运动性能较好,但舰船在波浪中的阻力增量会增加,首部采用 V 形、U 形剖面对舰船耐波性部分指标的影响如图 9-23 所示。

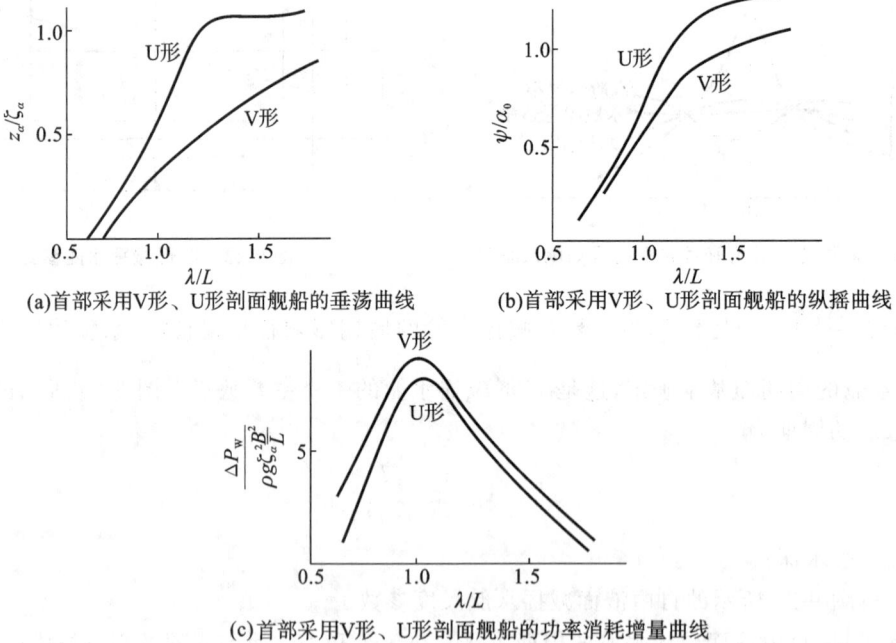

(a)首部采用V形、U形剖面舰船的垂荡曲线　　　(b)首部采用V形、U形剖面舰船的纵摇曲线

(c)首部采用V形、U形剖面舰船的功率消耗增量曲线

图 9-23　首部采用 V 形、U 形剖面舰船的耐波性比较

5. 高性能船的应用

近年来高性能船得到了蓬勃的发展,其中有的是耐波性优良的高耐波性船。图 9-24 所示的深 V 形船,横摇、纵摇和垂荡都比常规的圆舭型船有较大改进。图 9-25 所示为小侧体高速三体船的概念设计效果图,国内外的研究者对这种高性能船的性能和应用前景得出了一致的看法,认为小侧体高速三体船具有优良的耐波性和阻力性能,在波浪中的横摇和纵摇、垂荡都

有大幅减小；而且高速三体船的适用范围十分广泛，可用作多种水面舰船，如驱逐舰、护卫舰、导弹猎潜艇或巡逻艇等的船体。图 9-26 和图 9-27 所示分别为英国建造的 100 m 三体试验舰"海神号"与澳大利亚建造的 127 m 高速三体运输船。

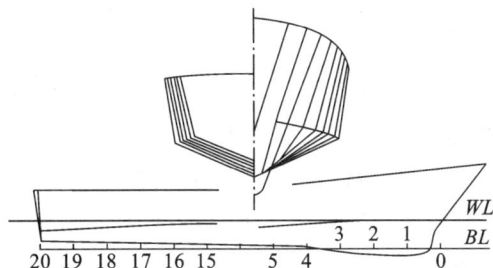

图 9-24　深 V 形船

图 9-25　小侧体高速三体船概念设计效果图

图 9-26　三体试验舰"海神号"

图 9-27　澳大利亚建造的 127 m 三体运输船

表 9-2 所示是各类减摇装置的特性比较，其中减摇效果用减摇百分比表示。

表 9-2　各类减摇装置的特性比较

形式	减摇百分比	低航速有效性	占排水量比例	对初稳性影响	对阻力影响	动力	船内空间	横向贯穿船体	损伤可能性	造价	维修费
收放式鳍	90%	无	1%	无	工作时有	小	一般	无	收进时无	比较高	一般
非收放式鳍	85%	无	0.60%	无	经常有	小	少	无	有	一般	高
主动水舱	60%	有	1%～4%	有	无	大	一般	通常有	无	一般	一般
被动水舱	50%	有	1%～2%	有	无	无	一般	有	无	低	低
舭龙骨	35%	有	几乎没有	有	极小	无	无	无	有	极低	低

从舰船使用方面来说，在风浪中行船应注意以下几点。

（1）航速、航向：舰船的航速和航向与波浪的遭遇频率有关，与入射波的作用方向和强度也有关,所以从原理上说,恰当地改变舰船的航速和航向,使舰船的固有周期避开主成分波的遭遇周期,可以减小舰船在波浪中的摇荡及其带来的甲板上浪、螺旋桨飞车,以及砰击等有害动力效应。

航速的改变通常指航速降低。但航速降低会带来波浪中的失速及航线变化、航程延长等新的不利结果,其中对波浪中的失速研究较多,并已得出了不少具有实用价值的结果和概念。

(2)失速:舰船在风浪中航行时由于多种原因引起的航速降低。概括地说,失速可以分为两类:一类是舰船在风浪中阻力增加、推进效率降低或主机功率限制而引起的航速降低,这种失速通常称为自然失速或名义失速;另一类是舰船在风浪中航行时为避免出现严重的甲板上浪、砰击和螺旋桨飞车而人为造成的航速降低,这种失速一般以海上允许航速或强制失速表征。相关文献给出了确定自然失速和允许航速的实用方法。

(3)风浪中的稳性:舰船在风浪中行船的安全性也是驾驶者值得注意的事项。严格地说,甲板上浪、螺旋桨飞车以及砰击等不良动力效应已构成风浪中舰船航行的不安全因素,但还需要从风浪中的稳性概念考虑舰船在风浪中航行的安全性问题。本书第4章已提及,舰船在波浪中的稳性有可能变差,加之大的风浪本身就是使舰船可能面临稳度不足而出现危险的重要因素,所以舰船在风浪中的稳性也是驾驶者需重视的舰船航行安全性指标。GJB 4000—2000,国家军用标准《舰船通用规范　总册》给出了舰船抗风浪性计算方法,现有人提出要在舰船抗风浪性计算中计入舰船在风浪中稳度下降等因素,也有人基于 GJB 4000—2000 的方法制作了舰船抗风浪性指标实时预报软件装船试用,该软件可根据在航舰船的粮食、弹药、淡水、燃油等载荷的变化情况实时预报舰船的抗风浪能力,并结合在航海区的风级海况判断舰船的稳性是否足够。总之,舰船在风浪中的航行安全性问题值得进一步研究。

船舵失灵与横甩

9.7　潜艇耐波性简要说明

潜艇在水面航行状态的耐波性与水面舰船耐波性的有关概念、原理和方法是相同的,水面舰船耐波性可延伸至潜艇水面航行状态。当潜艇下潜到潜望深度时,摇荡随之减弱;下潜到安全深度后,摇荡就很微弱了;在大潜深航行状态时,潜艇完全不摇荡。在大的风浪下潜艇摇荡非常剧烈,航行性能大大降低,在这种情况下潜艇可潜入深水中航行,从而避免波浪力的作用。相对于一般的水面舰船,潜艇的耐波性问题不那么重要。

另外需提出,潜艇在近水面航行与在深水中航行时是不同的,潜艇在近水面航行时会受到波浪力作用而产生摇荡运动。潜艇在近水面航行所遭受的波浪力和摇荡运动特性不完全与水面舰船相同,一个重要特点是近水面航行的波浪力和摇荡运动与潜深是有关的。潜艇在近水面航行的耐波性是当前舰船水动力学领域的一个研究方向,其中有些问题还没有研究清楚。

习　题

9-1　试分析纵摇与垂荡运动的受力情况,并列出各自的运动微方程。

9-2　在某海区上实测波升记录的表观波高取样如表9-3所示。

表 9-3 某海区上实测记录的表观波高

表观波高/m	0.5	1.0	2.0	2.5	3.0
出现次数	4	42	30	24	1

试确定该海区的平均波高、有义波高、十一波高。

9-3 已知某舰 $B=12.4$ m，$z_g=5.1$ m，$h=0.91$ m，$h_0=1.07$ m，试按自由横摇周期估算公式以及 GJB 4000—2000 的方法(自行查取该标准的方法)求该舰的横摇固有周期 T_θ。

9-4 排水量为 10000 t 的舰船，横稳定中心高 $h=0.9$ m，横摇固有周期 $T_\theta=14$ s，若将舰上 1000 t 的载荷垂直移动 2 m，求新的横摇固有周期。

9-5 已知某舰船横摇周期 $T_\theta=13$ s，横稳定中心高 $h=1.0$ m，无因次阻尼衰减系数 $\mu_\theta=0.10$ m。

(1) 试求舰船发生共振的波长；

(2) 若波浪最大波倾角 $\alpha=0.543\lambda^{-\frac{1}{4}}$ (rad)，试求共振时的最大振幅。

9-6 舰船的载荷移动使质量惯性矩降低了 10%，若需保持固有周期不变，试求载荷重心高度变化量；假定阻尼系数 $2\mu_\theta$ 保持不变，试求共振横摇角的变化量。

9-7 已知某舰排水量 $\Delta=3190$ t，$L=126$ m，$B=12.4$ m，$T=4$ m，$h=0.9$ m，$2\mu_\theta=0.95$，$\chi_\theta=0.95$，$T_\theta=10_s$。

(1) 计算 Λ 分别为 0.3、0.5、0.7、0.8、0.9、1.0、1.1、1.2、1.3、1.5 时的 θ_a/α_{e0}、θ_a/ζ_a，并绘制 θ_a/α_{e0}-Λ 曲线。

(2) 7 级海浪有义波高 $\overline{h}_{1/3}=8$ m，用 ITTC 单参数谱计算 ω 分别为 0.2、0.3、0.4、0.5、0.6、0.7、0.8、0.9、1.0、1.1、1.2、1.3 时的 $S_{\theta\theta}(\omega)$ 值并作出 $S_{\theta\theta}(\omega)$-ω 曲线。

(3) 求 7 级海浪中横摇统计平均值区 $\overline{\theta}_a$、$\overline{\theta}_{a1/3}$、$\overline{\theta}_{a1/10}$。

9-8 试从海浪的频谱分析和线性叠加角度，对图 9-24 所示的舰船在规则波和不规则波中摇荡特性加以解释。

9-9 已知某艇 $B=6.9$ m、$T=2.2$ m、$h_0=0.71$ m、$z_g=3.5$ m，$C_{VP}=0.633$，$A_B/LB=0.33$，A_B 为舭龙骨的面积。

(1) 按 GJB 4000—2000 的方法求该艇的共振横摇角幅值；

(2) 若 3 t 的雷达置于距离重心高度 12 m 处，求共振时雷达所受最大惯性力。

9-10 试结合航向、航速对舰船耐波性的影响、失速，以及舰船抗风浪能力等概念，说明在风浪中行船的主要注意事项。

附录 A 驱逐舰型线图

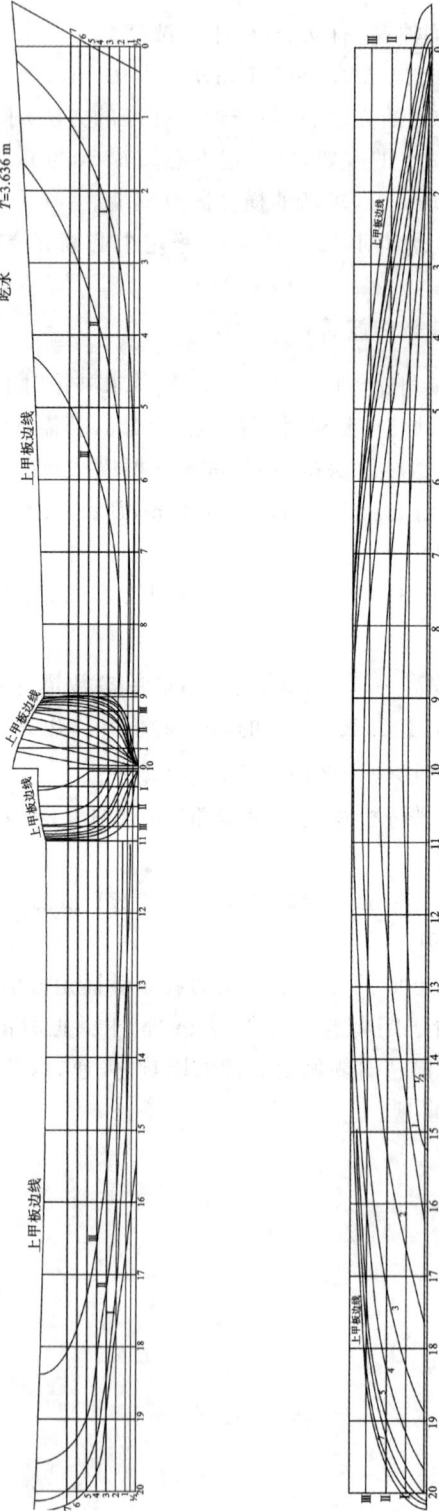

最大长度　$L_{max}=114\ \text{m}$
最大宽度　$B_{max}=11.5\ \text{m}$
舷高　$H=6.65\ \text{m}$
设计水线长度　$L=110\ \text{m}$
船宽　$B=11.5\ \text{m}$
吃水　$T=3.636\ \text{m}$

附录 B 附录 A 驱逐舰型值表

| 站号 | 半宽 | | | | | | | 高 | | | | | | 附注 |
| | 水线 | | | | | 甲板边线 | 折角线 | 纵剖线 | | | 甲板边线 | 折角线 | 龙骨线 | |
	1	2	3	4	5			I	II	III				
0	—	—	—	—	—	0.15	0.12	—	—	—	2.98	2.63	—	
1	—	0.09	0.18	0.27	0.35	0.98	0.83	1.84	2.27	—	.93	2.42	0.47	
2	—	0.24	0.41	0.55	0.70	1.49	1.33	1.01	1.89	—	2.87	2.27	0.31	
3	0.14	0.44	0.67	0.35	1.02	1.77	1.65	0.62	1.34	2.10	2.83	2.18	0.23	站距
4	0.22	0.64	0.92	1.12	1.30	1.94	1.85	0.46	0.91	1.80	2.78	2.12	0.20	1.33 m
5	0.31	0.83	1.15	1.35	1.54	2.04	1.98	0.38	0.68	1.50	2.75	2.07	0.17	
6	0.39	1.00	1.34	1.55	1.72	2.09	2.05	0.33	0.54	1.18	2.71	2.04	0.15	
8	0.57	1.32	1.66	1.84	1.96	2.13	2.11	0.27	0.42	0.76	2.68	1.98	0.13	水线间距
10	0.65	1.52	1.87	2.01	2.08	2.13	—	0.28	0.38	0.02	2.65	—	0.13	0.30 m
12	0.42	1.51	1.92	2.05	2.09	2.08	—	0.31	0.43	0.62	2.51	—	0.15	
14	0.10	1.22	1.83	1.99	2.03	1.98	—	0.43	0.54	0.70	2.48	—	0.29	
15	—	0.95	1.75	1.94	1.98	1.91	—	0.50	0.61	0.74	2.47	—	0.36	纵剖线间距:
16	—	0.62	1.66	1.88	1.92	1.80	—	0.57	0.67	0.84	2.46	—	0.45	0.46 m
17	—	0.20	1.52	1.80	1.83	1.74	—	0.65	0.75	0.91	2.45	—	0.55	
18	—	—	1.30	1.70	1.77	1.63	—	0.77	0.84	1.00	2.45	—	0.66	
19	—	—	0.92	1.60	1.69	1.52	—	0.86	0.91	1.11	2.44	—	0.76	
20	—	—	—	1.51	1.63	1.42	—	0.92	0.96	—	2.44	—	0.87	

附录 C 某驱逐舰静水力曲线

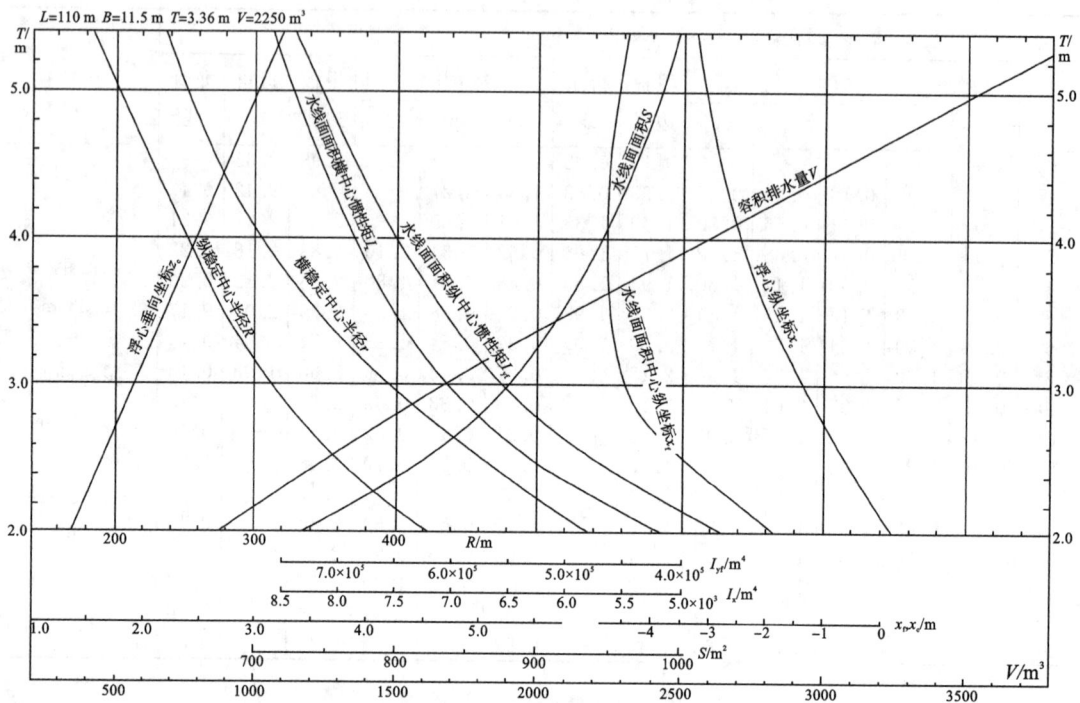

L=110 m B=11.5 m T=3.36 m V=2250 m³

附录 D 某潜艇静水力曲线

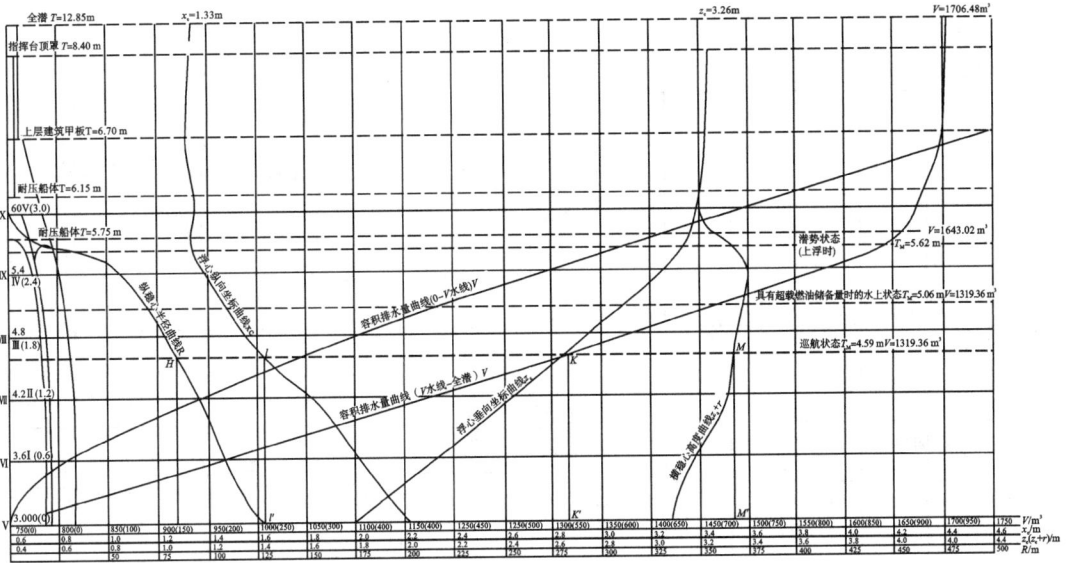

附录 D 某潜艇静水力曲线

附录E 下潜与上浮时的初稳性曲线(正常燃油储备情况下)

全潜 *T*=12.25 m

指挥台顶盖 *T*=8.40 m

全潜时的重心高 *Z*_g=3.077 m

全潜时的浮心高 *Z*_c=3.26 m

全潜时排水量 *V*=1712.78 m³

曲线符号
①排水量曲线
重心高曲线
②在第一次下潜和上浮
③在第二次下潜时
④在第二次上浮时
横稳心在基线以上的高度曲线
⑤不计及耐压船体和非耐压船体舱内液体自由表面修正值
⑥在第一次下潜和上浮时计及自由表面修正值
⑦在第二次下潜时计及自由表面修正值
⑧在第二次上浮时计及自由表面修正值
⑨浮心坐标曲线
附注:
对正常排水量 *V*=1319.36 m³ 的稳度值
$h=\dfrac{1712.78}{1319.36}\times0.183\ m=0.24\ m$

上层建筑甲板 *T*=6.70 m

耐压艇体 *T*=6.15 m

X 6.0 耐压艇体 *T*=5.75 m

IX 5.4

VIII 4.8

VII 4.2

第二次上浮时的潜伏状态 *T*=5.62 m
第二次下潜时的潜伏状态 *T*=5.65 m

巡航状态 *T*=4.59 m, *V*=1319.36 m³

V/m³ 1000 1050 1100 1150 1200 1250 1300 1350 1400 1450 1500 1550 1600 1650 1700 1750

10 20 30 40 50 60 70 80 90 100

*z*_c(*z*_c+*r*)/m 2.4 2.5 2.6 2.7 2.8 2.9 3.0 3.1 3.2 3.3 3.4 3.5 3.6 3.7 3.8 3.9

参 考 文 献

[1] 刘文玺.舰船原理[M].武汉:华中科技大学出版社,2019.

[2] 施生达.潜艇操纵性[M].北京:国防工业出版社,1995.

[3] 朱军.舰船静力学[M].长沙:国防科技大学出版社,2002.

[4] 刘应中.船舶兴波阻力理论[M].北京:国防工业出版社,2001.

[5] 苏玉民,庞永杰.潜艇原理[M].哈尔滨:哈尔滨工程大学出版社,2013.

[6] 王国强,董世汤.船舶螺旋桨理论与应用[M].哈尔滨:哈尔滨工程大学出版社,2007.

[7] 盛振邦,刘应中.船舶原理(上册)[M].上海:上海交通大学出版社,2017.

[8] 盛振邦,刘应中.船舶原理(下册)[M].上海:上海交通大学出版社,2019.

[9] 邵世明,赵连恩,朱念昌.船舶阻力[M].北京:国防工业出版社,1995.

[10] 王永生,刘承江,苏永生.舰船新型推进系统[M].北京:国防工业出版社,2014.

[11] 中国人民解放军总装备部.中华人民共和国国家军用标准 舰船通用规范 0组 舰船总体与管理:GJB 4000—2000(0)[S].北京:总装备部军标出版发行部,2000:7.

[12] 李积德.船舶耐波性[M].哈尔滨:哈尔滨工程大学出版社,2007.